U0754599

宜宾历史文化研究丛书

中共宜宾市委党史研究室 宜宾市地方志办公室

宜宾历史文化研究丛书

叙南都掌文献汇注

陈介刚 陈伟平 温涛 编著

巴蜀书社

《宜宾历史文化研究丛书》编委会

主　任：袁华兵

编　委：李　勇　　江辉云　　邱邦武

《叙南都掌文献汇注》编辑部

主　　编：李　勇

副 主 编：邱邦武

编辑校注：陈介刚　　陈伟平　　温　涛

审　　稿：赵永康

朱国祯《皇明大事记》书影

嘉靖《四川总志》书影

奏議

蕩平都蠻敘功疏

題為仰仗

天威蕩平都蠻廓清疆土恭報全捷事據四川布按
貳司清軍右布政使馬成能分守上川南帶管
下川南道右參議沈伯龍兵巡下川南道副使
李江呈准鎮守四川總兵官南京中軍都督府
署都督僉事劉顯手本開報敘戎都蠻稱亂貳
百餘年荼毒生靈撫剿未定近該巡撫四川曾
都御史蕭將〔開卷之三〕〔一〕〔李忠〕
〔江續錄〕
明命積餉徵兵按四川監察孫御史振紀宣威申
明天討布按諭司守巡等道協謀共慮及府州
縣大小官員趨事赴公本午五月初一日克破
凌霄城陸月拾玖日克破都都寨捌月初旬進
兵該本鎮躬同監軍道李副使督同原任總兵
郭成敘瀘恭將張澤守備沈茂吳愿等遵照曾
都御史分撥調到漢土官兵為伍大營併力
齊攻於本年玖月初玖日于時先鋒兵壹千名
乘雨霧銜枚捫蘿密取一路用飛梯連接扒上

《重刻確菴曾先生西蜀平蠻全錄》書影

當珠九之邊宜疏撫按督臣明戚振虜如交刃向冠仰仗聖
平不照太府政假詞乃先為公 上是之○戊辰伏西巡撫爲
先兌參延掭卯吳秦廷俸乙師限日遲末坡懷卿文往佐
辭兩逆事自吏部升如物資○與題復如有推海清辭並延撫
官一併恭虛 ○命侍郎正延案待堀城圍連貢陪臣○以明平
正旦師蔓定内後蔣佑等參 九陵及各開發○吳部秦四川
征剿郡賞給帳五月拼克更青城六月丁卯克郡都蓋八月上
句吏吳總兵官劉顯同監軍道副使李江督同南總兵郭成蓉
將汝軍于備沈茂吳愿等分布漢土官兵爲五大營併刀奮攻
八月丙戌城裂明各營一千襄南衛枚捫蘿密取一路以飛梯連
樓上九級城裂明各營兵上下犬次月于壬千城墙倭罪戎兵
勝焚蒸房數千所建光慈營無算顯後聞三○賊飛八

五

《明神宗實錄》書影

明代叙南六县图

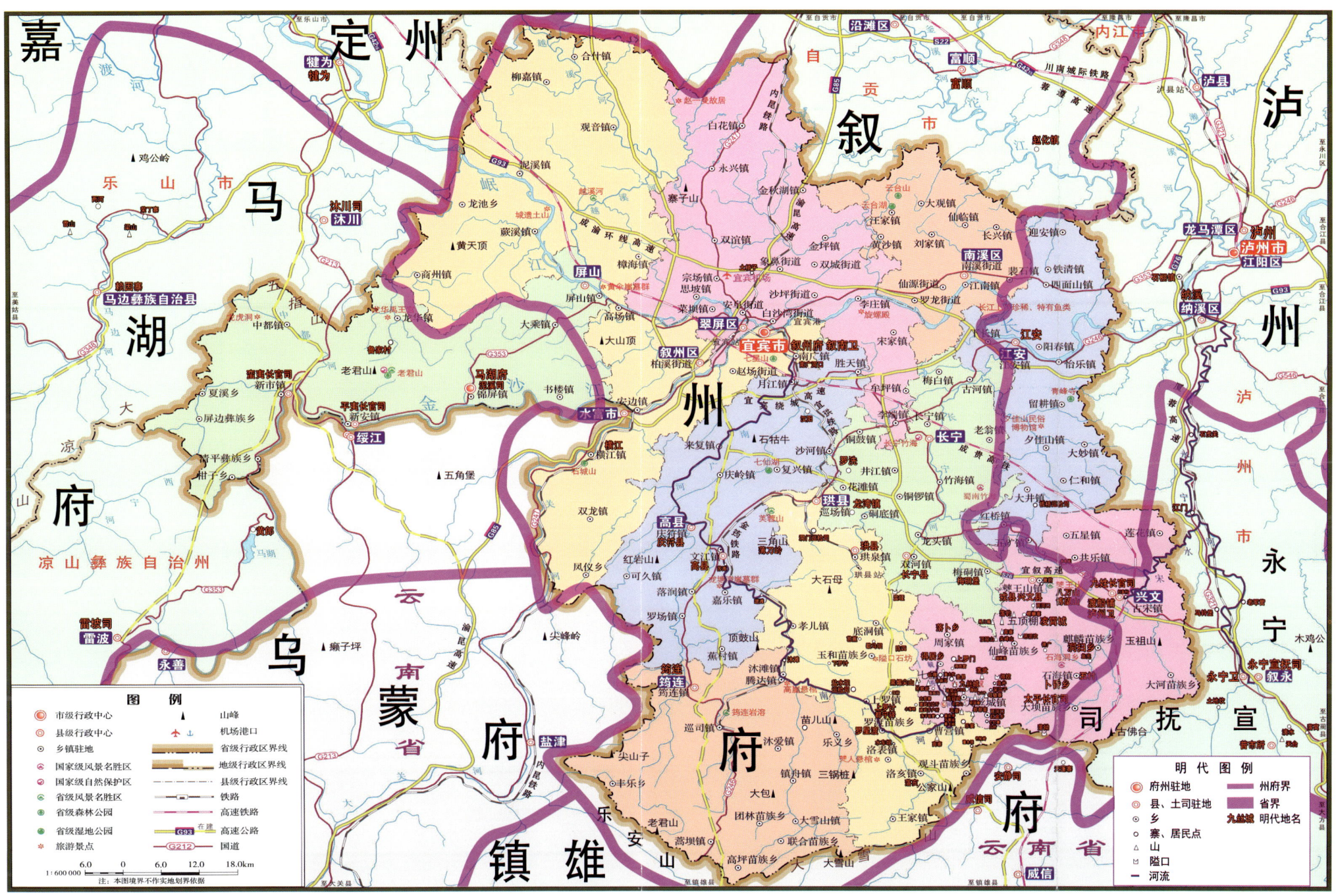

审图号：川S【2021】12007号

2022 年 2 月绘

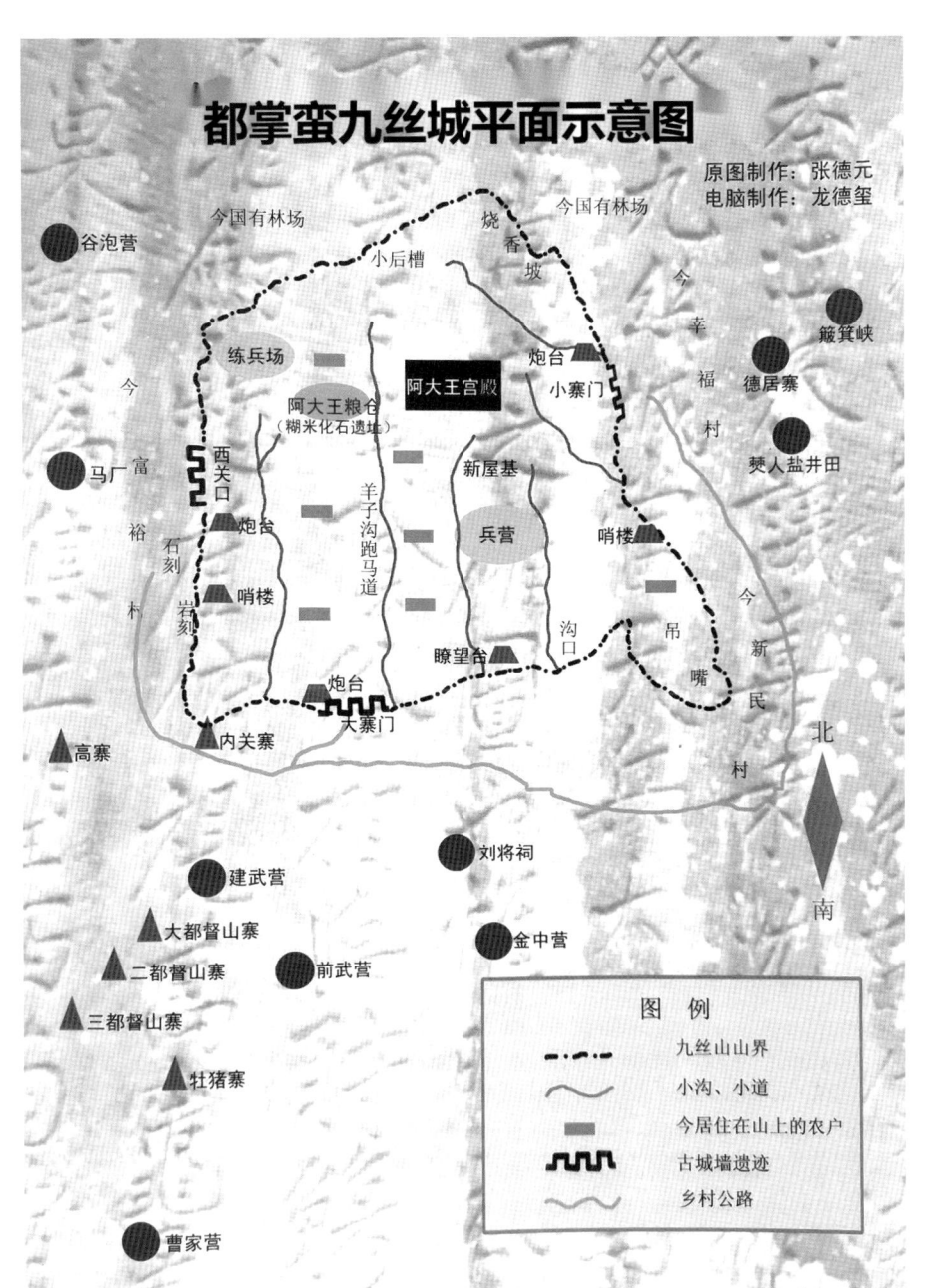

都掌蛮九丝城平面示意图

原图制作：张德元
电脑制作：龙德玺

谷泡营

今国有林场

烧香坡

今国有林场

小后槽

练兵场

阿大王宫殿

炮台

小寨门

簸箕峡

德居寨

阿大王粮仓
（糊米化石遗址）

西关口

今广富裕村

马厂富裕

石刻岩刻

炮台

哨楼

羊子沟跑马道

新屋基

兵营

哨楼

今幸福村

僰人盐井田

沟口

吊嘴

今新民村

北

瞭望台

炮台

大寨门

内关寨

高寨

南

建武营

刘将祠

大都督山寨

二都督山寨

前武营

金中营

三都督山寨

牡猪寨

图 例

九丝山山界

小沟、小道

今居住在山上的农户

古城墙遗迹

乡村公路

曹家营

九丝城平面示意图

九丝山全景

都都寨(1946 年芮逸夫摄)

凌霄城遗址

建武古城鸟瞰(张毅摄)

江安县安济庙（1909年张伯林摄）

明代刘显生祠遗迹（张毅摄）

清代建武学宫遗址（明代崇报祠旧址）

民国十二年的古宋城（明代泸州卫驻地）

兴文县博物馆藏万历铜钟〔系万历元年七月初二日泸州江安县乐共乡蒿枝坝尖岗山天公龙君殿寺庙（今属兴文县五星镇）僧人信士与士绅、儒学生员、乡民捐款铸造，上铸"征剿山都为记""皇图巩固，帝道遐昌""雨顺风调，民安乐业"等字样。钟口周长284厘米，厚5厘米。〕

建武城平蛮碑（右）、功宗小纪碑（中）和戎平行碑（左）（张毅摄）

民国时期建武城明代碑群(1946年芮逸夫摄)

建武城的西蜀平蛮碑(右)和新修建武所城记碑(左)

万历元年凌霄城地界碑

明代建武荡平坡营碑

（张毅摄）

九丝山西关口明代石刻题记（张毅摄）

明代建武"天险宏开"碑
（张毅摄）

民国时期宜宾城内大碑巷李长春撰平
蛮碑(1946 年芮逸夫摄,张伟提供)

珙县猫耳坑都掌悬棺(杨明生摄)

兴文县九丝城镇老鹰岩都掌悬棺

高县罗场都掌悬棺遗址

珙县邓家岩都掌岩画（杨明生摄）

高县罗场都掌岩画

都掌板(珙县悬棺出土)

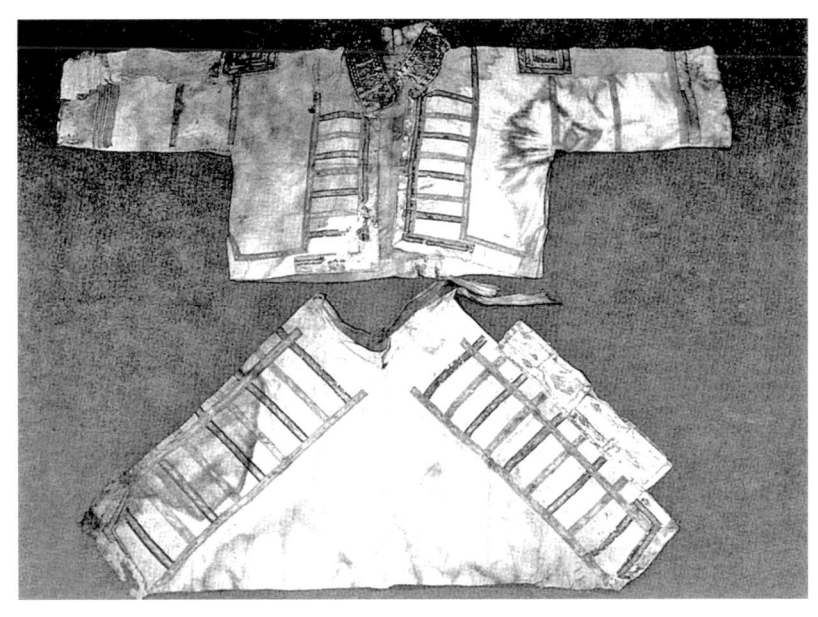

都掌人服饰(珙县悬棺出土)

都掌铜鼓

（珙县曹营镇出土，兴文县博物馆藏）

南宋大坝朝阳都掌铜鼓

（残，兴文县博物馆藏）

出版说明

　　宜宾地方历史悠久，文化底蕴深厚。宜宾市是国务院公布的中国历史文化名城。境内"筠连人"的发现证明，在这片广袤的土地上，至迟是在距今四万年以前，就有人类生存。五六千年前，就有氏族部落聚居。春秋战国时期，聚居此地的僰人就已迈进了文明社会的门槛，建立了高于氏族部落的、稳定的、独立的政治实体"古僰国"，以"夷中最仁"闻名。秦灭巴蜀，在这里设立了县级政区僰道。西汉高后六年（前182）建城，至今已逾二千二百年。向家坝考古发掘表明，东汉时期，此地已有同整个巴蜀同步的文化。其后，宜宾始终保持与中原文化同步，积累了丰厚的文化遗存，在此基础上吸取先进文化，迈入了文化创新之路。

　　宜宾，有"西南半壁"之誉，自古就是兵家必争之地和川南的政治中心、军事重镇和经济中心。境内诸多历史遗存，如五尺道、南夷道、石门道、茶马古道与南方丝绸之路；抗元战争的登高山古城、曾省吾剿灭都掌蛮的九丝城、石达开转战川南的横江古镇；抗日战争中，容纳了诸多内迁大学和研究机构的李庄古镇。

　　宜宾物产丰博。很早就以蒟酱、荔枝、苦笋、重碧酒、绿荔枝、杂粮酒、盐、茶闻名，加之有江河之利，遂成为商贸重镇和滇铜入京的重要通道。其商贸之繁，有"填不满的叙府"之称。

　　宜宾这片沃土，孕育诸多名人、大师和显宦，吸引了诸多文人墨客，诸如程公许、黄庭坚、杜甫、尹伸、周洪谟、赵树吉、薛焕、傅增湘、唐君毅、阳翰笙，等等；更有李硕勋、赵一曼、刘华、孙炳文、郑佑之、余泽鸿等革命英烈彪炳史册。

宜宾悠久的历史和丰厚的文化，是宝贵的资源。这笔资源，应当转化为现实的物质财富与精神财富。为了传承弘扬我市优秀历史文化，根据中共宜宾市委办公室、市人民政府办公室《关于传承发展中华优秀传统文化的实施意见》的要求，中共宜宾市委党史研究室（宜宾市地方志办公室）组织实施了《宜宾历史文化研究丛书》的编纂出版工作。

研究、整理、编纂出版这套丛书，把不被人知晓的珍贵资源，转化为可读、可视、可供传播的有形媒质，使社会各界和广大读者能够从中汲取智慧。相信这一工作可以为经济、社会发展战略决策提供历史借鉴和学术理论支撑，对提升宜宾文化软实力，争创四川省经济副中心产生积极的作用。

在整理出版宜宾历史文化研究丛书第一部《赵树吉集校注》和第二部《边州闻见录校补图注》的基础上，我们继续组织力量，以历史上居住在今日兴文、珙县境内，而今已经消亡的"山都掌"为研究对象，编写了这部《叙南都掌文献汇注》。

"都掌"是族属成分复杂的一个古代少数民族，代与官府抗争。明王朝曾经十二次进行讨伐，兵连川滇黔渝湘楚，战乱连年，直至明代后期万历元年（1573）被彻底镇压下去。而今，这个民族已然不复存在。本书是本土中青年学者陈介刚、陈伟平、温涛三位同志在潜心研读史乘，网罗放失旧闻，访求摩崖碑刻图像，证诸田野、社会调查的基础上，对海内现存有关都掌文献进行整理，并考证、注释、论次都掌民族的由来与兴亡，以及其间的经验和教训，为社会、经济发展宏观战略决策特别是发展文化旅游，提供历史借鉴和学术理论支撑。书稿形成以后，我们委托西南大学历史地理研究所赵永康教授审订，规范标点校勘，订正、增补史实，惠赐序言，有效地提高了本书质量。

我们希望，有更多的学者参与到宜宾历史文化的研究中来，不断有更新、更高质量的研究成果面世。

《宜宾历史文化研究丛书》编委会

2022 年 10 月

序 言

赵永康

国家历史文化名城宜宾市地方志办公室组织编写的《叙南都掌文献汇注》，从前代典籍和金石图像切入，记录了都掌奴隶社会及其族群消亡的历史。"都掌"之名始见于唐，其人世居今日兴文、珙县深山，悍武刚强，代与官府抗争，多次攻掠叙、泸二州长江以南诸县，史不绝书。万历元年(1573)，明王朝征发川黔滇鄂一十五万汉土官兵，合力进剿，血腥屠杀，其族遂亡。记录这个对川南黔北滇东北社会发展进程产生过重大影响，而今已然不复存在的民族，探索其所以兴，所以强，所以无可避免地趋于灭亡，无疑具有重要的学术价值和历史借鉴作用。

本书作者钩玄稽沉，在巧妙剪裁、合理编排前代诸多不同种类文献的同时，进行田野、社会调查，证诸地理山川、风物人文实际，补正唐宋元明官修正史的疏漏和谬误，对于叙州长江以南高、珙、兴文、庆符、长宁、筠连六县给出了新的历史地理考释。表述形式上，寓议论于记叙之中，科学探讨其间的得失成败，总结历史的经验和教训，论从史出，垂鉴后来，方法殊堪肯定。站在"普遍性即寓于特殊性之中"的立场审视，其所阐明、总结的若干意见和观点，不仅川南，对于西部乃至全国少数民族地区的施政和开发，都不无借鉴、参考作用，展现了理论的光辉。

需要指出的是，作为一个已经消亡的民族，"都掌"族源纷繁，族属难明，学人意见不一。唯其意见不一，乃更有待于深入研究。简单认定都掌族属僰人，傅会牵强，并不科学。遗憾的是，本书对此未能进行探讨。不过，白璧微瑕，无损于蓝田之玉的光辉，先师李耀仙先生有言："世界上很难找到一本尽善尽美的书，但可以寻得一些可供阅读的书。一部可供阅读的书，在于它有自己的优点和特点，当然也不免存在个别的缺点和错误。善读书者，只要能够从中吸取它的优、特点，也就收到受益的效果了。"

撰写这样的史学著作，需要有相应的学术功力。三位作者生长宜宾，或曾秉笔纂修县志，实践经历丰富，谙熟地方情形；或为史学硕士，接受过严格的学术训练，学业有成。如是强强联合，理论同实践结合，文献与勘查并重，协力齐心，撰成这部"可供阅读"的好书，成果可贺可喜，作法更堪推而广之。谪仙人李白说得好："宣父犹能畏后生，丈夫未可轻年少。"长江后浪推前浪，一代新人胜旧人。真诚期望三位英年才俊，沿着这条并不平坦的学术道路继续攀登，更盼涌现众多如是强强联合团队，研究、开发我中华民族文化资源宝库，取得更多更好的丰硕成果。

2022 年 3 月 1 日

凡　例

　　一、谋篇。都掌是历史上居住在今日兴文、珙县境内的一个少数民族。其名始见于唐，代与官府抗争。明代，屡遭朝廷合四川、湖广、滇黔十数万之兵征剿，万历以后，遂不见于记载。唯余山间"悬棺"遗迹，今由国务院公布为全国重文物保护单位。本书以这个历史上在四川和西南地区产生过重大影响的民族为研究对象，穷搜典籍、金石文物图像，分类编次而后标点、校注、考证，计分曾确庵先生西蜀平蛮录、明实录、史乘、金石四篇，题作"叙南都掌文献汇注"。

　　二、植字。采用简化汉字，横排。原书别体异体，径改今体。通假字、古今字以及与文义密切相关的个别繁体字，酌情保留。地方特殊用字而见于地方文献者，虽不见于通行字书，亦予保留。生僻字和个别有歧义的字，加注汉语拼音。

　　三、标点。执行《标点符号用法》（GB/T15843—2011）之规定，并且参照国务院古籍整理出版规划小组制定的古籍点校通例，规范标点，以明句读。

　　四、校勘。书成于前代，辗转传抄，鲁鱼亥豕，用得校勘。校必有据有理，凡所校改，必也文献有征，版本有据，或自实地考察中来，而可改可不改者不改。原错字置于圆括号内，正字置于方括号内。凡所校改，加按语说明依据或理由。

　　五、注释。为方便一般读者更好地读懂原文，对原文酌情作注，以传
(zhuàn)人物、考职官、究典章、详名物、明地理。职级卑低、州县及武职
参将以下之官不注。助读之辞，随文夹注。古今地名对照，新地名断至 2021
年。同一词汇反复出现者，一般只在第一次出现处进行注释。一般词语包括
常识性词语和文学词语，原则上不注，有这方面需要的读者，请另行参阅其
他工具之书。

　　六、数字。除公元纪年等少数情况使用阿拉伯数字外，一律使用汉字。

　　七、称谓。底本和注文所引旧籍中敌视、侮辱少数民族以及带有时代色
彩之称谓、语辞，读者盖自知之，爰因仍其旧，然亦偶行必要之说明。

　　八、图版。古人左图右史，因此于书前加山川地理、金石文物图版若干，
且以 2021 年公四川省民政厅布的《宜宾市行政区划图》为底图，绘成《明代
叙南六县地图》，标注明代地名于其上，以便读者参看。

目　录

西蜀平蛮全录第一 ………………………………………………… 1

重刻确庵曾先生西蜀平蛮录序 ………………………………… 3

卷之一　奏议 ……………………………………………………… 7

　计处夷情疏 ……………………………………………………… 8

　破凌霄城报捷疏 ……………………………………………… 12

　覆勘将官疏 …………………………………………………… 19

　议兵粮功赏疏 ………………………………………………… 24

　议留应朝官员疏 ……………………………………………… 25

　改补官员疏 …………………………………………………… 27

卷之二　奏议 …………………………………………………… 29

　建昌叙功疏 …………………………………………………… 29

　议处有司疏 …………………………………………………… 35

　破都都寨报捷并分布官兵疏 ……………………………… 37

　破九丝城报捷疏 ……………………………………………… 42

　　报地震疏　………………………………………………………　43

卷之三　奏议　…………………………………………………………　45
　　荡平都蛮叙功疏　………………………………………………　45

卷之四　奏议　…………………………………………………………　76
　　恭进俘获古器疏　………………………………………………　76
　　经略平蛮善后疏　………………………………………………　78
　　久任大将疏　……………………………………………………　87
　　新定地方荐补官员疏　…………………………………………　89
　　议处更调官员疏　………………………………………………　91
　　升荫谢恩疏　……………………………………………………　92

卷之五　公移　…………………………………………………………　94
　　檄文一　…………………………………………………………　95
　　檄文二　…………………………………………………………　95
　　檄文三　…………………………………………………………　97
　　檄文四　…………………………………………………………　98
　　檄文五　…………………………………………………………　99
　　檄文六　…………………………………………………………　100
　　檄文七　…………………………………………………………　102
　　檄文八　…………………………………………………………　108
　　檄文九　…………………………………………………………　109
　　檄文十　…………………………………………………………　110
　　檄文十一　………………………………………………………　111
　　檄文十二　………………………………………………………　112
　　檄文十三　………………………………………………………　113
　　檄文十四　………………………………………………………　114
　　檄文十五　………………………………………………………　114

檄文十六 ························· 115

檄文十七 ························· 117

檄文十八 ························· 117

檄文十九 ························· 118

檄文二十 ························· 118

卷之六　公移 ························· 120

檄文二十一 ························· 120

檄文二十二 ························· 121

檄文二十三 ························· 122

檄文二十四 ························· 122

檄文二十五 ························· 123

檄文二十六 ························· 124

檄文二十七 ························· 124

檄文二十八 ························· 125

檄文二十九 ························· 126

檄文三十 ························· 126

檄文三十一 ························· 127

檄文三十二 ························· 128

檄文三十三 ························· 128

檄文三十四 ························· 129

檄文三十五 ························· 129

檄文三十六 ························· 130

檄文三十七 ························· 131

檄文三十八 ························· 131

檄文三十九 ························· 132

檄文四十 ························· 132

檄文四十一 ……………………………………………… 133

檄文四十二 ……………………………………………… 133

檄文四十三 ……………………………………………… 134

檄文四十四 ……………………………………………… 135

檄文四十五 ……………………………………………… 136

檄文四十六 ……………………………………………… 136

檄文四十七 ……………………………………………… 137

檄文四十八 ……………………………………………… 137

檄文四十九 ……………………………………………… 138

檄文五十 ………………………………………………… 138

檄文五十一 ……………………………………………… 139

檄文五十二 ……………………………………………… 140

檄文五十三 ……………………………………………… 140

檄文五十四 ……………………………………………… 141

檄文五十五 ……………………………………………… 142

檄文五十六 ……………………………………………… 143

檄文五十七 ……………………………………………… 144

檄文五十八 ……………………………………………… 145

檄文五十九 ……………………………………………… 145

檄文六十 ………………………………………………… 146

檄文六十一 ……………………………………………… 147

檄文六十二 ……………………………………………… 147

檄文六十三 ……………………………………………… 148

檄文六十四 ……………………………………………… 148

檄文六十五 ……………………………………………… 149

檄文六十六 ……………………………………………… 149

檄文六十七 ……………………………………………… 150

檄文六十八 ……………………………………………… 151

檄文六十九 ……………………………………………… 151

檄文七十 ………………………………………………… 152

卷之七　公移 …………………………………………… 153

檄文七十一 ……………………………………………… 153

檄文七十二 ……………………………………………… 154

檄文七十三 ……………………………………………… 154

檄文七十四 ……………………………………………… 155

檄文七十五 ……………………………………………… 155

檄文七十六 ……………………………………………… 156

檄文七十七 ……………………………………………… 156

檄文七十八 ……………………………………………… 157

檄文七十九 ……………………………………………… 157

檄文八十 ………………………………………………… 158

檄文八十一 ……………………………………………… 159

檄文八十二 ……………………………………………… 159

檄文八十三 ……………………………………………… 160

檄文八十四 ……………………………………………… 161

檄文八十五 ……………………………………………… 161

檄文八十六 ……………………………………………… 162

檄文八十七 ……………………………………………… 163

檄文八十八 ……………………………………………… 163

檄文八十九 ……………………………………………… 164

檄文九十 ………………………………………………… 165

檄文九十一 ……………………………………………… 165

檄文九十二 ………………………………………… 166

檄文九十三 ………………………………………… 166

檄文九十四 ………………………………………… 167

檄文九十五 ………………………………………… 167

檄文九十六 ………………………………………… 168

檄文九十七 ………………………………………… 168

檄文九十八 ………………………………………… 169

檄文九十九 ………………………………………… 170

檄文一百 …………………………………………… 170

檄文一百零一 ……………………………………… 171

檄文一百零二 ……………………………………… 172

檄文一百零三 ……………………………………… 172

檄文一百零四 ……………………………………… 173

檄文一百零五 ……………………………………… 173

檄文一百零六 ……………………………………… 174

檄文一百零七 ……………………………………… 175

檄文一百零八 ……………………………………… 175

檄文一百零九 ……………………………………… 176

檄文一百一十 ……………………………………… 176

檄文一百一十一 …………………………………… 177

檄文一百一十二 …………………………………… 177

檄文一百一十三 …………………………………… 178

檄文一百一十四 …………………………………… 178

檄文一百一十五 …………………………………… 179

檄文一百一十六 …………………………………… 180

檄文一百一十七 …………………………………… 180

檄文一百一十八 ……………………………………………… 181

檄文一百一十九 ……………………………………………… 181

檄文一百二十 ………………………………………………… 182

檄文一百二十一 ……………………………………………… 183

檄文一百二十二 ……………………………………………… 183

檄文一百二十三 ……………………………………………… 184

檄文一百二十四 ……………………………………………… 184

檄文一百二十五 ……………………………………………… 185

檄文一百二十六 ……………………………………………… 185

檄文一百二十七 ……………………………………………… 186

檄文一百二十八 ……………………………………………… 186

檄文一百二十九 ……………………………………………… 187

檄文一百三十 ………………………………………………… 187

檄文一百三十一 ……………………………………………… 188

檄文一百三十二 ……………………………………………… 189

檄文一百三十三 ……………………………………………… 190

卷之八　公移 …………………………………………………… 191

批申一 ………………………………………………………… 191

卷之九　公移 …………………………………………………… 217

批申二 ………………………………………………………… 217

卷之十　杂著 …………………………………………………… 233

功宗小纪 ……………………………………………………… 233

征蛮杂录有序 ………………………………………………… 237

祭江神文 ……………………………………………………… 256

告诸葛忠武侯文 ……………………………………………… 256

告真武神文 …………………………………………………… 257

附：祭黄陵庙神文 ……………………………………………… 258

卷之十一　翰牍营中尺牍 ………………………………………… 260

　报内阁揭本兵同 ………………………………………………… 260

　报内阁揭 ………………………………………………………… 261

　报内阁揭 ………………………………………………………… 262

　寄内阁张老先生书 ……………………………………………… 263

　寄内阁吕老先生书 ……………………………………………… 270

　寄大司马二华谭公书 …………………………………………… 273

　寄冢宰元洲张公书 ……………………………………………… 277

　寄大司农疏庵王公书 …………………………………………… 278

　寄贵州蔡中丞书 ………………………………………………… 278

　寄何来翁京兆书 ………………………………………………… 279

　与兵科张都谏书 ………………………………………………… 279

　寄孙肯堂侍御书 ………………………………………………… 280

　寄孙合溪侍御书 ………………………………………………… 282

　答松谷陈老先生书 ……………………………………………… 283

　答大洲赵老先生书 ……………………………………………… 284

　寄良弼赵中丞书 ………………………………………………… 284

　答肖甫张中丞书 ………………………………………………… 286

　答刘（重）［正］言宪长书 …………………………………… 287

　答梓谷黄光禄书 ………………………………………………… 288

卷之十二　翰牍闱外笔筹 ………………………………………… 290

　与刘将军 ………………………………………………………… 290

卷之十三　翰牍闱外笔筹 ………………………………………… 314

　与刘将军 ………………………………………………………… 314

　与郭总兵 ………………………………………………………… 328

　　与安总兵 ……………………………………………………… 331

　　札参将胡大宾 …………………………………………………… 334

卷之十四　纪载 …………………………………………………… 335

　　西蜀平（蜀）［蛮］碑 ………………………………………… 335

　　戎平行 …………………………………………………………… 341

　　御史大夫大抚台确庵曾公平南夷颂碑 ………………………… 344

卷之十五　纪载 …………………………………………………… 348

　　新修建武所城记 ………………………………………………… 348

　　崇报祠记 ………………………………………………………… 350

　　平蛮颂 …………………………………………………………… 352

　　平蛮赋有序 ……………………………………………………… 354

　　平戎奏凯序 ……………………………………………………… 356

　　平蛮凯旋叙 ……………………………………………………… 358

　　先刻征蛮奏议序^附 …………………………………………… 360

　　先刻征蛮杂录叙^附 …………………………………………… 361

　　先刻西蜀平蛮录叙^附 ………………………………………… 363

　　先刻平蛮录跋语^附 …………………………………………… 365

　　明史稿曾省吾传 ………………………………………………… 367

明实录第二 ……………………………………………………… 369

　　一、明太祖实录 ………………………………………………… 371

　　二、明太宗实录 ………………………………………………… 372

　　三、明宣宗实录 ………………………………………………… 372

　　四、明英宗实录 ………………………………………………… 373

　　五、明宪宗实录 ………………………………………………… 374

　　六、明孝宗实录 ………………………………………………… 392

七、明武宗实录 ·················· 396

八、明世宗实录 ·················· 401

九、明穆宗实录 ·················· 404

十、明神宗实录 ·················· 406

史乘第三 ·················· 413

旧唐书 ·················· 415

新唐书 ·················· 415

涌幢小品 ·················· 415

续资治通鉴长编 ·················· 416

皇宋通鉴长编纪事本末 ·················· 417

民国江安县志 ·················· 417

元史九则 ·················· 419

招捕总录 ·················· 422

明史共十六则 ·················· 422

嘉靖四川总志 ·················· 430

雍正四川通志 ·················· 435

光绪珙县志 ·················· 436

薛文清公文集 ·················· 439

程氏贻范集七则 ·················· 441

篁墩文集三则 ·················· 449

弇山堂别集 ·················· 451

礼部志稿 ·················· 451

全蜀艺文志 ·················· 452

晋溪本兵敷奏四件 ·················· 453

皇明经世文编 ·················· 459

杨升庵集三首 ·· 460

张太岳集书牍七件 ······························ 461

皇明大事记 ·· 463

两朝平攘录二则 ·································· 473

万历武功录 ·· 488

万历九年四川总志诗八首 ················· 496

国朝献征录四则 ·································· 500

蜀中广记三则 ······································ 503

万历贵州通志 ······································ 505

崇祯吴县志 ·· 505

乾隆高县志二则 ·································· 506

乾隆珙县志五则 ·································· 507

嘉庆长宁县志七则 ···························· 509

乾隆泸州九姓司志 ···························· 513

乾隆元和县志 ······································ 513

蜀事纪略三则 ······································ 514

康熙叙州府志·叙永厅志 ················· 517

康熙叙州府志·建武志 ···················· 518

边州闻见录 ·· 519

乾隆兴文县塘上牟氏平阳族谱 ········· 519

光绪续修叙永永宁厅县合志 ············ 520

光绪广东博罗韩氏族谱 ··················· 521

金石第四 ·· 523

李长春撰平蛮碑 ································ 525

任瀚撰平蛮碑 ···································· 528

周炎撰平蛮颂碑 ···························· 532

李文续撰都督刘公生祠碑 ···························· 534

朱茹撰岷山李公生祠碑 ···························· 535

明诰封荣禄大夫镇守广东川贵总兵南京后军都督府都督同知郭
公墓志铭 ···························· 538

明昭武将军四川都司都指挥佥事西湖丁公墓志铭 ·········· 540

九丝山西关口摩崖题刻 ···························· 541

九丝崖摩崖题刻 ···························· 542

大观台碑记 ···························· 543

凌霄城地界碑 ···························· 544

开河碑记 ···························· 545

府尹郑公戎功德政碑 ···························· 547

附录 关于叙南都掌的族源、族属和研究视角 ·············· 549

跋 ···························· 554

西蜀平蛮全录第一

重刻确庵曾先生西蜀平蛮录序①

张一鲲②

长卿、子云③皆蜀产也，其书言："非常之原，黎民惧焉。及臻厥成，天下晏如④。"又言不一劳暂费，无能伕以宁。有味乎其言之也！二子为（卭）［邛］莋⑤、匈奴发耳，彼恶（wū）睹夫都蛮之祸蹂及枌榆之烈乎！鲲家在武胜山下，距珙、戎⑥不甚辽邈，目击心隐，念不即扫除之，以摅（shū）神人之愤，振国家威灵。

万历癸酉（1573），我师大司空⑦确庵曾先生，奉命来镇拊全蜀，问民所疾苦，亡⑧若都蛮⑨僻远郊甸，謷（áo）丑法制，夔魖（kuí xū）六邑，今不芟夷，后将不可驯。乃以二月上状，五月誓师，九月破其垒、犁其庭。二百年逋寇，一旦云彻席卷，靡亡余灾。蜀人士讴歈（yú）⑩鼓舞，愿世世尸而祝之，社而稷之。允哉，先生厥功巨伟矣！

暨还报，天子大恺（kǎi），问先生平蛮状，先生口逡逡（qūn qūn）不敢语。稍隙，出所上奏并营中诸议，授二三子诠次为《平蛮录》⑪。先生来留都⑫，出示鲲。鲲与友人郭相奎⑬重翻校之，析为五帙：一、奏议；二、公移；三、杂著；四、翰牍；五、纪载。

鲲循环读之，则叹曰："先生是役也，何其料敌之省而奏凯之遄（chuán）也。当首议盈庭，大抵谓寇匿大箐，吻爽暗昧，我师濯征，猝难深入，而先生独以贼为不足平，则裴晋公之料元济⑭矣；大将若刘、郭、安⑮，俱出之囹圄，授之牙幢，不为众哗以括代颇，则秦穆之将孟明矣⑯；一鼓，拔凌霄⑰，再鼓，拔都都⑱，三鼓，拔九丝⑲。轻先疾雷，以驭（sà）遗风，则诸葛武侯之擒孟获矣。至誓师数语，首戒滥杀，不尚首功。往称节制之师，曾不是过。每一传疏上，一则曰王猷，二则曰庙算。宗功小纪，原本元辅。探壁艾旃，推毂将裨。不矜不伐，与古合契。兵法曰：全胜不斗，大兵无创。圣人将动，必有愚色。是先生所以得志于戎而收全功于蜀也，盖出之以仁，居之以谦也。

鲲于先生为门下士，于戎之捷，为桑梓幸甚，而无能勒燕然之铭⑳，献平淮之碑㉑，为先生建隆碣于叙南㉒，以振崇伐而铄王师，则甚有其恧㉓（nǜ）焉。居尝推长卿、子云之意，叙戎、珙之役，嗟乎，终今以来千百世永蜀之安。而系之思，则兹录之再刻可已哉。

万历九年，辛巳阳月日，赐进士第、巡按直隶监察御史、门生张一鲲顿首撰。

①确庵曾先生：曾省吾，承天（今湖北钟祥）人，明嘉靖三十五年（1555）进士。隆庆六年（1572）以右金都御史巡抚四川，讨平都掌，后撰成此书。

②张一鲲：字鹏化，号翼海，重庆府合州定远县（今四川武胜）人。明隆庆五年（1571）进士，官御史。民国《武胜县新志》卷九有传。

③长卿、子云：司马相如、扬雄。

④"非常之原"句：《史记·司马相如列传》引相如所著之书曰："盖世必有非常之人，然后有非常之事；有非常之事，然后有非常之功。非常者，固常之所异也。故曰：非常之原，黎民惧焉。及臻厥成，天下晏然也。"

⑤按："卬"乃"邛"字之讹。邛莋，又作"邛筰"，汉时西南夷邛都、筰都两地的并称，地在今四川邛崃、雅安、汉源一带。亦泛指西南边远地区或少数民族。

⑥珙、戎：县名。与庆符、长宁、高县、筠连县并隶四川叙州府（今四川宜宾），六县皆在长江之南，习称"蜀南六邑"，又称"叙南六县""南六县"。明万历二年（1572），戎县更名兴文县。

⑦大司空：古代对于工部尚书的雅称。万历八年（1580），曾省吾拜工部尚书。

⑧亡：通"无"。

⑨都蛮：居住在今兴文县山区的"都掌族"。前代史籍称之为"山都掌""都掌蛮"。今日兴文县的南部，前代隶属羁縻纳州。州有"都掌县"。见《新唐书·地理志七下》。

⑩歈：歌。屈原《招魂》："吴歈蔡讴，奏大吕些。"

⑪《平蛮录》：曾省吾氏此书，原名《西蜀平蛮录》，刻于万历七年。此外，又有万历二年《平蛮奏议》与万历三年《平蛮杂录》之刻。万历九年张一鲲综合以上三书，编为十五卷而重刻之，题作《曾确庵先生西蜀平蛮全录》。

⑫留都：今南京。

⑬郭相奎：明万历朝兵部尚书郭子章，字相奎，江西泰和人，隆庆五年（1571）进士。清雍正《江西通志》卷七九有传。

⑭裴晋公之料元济：唐元和中，淮西节度使吴元济以蔡州叛，裴度奉旨进讨。天大寒，度料其无备，命将李愬潜师雪夜袭破其城，擒之。

⑮刘、郭、安：镇守四川总兵官刘显；已革四川总兵郭成；已革贵州总兵安大朝。三将皆以罪废，曾省吾力排众议起用之，卒平都掌。

⑯"不为众哗"句：秦穆公以孟明为将，远袭郑国。中途遭晋军伏击，全师尽没。秦人伐赵，赵王以赵括代廉颇将赵军，败于长平，四十万赵卒被俘，尽遭坑杀。曾省吾起用刘、郭、安三将，舆论大哗，以为必败。

⑰凌霄：山名，山上有凌霄城。本为北宋轮多屯，南宋四川制置使朱禩孙改筑为凌宵城，遗址在今僰王山镇凌霄城村之拖岗槽。西南距九丝城（九丝山）40公里，南距都都寨55公里，东北距戎县（今僰王山镇）15公里。与九丝城、都都寨关关互为犄角。凌霄山海拔1001.1米，拔地而起，耸出群山，三面峭壁，西连五斗坝，二者间为一裂谷，宽约7米，深20余米，置吊桥相通，人称"断颈岩"。山南为深箐，连亘数十里，层峦叠嶂，仅有羊肠小道，人道"四十八拐上凌霄"。山顶平坦，林木茂盛，可耕面积约40亩，有荤、素二井，常年不涸。凌霄山形势险要，易守难攻，民谚："若要凌霄破，

星往月中过。"凌霄城上通九丝，下出梅硐河谷可达江安、长宁、泸州、叙州等地。光绪《兴文县志》卷一："凌霄山，县西南三十里。三面峭壁，西连五斗坝，深箐绵亘数里，层峦叠嶂，望之如城。宋时为都蛮所据，明成化间李矿攀崖架木，循南箐以进，遂破凌霄，后复为蛮首所得。万历间帅臣刘显攻拔之，擒酋阿苟，长驱而遂入，绘图以上，赐名拱极城。"

⑱都都：山名，上有都都寨。地在今九丝城镇文印村与珙县曹营镇红光村交界处。其中大都都、二都都在今珙县曹营镇长境，三都都在今兴文县。山势雄伟，三山相连，海拔 1218 米，都掌人筑为堡寨，与九丝城、鸡冠岭、印把山、轿顶寨等互为犄角。光绪《兴文县志》卷一："都督山：县（今僰王山镇）西南一百四十里，建（武）东二十里，与文印（山）对峙，峭壁凌霄，险不易上，蛮酋方三曾据此。"

⑲九丝：山名。上有九丝城，为都掌人最大的山寨。地在今兴文县县城古宋镇西南 61 公里，今九丝城镇九丝村境内。海拔 1247 米，周围四十里，四面悬崖峭壁，唯东北一径手足并用可通，险峻难攻。山顶平坦，有九岗四水，可耕。朱国祯《皇明大事记·平都蛮》：其山"以丝围之，约重九两，故名。或传都掌氏族纷繁，其姓十九，号为九丝"。

⑳燕然之铭：汉窦宪大破匈奴，遂登燕然山，刻石勒铭。

㉑平淮之碑：淮西平定，韩愈奉诏撰《平淮西碑》，立石纪功。

㉒叙南：叙州府的别称。

㉓忝：惭愧。

卷之一　奏议

　　论①曰：昔杨子云颂"营平守节，屡奏封章"②，未尝不营平之守节是嘉，然辄下问状，不从武贤之策，则明灵惟宣，实有庙战之算赢焉。读今大司空曾公③平蛮奏议，所便宜事④，辄以状闻天子报可，下公卿议，一切如曾中丞所奏，趣行之，不五月而大功奏，役无再举。岂惟曾公之威谋靡亢，而天授宏略，神输秘图，盖有先定者矣。叙奏议第一。

　　①论：其文为张一鲲编次本书时所加。以下诸"论"同。

　　②"营平守节"句：汉宣帝图画霍光、赵充国等功臣像于未央宫。至成帝时，西羌常有警，成帝思将帅之臣，召黄门侍郎扬雄，即充国画像而颂之曰："营平守节，屡奏封章。"

　　③今大司空曾公：本书作者曾省吾。平都掌后，曾省吾入朝为工部尚书。大司空，工部尚书的别称。

　　④便宜事：便宜施行之事。经上级许可，不用请示而自己斟酌情形处理事务。

计处夷情疏

钦差巡抚四川等处地方、都察院右佥都御史①臣曾省吾谨题②：为计处地方夷情，以便剿贼事。

照得③戎县都蛮，先经奉有明旨相机攻剿，一应调集兵粮俱照部议，听臣衙门径自从长计处，不敢渎奏外，近于万历元年（1573）二月十七日，忽准④贵州巡抚、右副都御史蔡文⑤咨⑥："据威清兵备道⑦报称：四川永宁宣抚⑧奢效忠差夷兵前来，会同伊亲土舍⑨安智，合兵攻杀水西⑩今革任土官安国亨。"又据大方坐镇指挥王道行呈报："奢效忠起兵前来攻打大方，国亨统兵敌杀，已经禁戢，各扎兵持守"等因；又据叙泸参将张泽揭报⑪："土官奢效忠，先年遵奉贵州明文，调伐土官安国亨，遂成仇隙。国亨屡次发兵劫杀效忠地界，近日又称效忠发兵进攻国亨，乞行两省委官严禁"等因；又据奢效忠亦申⑫："安国亨近日屯兵数处，要行复仇"等因，各咨报到臣。除行⑬兵巡下川南道⑭严加禁谕，并移文⑮贵州巡抚衙门，会同委官，将二家仇杀事情速与勘明处分，以消构怨外，该臣看得：奢效忠、安国亨与都蛮地方正相联络，今值防剿之时，二酋有此互构，似为掣肘不便，但奢效忠系川省所属，素尝报效，当禁之即止，调之即来。惟安国亨、安智系贵州所属，分不相统，中间事机却甚相关。随案行三司、该道，并移文总兵⑯刘显⑰，议报相同。

窃缘前项都蛮叛逆有年，六县生灵毒害已极。今设大将、屯重兵，劳民耗财无已，地方坐受疲敝，而蛮未悔祸，出没无常，且四川三面濒夷，观望非细，猝有他虞，于计未便。臣愚以为明良盛世，将使无一夫不获之忧，而此区区叛蛮，久劳苦巴蜀百姓，臣拊循之罪不容自逭。该延访众议，俱称蛮恃九丝城为窟穴，宜以计破，攻心为上。除仰凭皇上宠灵，奖率士卒，重悬赏格，许以超叙官职，相机计处，以期底定外，假若蛮果畏威，早执渠魁，以赎往逆，即当胁从罔治，用广圣恩。如再执迷，仍前猖獗，则川、贵土兵必须节制之权得以归一，庶几既消夷衅（xìn），且资掎角，便于调遣，以裕先事之谋。如蒙伏望皇上敕下该部查议，将该省土官安国亨、土舍安智，暂令总兵刘显许其节制。并行贵州抚、按衙门严行安国亨，止许听臣会同斟酌调遣，不得借口复仇，妄有骚动。如违，即系阻挠军机，暗为蛮党，容臣指实参究。两省仍各严为禁止，使奢效忠免于内顾，得以并力都蛮；安国亨不特不敢牵缀奢效忠，且将为我兵之助。及准总兵刘显议称："见任贵州坝阳守备刘天庆，原领本镇标兵鸟铳手三百名，相应一时借用。事完，仍还守信地⑱。"又称："原任总兵郭成⑲，发迹叙泸，熟知地里。"并据兵巡下川南道副使李江⑳呈报："访得原任贵州总兵安大朝㉑，先任叙泸参将，叛蛮畏避。虽谋略稍疏，勇敢足尚。"为照㉒二臣虽经罪废，素著枭雄，不惟惩创已深，正宜使过㉓，兼系立功旧地，谙练尤多，相应姑充为事官㉔，随宜领兵，协同攻剿，有功一体叙录。并乞敕议俯从，深为便益。为此具本谨题请旨。

奉圣旨："是。这蛮贼称乱多年，著曾省吾、刘显悉力尽剿，以靖地方。"

①明代地方建置省、府（直隶州、厅）、县（散州）三级政权。省级政府以巡抚为最高主官。巡抚例兼"都察院右佥都御史"。明代后期，一些行省又有总督之置。

②题：题本。臣下奏报朝廷的奏疏。

③照得：具见始末曰照，谓照而得之矣。盖查明详审之意。古代公文用语。

④准：按照，根据，依据。前代公文用语。

⑤蔡文：字孚仲，福建龙溪人，嘉靖二十六年（1547）进士。乾隆《福建通志》卷四六有传。

⑥咨：咨文。平级衙门之间使用的一种公文。

⑦兵备道：明代各省提刑按察司的派出机构，驻扎要害或者沿边地方，以副使（正四品）或佥事（正五品）为主官，职司兵备。威清兵备道驻贵州毕节。

⑧永宁宣抚：明代文职土司名，全称"永宁宣抚使司"，治永宁（今四川叙永），隶四川布政使司，职级（官秩）从四品，职务世袭。《明史》记作正三品，误。宣抚使（土司头人），彝族，汉姓"奢"。辖区大体相当于今日叙永、古蔺、筠连三县和兴文县东部，以及贵州县级仁怀市和习水县一部分。

⑨土舍：土司头人自行辟任的头目。土司以其正妻所生之嫡长男为优先继承者。嫡次子以下与妾媵所生，皆为庶子，分别给予土地，担任则溪（火头）长官或其属下头目，署理军、民政务，征收赋税。是为土舍，亦称土目。

⑩水西：今贵州大方。明置贵州宣慰司（武职土司）于其地，以彝族安氏头人为宣慰使，官秩从三品。职务世袭，隶于贵州都指挥使司。辖境大体相当于今天毕节鸭池河以西，包括毕节市大部（威宁、赫章二县除外）及六盘水市的一部分。

⑪揭报：古代通用于向上级及同级衙门之间报告，通报情况的公文。有如当代公文中的"情况简报"和"通报"。

⑫申：旧时下级向上级的呈文。

⑬行：行文，发文。

⑭兵巡下川南道：明代四川省提刑按察司的派出机构。明分全国为十三行省，以巡抚为主官，分设三司办事：承宣布政使司，掌民政、赋税钱粮；提刑按察司，掌刑名、监察、学政和兵备；都指挥使司，下领全省诸卫所，掌兵马。皆听命于巡抚。布、按二司各在冲要处所设"道"，作为派出机构。其布政司派出者称分守道，以参政（从三品）或参议（从四品）为主官；按察司派出者称分巡道，以副使（正四品）或佥事（正五品）为主官。分守、分巡二道，施政区域相同，各驻一地，互不统辖。随着时间的推移，逐渐演

变成为事实上存在的一级政权机关，与民国年间的"行政督察专员公署"和新中国的"地区专员公署"大体类似。早期，下川南地方，除守、巡二道以外，还另设有一个由按察司派出，专司整饬兵备的"叙马泸兵备道"，隆庆三年（1569）裁撤，并入下川南分巡道。下川南分巡道既司整饬兵备，因又称为"兵巡下川南道"。下川南道的施政区域，包括叙州府（今宜宾）、马湖府（治屏山故城）、泸州直隶州（今泸州）等17个府、州、县。分守下川南道驻叙州府（今宜宾翠屏区），分巡下川南道驻泸州本州（今泸州江阳区）。万历二年（1574）讨平都掌后，复设叙马泸兵备道于建武（今九丝城镇建武村），分巡下川南道不再整饬兵备。

⑮移文：行文。动词。又，古代衙门之间行文曰"移"。

⑯总兵：明清高级军官名。最初只是一种差遣，有事出征时指定将领充任，事平即罢。其后诸省分设镇守总兵，遂成固定职务。《明史》卷七六《职官志五》：军官序列依次是总兵官、副总兵、参将、游击将军、守备、把总，"无品级，无定员。总镇一方者为镇守，独镇一路者为分守，各守一城一堡者为守备，与主将同守一城者为协守。又有提督、提调、巡视、备御、领班、备倭等名。凡总兵、副总兵，率以公、侯、伯、都督充之"。是总兵为军官位次之最高者。明代后期又设副将，位列总兵之下而参将之上。

⑰刘显：江西南昌人，时任镇守四川总兵官，征剿都掌的主将。《明史》卷二一二有传。

⑱信地：防区。军队驻扎和管辖的地区。

⑲郭成：叙南卫（驻今珙县珙泉镇老堡寨）人，官广东总兵。四川都掌蛮为乱，诏成移镇四川，寻被劾，罢归。曾省吾奏请朝廷批准起用，充为事官，副刘显进讨，以功复职。《明史》卷二一二有传。

⑳李江：字岷山，山东武定（今惠民）人，嘉靖三十八年进士。时以副使为兵巡下川南道主官。万历元年征都掌，任平蛮总监军，以功升四川按察使，又升湖广巡抚，终南京刑部右侍郎。

㉑安大朝：贵州平越人，官贵州总兵，以过停职听勘。曾省吾奏起之，充为事官，佐刘显讨都掌，以功复职。终都督同知。乾隆《贵州通志》卷一九有传。

㉒照：查明，查得。古代公文用语。

㉓使过：起用有过失者，使其效命自勉，将功补过。《后汉书·索卢放传》："太守受诛，诚不敢言，但恐天下惶惧，各生疑变。夫使功者不如使过，愿以身代太守之命。"

㉔为事官：具体办事而无相应的职务之官，类似于现代"临时主持工作"及所谓"负责人"。明代多以因故削职或停俸者"谪充为事官"。为事官功能补过者，可以官复原职。

破凌霄城报捷疏

题：为仰仗天威，官兵奋勇，计擒贼首，攻破险塞事。

据四川布、按二司①、清军右布政使冯成能②、兵巡下川南道副使李江、分守上川南③带管分守下川南道参议沈伯龙④呈：准镇守四川总兵官、南京中军都督府⑤署都督金事⑥刘显手本⑦开称："照得戎县六乡⑧都蛮，叛恶多年，所恃巢穴极险，东据凌霄，西据九丝。凌霄被蛮王阿苟所据，若阿苟不擒，必凌霄难破；凌霄不破，必九丝难图。"今本年（1573）三月二十一日，该巡抚曾都御史亲临叙南，调兵集饷，询谋金同；又该巡按孙御史⑨振纪厉师，远增敌忾。本职依行，督令原任总兵郭成、参将张泽等，差武举李之实设间，把总⑩谢秉华、哨官⑪陈文龙等助同前去，先将凌霄久叛蛮王阿苟并贼首阿肉、阿缪、阿夅（qiá）、阿王保、阿汝近六名计令下城⑫，随该通判⑬洪一贯执谋擒获，于四月十一日解报。

又该本职看得落豹⑭、恶泪坎⑮二寨，俱凌霄羽翼，先应翦除。密令守备吴宪、名色把总⑯刘招桂等设伏马草坡⑰，于本日袭破落豹寨，斩获首级十颗，俘获被虏阿正朝等四名。又令坐营指挥⑱葛琼、戎县典史⑲祝旦等，攻破恶泪坎寨，斩获首级三颗。余蛮奔入深箐，房屋尽焚。又恐四乡出救，令洪雅县主簿⑳周崇恭、把总何子宸等，于本月二十七日伏兵都都寨下堵截，生擒叛蛮阿关等四名，斩首二颗。

又该曾都御史差指挥李杜赍捧令旗、令牌，调取永宁宣抚奢效忠，统领羿兵㉑一万名前来进剿，密谕本职先扎马屎墩。及行左布政使罗瑶㉒会计军饷，右布政使冯成能协理机宜，兵巡道副使李江随营监督，分守道参议沈伯龙、叙州府知府陈大壮㉓催粮开河，综理诸务，通判洪一贯督运粮饷，同知㉔曾可耕料理军器，推官㉕高文炳纪验功次，威州㉖知州罗向辰赞画赏功。于二十八日逼进凌霄城分布。本职亲率汉土官兵，分为六枝：把总吴鲸等进扎柳公营右，把总刘招桂等进扎柳公营左，原任总兵郭成督同把总吕崇舟、盐亭县主簿汪东秀等，进扎吊儿嘴㉗，攻五斗坝㉘，参将张泽督同指挥申大谟㉙、武举胡禄等，进扎胡公营以取凌霄。又令宣抚奢效忠，先分精锐羿兵一枝协攻五斗坝，并将余下羿兵分为数营，围扎凌霄城下，以防奔溃。本职亲督部下官兵坐营指挥葛琼等，与各营刻期并进。兵部委官指挥孙镫、王孝先，同催把总刘招桂等，四面攻围。又该兵巡道率通判洪一贯，并威州知州罗向辰，亲行督战。各兵攀藤附木，呼噪争先，贼众滚木、礌石、标弩乱发，当被我军鸟铳、火箭打伤二十余。蛮遁寨固守。二十九日，又该曾都御史遣发火牌㉚传谕各兵，务要奋勇用命，以膺重赏。如有怯懦退缩，即便枭示㉛。该本职率同郭成等，催兵攻上五斗坝，扎营。五月初一日，各兵奋勇直前，鸟铳打退众蛮，搭桥越过深沟，用火箭射烧巢门小房。有勇兵郑龙等四人奋勇当先，郑龙被标石乱打，头破血流不退。众兵乘势一拥齐进，前后夹攻，焚烧巢屋，火焰烛天，喊声震地。我兵登城，直捣巢穴，各蛮堕崖死者不计，生擒蛮王阿幺儿、胡大汉并蛮众共九十五名口，斩获贼首杨茂惠、阿相、马儿等首级一百一名颗。烧毁贼房二百余向㉜，仓二十间，谷豆无数。夺获水、黄牛三十五只，羊五十八只，猪四十一只，酒七十八坛，火腿二十五件，标二百七十七根，弩一百八十二把，弩箭一千三百七十九支，梭枪一百二十六根，皮鼓三十五面。当阵将牛羊、器械等项，会同监军道随宜给赏冲锋兵勇讫。阵亡汉、土兵三名，重伤一十一名，轻伤四十六名。又据缘事都司韩似甫③呈报："在于小堡地方拿获叛蛮细作阿雷，并解阿汉首级一颗。又典史祝旦督游兵李仁等，生擒蛮贼尹金荣一名，解道纪验"等因。准此，该各道查得凌霄城功次：总兵刘显部下官兵，斩获首级三十一名颗，生擒一名；原任总兵郭成部下，斩获首级十名颗，生擒蛮妇一口；参将张泽部下，斩获首级一十一名颗，生擒一名；坐营指挥葛琼下，斩获首级二名颗；宣抚奢效忠下，斩获首级四十七名颗，生擒九十二名口。通计前后擒斩蛮贼共二百二十四名颗，俘获被虏监生胡天锡等五名，牛羊猪只、夷器共二千一百三十三只件，烧毁贼房、仓廒共二百二十余向。功虽不多，险寨已破，大举九丝，为力已易。并称："山都蛮长阿苟，先年同父阿共大肆猖獗，案行招抚，给赏冠带④，管兵食粮，仍复叛逆，与义子阿幺儿雄据凌霄，擅抬大轿，黄伞蟒衣，僭号称王。又招贼首阿肉为义婿，及纠阿夅、阿缪等，与各乡都蛮四出焚劫，攻陷边堡。强奸民妇，罗氏女冬儿不从，登时碎剁支解；将民喻正文开膛杀血祭旗；捉绑百户⑤张汝昆等，并杀虏军民数百。又于万历元年出劫高楼子等处，杀死生员胡一侗，并居民文中等三十五名口，虏去监生胡天锡壹家二十一名口，并董从元等一十九名，杀伤傅成贵等一十三名口，烧毁房屋三十向，抢去牛马二十九只，猪羊百余。节据府县衙门申报在卷，呈乞具题"等因，到臣。案照先该臣将计处都蛮事情于三月二十日具题，随抚临叙州府，督同司、道、将领各官，及调奢效忠领兵前来相机雕剿间。四月初六日，准兵部咨："为贪肆将官等事。该兵科给事中李熙论劾总兵刘显闽蜀贪纵不职⑥，该部议覆：四川总兵之设，专为议剿都蛮，今自设此官，再更镇守，尚无定议。老师费财，甚非长策。相应并议，合候命下，本部马上差人，咨行巡抚四川都御史曾省吾，会同巡按御史查勘本官履任以来有无痛加惩创，克盖前愆；议剿都蛮有无师期，作何议处。据实具闻"等因，题奉钦依，备咨差指挥王孝先领赏前来。除会同巡按御史孙代案行布、按二司勘明，另行具奏外，该臣一面集议师期，一面设法计剿，及行总兵刘显，仰体朝廷使过至恩，务宜矢心立功，刻期灭贼，以赎前愆。随该总兵刘显半月之间先计擒首恶阿苟等解报，随督率官兵分定哨道，于四月二十八日直至凌霄城下，昼夜鏖战。显与副使李江等，悬赏合谋，催督官兵攀藤附木，四面夹攻，于五月初一日贼势披靡，遂破凌霄，生擒贼首阿幺儿等九十五名口，斩获首级一百一名颗，呈解前来，并将凌霄城分拨我兵二千名扎定。该臣公同守、巡各道，将首恶阿幺儿、胡大汉、阿六、小么、阿顺、阿幺、阿叫、阿台、三哥、胡大金、张庆才十一名先行斩首枭示，以彰国法外，参照山都蛮王阿苟、蛮长阿肉等豺狼异类，久负固于凌霄；枭獍凶资，肆凭陵于僰道㊲，恃天险之势而吞噬无常，期法网之疏而跳梁见怪，累岁挟抚而益逞狂心，先后杀伤，奚止万余生命。诸蛮煽从而大张虐焰，老幼荼毒，遍于六县乡村，至于解肢掘墓，以张劫众之威；剖妇刳儿，以为横槊之戏，诚擢发难数其罪，而枭首不尽其辜者也。但以听招款我而官兵久堕其奸，又以据险称雄而逋逃咸入其薮，滋蔓难图，渐成尾大，为日久矣。及查成化年间兵部尚书程信、襄城伯李瑾㊳攻围凌霄城，六十六日始破，今仅三日破之。我兵扎定，虎视都蛮以临九丝，有如破竹之势。此皆仰赖我皇上圣武布昭，天威震荡，庙谟神算，鼓舞臣工所致，臣等安能仰裨其万一哉！求之二百年间，实此方旷见之奇捷。其在今日，已足为平定张本。

　　臣待罪地方，不胜庆幸。除将各犯固监听候明旨，俘获贼属男妇变价入官，被房人口给主收领，叛蛮田地一面踏勘，有功效劳文武等官，通候大征九丝完日并叙，军勇、土兵照格给赏，阵亡、被伤军兵照例优恤外，今将前项获功缘由先行奏报，以纾九重西顾之忧。伏乞皇上敕下该部，再加查议，将首恶阿苟等转行四川巡按御史，明正典刑，以肃法纪，以快人心。所获功次通行查核，候并叙录施行。为此具本谨题请旨。

奉圣旨："是。这蛮寨既破，著曾省吾、刘显督率文武将士，乘势运谋，奋勇进剿，务要扫除尽绝，以靖地方。阿苟等即便处决枭示。其余依拟。"

①布、按二司：承宣布政使司，简称布政司。主官左、右布政使各一人，官秩从二品，掌民政、钱粮；提刑按察使司，简称按察司，主官按察使一人，正三品；副使一人，正四品，掌监察、刑名、学政、整饬兵备。皆听命于巡抚。

②清军右布政使冯成能：字子经，浙江宁波府慈溪县人，嘉靖三十八年进士。万历元年讨平都掌后，当地人为之建生祠于建武。清军，明代实行军卫制度，士卒编入卫所，世代为兵，平时屯戍，战时出征，苦不堪言，多有逃亡。因置清军之官，诸省按察司下设清军道，专职勾捕逃军。

③分守上川南：分守上川南道的简称。驻嘉定（今乐山市中区）。施政区域包括嘉州直隶州（今乐山）、眉州直隶州（今眉山）、邛州直隶州（今邛崃、蒲江、大邑三县）、雅州直隶州（今雅安）等16州县。

④沈伯龙：字云卿，浙江嘉兴府嘉兴县人，明嘉靖四十四年进士。时以四川布政司参议为分守上川南道主官，带管分守下川南道。

⑤南京中军都督府：明初，置大都督府，都督节制中外诸军事。洪武十三年，改设中、左、右、前、后五军都督府，分领全国各都司卫所，而征调隶于兵部。永乐十八年（1420）明成祖迁都北京，新建中央政府机构。原来设在南京的中央政府机关全部保留而加"南京"字。

⑥署都督佥事：代理都督佥事，官秩正二品。佥事，相当于现在的副职或者助理。

⑦手本：古代下级呈报上级的公文之一种。清刘銮《五石瓠·手本名

贴》："官司移会用六扣白柬，谓之手本。为下官见上官所投。"

　　⑧戎县六乡：明代戎县下辖都掌人聚居的水都四乡和山都六乡。明曹学佺《蜀中广记》卷三六：戎县本"春秋僰侯故地，汉为西南夷部，叛服不常，诸葛武侯征抚之，置铜鼓，埋镇诸山，稍就帖然。唐仪凤间，开拓夷徼，于本部置晏州罗阳部，领七县。宋熙宁间，晏州仪夷献地，隶泸州郡。政和间，夷卜漏谋叛，据五半南，后据九丝天险，号九丝山都掌。元至正间，本部归附，升为戎州，统辖水都四乡、山都六乡。本朝改州为县，隶叙州府。水都则阳顺队逆，山都则獭猖日甚。"其水都四乡包括"上半乡"（清光绪中改让畔乡，今僰王山镇大部和共乐镇拖船场一角）和"下半乡"（后改水泸乡，光绪中又改跃龙乡，今僰王山镇博泸村和玉屏社区）、洞扫乡（或作扫洞乡。光绪中改六合乡，今麒麟乡地）、卜昏乡（光绪中改荟灵乡，今石海镇）；山都六乡，乡名不详，大抵在今兴文县仙峰乡、九丝城镇、僰王山镇和珙县曹营镇、洛亥镇一带的高山地区，地势高寒，交通闭塞，语言不通，也不承粮纳赋。

　　⑨巡按孙御史：时任四川按察使孙代，字绍甫，陕西扶风人。嘉靖三十八年（1559）进士。万历元年任四川提刑按察司按察使（习称巡按）。

　　⑩把总：明、清低级武官。清代官阶正七品。

　　⑪哨官：明、清低级武官。位把总下，无品级。明代后期，军队编制大体五人为伍，二伍为什，三什为队，三队为哨，五哨为总，五总为营。每哨约90人。

　　⑫计令下城：以计诱之出城（下山）。

　　⑬通判：州府主官的副职。并负监察主官之责。

　　⑭落豹：今僰王山镇千秋村龙碑坝上的罗垭。

　　⑮恶泪坎：民国《兴文县志》卷二："落豹寨，在县东，亦蛮寨也。万历初大帅刘显讨都掌蛮，袭破其落豹寨，取其（恶）戾坎，遂进克凌霄城。"恶泪坎地当凌霄城通往九丝城要冲，分大恶泪、小恶泪，悬崖陡壁，石梯上下，势若登天。嘉靖《四川总志》卷八：叙州府"恶泪坎，戎县（今僰王山镇）东十五里，山高道险，宿草荒塞，故名"。恶泪坎在今僰王山镇与仙峰苗族乡交界处。

⑯名色把总：给以名义，领兵作战，而并未正式除授的把总。

⑰马草坡：在今九丝城镇建武村，地名黄土岭。

⑱坐营指挥：留驻营中，分管后勤并日常庶务的长官。

⑲典史：知县的属官。掌管缉捕、监狱诸事。官秩未入流。

⑳主簿：知县的属官，主管户籍、办理文书和缉捕诸务。官秩正九品。

㉑羿兵：此谓奢效忠率领的永宁土兵。实际上，其兵虽有羿子（未识别的少数民族），而更多的是彝族。

㉒罗瑶：湖广巴陵（今岳阳）人，嘉靖二十九年（1550）进士。

㉓陈大壮：江苏通州（今南通）人，嘉靖四十一年（1562）进士。隆庆中任叙州府知府，万历元年讨都掌，有功，升成都府知府，叙人祀之名宦。光绪《叙州府志》："陈大壮，通州进士，成都府知府。鸠工凿（南广河）趱、木二滩，由南广水路运达建武。南广道石壁上刻'转漕建武'四大字。"

㉔同知：同某官的意思，职位相等于某官之副。叙州府的同知，官秩正六品。

㉕推官：州府的属官，掌理刑名、赞计典。叙州府的同知，官秩正七品。

㉖威州：治所在今四川汶川。

㉗吊儿嘴：在今长宁县梅洞镇马坪村境。

㉘五斗坝：在今僰王山镇千秋村境。

㉙指挥申大谟：此指泸州卫指挥使。申大谟，父申命和嘉靖初自江苏领兵入蜀，任泸州卫指挥使。见乾隆《九姓司志》、光绪《九姓乡志》职官志。今其后裔在兴文及川滇黔各地高达五千余人。

㉚火牌：古代军中符信。兵丁至各地传达命令，皆给火牌一面。

㉛枭示：斩首后高悬首级示众。

㉜向：川黔土语，与"幢""所"同义。

㉝缘事都司韩似甫：戴罪留职的都指挥使。韩似甫，又作仕甫，祖籍山东鱼台县，泸州卫世袭指挥使韩克恭之侄玄孙，韩克敬之玄孙。隆庆二年（1568）武进士，推授泸州卫世袭指挥使，后裔居泸州。事迹详见光绪泸州《韩氏族谱》。

㉞冠带：官员的衣冠、服饰。

㉟百户：明代军制，千户所下领百户所，设官百户，统兵112人。官秩正六品。

㊱《明史·刘显传》：刘显在福建"居官不守法度。巡按御史劾之，革任候勘。用巡抚刘几荐，命充为事官，镇守如故。隆庆改元，以军政拾遗被劾，贬秩视事。用巡抚谷中虚荐，还故官，移镇贵州。……四川巡抚会省吾议征都掌蛮，令显移镇其地。复被劾罢，省吾奏留之"。

㊲僰道：今宜宾市南六县诸地。

㊳程信、李瑾：成化元年（1465）程信、李瑾征讨都掌事，详见《明史》卷一七二《程信传》。

覆勘将官疏①

题：为贪肆将官负罪深重，恳乞圣断，亟行罢斥，以谢地方，以安边镇事。

据四川按察司呈："奉臣案验，仰②司官吏即便会同布、都二司并川南守、巡该道，查勘四川镇守总兵官、南京中军都督府署都督金事刘显任蜀以来贪纵事情，并都蛮作何议处，有无师期、成算，果否其人堪恃，具由③速报"等因，又蒙巡按四川监察孙御史案验，亦同前事。遵依行准分守上川南带管下川南道参议沈伯龙、兵巡下川南道副史李江查议前来，该本司按察使徐行会同布政司左布政使罗瑶、右布政使冯成能、都司署都指挥金事胡恩议："照都蛮据险作乱，盖亦有年，动兵大剿亦非一次，而未闻地方平定，蛮势益猖。自隆庆六年（1572）内总兵刘显履任以来，选兵设隘，防御既严，相机雕剿，兵威亦振，蛮遂敛迹不复出劫，秋冬之间人民安业。今春，虽贼首阿苟乘间劫掠，而显又设谋擒获，调兵致讨，大破凌霄，擒斩贼级二百有奇。诸蛮魂飞域外，九丝势在握中。若显在福建恶迹，既经论劾，如果是实，委负朝廷。但今在四川，实未见故态。况官军用命，足知其无剥削之非；士民悦心，益见其鲜纵肆之失。今秋大剿，平定有机，若或临敌易将，恐恶蛮得志，而西土无安枕之日。相应暂留征蛮，以期全捷。合无④请乞会疏奏留"等因，呈详⑤到臣。

卷查，先准兵部咨："该兵科给事中李熙，论劾总兵刘显闽蜀贪婪不职，乞行罢斥。"该部议覆："四川总兵之设，专为议剿都蛮。今自设此官，已再更镇守，尚无定议。频年株守，老师费财，甚非长策。相应并议，恭候命下移咨巡抚四川都御史曾省吾，会同巡按御史，速行查勘总兵刘显自履任以来，有无痛加惩创，克盖前愆，议剿都蛮有无师期，本官果否堪恃。如或师期伊迩，刘显果能矢忠宣力，足任斯事，则合疏奏留，待其成功之日，酌议功过以为用舍。如或贪肆如故，无济事机，有乖成算，与都蛮应该作何议处，据实具闻，以凭覆议黜革"等因，题奉钦依，备咨前来。已经案行该司查勘，间随准总兵刘显手本开称："兴师之期，宜在八月初旬，乘各蛮禾稻成熟，天气渐凉，我兵得以披坚执锐进取"等因，又经催行该司速议去后。

今据前因，该臣会同巡按四川监察御史孙代，议照前项都蛮东连永宁，南接芒部⑥，西通乌蒙⑦，北达马湖⑧，而戎、长、高、珙、庆、筠六县，近相联络，即古戎、僰（bó），汉之西南夷也。唐宋以来，置州内附，不过羁縻⑨，我大明悉改为县，流官⑩钤治，属之戎县，办纳税粮，已为编民。故土夷环列，一有不靖，尤勤问罪。矧⑪兹编民在中，独可任其跳梁。是以洪武、永乐、宣德、正统以来，节因烧劫为害，或抚或剿不一，然未大创。惟景泰元年（1450）夷贼并起，攻破长宁、庆符、江安、纳溪，诸县为之一赤。遣佥都御史李匡⑫、监察御史刘瀚入山征剿，比以疠疫大兴，贼逃深箐，旋复班师。天顺元年（1457）、五年（1462），两次围攻各县，先后遣总兵、都督等官问罪。延至成化元年（1465），势甚。遣兵部尚书程信、襄城伯李瑾，御史、郎中、主事等官，率领大军一十八万，驻历四年，称大创矣。而士卒损伤甚众，然亦颇贻数十年之安。嘉靖年间以来，生齿日繁，逋逃助恶，每每骚动县官，随剿随叛，愈抚愈张。绑虏千、百户，杀死巡检⑬，抢辱知县妻孥，久益无忌。至今劫掠又复不止六县，而叙州、泸州、江安、纳溪均罹荼毒之惨，有目者所共睹，有耳者所共闻。兼之土司平时则交通⑭罔利，调征则党助纵逃，包藏祸心，渐成尾大。失今不治，不惟长效尤之恶，而地方三面濒夷，时有兵革，一隅玩愒，他患可虞。此都蛮之罪，在今日法所必诛，而以剿为抚，事后设官。此议处之大略也。

今兵部尚书谭纶⑮，先任四川都御史，力任征剿。练兵集饷，方有次第，而以提督两广之命遂行。嗣后蒙朝廷特允所请，专设总兵，恭行天讨，复颁明旨，以"征剿尽绝"为期。夫所为设大将者，固非以小寇而徒张皇其事，而必以征剿尽绝为期，亦非徒令拥虚名、玩实祸，坐糜军饷岁以十余万计，而竟无下落为也。先因总兵郭成奉命一至其地，即以别省事情论罢，遂致贼势纵横，反噬之祸不可胜道。此又前任巡按御史孙济远⑯巡历叙州，目击其害，每与臣省吾言之痛心者。今总兵刘显既被参论，伏蒙圣恩不即遣逐，犹下臣等酌议，仰见皇上西顾，盛心明照万里之外，其为地方虑至深远也。臣等窃以圣明之世何患无良将材，藉令显于四川不惟无益而反有害，即无科臣之疏，臣等固当亟论究之，另求善策，安得苟容，遂将任其贻患地方。如此，即臣等之罪浮于显矣。但以显细幼之年立功九丝，蛮所畏惮，今日身都大将，横玉纡朱，实根本于此。前此本兵之臣推用显入蜀者，恐亦当出此意。缘彼既不敢无耻腼面目于旧时父老，且当顾恋微名，期立功以全始终，自人情也。而况一年之间，六县复业之民，荒田尽种，比屋尸而祝之，功固难诬。臣省吾所以于彼自陈之时，有揭到部，愿请天语叮咛，稍加策励，以责成功，亦诚有见于此。今科臣所论显闽中贪肆异状，臣等闻之，亦不胜骇叹，以为非有人心者所为，但事在彼中，实未知见，而地方各有所宜，功过各不相掩。前此守隘之兵一万，先任都御史刘斯洁⑰查核颇严，目今陆续调集兵多，又监军、督粮二道互为稽察，而臣等临莅所在，纵显有贪肆之心，家丁、头目敢于不法，亦安所施？且一经奉勘，甫及半月，擒元凶、破险寨；进图九丝，渐有次第，师期已定，可卜成功。今据司、道等官会议"留用"，相应题请，伏望皇上垂怜远服群生涂炭已久，敕下该部再加查议，在都蛮稔恶，宜及时为一劳永逸之图。郭成之罢，明鉴在前⑱。今显方得百姓之心，机会可乘，似难再罢。姑许收之桑榆，照旧领兵，矢心竭力，亟以剿贼自效。贼平之日，容臣等照例议奏，听该部酌议用舍，取自上裁。如或怀疑怠志，师久无功，有负期望，亦容臣等从重参究，以为将官受重恩不忠所事者之戒。庶临敌不致易将，而臣等随机鼓舞之策可施，使过优于劝功，而彼显感恩图报之心益切矣。惟复别蒙定夺。为此具本谨题请旨。

奉圣旨："是。征蛮事重，刘显姑著上紧灭贼自赎。立有奇功，仍议升赏。如逗遛观望，养寇殃民，通论前事一并重处。"

①覆勘将官疏：兵科给事中李熙弹劾刘显在福建之罪，兵部移文四川覆勘。曾省吾会同布、按二司并下川南守、巡二道会议，认为刘显移镇四川以后并无不法，且处置都掌有功，奏请将刘显留任，率兵征剿都掌。

②仰：旧时公文用语。上行文用在"请、祈、恳"等字之前，意为恳请。下行文中，意谓责成、命令。

③由：旧时下级向上级报告情况，说明原由的一种公文。

④合无：祈请语。犹"可否"。

⑤详：前代公文名，下级官员向上级的报告。

⑥芒部：土司，治今云南镇雄。

⑦乌蒙：土司，治今云南昭通。

⑧马湖：今屏山、沐川、马边、雷波一带。

⑨羁縻：羁縻州。羁縻州之制，肇始于唐。《新唐书》卷四三下《地理志》："唐兴，初未暇于四夷。自太宗平突厥，西北诸蕃及蛮夷稍稍内属，即其部落列置州县。其大者为都督府，以其首领为都督、刺史，皆得世袭。虽贡赋版籍多不上户部，然声教所暨，皆边州都督、都护所领，著于令式。其后或臣或叛，经制不一……羌、蛮隶剑南（巴蜀地区）者，为州二百六十一……大凡府、州八百五十六，号为'羁縻'云。"由于兵力、财力诸多方面的制约，唐王朝鞭长莫及，不得不在沿边少数民族地方建置若干羁縻州，就地任命少数民族头人为刺史，州下设县，其令长亦用当地部族头人，职务世袭，生杀自专。不收或者只是象征性地收取一点租赋，并由地方官府向他们提供经济援助和军事保护。羁縻州刺史、令长，只在名义上接受中央政府的统治。通过施行这种松散性的"羁縻统治"，以保证沿边地区的和平和安宁。由于并不改变地方的社会结构与部落权力构成，又不输纳或只输纳些象征性的租赋，因而部落头人也乐于接受这种安排。

⑩流官：由中央任免，领受官俸、有固定任期的官员。

⑪矧：况且。

⑫李匡：字存翼，黄岩（今属浙江）人，明宣德二年（1427）进士。时任四川按察司副使，景泰元年擢任四川巡抚。雍正《四川通志》卷六《名宦》有传。

⑬巡检：官名。宋明以降，在要害镇市、关隘处置巡检司，设官巡检，掌地方治安，巡捕盗贼。隶于县令。官秩正九品。

⑭交通：此指勾结、串通势要。

⑮谭纶：字子理，江西宜黄人，嘉靖二十三年（1544）进士。《明史》卷二二二有传。

⑯前巡按御史孙济远：安徽当涂人，进士。隆庆五年（1571）官四川按察使，万历元年去职。按察使例兼御史，因此别称"巡按"。

⑰刘斯洁：字莪山，易州（今河北易县）人，明嘉靖二十六年（1547）进士。隆庆中官四川巡抚。雍正《畿辅通志》卷七三有传。

⑱郭成之罢,明鉴在前:郭成以署都督金事为广东总兵官。隆庆四年（1570），以失陷惠州,革职充为事官。五年（1571），四川都掌蛮为乱,诏成移镇四川。六年（1572），追治惠州失事罪,革职回卫闲住。郭成既罢,其本部兵无归,几至内讧,幸叙州府便宜给粮以助还卫,不然祸且不测。然亦沿江剽夺而去。

议兵粮功赏疏

题:为计处兵粮,酌议功赏,以广军储,以励人心事。

据四川都、布、按三司会议得:"大征所系,以足兵足食为先。今都蛮恃险为窠,凭高为御,鸟道可通、鼠穴可避者不止一处。应调汉、土军兵八万,分为五路进攻。"又据布政使司呈奉臣案验、会计应用军饷、钱粮,遵依查得司库税契、盐税、户口、驿传等项,堪以改充军饷银七十四万二千六百七十两零,或有不足,又于各府、州库贮无碍官银一并动支,以资军需。

又据按察司呈议:"先蒙巡按四川监察孙御史案验,奉都察院勘札,准兵部咨,该本部题奉钦依,内开《升赏则例》:'一、四川,贵州,湖广,两广苗、蛮,一人擒斩三名颗,升一级;至九名颗,升三级。验系壮男,与实授。如不愿升者,每名颗赏银五两;幼男、妇女与十名颗以上并不及数者,俱给赏。又四川番贼,一人擒斩三名颗,并阵亡官、旗①、军人俱升一级。至九名颗升至三级而止,不赏。其九名颗以上,扣算给赏。擒斩贼级,验系壮男,与实授。不愿升者,每名颗赏银五两。斩首二颗以下,伤故、征伤者俱给赏,不升。幼男、妇女至十名颗以上并不及数者,给赏。'今照叙南大举,系征剿重务,比与各边防御不同,赏劝尤当优厚,以励士气"等因,各呈详到臣。该臣看得蛮贼凶悍,巢穴险深,每擒斩三名颗升一级，已为称情。但不愿升者，止每名颗给银五两，似乎太少。委应酌议每名颗改为十两。其首先冲锋者，虽无首级，亦照升赏。幼男、妇女，酌赏。又查阵亡"官旗、军人、蛮贼"款内，未有开注；"番贼"款内开有升级，不愿升者每名颗赏银五两之例，亦宜厚加优恤，阵亡者照前改给十两，重伤一两，轻伤五钱，俱经批行遵照外，但前项计处兵粮数多，及酌议赏功优恤事宜，俱应奏报。伏乞敕下该部查明，转行四川巡按御史备行布政司并督粮、纪功道遵照。通候事宁之日，将用过钱粮查核、开销施行。为此具本谨题请旨。

　　奉圣旨："是。"

①官、旗：把总以上军官和包括小旗、总旗、哨官在内的军士。

议留应朝官员疏①

　　题：为议留应朝官员分理地方军务事。

　　据四川布政使司呈奉臣案验，该本司左布政使罗瑶、右布政使冯成能，会同按察司按察使徐行②查议得："川南地方，正值调集师旅征剿都蛮，处办军器，转输粮运，与凡随宜分委，必用各官，势不容已，纵地方指日平定，而疮痍之民亦须正官抚绥安养。今照万历二年（1574）应朝之典，委宜议处。及查嘉靖二十七年（1548）防剿都蛮，三十七年（1558）木务紧急③，隆庆元年（1567）龙安府④改土为流，俱议将知府等官陈天资、何宽、刘良宰等奏免朝觐。今查叙州府知府陈大壮、宜宾县知县许一德、江安县知县单汝光、富顺县知县刘方、戎县典史祝旦、珙县典史何友缙，并上下相连滨江理饷嘉定州知州张应亮，及泸州知州到任之日似应存留，呈乞会题"等因，到臣。卷查，先准吏部咨："万历二年正月初一日，天下诸司官员例应朝觐，备咨前来，通行遵照。"及该臣查得都蛮叛逆，地方未宁，已集兵粮，刻期进剿，彼处官员似难离任。案行该司会议去后，今据前因，该臣会同巡按四川监察御史孙代议：照〔得〕三年朝觐乃国家大典，所宜恪遵，岂敢轻议。但今师期在迩，一切兵粮重务，全藉有司正官总理，方克济事，若使照例应朝，未免缺人分任。相应题请，伏望皇上俯念戎务方殷，用人为急，敕下吏部覆议上请，合无比照前例，行臣等将知府陈大壮、知州张应亮、知县许一德、单汝光、刘方及泸州知州到任之日俱暂留专理兵饷，行令佐贰官带同首领官⑤、该吏赍册；又典史祝旦、何友缙，见在军前供事，与筠、高、庆、长肆县见缺首领官，行令该吏赍册，各依限赴部。其余府、州县照旧入觐。庶委用不致缺人，地方军务有济矣。为此具本谨题请旨。

奉圣旨："是。"

①议留应朝官员疏：朝，进京陛见皇帝，述职并接受考核。明代制度："凡各处府州县有司官员，在任三年，不许注代，许令亲赍三载任内行过事迹，赴京朝觐，如无窥避，依旧复任。其佐贰官、首领官，一体三载来朝。如一时勾当者，轮换前来。"曾省吾以军情紧急，奏请准许相关官员暂缓进京朝觐、述职。见《皇明制书》卷一《吏令》。

②徐行：博野（今属河北）人，嘉靖三十二年（1553）进士，时任四川按察司按察使。

③木务紧急：嘉靖三十六年（1556），皇宫火，遣官赴四川、湖广采办大木，以供营造，因此大量征发民夫，劳作数年，官民疲惫。

④龙安府：治今四川平武。

⑤首领官：负责本署工作事务之官，有如现代机关内设机构处、科、室长（主任）。

改补官员疏

题：为用兵地方缺官，乞赐就近改补贤能，以裨征剿事。

据四川布政使司呈奉臣案验："据叙州府申报：通判洪一贯，于万历元年五月十五日丁母忧。又据守、巡下川南道参议沈伯龙、副使李江呈议：南溪县知县姚会，两目昏眊，兼患痰疾，不能视事，归志益切，乞准致仕。"于本年五月二十五日具呈到臣。如议批行外，仰司会议本省相应官员就近升补，干理军务，具由通详。奉此，该本司左布政使罗瑶、右布政使冯成能，会同按察司按察使徐行议得："叙南地方见在用兵，通判有专理粮饷之责，知县有专守城池之司，诚不可一日缺官管理。及查夔州府①通判朱充，先任珙县，颇晓夷情。今任夔府，克修粮务；叙州府经历②陈忠，屡承边委，效有勤劳，近署县符，益征干济，似应堪补。但朱充历任三年之外，见今考满，复欲拟调，合无量加服色，以励贤能；陈忠原系例贡③，欲为边邑就近得人，呈乞会题"等因，呈详到臣。

案照，先该臣看得川南戎寇不靖，见奉明旨征剿，今师期已迫，一切兵粮浩繁，在叙州通判，则专管军饷；在南溪知县，则切近都蛮。俱不容缓。若候升补前来，未免无济事机。案行该司会议通详去后，今据前因，该臣会同巡按四川监察御史孙代议：照夔州府通判朱充，器度老成，操持耿介。监收署郡，随委而慷慨直前；革弊发奸，所在而劳绩茂著。乃务实之良吏，诚有用之能官。缘以先任珙县，熟谙蛮情，今改叙南，必胜军务，但其历俸已过三年，似应量加优异，以示激劝者也。叙州府经历陈忠，出身虽系例贡，到任已逾三年，验其才干精明，稽之操守谨慎，该博访司、道、府官，俱许其堪任民社之寄，似宜就便升补，以需成效者也。俱应题请。伏望皇上敕下该部再加查议，俯将通判朱充量加服色，改调叙州府通判，管理军粮等项；经历陈忠升补南溪县知县，抚绥地方疲民，分理军营事务，候果有成效，听臣等会荐擢用。其夔州府通判，合无亦另推本省相应知县，与叙州府经历各员缺，即为升补。庶任使得人，军务有赖，而群工亦争自奋励矣。惟复别蒙定夺。为此具本谨题请旨。

奉圣旨："是。"

①夔州府：治今重庆奉节。
②经历：府、州（县）主办公务文书之官。
③例贡：明清时府、县（州）推荐赴省参加选拔举人的乡试的五种贡生之一。

卷之二　奏议

建昌叙功疏

　　题：为叛夷构衅临城①，官军奋勇截杀，查录功次，以励后效事。

　　据四川按察司整饬建昌②兵备副使杨芷③呈奉臣批，据该道呈报："逆贼安文④等，聚众突临行都司城⑤下，官兵奋勇截杀，生擒叛贼五十九名，斩获首级八十七颗，杀死未获首级一十三名，夺获马三匹、甲五副。官兵并不折一骑一卒，乞要分别叙录犒赏，以励人心，缘由照详。"该臣批："夷性犬羊，一遭惩创，即有所惧而不敢逞矣。建镇孤悬，前此攻杀，如出入无人之境，未尝有缴矢控弦之警，宜其再畜祸心，奄至城下。我兵乃能阳招阴计，大振军威，擒斩在百五十名之外，夷贼奔窜，救死不暇，而我兵不损一人一骑，固存乎其人哉。前日募军，本院深以为善策，今一旦果得其用，语云'朝种树，暮乘阴'，良不虚矣。九丝之贼，亦已大破凌霄，而此捷会至，岂非天厌夷祸使然哉。有功员役，听该道查明速报，以凭叙录。如议先动赎银造办银牌、花红、牛酒等项，分别犒赏，以激人心，完日册报。贼虽挫衄而去，仍宜申明堤备，责成都司掌印官颜寿，加意练兵及设法不时四探。缴⑥。"奉此，又蒙巡按四川监察孙御史批同此事，蒙批：准动支犒赏。缴。遵依行。

据四川行都司掌印都司颜寿、监理成都府通判王爵会呈："卷查，隆庆六年（1572）四月初四日，有久叛逆酋安文等，因与土官瞿氏争袭，辄敢统率夷贼首恶阿贵佐、擢拍、白牛、芦阿、阿友、撒他等，临城攻构，扰害地方，军民受害。该本司呈报前巡抚刘都御史批行建昌兵备道相机剿捕间，本年十二月内杨副使到任，万历元年（1573）二月内，蒙道查得建昌六卫⑦军兵逃亡大半，士伍空虚，无兵可恃。案行本司会同监理通判王爵，选募兵勇王子伟、杨仲试等八百余兵，收粮操练，充实行伍，呈详巡抚曾都御史批：'募土著之兵充逃亡之数，虽出权宜，实为长策，团操⑧三年之后，即成精兵，可以一当百矣。该道毅然经略，为地方留心如此，蛮夷当恐惧不暇，何叛之敢为？若都司官不乘此奋勇励精，日讲武事，以修实政，以成此战守之美，焉用彼都司哉！籍册、食粮，俱如议施行。缴。'又蒙本道于内挑选王子伟、杨仲试为左、右名色把总，并招异省教师张兰，演习防御。比安文一向怀忿蓄谋，退守凉山地方，纠党置器，并结乌蒙部落倚助声势；又有贼首阿贵佐，向投邛部长官司⑨叛贼腻乃等结亲助恶，与逆贼安宁等向据桐槽⑩地方，为盗肆劫及与先年谋杀土官安登，火头⑪沈查、擢拍等俱各附合。因前次领兵犯城，官兵莫敢撄其锋，以此大肆猖獗，敢于跳梁，统聚三千余众，于四月十九日率各夷蛮，扎住木拖村⑫、凹郎河等处，虏劫人财。当据把事张熠等探报本道，蒙行各职与各卫官，齐集兵夫人等，严守城池，昼夜防备，并先发牌，令把事⑬张启朝、旗军⑭

周英，前去安文等贼营宣谕利害。阳为抚安，以便整搠，并将原募兵勇八百余名分扎城关要害，一面调取土舍安镇、土官家丁逆止、糯姑、咱计、姑撒刺，各率部兵驰赴土官院南门桥截杀，及通行各该军屯⑮分投防御。各贼恃其党众，于本月二十一日突至本司城下，势如长蛇，排列大进，就将军人张二杀伤，潘崇美等房屋烧毁。蒙道亲诣东、南二门，督兵驱战，授以方略，当有土舍安镇、土官家丁逆止、糯姑、咱计、姑撒刺、土舍安守等，催兵大战于东门，破阵杀死首恶阿雪、擢拍、暮西、沈查、芦黑并错卜、巳摆、阿作、阿圭、奈包、芦摆、吉厄、撒他、那菊、阿则、咱乌一十二名，夺获甲四副。内阿雪、擢拍，即往年杀死安登支解之贼；随阵家丁些窝、阿什、脚魁、莫佐等，生擒阿恕、脚觉、刺咱、阿溪、温底、贺施六名。斩获首级一颗。左营把总王子伟生擒白撒、那刺二名，斩获首级四颗，又率领募兵黄仪等，生擒阿吽、阿书二名，斩获首级一十四颗。右营把总杨仲试，斩获首级三颗，又率领募兵马自华等，生擒纪阿、魁得二名，斩获首级一十六颗。把事张启朝并家丁张启敬等，生擒脚底、吉革、傀咱三名，斩获首级一颗。把事张熠生擒白仪、脚木二名。吏严仲举等，生擒脚撒、白鲁二名，又同本屯军民方勇等，生擒白魁、那刺、脚堡、阿歹、阿普五名，斩获首级三颗。建昌卫军周正等，于本屯杀死贼一名，又同军民乐自容等，生擒马康、纪白二名，斩获首级二颗。建昌卫掌印指挥徐韶文同家丁军健徐安、龚应广等，生擒菊乃、吽姑、脚勒、白车、白姑、脚魁、脚卜、阿约、阿支、阿启八名，斩获首级五颗，内龚应广跳城立斩一颗，又射伤三人。建昌卫巡捕指挥⑯施秉彝同家丁巡军施元、张相等，生擒别搽、脚约、阿六三名，斩获首级五颗。建昌前卫巡捕指挥王诏同家丁巡军王用、赵月等，生擒勒坡一名，斩获首级一颗。建昌卫军张儒等，斩获首级二颗，夺获马二匹。军郑时乾等，生擒糯姑、厄拍、近圭、脚卜、纪什、鲁撒六名，斩获首级一颗。军、民余策等，生擒脚募一名，斩获首级四颗。军宋让，生擒白钮一名。民李孙保，斩获首级一颗。军叶阿金，斩获首级一颗。募兵常嘉明，斩获首级一颗。军赵宗义，斩获首级一颗。军陈福保等，生擒脚米一名。军费福等，斩获首级一颗。军张元益等，生擒贺溪一名。军杜鲁则等，斩获首级一颗。军胡尚仁等，生擒纪乌一名。军魏仲举等，生擒脚穤一名。军洪恕四等，生擒菊吘一名。舍人[17]张桓等，斩获首级一颗。军郑旺等，斩获首级壹颗。建昌卫千户[18]杨仲相同家丁杨仲玺等，生擒咱乌一名，斩获首级二颗。军王腾霄等，生擒脚黑一名。军宋二等，生擒阿剌一名，内张才等三名又斩获首级一颗。军倪升等，斩获首级一颗。军徐仓等，斩获首级一颗。军张兴等并倮倮[19]必他等，斩获首级一颗。土舍安镇，得甲一副。军巫汉元等，生擒白吘（hǒu）一名。军宋周等，生擒者必一名。募兵李济仲等，斩获首级二颗。军陈尚元等，斩获首级一颗。军尹章等，斩获首级壹颗。军张权等，生擒吘加一名。军何仲义等，生擒脚黑一名。军王庚斯等，斩获首级一颗。军王美富等，斩获首级一颗。军陈佐等，生擒白姑撒拍一名。军方雄等，斩获首级一颗。募兵赵权等，斩获首级一颗。军陈梅等，斩获首级一颗。军汤荣等，斩获首级一颗。军高先等，斩获首级一颗，夺获马一匹。余贼奔溃，各军乘势追杀，贼众负伤蹈海[20]身死者不计其数。通共生擒、斩级、杀死一百五十九名颗，夺获马三匹、甲五副'等因，到道。复查相同，当将贼马、甲仗给赏有功员役。为照叛贼安文向年纠众临城，大肆攻逼；阿贵佐连结桀贼腻乃，相为倚仗；擢拍等谋杀官主，据地劫掠，俱系凶恶异常。今乃并合共举，声势重大，是以敢于猖狂，逼城攻打，祸心叵测。幸赖文武各官出虑协谋，擒斩数多，西南一带夷酋，自此知有国法，建昌六卫军民，由兹得以安枕。所据都司颜寿、指挥徐韶文、施秉彝、王诏、千户杨仲相俱应叙录，以劝将来。其余官兵人等遵奉批详分别犒赏明白，并生擒贼犯呈乞具题处决，以振军威"等因，呈详到臣。

案查前事，先据该道呈详前来，已经批行审验明实，查叙功次去后，今据前因，除将生擒贼犯问招监候，首级枭示，及有功、效劳土官、土舍瞿绍良、安镇等并把总、军兵王子伟等已行该道动支官银、造办银牌、花红等件犒赏外，该臣看得：建昌重镇孤悬于滇蜀之交，番、夷㉑杂居，常苦于边鄙之耸，兹我皇上光缵大绪，奋扬武功，要荒㉒著赫赫之声，吏士贾桓桓之勇，是以我兵有备而无患，群丑不战而自焚，遏彼狂心，增兹敌忾。及照整饬建昌兵备、四川按察司副使杨芷，甫莅任而矢诚经画，首募兵而立法团操，寇至不虞，虽若定羽书于仓卒，兵应者胜，良由戒衣袽㉓于平时，用能转弱以为强，可谓小惩而大诫。此实心任事之明效，有不俟登城督战而后知者，功当首论者也。四川行都司掌印署都指挥金事颜寿，谋算尽通，乘时有奋发之志；勇敢足尚，当机协备御之宜。夷猖獗而举动不摇，城孤危而缓急有赖，功当并论者也。建昌卫掌印指挥徐韶文、巡捕指挥施秉彝、建昌前卫巡捕指挥王诏、建昌卫千户杨仲相，各负爪牙之能，均有俘馘之献。以上诸臣，功当次论者也。如蒙皇上敕下该部再加查议，将首恶阿恕等五十九名转行四川巡按御史，明正典刑，以泄军民之愤；将兵备副使杨芷等功次核实，分别赏赍，以励后功，庶激劝所加，边威为之益振。训练既久，夷祸自可潜消，而宁越㉔、乌、邛之间，当无忧于鸥张豕突矣。为此具本谨题请旨。

奉圣旨："是。阿恕等着审决枭示。"

①临城：彝人动乱，攻打建昌，兵临城下。

②建昌：今四川凉山彝族自治州的首府西昌。代为少数民族所居。明置上川南分巡道（整饬兵备道）于其地，与四川行都指挥使司、建昌卫、建昌前卫同驻建昌。

③杨芷：湖广安陆人，嘉靖三十二年（1543）进士，以副使为建昌兵备

道主官。

④安文：建昌地方彝族土司头人。

⑤行都司：四川行都指挥使司。设官三员：一署篆（掌印。正主官），一操练（坐营），一屯局（后改游击将军）。守备二员，一驻镇西千户所，一驻雅州千户所。后又增设会盐守备一员。下领建昌、建昌前、会川、盐井、越西、宁番六卫，又直辖于行都司的打冲河千户所等若干守备千户。

⑥缴：或作"此缴"。公文承办衙门在本公文办完以后，原件缴回存档时加写在公文原件上的文字。

⑦建昌六卫：四川行都司所辖的建昌卫、建昌前卫（与行都司同驻建昌）、会川卫（驻今会川）、盐井卫（驻今攀枝花市米易县）、越西卫（驻今越西）、宁番卫（驻今冕宁）。

⑧团操：会操、校阅。此谓施行训练。

⑨邛部长官司：彝族土司，在今越西县东。腻乃，凉山彝族的一支。此"腻乃"乃是人名，亦即该长官司长官（彝族头人）。安文与腻乃为婚姻。

⑩桐槽：今四川喜德县冕山镇登相营。

⑪火头：彝族地区土司自行辟任的头目。清王淞《云南备征志》："火头各子其民，子继弟及，世守莫易。犹华言'官'也。所属（彝民）见皆跪，下拜。及对，则屈一膝。有不率，头目鞭笞之。农时，助头目工三日。谷将熟，取其青者蒸熟，舂，脱粟，谓之'扁米'，家献二三升。腊奉鸡、米。元日，头目以酒食劳之。火头见头人土官，则拜而侍坐。火头又头人之所属也。"

⑫木拖村：今四川普格县拖木沟。

⑬把事：土司自辟任的办事官。

⑭旗、军：小旗（领兵十人）、总旗（领兵五十人）。

⑮军屯：卫所军兵的屯驻地。明制，卫所军兵平时屯田耕种，定期团操。有事奉调方始出征，事完，仍回原屯驻地。因称其屯田耕作驻扎的处所为"军屯"。

⑯巡捕指挥：分管地方治安的卫指挥同知。明代有些军卫，不仅管军，而且领有实土，管内地方民政，也由军卫施行。复旦大学周振鹤称之为"领

有实土的军卫"。建昌卫就是这种领有实土的军卫。

⑰舍人：此指应袭卫所长官的子弟。舍人本战国及汉初王公贵人私门之官，后世成为对于左右亲信或门客的通称。宋代以降，俗称显贵子弟为舍人。明代，又称应袭卫所职位的武官子弟为舍人。

⑱千户：千户所主官，官秩正五品。定额编制下辖十个百户所，领兵共一千一百二十人，实际多未满额。

⑲倮倮：古代彝族自称的音译，汉语的意思是"老虎"。

⑳海：建昌城郊的邛海。彝人称湖为海、海子。

㉑番、夷：番，谓藏族。夷，谓包括都掌在内的其他诸少数民族。

㉒要荒：要服；荒，荒服。古称王畿外极远之地。

㉓戒衣袽：谓对潜伏着的危机应有所戒备。《易·既济》："繻有衣袽，终日戒。"王弼注："繻宜曰濡。衣袽，所以塞舟漏也。"

㉔宁越：明建昌地，设镇西千户所，清改宁越营，驻今甘洛县海棠关，以弹压当地彝人。

议处有司疏

题：为紧要县份有司不才，亟宜罢黜及就近升补，以济军务事。

臣惟山都（蛮掌）［掌蛮］①地据六乡，皆戎县管辖之民也，向来叛乱有年，若该县得良有司治之，多方绥辑，岂至蔓延各县，渐成猖獗。乃其受贿殃民，已往之罪有不可胜究者。值今兴师动众，期于剿绝。在该县官，正当乘此机会，早夜图惟，禁交通，固防守，以绝祸本可也。及据兵巡下川南道副使李江开称："戎县知县刘子谦，才本昏昧，事乏振扬。积老通夷以戕民，罔知禁缉；奸吏假公以科众，莫能防闲。隘兵盗蛮窖而被杀，乃利其铜鼓使之也，因捏报声息，以饰其纵容之非；村民被蛮劫而告急，乃媚夷懈守致之也，因藉口力寡，以缓其救援之责。"又司、府填报考词，皆谓其"才识既劣，心术尤奸，所当亟处"。而臣以事验之，委属不谬。夫以子谦不才如此，虽在安平无事，已不可容，而况此大举之际，该县独为紧要，岂容一日而留之哉！

该臣会同巡按四川监察御史孙代议：照除恶务本，戎县为都蛮父母之邦，在本日征剿，固当首先备御；而荡定之后，经画一应事宜，尤不可用不才之人，适滋妨害。刘子谦疲软是实，若候大计②去留，未免缓急无济，所当亟为罢斥。及照播州宣慰司③经历王慎，志气不群，才猷甚练，近委军前所管收支粮饷，独能计算机宜，悉中肯綮④。泸州卫⑤为紧，则趋泸州卫；改委上罗计⑥与得挖⑦，即趋上罗计、得挖，直前不避，随事皆宜。虽出身纳监，实科目之遗才也，若破格用之，使知戎县之事，必能胜任，且有裨于善后。其在刘子谦，或矜其守未纵肆，量行改调闲散。在王慎，或因其历俸未久，另有铨除。伏惟皇上敕下吏部定拟，请旨定夺。为此具本谨题请旨。

奉圣旨："吏部知道。"

①按："山都蛮掌"显为"山都掌蛮"笔误。

②大计：明清两代对于官员的考核，每三年举行一次。

③播州宣慰司：明代设在播州（今贵州遵义，时属四川）的土司。

④肯綮：要害处所。

⑤泸州卫：明初，设泸州卫于泸州本州（今泸州江阳区）。成化元年（1465）移驻渡船堡（今兴文县城古宋镇），下领前、后、左、中、右五千户所。"卫"是明代创设的军事指挥机构，类似于现在军区。《明史·兵志一》："明以武功定天下，革元旧制，自京师达于郡县，皆立卫、所，外统之都司，内统于五军都督府。征伐，则命将充总兵官，调卫、所军领之。既旋，则将上所佩印，官、军各回卫、所。""度要害地，系一郡者设所，连郡者设卫。

大率五千六百人为卫，一千一百一十二人为千户所，一百一十二人为百户所，所设总旗二，小旗十。大小联比以成军。"卫、所既是军事组织，同时又是一种地理单位。诸卫设官卫指挥使一人，正三品；指挥同知二人，从三品。镇抚司镇抚二人从五品。千户所设官正千户一人，正五品；副千户二人，从五品；镇抚二人，从六品。

⑥上罗计：今珙县上罗镇。

⑦得挖：土人呼得挖口，即今兴文县仙峰乡合庆村境内居坪麻地沟至九丝城镇坪山村境内簸峡流水余家山的山口，地名流水堡，为戎县县城（今僰王山镇）至文印、印把山及都都寨的要冲。

破都都寨报捷并分布官兵疏

题：为仰仗天威，再克险寨，并报分布官兵事。

据四川布按二司清军右布政使冯成能，兵巡下川南道副使李江，分守上川南带管下川南道参议沈伯龙呈，准镇守四川总兵官、南京中军都督府署都督金事刘显手本报称：准臣守本密帖，凌霄城虽破，尚有都都寨联络九丝，地险蛮众，有如左臂，若不乘势先图，即大举九丝终非万全之策。当调镇雄府①土舍陇清，先领精兵前赴落亥②协剿。又该巡抚曾都御史行布政冯成能，协理一应机宜，副使李江随营监督，参议沈伯龙计处粮饷、运夫，叙州府同知曾可耕沿路催粮，井研县主簿杨文楣、彭县典史黄忠分收兵粮，名色把总李武、珙县典史何友缙随营支放，致仕③驿丞④喻梧催运接济。本职当即亲统官兵，于六月初七日屯扎乐宴⑤，行催郭成领兵前来进攻间，又该曾都御史差官万国宁，赍令旗、令牌到营催督。随据土舍陇清于十五日二更⑥拨兵三千，攀藤附木，潜登都都寨半山地名蓝淀坡，夺占都蛮阿儿寨子。天明，吴鲸领兵亦到本寨扎营。十六日，本职移营于尖峰山⑦，一以便攻红崖⑧，一以堵截九丝，郭成扎营于尖山子⑨，与镇雄兵互为掎角，随发官兵将平寨⑩、高寨⑪、董木坝⑫蛮巢房屋千余间尽行烧毁。十七日，副使李江带同叙州府同知曾可耕进至乐宴，督兵进攻，立见火焰冲霄，炮声震地，比有吴鲸、陇清兵攻上都都寨门前岭冈，用火箭将头门哨楼烧燃，各兵就于前岭扎营。本职催把总刘招桂等，郭成催把总吕崇舟等，两路仰攻，将红崖坡底一带大房焚烧。我兵乘势登至岭峰，将欲破寨，忽被大雨如注，火烟顿息，蛮即奋勇堵守。随该副使李江查照原议，请动悬赏银三千两犒赏冲锋官兵。十八日，显督守备沈茂等，分兵二路以攻其右；成亦分兵二路，以攻其中；吴鲸、陇清分兵以攻其左。官兵奋勇，攀援仰攻，不避标矢，齐登高险，忽被印霸山⑬恶蛮千余，分路救援。显发兵堵截鏖战，众蛮拼死迎敌，滚木、礌石、梭竿、竹标齐发如雨。本职部下当阵斩获阿墨王、阿廖王等首级四颗。官兵回营间，蛮正懈守，显即密令吴鲸等，于本日夜三更时分，衔枚越进寨门，放火烧燃巢屋，乘势攻进，蛮遂奔逃。吴鲸等率兵斩获蛮级十五颗，生擒一名阿造。郭成部下把总吕崇舟等，斩获蛮级六颗，夺获（彼）[被]虏⑭一名阿三哥即罗应元。陇清兵斩获蛮级七颗，夺获被虏二名：阿六生即李六生，阿五蛮即徐万祖。坠崖死者不计。余贼奔溃，难以穷追。我兵见今扎守。烧毁蛮房共二千余间，夺获谷、稗篡七百六十余挑，牛四十一只，大小猪四十只，犬四十五只，铜鼓二面，皮鼓五面，梭标三百二十六枝，破、坏斑竹梭竿三千一百三十枝，弩十把，弩箭九百八十八枝，刀十六把，夷甲一十二领，夷盔九顶，茶一十二篓，当即分赏官兵讫。本职部下阵亡曹鼎等二十九名，被伤杜明俸等一百一十八名。郭成部下阵亡姜合等四名，重伤郑龙等六十六名。陇清（部）下阵亡二名，被伤七十名"等因到道，备呈前来。

又据三道陆续呈报："各蛮在于四下藏躲。于六月二以后，日期不等，把总官王用等，督率监生何钰部兵一枝于两河口⑮伏截，生擒叛蛮二名，斩获蛮级五颗。总兵刘显，督发指挥郭文等，于印霸山下生擒蛮贼阿欧、阿当、阿结、阿瓦、长儿、阿完六名，夺获原被掳罗万富、三受、阿元、阿五、杨保五名，斩获蛮级一颗，夺获蛮甲二领，梭枪一根。千户陈一策等，于水车坝⑯擒获被虏一名阿辖。戎县民张侯等生擒蛮贼一名阿逃。原任都司韩似甫发兵坐伏，生擒蛮贼一名阿挂，标一枝。以上擒斩贼级、夺获被虏通共五十八名颗，焚烧房屋二千余间，夺获铜鼓、皮鼓、标、弩、刀、枪、甲、盔、牛、羊、茶、谷共五千四百件、只、枝、把。"

又据三道呈奉臣案验："调发汉、土官兵一十四万，并本、折⑰粮饷俱已齐集，呈乞分布哨道进剿"各缘由到臣。案照先准兵部咨"该臣具题计处夷情以便剿贼"，本部覆："奉圣旨：是。这蛮贼称乱多年，着曾省吾、刘显悉力尽剿，以靖地方。钦此。"备咨前来。通行钦遵外，又为贪肆将官等事，该臣会同巡按四川监察御史孙代，将勘议过总兵刘显被论事情，并定拟师期八月，具本题报讫。

今据前因，除行纪功道，将获到功次验核明实，贼级发令枭示，生擒监候招详，被虏给亲收领，有功、效劳文武等官通候大征九丝完日并叙，军勇、土兵照格给赏，阵亡、被伤军兵照例优恤外，该臣会同总兵刘显，并督率各道议，将各兵分为五营：总兵刘显督都司徐仁威、守备沈茂、吴宪领官兵一枝，由黑帽尖山⑱进九丝之西，威州知州罗向辰监理诸务；原任总兵郭成领官兵壹枝，由印霸山进九丝之南，保宁府⑲同知容朝望监理诸务；原任总兵安大朝、原任都司韩似甫领官兵一枝，分为二哨，由得挖、麦易⑳进九丝之东北，垫江县知县陈嘉言、播州宣慰司经历王慎监理诸务；叙泸参将张泽领官兵一枝，由谷爆㉑进九丝之北，犍为县知县杨汝楠监理诸务；都司侯一位、原任游击㉒吴继祖领官兵一枝，进九丝之西南，与总兵刘显合营。俱连珠围扎，四面仰攻。松潘㉓东路参将胡大宾，于长宁、泸州卫一带督兵护运。

其总辖各营，则兵巡下川南道副使李江随营监督；分守川西带管督粮道、参政王宫用督运各营粮饷；带管分守下川南道、参议沈伯龙督催各仓粮饷并赏需军器；屯盐水利道佥事周思充军前纪功；叙州府同知曾可耕总催罗星㉔、上罗计一带入营粮运；夔州府通判朱充南广河口总发粮饷；保宁府通判丘梁、师道立查核赏需；叙州府推官高文炳、龙安府推官吴文全验核功次；威远县知县张联奎催偿各州县解运粮饷并水陆人夫；新宁县㉕知县王完催罗星仓粮；邛州㉖知州赵方立催落亥、催珙县仓粮；井研县知县张震催上罗计仓粮；泸州判官胡若水催泸州卫仓粮；温江县知县沈植点验各堡隘兵马。其余文武等官一一遴选分委，在营协理。

目今已将周围小寨尽数攻焚，于八月初九日，各营直逼九丝城下。有蛮阿二王、方三王等率蛮二万有余，上城据守。官兵围扎已定。其在山下，稻谷正方成熟，我兵刈食为粮。至于蛮扎城上，虽自为排栅木石之防，地皆赤土，柴米有限，稍困以时日，立见其毙。暂因漏天积雨，山大雾深，我兵不便仰攻，旦夕天时晴霁，即当四面并力齐上，一鼓成擒，期于尽绝。

该臣仰布皇上威命，申明号令：不得纵逃首恶，不得概杀胁从。务出万全，以图久远。随据监军道副使李江册报，收过大小夷蛮妇女罗万良等二千二百五四名口，畏死投降，愿为百姓，已该臣行令，分投安插外，合并先行奏报，以慰皇上西顾之怀。为此具本谨具题知。

奉圣旨："该部知道。"

①镇雄府：彝族土司，治今云南镇雄。
②落亥：今珙县洛亥镇。
③致仕：交还官职，休养终老。犹今之退休。《明会典》卷一五《吏部十

四》：“凡内外大小官员，年七十者听令致仕。”“国初，官员凡以理致仕者，朝廷待以优礼，与见任同。又有升秩、给俸、赐敕之典。其后大臣致仕，或给驿还乡，或命有司岁拨人夫，月给食米有差。其尤宠异者，或赐敕，或加赐白金、文绮，或又官其子孙，皆特恩云。”

④驿丞：驿站主官。官秩未入流。

⑤乐宴：今珙县曹营镇石碑街。

⑥二更：21：00—23：00。旧时以“更”为计算夜间时间的单位。一夜五更，每更相当于现在的两个小时。

⑦尖峰山：今兴文县仙峰乡仙峰山。

⑧红崖：在今九丝城镇文印村境。

⑨尖山子：在今九丝城镇新丰村境。

⑩平寨：在今珙县曹营镇飞龙村境。

⑪高寨：在今珙县曹营镇云新村境。

⑫董木坝：在今珙县曹营镇红卫社区境。

⑬印霸山：传写又作印靶山。山与九丝山相对，以形似印章的靶头而得名。

⑭按：“彼虏”盖“被虏”之讹，即被虏汉民。

⑮两河口：今九丝城镇文印村境内内两道山涧交汇处，地名双河。

⑯水车坝：在今僰王山镇东北富安村境。

⑰本、折：本色和折色。本色，谓实物；折色，按照实物的价格折算的银（钱、钞）。

⑱黑帽尖山：在九丝城西偏北5公里，建武城东北10公里。山顶又名金盔顶。是即今九丝城镇和兴村与珙县上罗乡新龙村之间的山梁。

⑲保宁府：治今阆中市。

⑳麦易：在今九丝城镇富裕村境，地名麦易沟。

㉑谷爆：在今九丝城镇玉林村境，地名谷林。

㉒游击：全称游击将军，明代武官名。位参将下，守备上。官秩正五品。

㉓松潘：松潘府，治今四川松潘。

㉔罗星：即罗星渡。前代圩场，今为珙县罗渡乡。地在南广河上，南广

河自此以下通航。有支流通建武，曾省吾凿通河上凶滩，转运军粮。详见卷四《经略平蛮善后疏》。

　　㉕新宁县：今四川开江。

　　㉖邛州：直隶州，治今四川邛崃。

破九丝城报捷疏

　　题：为仰仗天威，大破九丝蛮巢，飞奏捷音事。

　　万历元年（1573）九月初十日，据四川按察司兵巡下川南道副使李江呈报：奉臣催督，随阵监军及行镇守四川总兵官、南京中军都督府署都督佥事刘显，统率各营原任总兵郭成、安大朝，参将张泽等官兵，于九月初一日起，不论晴雨，八面昼夜齐攻。寨上排栅九层，梭标、滚石齐下如雨，我兵攻上一层，即扎营垒。鏖战至初九日寅时，汉、土先锋密取一路，冒险攀藤，登上九丝，众兵随上，焚烧寨房数千余间，叛蛮尽数俘斩，巢穴一空。即今我兵精选十营，屯扎其上据［守］①。古来难攻之险寨，一旦克破，将久讨未除之巨寇两月荡平。除功级听纪功道查验明实另行呈详，合先具报。又准总兵刘显手本，亦报相同等因，到臣。

　　案照先该臣已将分布官兵、哨道于八月十三日具本题知，及多方画策，奖率将士，申明号令，并行副使李江临营督阵，及差官赍捧令旗、令牌催剿去后。今据前因，照得九丝天险，自汉以来都蛮所恃以横行无忌，自谓官兵莫敢有窥其巢穴者，是以毒虐之罪上通于天，怨恨之声下彻于地，西蜀苍生糜敝极矣。乃今恭遇皇上旷世神武，威震百蛮，辅臣密赞庙谟，本兵奋扬远略，遂已立赤帜于九丝之巅，腾欢声于万姓之口。臣愚，待罪地方，曷胜庆幸。窃欲总待查明功次一体具奏，恐致耽延，况城上之贼虽已天网莫逃，其深林茂菁②之中，尚多藏匿，正在乘势分兵搜捕。蜀天万里，合先驰报，以宽九重西顾之怀。为此具本谨具题。

知③。

①按："守"字，据文意补。

②菁：通"箐"。

③知：知道了。皇帝的批语。皇帝这样批示的奏疏，便留存归卷，不再下发相关衙门进行处理。以下类此者同，不再出注。

报地震疏

题：为地震事。

万历元年（1573）九月初八日，据四川布按二司分守上川南带管下川南道参议沈伯龙，兵巡下川南道副使李江呈："据叙州府知府陈大壮申：'据本府阴阳学①申称：本年四月初五日亥时②，忽然地大震，即止。十三日戌时微震。八月初七日辰时大震，巳、午、未等时微震。初八日子时大震，寅、午、亥等时微震。初九日寅时、初十日丑时、十一日子、午、戌等时，十二日丑时，十三日申时，俱微震。至十八日辰时微震，午时大震数次，即止。其响声自北至南，理合申报。'"又据分巡上川南道金事丘文学③呈："据雅州④申称，本年八月初八日丑时地震，有声自西来，东去即止"等因，各报到臣。

该臣会同巡按四川监察御史孙代议：照地道主静，即今川南震动，殊失其常，盖缘九丝都蛮多年叛逆，致速天诛，兵逾十万，未免有横罹锋刃之苦，且转输供给，民复疲劳，执役官员冲冒瘴疠，间遭灾眚（shěng）。而臣省吾拊⑤循地方，不能外靖诸夷，内安百姓，其为奉职无状，致干变异，罪尤难逭。除洗心涤虑，痛自克责，及行都、布、按三司并合属大小衙门官吏人等一体修省，勉图职业，以回天意，并荡平九丝之后，多方安集赈恤外，为此具本谨具题⑥。

①阴阳学：教习天文历算生徒的机构。

②亥时：相当于 21：00—23：00 时。

③丘文学：山东博平人，嘉靖二十九年（1550）进士。

④雅州：治今四川雅安。

⑤拊：同"抚"。

⑥按：第二个"具"字显系衍文。

卷之三　奏议

荡平都蛮叙功疏

　　题：为仰仗天威，荡平都蛮，廓清疆土，恭报全捷事。

　　据四川布按二司、清军右布政使冯成能、分守上川南带管下川南道右参议沈伯龙、兵巡下川南道副使李江呈，准镇守四川总兵官、南京中军都督府署都督佥事刘显手本开报：叙戎都蛮，称乱二百余年，荼毒生灵，抚剿未定。近该巡抚四川曾都御史肃将明命，积饷征兵，巡按四川监察孙御史振纪宣威，申明天讨。布按诸司、守巡等道协谋共虑，及府州县大小官员趋事赴公，本年五月初一日克破凌霄城；六月十九日克破都都寨；八月初旬进兵，该本镇躬同监军道李副使督同原任总兵郭成、叙泸参将张泽、守备沈茂、吴宪等，遵照曾都御史分投调到汉、土官兵，布为五大营，并力齐攻，于本年九月初九日子时，先锋兵一千名乘雨雾衔枚扪萝，密取一路，用飞梯连接，扒上九丝城；各营官兵黎明接战，上下夹攻。蛮众拼命拒敌，我兵奋勇血战，自子至午，贼始披靡。官兵乘胜焚烧寨房数千余所，烧死恶蛮不计其数，在阵擒斩共计一千六百余名颗，俘获蛮妇、牛畜、铜鼓、夷器，查明解发纪功官纪验明白转解外，并将各擒斩有功员役分别愿录、愿赏、愿赎罪缘由到道。

卷查隆庆六年（1572）十月初九日，准总兵刘显手本："据指挥郭文报称，本月初八日被蛮王方三哥、贼首阿羊儿等勾引蛮贼，在于高楼子地方坐草①，捉房民妇、牛畜。本职亲督标下指挥、把总等官郭文、刘招桂、吴鲸、吕崇舟、刘天倬、周于德、张大祥、郁凤、郭添虎、周绍先、张仲安、杜杖、杨文烨追敌，各蛮献出原房人口，于十四日黄夜各上寨拒守。我兵复追至彼攻战，当被官兵用鸟铳、火器打死者百余，伤死者不计。"十七日，刘显发兵三路仰攻，焚烧方三贼寨，当阵生擒二名，斩首一十七颗，贼妇二口，得获标弩等器五十二件。十一月初八日，千总、头目宋三元、阿颡、阿问等，督兵阿店等擒获阿羊儿。又该刘显看得上罗门②、得居③、落下、红崖等乡叛蛮前来助敌，先当剪除。于十二月二十七日夜，督发名色把总罗顺、哨官杨启茂、周坤山、罗汝敬、千总宋三元与阿颡等及蒲九思、严汝登率领夷兵，又发守备杨能，同标下把总刘招桂、吴鲸督领游兵、鸟铳手，将各寨烧毁，擒斩恶蛮一十七名颗，堕崖烧死者不计。

万历元年（1573）二月十五日，据参将张泽飞报：百户于谦、典史祝旦，领兵往螺蛳寨④出哨，被叛蛮五千余众出犯，在彼将各官兵并居民围住，见在敌杀，请兵应援。刘显即统标下官兵吴鲸、刘招桂、周于德、张大祥、郁凤、程裕后等驰赴接应，一面先令张泽督率把总吕崇舟、指挥、千户等官刘天智、彭良启、申大谟等下兵勇，奔至地名八望山⑤，正遇各蛮，彼此战敌，官兵奋勇，当阵斩获蛮级九颗，鸟铳、火器伤死甚众，各蛮俱退上凌霄城，倚险拒敌。

又据张泽呈报：蛮王阿苟见得官兵敌杀，恃恶聚众凌霄，要行报复。本职亲统标兵，径往长宁县潜伏截杀，又密发杨能、吴宪、监生何钰，各统部下兵勇，于三月十一日分路进攻黄泥坡，官兵四面举火，烧死蛮男妇女难计其数，被蛮首阿豹率众拼死出寨抗敌，当被我兵杀死阿豹、阿迸等百余，跌崖死伤者亦多。比因雷雨交作，止有杨能下家丁杨世荣等、吴宪下家丁吴才等、何钰下家丁何胜等、把总龚络与兵勇赵一忠、刘佐、李汝学、李万深、阿黑、阿二、阿熊幺等各斩首一颗，共计一十三颗。备报在卷。

随奉本院案行都、布、按三司，会议大征事宜详允，及行左布政使罗瑶会计军饷。本月二十一日，奉本院誓师叙南，谓此举将以除数百年之妖氛，申亿万人之怨恨，非特征不庭于罔赦，且用遏不逞于未行，各宜奋勇抒忠，布昭神武，务在犁庭扫穴，震叠天威。乃出定议以决狐疑，传谕檄以激虎士，申明信赏必罚，毋或有初鲜终。破邻夷暗助之积奸，散汉人胁从之余党。进兵之时，戒贪取首级之功，严滥杀老幼之禁。分行右布政使冯成能协赞机宜，副使李江监军，参议沈伯龙理饷，分守川西道⑥参政王宫用⑦督粮，水利茶法道⑧佥事周思充纪功，又委知府陈大壮措办军需，同知⑨容朝望、知州罗向辰、知县陈嘉言、杨汝楠等随营分理，推官高文炳查验功级，同知曾可耕、通判朱充、丘梁、师道立、推官吴文全、知县沈值、张九思等查核军情，督运兵饷又委经历、照磨⑩、州同、州判⑪、县丞⑫、主簿、典史、巡驿等官陈忠、杨文楣、冯梧等或攒船押运，或分管收支，或买办催造，俱各遵照定委事务，协心供职。

随奉本院密行总兵刘显及郭成、张泽差武举李之实设间，把总吕崇舟、谢秉华、哨官陈文龙助同，于四月初十日前去凌霄城下，将久叛蛮王阿苟并贼首阿肉、阿缪、阿斊（qiá）、阿王保、阿汝近六名计令下城，随据通判洪一贯执谋擒获。刘显即亲统坐营指挥葛琼、把总等官郭嘉福等，将落豹、高寨克破，当阵斩首十颗，俘获小蛮一名，被虏阿正朝等三名。二十四日，又发把总吕崇舟等官兵，将恶泪坎等寨克破。胡禄、吕崇舟下⑬兵勇萧世德等，斩获首级一颗，百户于谦、隘官汤洪儒下兵勇林应朋等，斩获首级一颗，典史⑭祝旦下兵勇夏应广等，斩获首级一颗。二十七日，葛琼督令主簿周崇恭、把总黄希忠、何子宸、百户樊启元、土舍阿恩、隘目阿牛领兵阿降、阿改等，生擒叛蛮阿关等四名口，斩获首级二颗。及调永宁宣抚奢效忠领兵前来，刘显督同郭成、张泽等官兵，于五月初一日大破凌霄城。除已具题外，所有应叙功次：

刘显标下官兵吴鲸、刘招桂、周于德、郁凤、张大祥、聂永相、刘天俸、王文信、黄衫、阿富、沈朝、王文通、彭应元、陈清、张采、王恺、杨道、刘天贵、刘天坤、龚络、彭良启、张明、徐良华、阿闹、罗廷甫、邓朗、蒲九思、吴宪、杜栻、赵阳、王用等，各斩获首级一颗，共计三十一颗。主簿方昂，督同地方白台等，擒获被虏一名。

郭成部下兵勇郑龙等四名，奋勇先登，官兵阿天、张成、汪汝高、李朝实、李仲江、阿母、徐轲、吕崇舟、汪东秀、汪贵等，各斩获首级一颗，共计一十颗。陈祥等生擒蛮妇一口。

张泽部下官兵汪应保、张保、王义、申大谟、王贵、阿刀、翁银、刘仁富、叶俸朝、彭四、尹虎等，各斩获首级一颗，共计一十一颗；叶俸朝等生擒一名。

葛琼下家丁葛天贵等，斩获首级一颗，又与报效⑮田世武共斩获首级一颗。

宣抚奢效忠下羿兵，斩获首级四十七颗，生擒九十二名口，内一名系蛮王阿幺儿。

共俘获被虏监生胡天锡等五名。烧毁寨房二百余向、仓二十间，谷豆无数，夺获水、黄牛三十五只，羊五十八只，猪四十一只，（梭）标二百七十七根，弩一百八十二把，弩箭一千三百七十九枝，梭枪一百二十六根，皮鼓三十五面。刘显会同副使李江，当将牛羊、器械给赏冲锋兵勇讫。

又据原任都司韩似甫呈报：差兵勇李荣等，在于小堡地方拿获叛蛮细作阿雷，并斩获首级一颗；典史祝旦督领游兵李仁等，生擒蛮贼尹金荣一名。

本月初十日，又奉本院案验："照得大征都蛮，窃闻道傍之议尚有引二百年故事为说者，此必画⑯于凌霄之功。今兵精粮足，该镇虽以闽事被论，朝廷特为勉留，于此不感激思奋，抑独何心！今奉明旨查勘有无师期、成算，仰道通行将领各官，约期面议，各吐肝胆，审机宜，决犹豫，参伍众见，会通群心，归于至当，将运用次第密书成册具报。"各官即到叙州府会议明白，当蒙本院与总兵刘显议同，先克都都寨，断其左臂，以便进兵。调取镇雄府土舍陇清，领兵前来，于六月十五日夜夺占阿儿寨子，并发官兵将平寨、高寨、董木坝蛮房千余间尽行烧毁。十七日，刘显与郭成差发把总刘招桂、吕崇舟等，领兵将红崖坡底一带大房烧毁。十八日，刘显督令郭成并守备沈茂及陇清，分兵仰攻。有刘显标下把总刘招桂、张大祥、郁凤、应袭舍人杨维新等，当阵共阵获首恶阿黑王、阿廖王等首级四颗。又密令把总吴鲸等，于本日夜袭破都都寨。除已具题外，所有应叙功次：

坐营官葛琼、守备沈茂与吴鲸、周于德、李武、王恺、程裕后、刘天俸、王茂、周绍先、龚络、千总龙凤、刘天受、副总刘天元、应袭刘綖⑰同家兵葛进忠等，于十九日各斩获首级一颗，共计一十五颗；指挥郭文军兵孟道奴，生擒阿造一名。

郭成部下把总吕崇舟、邵榴、刘汝悌、徐轲、兵阿二等，各斩获首级一颗，共六颗，夺获被虏罗应元一名。

陇清下兵余子敬等，斩获首级七颗，夺获被虏李六生、徐万祖二名。

各蛮坠崖死者不计，烧毁寨房二千余间，夺获谷、稗纂七百六十余挑，牛四十一只，犬四十五只，铜鼓二面，皮鼓五面，梭标三百二十六枝，破、坏斑竹梭竿三千一百三十枝，弩十把，弩箭九百八十八枝，刀十六把，夷甲一十二领，夷盔九顶。茶一十二篓，当即分散官兵讫。

二十一日，刘显标下旗牌官唐民育、赞画官王用、夷目兵阿熊幺等，于两河口斩获首级五颗。把总黄希忠等，生擒阿睿一名。监生何钰等，夺获被虏一名熊参。

二十六日，千户陈一策等，于水车坝擒获奸细一名阿辕。

七月初五日，郭成部下官兵指挥鲁兴周、百户张宗和、把总郁凤等，同家丁于印坝山⑱下生擒阿欧、阿当、阿结三名。家兵刘天受等，斩获首级一颗。兵郑龙、郭友义等，俘获蛮男阿瓦、长儿、阿完三名；被虏罗万富、三受、阿元、阿五、杨保五名；夺获蛮甲二领，梭枪一枝。

初八日，戎县申报：民兵张侯等，生擒一名阿逃。

二十三日，原任都司韩似甫家丁韩果等，于合麻沟⑲生擒阿挂一名，标一枝。

以上并分布官兵缘由具题讫。

比有阿大王领惯战恶蛮千余，扎上鸡冠岭⑳，险绝异常，阿二王、方三王等纠合蛮众，扎上九丝城，与鸡冠岭相对。城下周围四十余里，俱绝壁悬崖，势难飞越，仅一二鸟道，人迹略可容足者，并列排栅九层，削山为堑，绝竹为梭，悬石当空，投标绝谷。我兵虽众，连营正在两山之中，万仞深沟之侧。阿大阳称就抚，阴结九丝，期以官兵进攻，先后夹击，使我兵腹背受敌。诸将莫敢轻进。随奉本院差官赍捧令旗、令牌一面，催兵进攻九丝，一面密谕道、镇，并发原充通老㉑、见问军罪犯人黎朝佩等暂赍冠带、银牌往谕阿大：天兵四临，许待以不死，如敢暗助九丝，定另发精兵先剿。及将续调马湖㉒、天全㉓土兵，列为外卫，以牵制阿大。该刘总兵随机用计，将鸡冠、黄土㉔、内官㉕等寨，郭成亦将母猪㉖、吊猴崖㉗、都得金等寨，奢效忠亦将落武㉘、落拗㉙、得居、印靶山等寨各蛮俱暂准称降，仍差把总刘汝悌、徐子明、监生何钰及黎朝佩、通老徐志、赵兴敬分投在寨坐守。何钰等设间，许以重贿，佯言某欲杀某投降，又该招出降夷罗万良等二千二百五十四名口，各与安置。众蛮因此互生猜疑，观望不发，我兵得以专力九丝，乃分兵伍枝，各路齐进。

七月二十四日，蛮王方三闻知张泽在长宁县赏兵，东路兵虚，乘间差蛮突出，抢虏运粮史坝驿㉚驿丞董思明，仍四面伏草，希图掩袭职官，以挫我兵锐气。该刘总兵一面行守隘官严加防御，一面行各营合围进剿。

二十六日，督领都司徐仁威、侯一位、原任游击吴继祖，守备沈茂、吴宪，石柱宣抚㉛马斗斛，平茶㉜、邑梅㉝、天全各土官舍杨正崇、杨通承、高恒等进扎黑帽尖山，凿山开道，截水造桥。又蒙本院看得各寨被虏人民畏惧大兵，思归无路，牌行副使李江速制招旗、小牌赏发各寨，令其执牌速出，及示谕各营官兵：如有妄杀被虏，查出抵死。一时汉人奔命逃回者不计其数。

二十七日，郭成下哨官郭天智等，于都都寨脚下夺获被虏一名吴应受。

二十八日，家兵史朝应等，于都都寨下生擒一名阿庚，被虏二名王伸、刘转幺。又指挥郭文同家兵帅自俸等，于深沟子斩获首级一颗。奢效忠下羿兵小羊儿等，斩获首级一颗。戎县典史祝旦、通老赵万聪等，于得广寨斩获首级一颗。

二十九日，宣抚冉维屏，发兵于两河口斩获首级一颗。高县知县何汝质申报：督令募兵郭东山等，生擒奸细一名小意。

八月初六日，刘显发把总周于德、张大祥，百户王鹤龄，守备吴宪，指挥李承恩，千户韩京同家丁周贵等，于九丝半坡得罗，斩获首级各一颗，共六颗。同日，参将张泽督领原任守备、立功官田世武，指挥申大谟，宣抚奢效忠等官兵，进扎谷爆寨㉞。

初七日，刘总兵攻上九丝半坡扎营，将周围斑竹、都答上中下三寨尽行焚烧。各蛮与官兵迎敌，鏖战一昼夜，当阵应袭刘绖、把总杜栻、郁凤，守备沈茂，旗牌官唐民育，武生黄时济、王德义并蒲九思、吴应龙同家丁张清等，各斩获首级一颗，共十颗。

初八日，叙州府经历陈忠下家丁陈增，把总王恺并孙自庸、吴应试、吴应龙等，各斩获首级一颗，共六颗。

初九日，郭成督领指挥鲁兴周、宣抚冉维屏、石耶㉟土舍杨正魁等官兵进扎印靶营，各蛮前来落外迎敌，随发指挥鲁兴周、魏组，百户叶茂林，把总吕崇舟等，领兵前去接战，鸟铳打伤百十余蛮，死者六十有余。当阵把总吕崇舟、邵榴，总旗张簠（fǔ）、张永得，哨官董国臣，兵勇徐世臣等，各斩获首级一颗，共十颗，夺获木竿、梭枪、皮鼓六件。宣抚冉维屏下头目海通等，斩获首级二颗。同日，宣抚奢效忠下兵沙畚（pò），于麦易营斩获首级一颗。

十一日，参将张泽督兵扎上半坡，以攻九丝之右。

十三日，郭成下家兵郭友忠等，于得金寨斩获阿宰王首级一颗。十四日，刘总兵发降夷阿果等，于九丝半坡路口斩获首级二颗。

十五日，兵刘武臣等，斩获首级二颗。

十六日，张泽下哨官刘安义等，于漏箐、两河口擒获蛮妇什泪、什美二口；小蛮二名。

十七日，奢效忠发兵攻打九丝，羿兵者荣等斩首一颗。

十九日，羿兵阿胡等斩首一颗。

二十日，郭成领兵进扎九丝山下。同日，奢效忠发兵攻打九丝，冠带邵明邦、兵罗住等斩获首级六颗，被虏阿问、张真狗、胡正受三名；药箭射伤三十余蛮。

二十一日，又奉本院看得蛮垭[35]、得挖地方茂林深涧，虑恐各蛮仍旧突出抢粮截路，行委原任都司韩似甫，领兵扎得挖口；松潘东路参将胡大宾领百户邢仁等兵，扎蛮垭口，以防奔逸，兼护粮夫。

二十四日，刘显发荫袭土舍文安民下兵，攻打九丝，家兵黑保、扁头等斩获首级贰颗。

二十五日，张泽下兵陈友赞等，于九丝脚下斩获首级一颗。奢效忠发兵攻打九丝，羿兵阿朽等斩获首级三颗，俘获蛮男女阿拗、阿后、阿燥三名口，被虏黄秉朝一名。

二十七日，刘显下指挥郭文，守备沈茂、吴宪并吴应龙等，于黑普寨各斩首级一颗，共四颗。同日，郭成发兵攻打九丝，兵勇涂永相等斩获首级四颗。

二十八日，镇雄土舍陇清领兵进扎得二、得罗等处。及奉本院访得邻近土司先年调征都蛮，乘势贪财，因机受贿，阳称攻剿，阴肆交通，往往无功，反遭挫衄，牌行各土司痛除往弊。如有包藏祸心，日久无功，即系贼党，事完定行移兵并剿。

二十九日，高县知县何汝质申报：操兵阿钟伏等，于苏滩[37]擒获奸细一名阿圤（pú）。又本院遣发火牌[38]行监军道，示谕各营官兵：务宜竭忠毕力，以受殊赏。若观望退缩，有不用命者，该道即时绑赴旗牌前斩首示众。并谕各兵：进攻之日，止令擒斩凶狠首恶；其老弱幼小之蛮，只许生擒，不得概杀。

该副使李江同总兵刘显，督令五路汉、土官兵，自九月初一日起，不论晴雨，昼则八面齐攻，夜则攀崖袭寨。贼设排栅九层，当用鸟铳、挨牌[39]打死蛮众不计。各蛮仍拼死固守，梭竿、礧石、标枪、伏弩，下击如雨。又值霾雨黑雾，咫尺不辨人形，相持不下。

随奉本院申谕原议：荡平九丝悬赏银叁万两，各营官兵有能效命先登直捣巢穴者，不（俱）［拘］⑩擒斩多寡，为第一功，多给悬赏；续上九丝获功多者为第二功，量给悬赏；其在城下获功者为第三功，止计功给赏。又蒙密谕道、镇：各营合击，须取一路密登。俱经遵奉传谕诸将。

初二日，奢效忠谋袭九丝，遴选死士乘夜偷上九丝，被贼惊觉交战，杀死蛮众不计，羿兵亦阵亡、重伤数多，乃退兵回营。

初六日，李江、刘显密谋议，将把总吴鲸标兵与官舍杨正崇土兵内挑选勇士，各悬重赏，谕令周于德同领袭攻。

初七日，郭成亲统部下把总吕崇舟等，并土官冉维屏、土舍陇清各兵竖立敌楼，奋勇齐上，克破叛蛮当关仓囤，直逼九丝第二层凤头尖山，几至绝顶，被蛮众拼死迎敌，抛放礌石、梭竿甚众。郭成督兵就彼屯营拒守，复奉本院差官申严号令，并取先锋甘结⑪；谕令胁从速献首恶投降，以免屠戮。又蒙巡按孙御史宪牌催督将领、官兵，协力攻剿，速破蛮巢。

初八日，刘显标下指挥、把总等官周绍先、尹从寿、罗袍、文简、王嘉印等，各斩获首级一颗，共五颗。同日，吴继祖赴李副使禀称："平茶冲锋兵，仍要重赏方肯袭巢。"随行知州罗向辰动银叁百两，给发杨正崇分散各兵，仍另外许以重赏。至一更时分，吴鲸、周于德与杨正崇亲赴刘总兵帐房内，密谕；"蛮众连日苦战。明日重阳，蛮俗赛神，又见官兵攻打常待天晴，今大雨如注，必放心饮酒，正可出其不意，仍传箭各营刻期接应。"密令吴鲸等督发原选冲锋汉、土兵一千名，乘雨攀藤，衔枚缒上悬崖，伏至黎明，砍开寨门，杀死守门恶蛮，放铳集兵。贼众惊觉拒敌。随有把总刘天俸、周绍先及马斗斛、杨通承等汉、土冲锋兵登山接应。当得总兵郭成、安大朝，参将张泽及奢效忠、冉维屏、陇清等兵四面齐攻，协力截杀，焚烧寨房三千余向、仓一百余间，烟焰烛天，炮声震地。各兵分投擒斩，大破九丝城，巢穴一空。

除烧死、堕崖、落堑死者不计外，刘显标下守备、指挥、把总、千百户等官沈茂、吴鲸、郭文、周绍先、朱承勋、陈一策、刘天俸、廖道亨、罗袍、文简、刘𬘬、刘天元、黄希忠、郁凤、周于德、张大祥、徐慎、王安国、侯高、刘招桂、杨瑚、彭良起、王思相、李承恩、王鹤龄、尹从寿、王嘉印、王用修、吴宪、吴应龙、陈才、刘亨、何钰、王茂、龚络、王用、杜栻、费孔年、周崇恭、刘琯、李衡、刘添智、刘添俸、王恺、程裕后、贾奎、蔡钦、倪能、吴元勋、余希忠、孔继祖、郭之屏、潘继武、李宗望、苏继武、宋震、刘汝茂、徐子明、朱明、李旺、王尚宾等，并平茶官舍杨正崇，邑梅长官杨通承，石柱宣抚马斗斛、土舍马邦文，天全土舍高恒、杨万盛，平夷㊷土舍王用文等，斩获首级连前五颗共一百八十四颗，生擒阿扫、阿瓮等六十五名，夺回被虏阿旺等七名口。

郭成部下指挥、把总、千百户等官鲁兴周、吕崇舟、郭天心、徐轲、涂可达、魏组、杨应升、樊启元、秦松、朱承勋、汪东秀、邹文、黄忠、邵榴、叶茂林、聂永相、叶拱南、耿应元、王安国、马升、张国奇、陈晖、郭天禄、吴浦宗、徐春龄、徐轲、谢秉华、何恩、郭绍荣、潘体乾、李献忠、刘汝悌、李冒等，并酉阳宣抚冉维屏、石耶土舍杨正魁、镇雄土舍陇清等兵，共斩获首级一百五十三颗，生擒阿谢王、阿育王等一百五十八名口，夺回被虏阿赏、阿龙会等一十六名口。

安大朝部下指挥、把总、千百户等官韩似甫、安世爵、周世禄、周应武、朱伏、朱鸾等官兵，共斩获首级四十九颗，生擒阿筛等四十四名口，夺回被虏阿伏儿一名。

张泽部下指挥、把总、千百户等官申大谟、田世武、胡禄、吴贤、魏仕化、张之维、张承宗、张润、吴烈、郭锐、戚芳、夏奇、张仁、王世达、于谦、叶凤、张舟、张朝用、杨堂、丁鹤年、胡福、刘安义，并土官、土舍奢效忠等兵，并斩获首级三百九十八颗，生擒首恶阿恶、阿亨、阿印、阿鹅等一百二十四名口，被虏回生等四十名口。

各营夺获诸葛鼓㊸一十二面，梭标、弩一万五千余件，水、黄牛一千一十只，谷穗约一万余挑。

官兵乘胜，于本月日期不等追捕余蛮，破毁得茂、落外、得二、得杭㊹、罗门、笔架㊺、印靶、红崖、得居、谷爆、崖头㊻、扇子洞、恶泪等寨，各蛮奔逸母猪、鸡冠、吊猴㊼各处。随牌差黎朝佩等行原委坐寨官徐子明、刘汝悌、邵明邦，前去用计诱出母猪等寨诈降酋首阿瓦、阿早等四十五名过郭成营中，乘夜将阿瓦等擒绑解报。有阿大等自恃鸡冠险寨，拥兵不出，该刘显督令郭成、安大朝、张泽统领汉、土官兵，于十九日子时奋勇齐攻，烧焚巢屋一千余向，仓二十余间，谷穗数千余挑。众蛮逃奔绝岭，扎寨拒守。官兵昼夜鏖战，至二十二日寅时，克破鸡冠岭并周围蛮寨得柔、黑普、得金、都金、内官、黄土、小毛坝㊽、黄毛冈、落雨沟㊾、落晚、落旦、脚板溪、落瓦、浪哇、五村㊿、得罗等寨。

刘显标下官兵沈茂、刘天俸、吴鲸、周绍先、吴宪、李承恩、刘招桂、王恺、郭文、尹从寿、吴继祖、陈嗣昌、倪能、文简、罗袍、王嘉印、刘绖、王鹤龄、黄希忠、刘天元、龙凤、刘亨、刘天受、张廷瓒、郭嘉福、车深、李建、郭天礼、李甫、周于德、黄时济、夏良贵、宋三元、韩京、罗顺、王茂、吴元勋、李必禄、罗从受、张兴、王继先、郑元勋，并宣抚马斗斛、官舍杨正崇、杨通承等土兵共斩获首级二百五十颗；生擒首恶阿答王、小阿富、阿苗、阿果、阿邹、阿高、阿尧等一百三十七名口；夺回被虏紫受等二十四名口。

郭成部下官兵吕崇舟、郭天心、叶桂、陈元、彭应年、樊启元、张贵、汪东秀、黄彩、邵榴、陈晖、叶茂林、邹虎、李贵、徐慎、蔡亨、周勋、魏组、聂永相、侯贵、刘海、孙镫、张安福、汪童、余福、何恩，并土官、土舍冉维屏、杨正魁等，斩获首级二百零七颗；生擒阿彪等连前阿瓦等四十五名，共一百零七名口；夺回被虏阿罗二等三名口。

安大朝部下官兵许仁、向伏三、张贵、沈乾保、冯兴七等斩获首恶阿花并首级壹拾肆颗；生擒梅条等一十四名口，夺回被虏阿来一名。

张泽部下官兵胡禄、张润、刘天荣、汤鸿儒、王嘉禾、胡启朝等并叶俸朝、丁鹤年、夏奇、吴贤、吴启、胡福、申大谟、刘卫、陈志皋、陶渔、王显祖、祝旦等攻破小凌霄(51)、水楼寨、和尚寺等处。及奢效忠等共斩获首级一百八十四颗；生擒阿拗、阿八等一百二十六名口，夺回被虏阿二狗等二十名口；夺获诸葛铜鼓十面，皮鼓二面，谷穗约九千余挑。

松潘参将胡大宾下兵勇陈三等，生擒阿麦等二名。

续奉本院差官执牌晓谕："鸡冠岭险寨虽克，首恶阿大等尚逃未获，而轿顶(52)、母猪等寨亦未荡平，颁悬赏格，鼓舞士心，戮力尽剿。"又蒙本院亲临珙县督厉官兵协谋搜捕。

二十六日，刘显督发应袭刘綎，及周于德、刘招桂、吴鲸、刘天俸、王茂、徐子明、兵勇周俭等各率部兵，追搜林箐。蛮王阿大仍领贼众百余，据险抗敌。官兵奋勇大战，自寅至午，刘綎为首，周于德、刘招桂、吴鲸、周俭、阿寅为从，冲入贼阵，生擒阿大并叛蛮阿傲等共二十名，斩获首级一十一颗。比吊猴崖众蛮据扎山顶，自恃周围壁立三十余丈，止有一线窄径，人不可登，逞凶抗敌。我兵对山找搭敌楼四座，各十二层，上用发贡鸟铳交击，各贼水食俱乏，势甚穷迫。至十月初七日，刘显设计诱下数蛮，各营官兵乘机攻上险寨，及将山下落夏、落戊、得金、得果、鱼兜(53)、深沟、落卜池、白所(54)、定丁(55)、革斗、涂坞、落引等寨巢穴焚剿一空：

刘显标下吴鲸、刘招桂、周绍先、张大祥、沈茂、吴宪、郭文、龚络、帖文华、李衡、李继勋、伊惟衡、黄希忠、郭朝仪、朱承勋、耿应元、侯高、陈初芳、杨忠、朱孔颜，并宣抚马斗斛等，共斩获首级连前十一颗共一百一十七颗；生擒阿般、阿略、阿喜等连前阿大等二十名共六十一名口，夺回被虏阿更等二名口。

郭成部下吕崇舟、聂永相、谢秉华、叶茂林、李藤、徐轲、廖道亨、魏组、李献忠、吴国正、梁必登、孙镫等，并土官马斗斛等，共斩获首级一百一十四颗；生擒阿义王、阿贡等五十三名口，夺回被虏阿幺儿等五名口。

安大朝部下官兵、杀手张林、张童等，斩获首级六颗；生擒阿来、阿山等六名口。

张泽部下官兵申大谟、田世武、胡禄、张润、胡福、杨堂、蔡亨、张保、张舟、郭天龙、吴烈、江朝宗、张之维、于谦、戚芳、刘卫等，并土官舍奢效忠、奢崇礼、天全土妇⑥马氏等土兵，共斩获首级九十二颗；生擒阿好、阿桀、阿掠等四十七名口，被虏陈七生等二名口；共夺获诸葛铜鼓五面，标、枪一千九百余件，黄、水牛二百八十二只。

初九日，总兵刘显发兵攻围母猪寨，比方三率众拒敌，当有把总龚络及刘招桂、吴鲸、刘天俸、张润、郭文、吕崇舟为首，周俭、陈汝夷、陈春、周绍先为从，冲入阵内擒获蛮王方三。把总徐子明访知鸡冠寨箐林中尚有蛮贼逃匿，前去搜捕间，当被众蛮拒敌阵亡。刘总兵仍行郭成、安大朝、张泽等各哨汉、土官兵，协力攻打母猪寨；密令刘汝悌等，率领降夷上寨计诱招降。

十一日，郭成擒获方三义父、首恶阿祖王，招出罗万良亲族罗朋等一百二十七名口。

十二日五更时分，诸将标兵及冉维屏、奢效忠等，各奋勇攻上母猪寨，焚烧蛮房千余所，烧杀蛮（房）［贼］⑰不计，并破周围蛮寨落拗、得挖、应童、青冈、落埋、贯大、黄土、妹都、黑罗等处。

刘总兵标下周绍先、吴鲸、郭文、尹从寿、廖道亨、李继勋、赵爵、郁凤、周于德、王用、刘天元、陈增芳、刘招桂、刘天受、张国现、刘琯、李必禄、周山、刘廷俊、黄希忠、李清、侯一位、韩京、吴从周、朱颐等官兵，共斩获首级一百二拾四颗；生擒阿瓮、阿打、阿弓等连前方三共九十七名口，夺回被虏阿友儿等六名。

郭成部下吕崇舟、徐轲、陈元、邵榴、聂永相、郭天心、刘汝悌、樊元、李藤、陈晖、潘继武、周世禄、魏洪仁、张得为、杨应升、张安福、张成、伊惟衡、周继商、李宗望、杨忠、郭绍荣、陈于道、汪童、秦松、李承祖、谢爱、张英、孙镫、魏组、甘禄、周勋、袁洧、方登龙、徐椿龄、程希闵，并土官舍冉维屏、杨正魁、陇清、陇寄梅等，共斩获首级二百六十三颗；生擒阿闰王、阿纲王、阿贡王、阿浪王、阿盎王、阿劳王等一百九十六名口。

安大朝部下官兵韩似甫、单廷勋、詹春阳、冯兴七、安世爵等，共斩获首级三十颗。

张泽部下官兵申大谟、田世武、胡禄、张润、吴贤、张承宗、张怀定、杨成、吴福、魏仕元、王仕达、于谦、石万鳌、潘体乾、张仁、张朝用、丁鹤年、江朝宗、刘卫、秦继宗，并土官奢效忠、天全土妇马氏等，共斩获首级一百四十四颗；生擒首恶阿儿王、阿才王等并余蛮阿好等八十二名口，夺回被虏阿哑等柒名口。共夺获铜鼓二面，标、弩等器三千八百余件。

又该三道会同总兵刘显，督发官兵吴鲸、周于德、吴宪、王恺、张大祥、张闰、刘琯、刘天受、张采、陈材、周绍先、哨长郑宠等，在贵州地名大盘山生擒蛮王阿二呈解本院，审发纪功道验核讫。

以上通共前后克破凌霄、九丝、都都、黄土、内官、轿顶、母猪、鸡冠、吊缑、印靶、得金、得柔、毛坝㊳、落晚、笔架、得杭、得果、都金、得挖、得居、落豹、红崖、落外、落卜、小凌霄、水楼、和尚寺等大小险寨六十余处，焚烧、坠崖并逃入深箐饿死者不计，生擒、斩级、俘获共四千六百一十五名口、颗，内称王酋首阿大、阿二、方三、阿花、阿苟、阿祖、阿赏、阿留、阿盉、阿降、阿瓮、阿歪、阿摆、阿撒、阿瓦、阿早、阿苗、阿果、阿邹、阿高、阿尧、阿儿、阿才、阿明、阿呐、阿义、阿浪、阿桂、阿好、阿闰、阿纲、阿贡、阿降、阿劳、阿谢、阿玉等三十六名，招安二千三百八十一名，开拓田土周环四百余里，得获诸葛鼓九十三面，古文铜锅一口，铁锅一口，梭枪、标、弩、皮鼓等器二万七千二百五十一件，牛、羊、犬一千五百一十余只，谷穗约二万二千余挑，焚烧房屋、板仓七千四百余间。当阵将牛只、枪弩、谷穗犒赏有功官兵，铜鼓听解，及量酌官兵应撤、应留行各将分任责成外，为照戎县都蛮犬羊异类，豺狼凶资，占据中国版图，六乡尽没；依凭殊方天险，历代通诛，盘据九丝，而以凌霄、都寨为羽翼，出没延袤不止数百余里，凭陵六县，而以杀人放火为嬉游，虔刘㊴荼毒，且将二百余年。历年或抚或剿，竟以夷情叵测，反堕其奸，遂使阻命近郊，如同异域。今者仰藉圣明御极，至德明威，布昭无外，而硕辅、本兵远授吁谟，以致文武各官大小戮力，遂使自古未克之雄巢云中拔帜，积年逞凶之逆首麾下骈肩，擒斩将逮五千，威灵独伸万里，经营甫逾三月，平成已定百年，此诚西南未有之奇功。

除相度形势修建衙门、经理田土善后事宜陆续另议呈详等因，开报到臣。卷查嘉靖四十五年（1566）内，该前巡抚四川都御史谭纶案开："戎、连、高、珙都蛮之患其来已远，先年征之，率属苟且了事，以致惩艾未深，遗孽复肆，良为可恨。除大举征剿候计定题请，该道、将领等官，将堡隘游兵如法训练"等因在卷。隆庆二年（1568）内，准兵部咨《为条列民瘼，仰纾圣怀事》，该礼科都给事中⑩何起鸣条陈处都蛮以除民害一款，本部覆："奉穆宗皇帝圣旨：依拟行。钦此！"又准兵部咨《为议定将领驻扎以安地方事》，该前巡抚四川都御史陈炌⑪题将永宁参将改移歇马坝⑫驻扎，以控诸夷，本部覆："奉穆宗皇帝圣旨：是。钦此。"隆庆三年（1569）内，又准兵部咨《为叛蛮僭王，大肆猖獗等事》："据高县民邓通等奏，又为叛贼僭称王号，大肆猖獗等事；据珙县民尹文光等奏，俱奉穆宗皇帝圣旨：'兵部知道。钦此。'"备咨前来。隆庆四年（1570）内，又准兵部咨《为积恶叛蛮大肆猖獗等事》，该前巡抚四川都御史严清⑬揭帖，并该巡按四川监察御史王廷瞻⑭题《为都蛮猖獗异常，攻劫镇隘，绑虏职官，恳乞明严谕抚臣亟图征剿，以彰国威，以保地方事》内称："都蛮大异往日，拥众千余，分枝四出，烧毁各乡庐舍荡然一空，屠戮六县居民殆无虚日，地方大可忧可畏，莫甚于此。及今若不亟为区处，仍复因循故套，不免玩寇殃民，遗将来不测之患"等因，该本部覆："奉穆宗皇帝圣旨：这叛贼著严清会同安大朝，督率各该守、巡、将领等官，作速征剿，务期尽绝。以靖地方。卢梁、吴启东都着革了任。其余依拟。钦此。"隆庆五年（1571）内，又准兵部咨，该前巡按四川监察御史王时举⑮题《为叛蛮大肆猖獗，绑虏官兵，烧毁衙门事》，又该前巡抚四川都御史陈瓒⑯备咨前事，开称："都蛮肆毒未息，时势鼎沸，原设参将周宗、游击谢崇爵、参议包汴、佥事田应弼剿贼均非所长，若不建置大将，难奏肤功"等因，本部题奉穆宗皇帝圣旨："周宗、谢崇爵姑着戴罪杀贼，包汴、田应弼各罚俸二个月。钦此。"万历元年（1573）七月内，又准兵部咨该臣题《为计处地方夷情以便剿贼事》，本部覆："奉圣旨：是。这蛮贼称乱多年，着曾省吾、刘显悉力尽剿，以靖地方。钦此。"本年八月内，又准兵部咨该臣题

《为仰仗天威，官兵奋勇，计擒贼首，攻破险寨事》，本部覆："奉圣旨：'是。这蛮寨既破，着曾省吾、刘显督率文武将士乘势运谋，奋勇进剿，务要扫除尽绝，以靖地方。阿苟等即便处决枭示，其余依拟。钦此。'"本年九月内，又准兵部咨该臣题《为贪肆将官负罪深重事》，本部覆："奉圣旨：是。征蛮事重，刘显姑著上紧灭贼自赎，立有奇功仍议升赏，如逗遛观望，养寇殃民，通论前事一并重处。钦此。"又准兵部咨该臣题《为计处兵粮，酌议功赏以广军储，以励人心事》，本部覆："奉圣旨：是。钦此。"俱经备咨前来，通行钦遵外，又该臣题《为仰仗天威，再克险寨，并报分布官兵事》，具本题知，及多方画策，奖率将士，申明号令，并行副使李江临营督阵去后。今据前因，参照都蛮种分孟获，号西南桀骜之夷；地阻夜郎，赋豺虎贪残之性。虽汉、土周遭率遵声教，而强梁中梗，独肆凭陵。阿大雄据九丝，复翼以方三等逃囚，愈加煽逆，频年势吞六县，乃近将叙、泸等内地亦罹阽危。二百年抚剿相寻，数十载猖狂益甚。僭称王号，拥旗帜而生杀一方；屡抗官兵，逞戈矛而震惊三省。绑拿千户百户，莫敢谁何；焚劫各堡各城，几无噍类。屠杀则膏骸遍野；系虏则男女成群。戮及婴儿，又贯搠丛炊以博戏；劗（tuán）施孕妇，仍焚尸掘墓以淫威。罪稔恶盈，鬼怨神怒。奈以高山大箐，向来称乱，既自负巢穴之难窥，而彼逸我劳，前此出征亦诚苦樵苏之莫继。岂知地险本不足恃，天网竟复难逃。属英主御极之元年，奋赫怒安民之大勇，明见万里，任帷幄以运前筹；守在四夷，自庙堂而决胜算。谓兹寇不可玩，其在法所必诛。是以猛将桴鼓以折冲，劲卒控弦而敌忾。粮糗浮江而下⑦，器甲列山以屯。首夏试兵，而凌霄即破于三日；中秋结阵，而九丝旋灭于三旬。既西拔都都寨以除腹背之虞，又北捣鸡冠岭以绝咽喉之扼。一扫零星小寨，速若燎毛；悉俘枭獍大憝，势同破竹。信有征而无战，果用夏以变夷。计首功数逾四千，焚坠而死者无算；约田地亩盈十万，米谷所产者甚饶。番夷震詟，如鼓以雷霆，咸谓天威莫测；童叟欢呼，如出诸水火，共祝圣寿无疆。即今已空彼巢穴，而列障于吭背之巅；以次当集我兵民，而杂耕其肥沃之野。已泄幽明之愤，永清巴蜀之氛。地方幸甚，臣等幸甚。

所据内阁辅臣遵神断以诘戎兵，扬主威而兼夷狄；本兵大臣壮远猷于枢笈，畅雄略于要荒。此其勋庸，简在圣心，俱非臣之所得言者。及照前巡抚四川都御史谭纶创谋剿贼，矢志救民，团练民兵，制造火器。今日之役，实本受成。陈炌、严清、陈瓒、刘斯洁，或议设将以经略地方，或清税银以储蓄军饷。见任贵州巡抚都御史蔡文，义急邻封，预催将领。前都给事中何起鸣、巡按四川监察御史王廷瞻、王时举，先后睹陷溺之民，次第申挞伐之请。前巡按四川监察御史孙济远，当郭成之论罢，定反侧于呼吸之间；方刘显之议征，决可否于淆乱之际。巡按四川监察御史孙代，澄清共念，勉文武以忠勤；开济一心，常夙宵而耿切，纪法严于告诫，风采肃于官军。但与臣俱为宪臣，遵奉明例，不敢论叙。且是役也，上凭朝廷宠灵，下藉文武匡济，臣等幸因人以成事，敢贪天以为功？

至于诸有事于军务效劳员、役，相应分别叙论，以昭激劝。照得镇守四川总兵官、南京中军都督府署都督金事刘显，气本兼人，心怀报国。自请缨弱冠，雄声早著于西陲；今授钺元戎，伟绩竟收于南服。分数明而操纵审，且能迈众以先登；军需节而筹策深，尤善随机以应变。洞知蛮徼，计定则山岳不移；烂熟战场，志坚而精神愈奋。功成三捷，谋出万全，所当优论超擢者也。

四川布政司左布政使罗瑶，志虑忠贞，才猷宏远，先声制胜而处夫、处饷，水陆各极其调停；临事防危而本支、折支，仓库皆余于贮积，忧勤关一体之念，经济本八面之才。

右布政使冯成能，器裕经纶，资兼文武。始事而同猷共念，方履任而力赴劻勷（kuāng ráng）⑱；当机而游刃转丸，极担承而心忘物我，指顾生风云于掌上，笑谈出兵甲于胸中。

分守川西带管督粮道、左参政王宫用，才气恢洪，谋猷练达，驱驰山阪，虽被目疾，不辞蒸暑之劳，催督兵夫，辄以身先，每裕调停之策，威信大行于汉土，勋劳茂著于边陲。

四川按察司兵巡下川南道副使李江，忠诚任事，慷慨临戎，勤早夜而冲冒乎瘴雨蛮烟，半载尽殚心力，审张弛而弹压乎土兵汉卒，诸营悉禀机宜。论功较若权衡，执法坚如金石。

四川布政司分守上川南、带管下川南道右参议沈伯龙，敏捷异才，沉潜伟识，转输正饷则碾解载运，仓卒办而悉有章程；措处杂需则牛酒鱼盐，巨细充而皆得要领，机裕于风驰之羽檄，虑周于星布之屯营。

四川按察司屯盐水利茶法道佥事周思充，宅心端亮，持纪严明。俘馘（guó）数千，分被虏、胁从之科，绝无混乱；安插老幼，重蛮男妇女之命，皆得生全。舆疾以犯炎荒，防奸而杜冒滥。

原任四川总兵、今充为事官郭成，气类鹰扬，恩联虎旅，挟必报之仇⑲而斩关据隘，先拔凤头；奋久创之志而冒险探巢，遂夷猴岭⑳。论功不后，所同无前。

原任贵州总兵、今充为事官安大朝，忠勇性生，韬钤夙练，捐金募士，勇赴千里之师期；饮恨除凶，并举九丝之大捷，虽贵阳未免东隅之失，而桑榆已收西土之功。

叙泸坝底迤西左参将张泽，貌委骁雄，谋亦缜密，与士卒分甘啖苦，而汉土归心；临战斗切齿裂眦，而蛮夷落魄。凌霄固守，寝甲绸缪；九丝并登，搴旗鼓噪。

以上诸臣功当首论。内副使李江劳绩卓异，尤宜优叙。郭成、安大朝系革任听勘，俱应准赎原罪，仍行纪录，以备擢用。及据安大朝执称愿为伊子安荣赎罪，但事在彼处，未敢定议。张泽虽有驿丞董思明被虏之失，实为意外之虞，况部下擒斩独多，似应加升，以酬其功者也。

四川按察司按察使徐行，议大征而协恭赞决，评元恶而据法得情。

四川布政司分守下川南道右参议杨文明⑦，计处散兵余积之粮，力任善后屯田之策。前任参议张子仁⑦，志存立功而议论激发，事多托始而意气纵横。

贵州按察司分巡贵宁道⑦佥事沈闻，威行接壤，虑切息争。

叙州府知府陈大壮，履险危而治水陆之饷道，躬营度而建县堡之仓厫；督造火器运船，每忍饥而不知日昃；综理甲兵钱谷，虽被疾而犹至夜分，出纳会计精明，应酬安详整裕。同知曾可耕，驱驰各隘而招缉有方，栉沐多时而军需有赖。

保宁府同知容朝望，收支勤苦，敬事遑恤身图；稽核严明，奉公不避人怨。

叙州府今丁忧通判洪一贯，临事有机，运筹当可，擒首恶既多深固之谋，破凌霄又著经营之绩。通判朱兖，转运兵粮而剂量无误，综核出纳而侵冒悉除。推官高文炳，图议则计虑深潜而上下胥赖，纪验则查核明审而真伪不淆。

龙安府推官吴文全，效纪绩之勤劳而艰险不恤，汰募卒之老弱而影射俱清。

威州知州罗向辰，志虑安详，猷为精密。管理一营粮赏，而樽节多方；洞悉六乡夷情，而谋猷悉中。

垫江县知县陈嘉言、犍为县知县杨汝楠，调停供需而费省事济，计处悬赏而将悦兵怀。

松潘东路左参将胡大宾，智能即戎，才堪济事。粮运资防护之力，要冲多保障之功。

四川都司掌印署都指挥佥事胡恩、佥书署都指挥佥事徐仁威，或司篆而军需戎器之有资，或从征而防突守隘之有备。

四川行都司金书署都指挥佥事侯一位，提调总营而防闲得体，守御尖山而缉捕多功。

原任游击、成都前卫指挥佥书吴继祖，督土兵约束有方，处悬赏鼓舞得算。

宁越守备沈茂，提兵远涉而克爱克威，奋勇长驱而多才多艺，援枹身冒乎矢石，斩关气贯乎虹霓。

原任广东碣石把总、福建漳州卫左所千户吴宪，理营务、造火器经画有条，训募兵、督战阵辛勤益著。

四川行都司金书、泸州卫指挥、今缘事韩似甫，督游兵而捕缉多功，守要隘而截堵甚惊。

原任会盐守备、保宁千户所指挥、今充军田世武，凌霄奋直前之勇，九丝效夹剿之劳。

以上诸臣功当次论。内陈大壮经营尤剧，曾可耕、容朝望、朱兖、高文炳、罗向辰、陈嘉言、杨汝楠劳绩独多，沈茂、吴宪谋勇尤著，似宜优叙，以酬其劳。吴继祖见在空闲，相应纪录。韩似甫、田世武俱应准赎原罪者也。

保宁府通判丘梁、师道立、邛州知州赵方立、嘉定州知州张应亮、宜宾县知县许一德、温江县知县沈植、荣县知县张九思、新宁县知县王完、洪雅县知县王之绪、威远县知县张联奎、井研县知县张震、彭山县知县周应璧、巴县知县郑宗学、高县知县何汝质、富顺县知县刘方、江安县知县单汝光、原任叙州府经历、今升南溪县知县陈忠、原任成都县知县陈以庄、播州宣慰司经历王慎，或催夫赍运而忧勤备至，或选兵散赏而驰驱不遑，且算画更多，兵戎有赖。

叙南卫[24]指挥尹从寿、郭文、鲁兴周、泸州卫指挥申大谟、名色把总吴鲸、刘招桂、周于德、刘天俸、周绍先、龚络、郁凤、张大祥、张采、王用、王恺、胡禄、张润、邵榴、郭天心、徐轲、百户吕崇舟、兵勇周俭，出奇制胜而挥戈于狐丘虎穴之间，犯死当锋而收功于鬼谷鸥林之内。

以上诸员役亦当次论，内丘梁、师道立、许一德、张九思劳久功多，仍应优论。吴鲸、周于德、刘招桂督兵及兵勇周俭先登，设计擒获阿大、方三，似应特升，周俭擢职，以酬茂绩者也。

部委指挥孙镫，奉差指挥王孝先，千户郑元勋，军门中军官、宁川卫指挥伊惟衡，叙南卫指挥吴从周，成都右卫指挥李宗望、朱承勋、朱颐、杨应升，成都前卫指挥周继商、徐慎，成都后卫指挥曹希彬，宁川卫指挥陈嗣昌，纳级指挥刘琯，南京留守中卫指挥费孔年，宁番卫指挥李承恩，茂州卫㉕纳级指挥涂可达，重庆卫㉖指挥徐椿龄、魏组，泸州卫指挥滕光国，雅州千户所指挥廖道亨、赵爵，忠州千户所指挥罗袍、文简，成都中卫千户耿应元、百户周世禄、李承祖，成都后卫千户叶拱南、百户彭应年、韩师愈、王安国，迷易千户所㉗千户韩京，重庆卫千户倪能，叙南卫千户吴元勋、吴烈、戚芳、李必禄、百户樊启元、胡福、丁希尧、张之维、陈元，泸州卫千户夏奇、百户于谦、赵懋、镇抚张朝用，广安千户所㉘千户杨堂，大渡河千户所㉙千户陈晖、百户叶茂林、周勋，雅州千户所千户刘卫，成都右卫百户李献忠、潘继武、苏继武、张承宗、潘体乾、邢仁、江朝宗、甘禄、程希闵，成都前卫百户宋震、秦松、张宗和、张仁，宁川卫百户孔继祖、郭之屏、陈一策、镇抚余希忠，越嶲卫㉚百户王鹤龄，忠州千户所百户王嘉印，贵州平越卫㉛百户周应武，武举帖文华，名色把总黄希忠、陈材、黄时济、陈化、李建、聂永相、刘汝悌、谢秉华、武秀、吴贤、李武、朱明、杜栻、王茂、刘天元、刘添荣、张廷瓒、郭天禄、吴国正、张安福，名色千户彭良起、王思相，哨官汤鸿儒，应袭刘绖、李师牧、郭绍荣、安荣，或领兵攻寨而淬刀同登，或督兵赞谋而矢心共济。叙州府检校徐圭、简州同知张塾、嘉定州判官毛元、泸州致仕判官魏宗阳、邛州吏目张茂春、盐亭县主簿汪东秀、云阳县主簿贾奎、井研县主簿杨文楣、洪雅县主簿周崇恭、金堂县主簿柴仕贤、永宁宣抚司经历陶渔、万县典史蔡钦、江安县典史何就云、彭县典史黄忠、南溪县典史李瑶、广元县典史蔡永芳、永川县典史张维城、犍为县石马滩巡检司㉒巡检杨瑚、江安县板桥巡检司㉓巡检邹文、珙县监生何钰、土舍何恩、头目阿牛、通老黎朝佩、黎朝银，或随营坐寨而独犯难危，或领兵支饷而多效劳苦。以上诸员役亦应叙论。内孙镫、李宗望、张承宗、张宗和、周世禄、李献忠、叶拱南、郑元勋、杨文楣、杨瑚、邹文勤劳为最，刘汝悌坐寨多功，周崇恭、汪东秀、贾奎、蔡钦催兵理饷，何钰入寨抚蛮，似应重赏，仍各查照功级叙升。黎朝佩、黎朝银应准赎原罪者也。

及照史坝驿驿丞董思明，骂贼而被方三刃死。名色把总徐子明，诱贼而被阿大射亡。合江县典史张大，到任未久，委造火器，遭回禄㉔延烧殒命。坐营指挥葛琼，统领营兵，以忠愤成疾捐躯。营山县主簿陆韬、青神县主簿宋谦，以军营效劳病故，殊有可矜，俱当优恤，以慰忠魂者也。臣下当该令典邓洪勋、唐时，并据按察司送到臣处书办一考役满典吏龚习篪，总兵刘显下掾史㉕吴应试，当烽火惊心之时，干理一应文移，早夜弗遑，委效勤苦，亦应叙录。行据布按二司右布政使冯成能、副使李江、佥事周思充议呈，比照各边吏何彦清、陈之奇、杨晓、罗仪等事例，免其内外历役、考试，准令给由，起送赴部㉖，照依本等资格选用，似应俯从。

其余功次，俱听巡按御史核实叙报，并供事指挥、千、百户、州判、县丞、主簿、典史、巡检、驿丞等官不能尽录，听臣分别奖赏。

除行副使李江会同总兵刘显、原任总兵郭成、参将张泽，务将深箐以次督兵砍伐，若再有漏匿鼠贼，严行搜捕尽绝，以保无虞；及通行各县；大出榜文招回先年流移百姓，今已渐次复业；并将有功大小人员先行宴劳量（搞）［犒］⑰，阵亡、被伤军兵照例优恤。生擒叛蛮数多，该臣于军前酌行处决，并所获首级发枭为恶地方。俘获老幼贼属妇女，应变卖者变价入官，不堪变卖者，远行安置。被虏人口，查拘亲属领回。一应善后事宜踏勘田土、清理疆界、建设衙门、掣留官兵，俱候从长集议明白具奏；及将所获诸葛铜鼓并古文铜、铁锅另本进献；生擒蛮王阿大、阿二、方三，或仍械献阙下，或就近行巡按御史处决，并见监首恶俱候明旨典刑外，伏望皇上敕下该部，查将前项应升、应录、应赏、应准赎、应免历免考各员役，并阿大等见监贼犯通行覆议上请，彰劝典以励群工，振纪法而图长治。

再照，臣原请调贵州守备刘天庆并鸟铳手三百名，以该省巡抚回称地方一日不可离，难以轻发，臣即止调。尚有本省土兵如乌蒙、乌撒、播州、东川、盐井等处，屡次差把目赍申各愿自当一队，死且不恨。臣晓以兵已足用，宜安心各守地方，是以原题贵州安国亨、安智之兵，臣亦置之不调。至于奉调土兵，该臣节行申饬，毋许愆期，毋蹈宿弊，以取拿究。又许以平蛮之日，查照功次一体叙论，或给冠带，或加服色，或准实授，以寓鼓舞。各官兵闻令，莫不踊跃前来，争先效命。如永宁宣抚司宣抚奢效忠，酉阳宣抚司宣抚冉维屏，石柱宣抚司宣抚马斗斛，镇雄府土舍陇清、陇寄梅，平茶长官司土舍杨正崇，邑梅长官司长官杨通承，石柱土舍马邦文，永宁土舍奢崇礼、头目邵明邦，天全招讨司土妇马氏、土舍高恒、杨万盛，石耶长官司土舍杨正魁，平夷长官司副长官王用文，蛮夷长官司⑱土舍文安民，镇雄把目胡藻，从征虽有先后，而均切报国之忠。领兵固有多寡，而共收破贼之效，均当叙赏。内杨正崇袭取九丝奋勇先登，土官中能身亲战阵者，正崇为最。奢效忠密迩都蛮，调兵独多，凌霄、九丝，获功俱盛。落武之贼，又能设计收降，且父子三人始终勤劳，颇知礼义，雅有流官之风。冉维屏所部之兵，素称被调不驯，今次极为敛戢，一兵犯者即斩以（殉）[徇]³⁸。卧病营中，尤为敬慎，且凤头之捷忠勇为先。马斗斛敬慎忠勇，亦大略与冉维屏相等。陇清虽素称有罪，而今次两调遄来，一心图报，兄弟谨畏，寒暑驰驱。据此中缙绅父老咸称，从来调兵，未有若斯勤慎以奔命，神速以收功者，仰见皇上维新之化无远不届。伏乞并敕该部查照云南等处用兵土官事例，先行酌赐钦赏，仍行巡按御史查明功次类报，分别冠带、服色、实授、终身职衔，将见夷酋宝大赉之金，必流传于百世，子孙希懋功之典，益效顺于万年矣。为此谨题请旨。

奉圣旨："这蛮寇荡平，各官效有劳绩。曾省吾升都察院右副都御史，荫一子入监读书，照旧巡抚。刘显升都督同知，还，赏银三十两、纻丝二表里。李江升一级。冯成能等升俸一级，还，同罗瑶各赏银二十两、纻丝一表里。郭成、安大朝准复原职。陈大壮等升一级，还，与徐行等各赏银十五两。吴鲸等升二级，还，与丘梁等各赏银十两。孙镗等并奢效忠各五两。其余都依拟。阿大等著就彼会官处决枭示。本兵调度有功，谭纶荫一子入监读书；汪道昆³⁹、杨巍⁴⁰赏银二十两、纻丝一表里；该司郎中赏银八两，其余的各五两。"

①坐草：伏于草莽，伺机抢劫。

②上罗门：在今九丝城镇迎春村，地名上龙门。

③得居：在今九丝城镇毓秀社区。

④螺蛳寨：在今僰王山镇千秋塝村境。

⑤八望山：又名博望山，在今僰王山镇镜内，本名轮抟大囤，宋政和五年（1115），夷人卜漏据以起事，梓州转运使赵遹率兵讨平，绘图呈献，宋徽宗赐名"南寿山"。山置博望寨，后遂沿称博望山。2000年改名"僰王山"。

⑥分守川西道：驻成都。施政区域包括成都府、龙安府、绵州和茂州。

⑦王宫用：北直隶成安人，嘉靖三十二年（1553）进士。时以参政为分

守川西道主官。

⑧水利茶法道：明代四川按察司负责办理水利、茶政的机关。周思充，浙江余姚人，嘉靖四十一年（1562）进士。时以佥事为该道主官。

⑨同知：地方府州县衙门（知事官）主官的副职，因称"同知"。容朝望是叙州府的同知，官秩正六品。

⑩照磨：掌管磨勘和审计之官。布政使司照磨，从八品；按察使司照磨，正九品；府照磨，从九品。

⑪州同：亦称州判，知州的副职。与府同级的直隶州同知，从六品；与县同级的散州同知，从七品。

⑫县丞：知县的佐官，正八品。

⑬胡禄、吕崇舟下：即"胡禄、吕崇舟部下（管下、指挥下）"的省语。全书以下类此者并同，不再出注。

⑭典史：官名。元代为知县的属官，掌管收发公文。明清沿置。明朝废县尉，存典史和主簿，主簿兼领县尉缉盗之务，主簿出缺时，典史兼管其务。

⑮报效：自愿（主动）投军。

⑯画：停止。扬雄《法言》："百川学海而至于海，丘陵学山不至于山，是故恶夫画也。"李轨注："画，止。"

⑰应袭刘綎：刘綎，字省吾，刘显之子，荫为指挥使，从显讨都掌。为将大小数百余战，累建殊勋。官镇守四川总兵官，平定播州土司杨应龙之乱，晋都督。《明史》卷二四七有传。明代制度，军人编为军籍，世代为军。父死子替，军官世袭，因称刘綎为"应袭"。

⑱印坝山：即印靶山。

⑲合麻沟：在今九丝城镇建武村落雨沟内，地名霍麻沟。

⑳鸡冠岭：在今九丝城镇西北一里。光绪《兴文县志》卷一："在玉屏山（玉屏墩）后，来自象鼻岭，或伏或起，望若鸡冠。先名鸡公岭，阿大据此，巡抚曾公平之，更此名。"

㉑通老：民间沟通联络的翻译。

㉒马湖：土司，治今屏山。

㉓天全：天全六番招讨司，治今四川天全。

㉔黄土：今九丝城镇建武村黄土岭。平都掌后改名荡蛮坡，又改荡平坡，其地今日尚存明刻"荡平坡营"石碑一通。

㉕内官：今九丝城镇建武村。

㉖母猪：传写又作牡猪寨，在今九丝城镇文印村境。

㉗吊猴崖：在今九丝城镇建武村境，地名猴儿嘴。

㉘落武：在今九丝城镇坪山村境，地名鹿舞。

㉙落拗：又名落嗷，在今兴文县大坝镇境，地名柏坳林。

㉚史坝驿：水驿，在今合江县白米镇史坝村。

㉛石柱宣抚：即石柱宣抚司（土司），其地即今重庆市石柱土家族自治县。

㉜平茶：酉阳宣抚司管下的平茶洞长官司（土司），治今重庆市秀山土家族苗族自治县美沙乡。

㉝邑梅：酉阳宣抚司管下的邑梅洞长官司（土司），治今重庆市秀山县梅江乡。

㉞谷爆寨：在今九丝城镇谷林村境，地名谷爆营。

㉟石耶：即石耶洞长官司（土司），隶酉阳宣抚司，地在今重庆市秀山土家族苗族自治县石耶镇。

㊱蛮垭：山名，在今长宁县双河镇铜锣村，为长宁、珙交界。其首尾横亘，高万仞。干（gān）沟古木参天，涧水自山顶漫流，横鞭而渡，须穷日力。近长宁，路益险隘，咫尺皆有升降。道左风洞，汗背来者皆起粟。多通臂猿，巨蟒。别径容趾，通建武。光绪《珙县志》："蛮了山，知乐乡二甲，形如了髻。""蛮了岭，治东南八十里，毗连数十余里，高可千仞，为长（宁）、珙（县）之界"，有大、小"蛮垭口"。曾省吾讨都掌，总兵刘显委拨官兵翦伐林木，从长宁达蛮垭口，以至毛坝营，开治平夷而达于建武。战后，再度修凿，遂为长宁、珙县、兴文三县往来通道。

㊲苏滩：今高县文江镇南八里。

㊳火牌：古代军中符信之一。凡兵丁至各地传达命令，皆给火牌一面。沿途凭牌向各驿站支领口粮。

㊴挨牌：盾牌的一种。明茅元仪《武备志》卷一○四《军资乘》器械三：

“挨牌，亦用白杨木为之，每面长五尺，阔一尺五寸，上头比下略小四五分，俱小尺，用绳索及木橄榄挽之。”此谓挨牌手掩护鸟铳手射击。

㊵按：“俱”字，据文意改作“拘”。

㊶甘结：又称结、结状。旧时交给官府的一种画押字据，多为保证某事，并声明不尔则甘愿意受罚。

㊷平夷：即平夷长官司（土司），隶马湖府，地在今屏山县新安镇。

㊸诸葛鼓：铜鼓。传说是诸葛亮南征时所铸，因名。详卷四《恭进俘获古器疏》。

㊹得杭：在九丝城镇坪山村境，地名德行。

㊺笔架：山名，在今九丝城镇建武村境。战后建笔架营，今讹“平般营”。光绪《兴文县志》卷一：“笔架营，建武北十五里。”

㊻崖头：在今九丝城镇建武村境，地名崖头寺。

㊼吊猴：今九丝城镇建武村吊猴嘴。

㊽小毛坝：在今九丝城镇惠源村境，地名大庙。

㊾落雨沟：在今九丝城镇建武村境。

㊿五村：今兴文县石海镇兴晏社区。

(51)小凌霄：在今僰王山镇凌霄城村境。

(52)轿顶：在今九丝城镇文印村境，地名轿顶山。

(53)鱼兜：在今石海镇红鱼社区村境，地名塘上。清代曾设鱼兜塘。

(54)白所：在今九丝城镇文印村境。

(55)定丁：又名丁丁，在今九丝城镇文印村境内的文印河边，有一巨石如柱，高约丈余，其形如钉，故名。

(56)土妇：少数民族土司的女官。

(57)按：按文意，“蛮房”显系“蛮贼”之讹，用改。

(58)毛坝：在今九丝城镇惠源村境。

(59)虔刘：指劫掠、杀戮、骚扰。

(60)都给事中：古代朝廷设立吏、户、礼、兵、刑、工六科，掌侍从、规谏、稽察、补阙、拾遗等事，以都给事中为主官。都，总也。

(61)陈炌：字文晦，江西临川人，嘉靖二十年（1541）进士。隆庆初官四川巡抚。

　　㉒歇马坝：今珙县底洞镇锦绣社区，旧名王家场。

　　㉓严清：字公直，云南后卫人。嘉靖二十三年（1544）进士。隆庆二年，以右佥都御史巡抚四川。累官至吏部尚书。《明史》二二四有传。

　　㉔王廷瞻：字稚表，湖广黄冈（今属湖北）人。嘉靖三十八年（1559）进士。先后任四川巡抚、巡抚南赣、户部尚书。《明史》二二一有传。

　　㉕王时举：字晋卿，北直隶通州人，嘉靖四十一年（1562）进士，累官至大理寺少卿。雍正《畿辅通志》有传。

　　㉖陈瓒：字敬夫，号玉泉，直隶河间府人。嘉靖二十六年（1547）进士。累官至都察院左都御史。

　　㉗粮糒浮江而下：明军征集成都以下、合江以上沿江船只，顺流运粮至南广河口。

　　㉘劻勷：动乱。明胡应麟《少室山房笔丛·经籍会通一》："校其正本，当兵火劻勷之后，决不能过三万也。"清钱谦益《太仆寺添注少卿熊明遇授中宪大夫制》："顷者人才陨陷，国事劻勷。惟尔之能，效在已试。"

　　㉙必报之仇：郭成之父，此前为都掌所杀。

　　㉚猴岭：即吊猴岩。

　　㉛杨文明：江西南昌人，嘉靖壬戌（1562）进士。

　　㉜张子仁：江南无锡人，嘉靖己未（1559）进士。

　　㉝贵宁道：贵州按察司派出的分巡道，驻毕节。

　　㉞叙南卫：明洪武十年（1377）升叙南千户所置。驻老堡寨，地在今珙县珙泉镇境，原为"下罗公社"驻地。

　　㉟茂州卫：明洪武十一年（1378）置，驻今四川茂县。

　　㊱重庆卫：明洪武四年（1371）置重庆守御千户所，洪武六年（1373）改为重庆卫，驻今重庆市渝中区。

　　㊲迷易千户所：直隶四川行都指挥使司的守御千户所，明洪武十五年（1382）置，驻今攀枝花市米易县。

　　㊳广安千户所：直隶四川都司的守御千户所，洪武二十六年（1393）置，驻广安。

㉗大渡河千户所：直隶四川行都司的守御千户所，洪武十五年（1382）置，驻今汉源县清溪镇。

㉘越嶲卫：洪武二十五年（1392）改邛部军民州置，隶四川行都要司，驻越西县。

㉙平越卫：洪武十五年（1382）改平越千户所置，时隶四川都司，驻今贵州福泉市。

㉚石马滩巡检司：驻今犍为县石马镇石马村。巡检司掌缉捕盗贼，维护地方治安，隶于县令。

㉛板桥巡检司：驻板桥（今江安县大井镇来凤村）。

㉜遭回禄：遭火灾。回禄，火神。

㉝掾史：分曹治事之属官。

㉞给由，起送赴部：发给证明其服役年限已满，并免于考试的公文，赴吏部候铨。

㉟按："搞"字系"犒"字之讹，用改。

㊱蛮夷长官司：洪武初改设立，治今四川屏山县新市镇。土司文姓，隶马湖府。

㊲按："殉"显系"徇"之讹，用改。

㊳汪道昆：徽州（今安徽黄山徽州区）人，嘉靖二十六年（1547）进士。《明史》卷二八七有传。

㊴杨巍：山东海丰县人，嘉靖二十六（1547）年进士。《明史》卷二二五有传。

卷之四　奏议

恭进俘获古器疏

题：为荡平都蛮，恭进俘获古器事。

据四川布按二司、清军右布政使冯成能、分守下川南道右参议杨文明、兵巡下川南道副使李江呈："据叙州府解送，奉臣发下：'先该镇守四川总兵官、南京中军都督府署都督佥事刘显等官兵克平九丝城等寨，得获诸葛铜鼓九十三面，今验择有声者天字号二十面、地字号二十面、人字号二十四面，共六十四面，铜锅一口，铁锅一口，呈乞验明解进'"等因到臣。卷查，先据三道陆续呈解前来，俱发该府贮库，已经具本题报。又该臣会同巡按四川监察御史孙代，牌行各道逐一拣择，送臣等覆验起解。除不堪者仍令照旧收贮外，臣等看得都蛮呼铜鼓曰"诸葛鼓"，相传以为宝器。审阿大王等，执称鼓有剥蚀又声响者为上，上鼓易牛千头，次者七八百头，递有等差。藏至二三面者，即得雄视一方，僭称王号。每出劫，击鼓高山，诸蛮顷刻云集。集则椎牛①数十头飨蛮，乃出劫，劫数胜，益以鼓为灵。

臣等细观所铸，皆奇文异状相错蟠，仅可辨者雕螭刻鹭，间缀虾蟇②，其数皆四。缙绅父老云：诸葛制以镇蛮，若曰鼓去则蛮运终。理或然也。及考《蜀艺文志》，史臣杨慎③所编，内称："淳于，古礼器也，广汉什邡人段祖以献益州刺史萧鉴。高一尺六寸六分，围三尺四寸，圆如桶，铜色如漆。令去地尺余，以手振之，声如雷，清响。良久乃绝。古所以节乐，然不著所自始，今以诸葛鼓证之，疑即淳于。"

铜、铁锅二口④，皆阿大王所蓄制，更奇异。识者曰："此非锅，乃鼎类也，其名曰鬻（zèng）。《诗》曰'溉之釜鬻'是也。《音乐旨归》云：'鬻，大上小下，若甑铛，无足，和羹用之。或曰：鬴（fǔ）也，亦无足。'"乃其实足以函牛，两耳峙如山形，蛮尤以为至宝，即诸蛮多不得见，其重又不啻铜鼓。

臣等谨按：《春秋》："来归卫俘。"三传⑤皆云"卫宝"。解者曰："俘，取也。"与《书》"俘厥宝玉"义同。《华阳国志》云：汉犍为郡"宝鼎辉光于江流"。今九丝即犍为地，其为宝鼎，非臣等浅昧所能识，第决知必数千年以上物，即殷周未可知，后世莫能制也。

方今皇上以天挺明圣，光绍大业，纯心任贤，期登于极治，是以宇内和平，地不爱宝，贡此古器。白环素雉，未足擅美前闻，是宜献之大廷，藏之内府，庶几谐九成⑥之奏，佐烹饪之用，传示罔极。计庙堂公卿大夫博物洽闻，必有知此器所从来，考定其名，以为皇上颂者。臣等谨令制架装盛，差指挥张振上进外，为此具本谨具题。

知。

①椎牛：杀牛，以椎击牛脑部使其晕厥而后杀之。

②虾蟇：同"虾蟆"。

③杨慎：四川新都人，明正德六年（1511）状元，官翰林修撰。获罪充军云南，四川巡抚聘修《四川总志》，主"艺文"一局。其书单行，称《全蜀艺文志》。

④铜、铁锅：因二物太重，被明军遗弃于长宁三江口（今属竹海镇）河中。清嘉庆三年（1798）被发现，移置长宁县城（今长宁双河镇）南华宫贮水饲鱼。1958 年，被打碎以"大炼钢铁"。

⑤三传：《春秋左氏传》《春秋穀梁传》《春秋公羊传》。

⑥九成：犹九阕。乐曲终止曰成。《书·益稷》："箫韶九成，凤凰来仪。"孔颖达疏："成犹终也，每曲一终，必变更奏。故《经》言九成，《传》言九奏，《周礼》谓之九变，其实一也。"此谓铜鼓或可用于朝廷演奏音乐。

经略平蛮善后疏

题：为经略平蛮地方，以裨安攘事。

据四川布按二司清军右布政使冯成能、兵巡下川南道副使李江、分守上下川南道右参议沈伯龙、杨文明呈奉臣案验："照得山都巢穴今已荡平，虽除既往之凶残，尚虑将来之莤孽，盖一时之功不足取快，而百世之计所当永图。仰道会同该镇并按、都二司集议呈详，又奉案行各道亲诣营中，相度剂量，旁求博访，遵依勘议"前来，会同镇守四川总兵官刘显、按察司署印副使管大勋、都司署都指挥金事胡恩条议到臣。该臣会同巡按四川监察御史孙代，又行逐款面议，斟酌古今之宜，参伍汉夷之俗，咨诹众论，商确万全。除意见或殊、理势未妥者难以轻议，其纤悉委曲，不妨随事变通者，又已一面陆续施行。所有张官置吏、立所建城等项关重大之务、系长久之宜者，谨条为十事，会议上请。如蒙乞敕该部再加从长酌议，裁以远猷，定之上策，使有遵依。庶惩前虑后，防御可以无虞；用夏变夷，经制因之渐备。往昔称乱之区，今当屹然成一巨镇，不惟邻夷近土便于控扼，而云贵壤接，亦得相掎角以永治安矣。未敢擅便，为此开款具本谨题请旨。

兵部覆：奉圣旨："县名改做兴文，所名与做建武，其余俱依拟。"

吏部覆：奉圣旨："是。驿名与做都宁①，仓名恒裕。"

户部覆：奉圣旨："依议行。"

计开：

一、复兵道。查得下川南地方，原设守、巡、兵备三道，隆庆三年（1569）内裁减分巡，并归兵巡一道。今照守道驻叙州，巡道驻泸州，皆系内地，相去蛮方，动逾五日之程，且钱粮狱讼独多，势难远周荒徼。而九丝初平，经纶草昧之始，招携怀远，均田治兵，其势必得宪臣专力弹压，方克内修戎备，外震诸夷。且总镇②兵权虽重，而府、州县一应军需、粮食，非有该道会同明文，必难调发。故今日为地方久安之策，莫先钦奉明诏，遵守成法，查复兵备，与总镇会同行事，使文武相资，上下相系，庶克有成。合无仍设兵备佥事一员，请给敕书、关防③，于新建镇城及长宁县往来驻扎，招集兵民，充实墩堡，整饬叙、马二府，泸州所属叙、泸二卫，新所并永宁、东川、镇雄、乌撒、乌蒙等土司地方，兼理钱粮、讼狱。合用官兵，即于所属各县民兵内挑选操练，附近土兵从宜调遣。应用廪粮④等项，查照原设定规编派。及查泸马驿见设泸州卫，简僻无用，改入长宁以便供应，驿名应合更换，请乞钦定，改铸印记。

其兵巡下川南道，仍旧分巡，原领敕书、关防暂留捧使，以便行事，遵候颁给原印或另更换至日，并泸马驿旧印径自奏缴。庶事有统纪，边方之宪度一新而职有专司，善后之安攘有赖矣。伏候圣裁。

一、**设府佐**。照得都蛮既平，夷方尽为中土矣，但去府城数百余里，据土司四面之中，势颇孤悬，又山川险阻、夷汉错杂，必得文官分理于下，方保无虑。但遽议郡县，则荒恶之区所居未成能聚；附之邻近县分，则声势隔绝，未免仍复生奸。佥议谓设同知兼理兵民，似为得策。及查叙州府先年仍有通判一员，驻扎嘉镇⑤督粮，后行裁革。今见奉明诏，查复成法，合无于该府添设安边同知一员，照依各省海防事例，钦降关防，专驻新筑所城，管理兵饷、收放税粮、清理词讼、安抚民夷，上承兵道委用，下定武职贤否。其合用俸薪、门皂⑥，俱暂于叙州府属县增编，待本处粮课起征，即就近支解，各县增编者除豁。凡上司按临，除考察外，其余时日俱在所城供职，不得以参谒为由，旷废军政。上司亦不得别项差委，容许迎送。其收放粮饷，合用仓官。请乞钦定仓名，铨选一员，铸给印记；攒典⑦，行布政司查拨一名，专听同知提调稽查。庶边镇政刑俱有统纪，而钱粮出纳亦有责成矣。伏候圣裁。

一、**建城垣**。照得安内攘外，固以设险为要图，而况启土建邦，尤以筑城为首务。今照山都地方周围数百余里，扼险设要，尤必得道里适中、形势之区，方足以壮居重驭轻之势。据司、道等官奉臣明文，看得各寨旧名多恶，宜更换以新耳目，权将九丝城呼为平蛮城，凌霄城为拱极城，印靶山为文印山，吊猴山为降蛮山，鸡冠岭为金鸡岭，内官寨为武宁山，都都寨为都定寨。随踏勘得武宁山一处，地土宽平，风气凑集，坐西向东，前对文印山，后坐金鸡岭，左扼平蛮，右倚都定，应于本处建城以为雄镇，就前面大河为濠⑧。城制周围计九百丈，开东、南、西、北四门。内设总兵、兵备道衙门、同知府馆、守御千户所、坐营公署、仓场、库狱、城隍庙、旗纛庙各一所，修盖营房一千二百间，另立演武厅于马草坡。其合用木石砖瓦等料及造作工费，听守、巡道委官估计，呈详修理。但前项城寨名色系一时权改，臣等未敢擅便，及照都蛮既平，戎县县名亦应改换，以易夷风，统乞钦定，行臣等刻石遵守，并改铸县印。伏候圣裁。

一、**移守御**。照得城垣既建，应有守御官军世守本土，而外用招兵协守，则主客相济，斯保无虞。今照叙南卫三所，军数仅一千有零，又经题拨马湖府一所，难以别议。查得附近泸州卫，先与泸州同郭，止设左、右、中三所。成化年间因大坝⑨蛮叛，将该卫改调太平⑩、九姓⑪二长官司适中之地，奏将重庆卫前所全伍官军割附泸州卫，凑并四所，每所额设旗军一千一百二十名。今蛮既荡平，即当全卫改入九丝。但该卫去新建所城不满百里，分兵两地，同御一方，声势足以相援，控扼尤为便益。合无将该卫中、前二所官军，割并守御千户一所，及将叙南卫原守隘官军有屯田附近九丝者，行兵备道查明，附改新所差操，充实营伍。请乞钦定所名，另颁印信，直隶都司。仍于叙南、泸州二卫指挥内，军政考选一员掌管所印，吏役听布政司注拨。其泸州卫二所旧印，另行奏缴。官军俸粮，于该卫原额内照数拨运，待二年之后，于该所田粮内量加衣布银两，以优恤边军，永固疆圉。伏候圣裁。

一、**理疆土**。照得平蛮地方延袤广远，疆界当清，而田土膏腴，经制宜定。东南与永宁九姓、太平二长官司，东北与戎、长、高、珙、筠连诸县，西北与镇雄府威、静二司⑫相连。四面界限，已经守、巡道同总镇委官清理明白，竖立石碑以杜侵争。其见在田土，一面委官丈量，分别上、中、下三等，上田每亩起科四升⑬，中田三升，下田二升，造册收查。一面广行招集附近军民有情愿受廛为氓⑭者，各委官就籍名在册，分定某处住居，量其人力众寡，拨给田亩，即为世业。仍分别某人上、中、下田粮各若干，新造黄册注定某里某甲，每年止征本等额粮，本、折各半，一应驿传、盐钞、丁差、杂泛俱行免派。其高山深谷不便耕种者，分拨近住居民樵牧，俱免起征。内有茶利者，仍丈量亩数，官佃与军民采摘，每亩征银一钱，收贮所库，专听兵道、总镇赏犒军兵布、花之费⑮。前项田地税粮，俱待二年之后征输，听安边同知催征，收放置立循环文薄，送兵备道稽查。及照所城新设，遐荒百无一备，戍守官员相应酌其职之崇卑，将附近田地量行拨给，以敷薪、菜、马料之资：总兵衙门，田、地各一百五十亩；同知衙门，田、地各八十亩；新设千户所掌印指挥一员，田三十亩；千户，每员田二十亩；百户，每员田十亩。不拘田、地，永不起科。其总兵衙门廪给，每日五钱，于泸州商税银内动支，待新定地方赋有定额，即于本处征解。田、地，候裁革之时止给一半与游击衙门耕种，余一半入官，另行招人领种，办纳粮差。伏候圣裁。

一、扼要害。照得平蛮地方，汉夷杂居，犬牙交错，重之险道连云，深林积雾，绝谷悬崖，易为狐兔跧伏之所。即今巢穴虽空，未免逃匿，兼之土夷往来，彼此构衅，必须多方设备，以戒不虞。除调到土兵已经撤散，应留军兵酌量存用外，所据有名险寨及紧要隘关，俱应设立堡墩，互相守望。今于得挖口、鱼井⑯、坑蛮寨⑰、文印山⑱、得杭、都定寨、得胜营⑲、黑帽尖山、毛坝、拱极城⑳、顶冠山㉑各设堡一所，每处用兵五百名。又于平蛮城山顶设墩四所：脚板崖㉒、竹柏岭㉓、金鸡岭㉔、阿儿寨、平寨、高寨、降蛮山、得九、麦易营、黄连洞、和尚寺、铜矿溪㉕、落照㉖、谷爆、笔架山口、蛮垭、饭甑、陈四㉗、落瓮各设墩一所，每处用兵五十名。深沟子、铜罐㉘、芭蕉㉙、歇马、青冈㉚，每处用兵一百名。以上官兵，即于总兵刘显并原任总兵郭成、参将张泽标兵及上年设隘原兵并今年近募新兵内挑选，共足一万七千六百名，分扎前项堡墩，备行总兵刘显，督同大小将领统摄防守，一应机宜悉听总镇调度。候万历二年三月终，将前兵汰减七千六百名，年终汰减五千名，止存五千名候调。拨军兵赴所分拨墩堡防御，及待二年后田粮起征，编取民兵，再行递减，并各堡墩应留、应革，亦俟以渐裁议。庶军实既足而钱粮以次可省矣。伏候圣裁。

一、**起民兵**。照得蛮方险远，应有戍兵防守。见今分布各堡隘者，俱系雇募官兵，渐当裁减。今照本处沃田数多，应以本地之利，供本处之兵，庶可以省公帑之费，免转输之劳。所据见在标兵即使授田屯守，似亦寓兵于农之意。但各兵系四方选集，无册籍可稽，而遽使坐受粮饷之人转驱南亩，风气不调，劳苦不耐，势必逃移，他日田土荒芜，不无后虑。若作军田，照屯则起科①，则子粒太重②，人不乐从。募民实塞，与额兵屯田，事体自难一律，众论参详俱属不便。今议招集附近土著军民领种田土，二年之后照亩起科，诚为便利。然止征税粮，不起乡兵，则所取甚微，养兵太少，亦非长计。合议以粮起兵，就令于附近隘所防守，自卫身家。即保甲相联、守望相助之意，非所以为厉也。合无待户籍既定，居民凑集之日，每粮二石起壮丁一名，即令于相近隘堡处所听委官调度，操练防御，安边同知亲加督理。严禁堡官私役科求等弊，兵道亦不时稽查，以宽恤新民，充实边土。伏候圣裁。

一、**通道路**。照得蛮夷未平，则阻隘塞关以遏截为上。蛮夷既平，则伐木通道，以开治为先。平蛮地方在万山之中，往来曲径俱由箐林绝壁，豺虎纵横。往时蛮众每由间道出劫，而汉民不敢经行，必由罗星、落亥，迂路需迟。今既荡平巢穴，则山溪便道随处可通。西，则由歇马、汉村③达黑帽尖山以入得胜营；东，则由长宁达蛮垭口以至毛坝营；北，则由得挖口达鱼井以至文印山及诸小道可以往来。俱行总兵刘显，委拨官兵剪伐林木，开治平夷。其外则南广水路一道直达新城，中间有趱、木二滩④，亦当开浚，径通舟楫以达该所。仍修造大河船十只，伺兵备道、总镇衙门巡历之用。陆路自叙州府经由庆符、高县至珙县，计程速则三日，缓则四五日。若自南广间道从月口③⑤、汉阳③⑥、薄刀岭③⑦、罗洗场③⑧、龙湾镇，日半可以迳达珙县③⑨，但以中途无止宿之处，夫马无接递之便，遂阻不行。今应于罗洗场适中地方设一公馆，就将戎、长、高、珙、庆、筠、宜宾七县原佥夫马内，每县抽取马十匹，共七十匹；夫十五名，共一百零五名，委官一员管束，在彼答应公差，只换夫马，不支廪粮。再于薄刀岭、汉阳坝二处，令庆符县添设铺分二所，自珙县起至新所，沿途十里设铺，与薄刀、汉阳二铺每铺俱徭编⑩司兵二名，递送公文。应给工食，照各县所辖地方编派。属新所地界者，暂行珙县动支官银雇募。候二年之后，于该所应征税粮内动银雇役。以上造船、水手、应修公馆、铺舍、钱粮等项，俱听守、巡道委官估报修理。伏候圣裁。

　　一、**设社学**。照得修文来远，贵戢干戈。而用夏变夷，莫先教化。今蛮荒初辟，既建镇城，本宜立学设官以修文教，但犬羊余风遽难尽革，且人民招集未多，经制应当有渐。合无于新所之中，设立社学一处，大书圣祖《教民榜文》⑪，抡选近县年高有德、明于讲说者二名送赴学中，为教读塾师。令新集之民，朔、望⑫赴学，听讲圣谕⑬。其后生子弟，送学训教诗书。渐变夷风，归依大道。安边同知亲行提调，应给教读灯油、米菜，于茶税银内动支。待后人民凑集，生长日蕃，另议建学育材。庶夷夏同气而文命覃敷，无远弗届矣。伏候圣裁。

　　一、**恤民困**。照得高、筠、戎、珙、庆、长六县人民，二百年来被都蛮荼毒最苦、最深。丁壮非被掳掠，即散之四方；老弱非遭杀戮，即转于沟壑。田地尽成草莽，村舍尽成丘墟。白骨如麻，冤鬼野哭。虽有孑遗之民挨县居住⑭，亦朝不保暮。而六县之官，徒拥空名，有选出不赴任者，有赴任即乞休者。此以前时势孤危，有不可尽状者。今仰荷皇上神武，锐意除残，流离之民渐次复业。随据守、巡下川南道议得复业艰难，将军前支剩米豆，量动四万石，权为分别赈济。但前米系各仓久贮赈谷所碾，幸而因粮于贼，得此余剩，堆放之久，未免浥烂。前项极困之民，若非破格蠲（juān）免⁴⁵，何以慰更生之望，扶起疮痍？及照全省顺、逆水次州县转运兵饷、办理杂需，军机所系，急于星火，亦属偏累，所当并恤。伏睹隆庆六年（1572）六月初十日钦奉诏书内一款："一、军国钱粮。隆庆二年、三年、四年各量免十分之三"等因，钦遵外，及查六县赋税不多，合无将万历元年（1573）以前小民拖欠各项钱粮，悉从特免。其余滨江州县，合将前项应免年分钱粮除已免、已完外，其未完之数俯准减豁，以宽小民供办之力，以溥皇上浩荡之恩，则所谓既出诸水火而又加之衽席之上，民益安集欢欣，内地实而外患永消矣。伏候圣裁。

①都宁驿：在今四川珙县南上罗镇。顾祖禹《读史方舆纪要》卷七〇"珙县"：都宁驿"在县南八十里。万历初增置"。

②总镇：镇守总兵。

③关防：官印的一种。明初，各布政司与六部常以预印的空白印纸作弊，明太祖发觉后，改用半印，以便拼合验对，取其"关防严密"之意，故名关防，其形长方。其后不作勘合之用，而形制未变，用以颁给因事临时设置之官，虽总督、巡抚、总兵官亦然。

④廪粮：公家给予的粮食。

⑤嘉镇：泸州本州嘉明镇，今属泸县。

⑥门皂：门丁、皂隶。衙门里供驱使的差役。

⑦攒典：吏名。明朝时期在各府、州、县之衙署中置，负责仓库、税课、钱粮事务。

⑧濠：护城河。

⑨大坝：在今兴文县东南部地区。

⑩太平：太平长官司（土司），治今兴文县大坝镇。明成化四年（1468）

明军攻占后置，长官黄姓。隶永宁宣抚司。天启元年永宁宣抚使奢崇明起事反明，应袭黄高参加叛乱，平定后改土归流，为太平里。

⑪九姓：九姓长官司（土司），明洪武五年（1372）置，长官任姓。隶永宁宣抚司。清道光二年改土归流，改置为泸州九姓乡，移泸州州同驻其地。光绪三十四年改置古宋县，1983 年随古宋划入兴文，今为兴文县古宋镇龙神社区。

⑫威、静二司：威，威信长官司，明嘉靖五年（1526）由母享寨改置，初治今镇雄县东北六十八里母享寨（今母享镇），后迁今威信县西北三十里三桃乡新街村。清雍正中改土归流。静，安静长官司，嘉靖五年（1526）由落角寨改置，治今云南威信县北四十里旧城镇。其地本属戎县，成化初程信讨都掌后，划属镇雄府（土司）管辖。清雍正中改土归流。

⑬起科四升：每亩征粮四升。起科，谓对农田计亩征收钱粮。

⑭受廛为氓：接受官家颁给的田宅，入籍当地为编户。《孟子》："受廛而为氓。"廛，居所；氓，野人（民人）。

⑮布、花：缝制衣服的布料；花，制作冬衣需用的棉花。

⑯鱼井：今九丝城镇簸峡坪山村鱼井沟。

⑰坑蛮寨：在今九丝城镇坪山村簸峡街背后，地名平寨塝。

⑱文印山：即印靶山。

⑲得胜营：在今九丝城镇九丝村境，地名官田坝。

⑳拱极城：即凌霄城。

㉑顶冠山：在今兴文县仙峰乡东方亮村境，地名丁心。

㉒脚板崖：在今兴文县仙峰乡高山村境。

㉓竹柏岭：兴文县建武中学高级教师李光寿称，岭在都都寨东十七里，即今川云山一带，为今兴文县与云南威信县界山。

㉔金鸡岭：即鸡冠岭。

㉕铜矿溪：今兴文县周家镇有铜矿村。

㉖落照：在今珙泉镇境，地名落肇沟。

㉗陈四：在今珙县底洞镇境，地名陈泗。

㉘铜罐：在今珙县底洞镇境，地名铜罐垭。

㉙芭蕉：今珙县底洞镇芭蕉社区。

㉚青冈：在今珙泉镇境，地名青枫坳。

㉛照屯则起科：按照其他诸卫所军士屯田的则例，向屯戍军士征收田粮。

㉜子粒太重：谓所征粮谷的定额太重。

㉝汉村：今珙县上罗镇汉村。

㉞趱、木二滩：南广河上的险恶凶滩。趱滩在今高县嘉乐镇境；木滩今名沐滩，在珙县沐滩镇境。水流遄急，惊涛轰响。船只到此，须卸空所载货物，由陆路人背转运，空船牵引过滩，然后重新装船。20 世纪 90 年代修建水电站，两滩没入水中。

㉟月口：今高县月江镇月口社区。

㊱汉阳：旧属庆符县，今高县月江镇汉王山下，地名汉阳坝。

㊲薄刀岭：旧属庆符县，今高县沙河镇革新村境。

㊳罗洗场：今高县沙河镇。

㊴珙县：今珙泉镇。

㊵徭编：编户之民的徭役。

㊶圣祖《教民榜文》：明太祖朱元璋御制的《教民榜文》。

㊷朔、望：每月的初一日曰朔，十五日曰望。

㊸圣谕：皇帝告谕百姓的诏令。

㊹挨县居住：挨近县城居住。

㊺蠲免：免除粮赋。

久任大将疏

题：为亟议久任大将，经理善后事宜，以便责成事。

该臣会同巡按四川监察御史孙代议：照九丝地方，界在邦域之中，外控土夷，内障巴蜀，壤接云、贵二省，形利势便，实为要害重地，非远边绝徼、不关有无者可比。是以向来称乱，决所当征；

今日荡平，决所当守。但以艰难屡征而后得之，故守以善后其道不易，而事亦多端，第以所尤要者言之，似无亟于久任大将者。

臣等看得：镇守四川总兵官、南京中军都督府署都督佥事刘显，自少至老立功九丝，今日威名益著，百姓尸祝，视昔有加，虑不获终身留镇者。且其驾驭番夷不徒以勇，咸能使之畏服用命。显又尝言："本起自孤微，以至今官，近日感激皇上任使天恩，得以荡平九丝，思欲捐躯图报，誓不顾私家。"臣等甚壮之。因勉以不必远求图报，但将九丝一处力任镇守经营，变为中土，永保无虞，其为忠勤亦不细矣。显即复奋然愿得担承，期以数年之中，可设郡县，可兴学校。臣等因念我太祖命大将沐英征云南①，滇夷悉平，即用镇守其地，故云南至今列为名藩；成祖命大将张辅②讨平交阯，亦即以镇守，未几取还，交阯遂不能固。又如成化中兵部尚书程信克平大坝，即保留总兵韩（克）③忠升都督抚绥，六年始取回京。嘉靖中，总兵何卿④经营松、茂、安、绵，垂三十余年乃罢，而臣尝周览其所创墙隑、墩堡、楼堞、桥梁，星列棋布，及开关通道甚备，永为百世之利。此虽远近难易不同，然皆往事之明鉴。盖非独以威望为足以弹压蛮方，乃其处心积虑，惩前鉴后，将所为周防曲备者当自中其机宜，而且受恩高厚，亦自不敢不竭其力也。故今日急务，莫若责成刘显留镇数年，又颇重其事权，使不掣肘，以期底绩。伏乞皇上敕下该部，再加查议。如果臣等所言不谬，早为上请，另给本将敕书一道，付以善后诸事，会同兵备、守、巡官著实举行，务在公尔忘私、国尔忘家，以副重任。凡附近宣慰、宣抚、土知府、招讨等土司衙门，俱听节制；庆、高、戎、珙、筠、长等县，系有军务相关，亦要依令处济，不得有违。其叙泸守备，照旧听调防御。参将张泽，暂留本处协同经理。待经制大定，郡县可设，学校可兴，总兵、守备另议裁革；添设游击一员，专驻本所诘兵御夷；参将仍驻永宁。庶西南一带诸夷震慑之余，心志益定，新拓土宇即成要区，而本将功名永垂光于竹帛矣。为此具本谨题请旨。

奉圣旨："是。刘显准留镇守，著悉心经理善后事宜，永靖地方。"

①沐英征云南：沐英，字文英，定远县（今属安徽）人。洪武十四年（1381），副傅友德率兵三十万征云南。平定后，留滇镇守。《明史》卷一二六有传。

②张辅讨平交阯：张辅，字文弼，祥符（今河南开封）人。永乐五年（1407）率兵讨平安南（今越南），设交阯布政司。辅既还而安南复叛。《明史》一五四有传。

③按："克"字衍。《明宪宗实录》卷五四：成化四年，"升京营把总署都指挥使韩忠为右军都督金事充参将，统理四川永宁等卫所军马。从提督四川军务兵部尚书程信等请也"。又卷一五六：成化十二年，"诏镇守大坝署都督金事韩忠还京，以边警宁息也"。

④何卿：成都卫人。以副总兵镇守松潘一带三十余年，其间多次讨平镇雄、乌撒、永宁等级处动乱，川贵以安。《明史》卷二一一有传。

新定地方荐补官员疏

题：为新定地方设复兵备、府佐，就近择补贤能，以图治安事。

照得平蛮善后事宜，已据都、布、按三司，守、巡该道等官集议前来，该臣会同巡按四川监察御史孙代逐款面议相同，另本具题外，所有应复兵备金事及安边同知各一员，该臣等再议：事难创始，官在得人。前项二官，傥①蒙皇上俯赐允设，诚为幸甚，但必求其人，似不易得。非老成历练，晓兵事，谙夷情，又始终征蛮之务，屡试见效者，惧无补于设官之有无，而地方安危大计，非可以轻授数更为者。臣等于此不敢不慎，则各为周谘博访，以证所见。于是得威州知州罗向辰、龙安府推官吴文全二人。在罗向辰，则性资沉毅，才识安详，随营监理众务，不动声色，各就条理。每有建白，惟在切中机宜，不随不激，亦无繁词，而操持清洁，又不事表暴。向尝任广东兵备矣，以议事不合，左迁今官，及考其从来，才守俱优，实宜重用，似堪充兵备佥事之选者也。在吴文全，赋性真诚，居身俭约，一入军营，先访道里险易，以助折冲。荡平之后，躬为相度，复图形胜以资建立。听其言似不足，考其行则有余，而一切稽查，皆极详妥，至于攻苦茹淡，尤人所难，似堪充同知之选者也。

夫以共事征蛮，各有司官员非不廉干公勤，各臻实效。若较其资望相应，能胜艰苦，而其志又直前任事，则无出二臣之右者。臣等是以冒昧特为荐之，以效地方愚计，以备采择。伏乞皇上轸念新拓土宇需才为急，敕下吏部再加查议，如果臣等所言不谬，将罗向辰推补叙泸兵备佥事，吴文全推补安边同知，带衔叙州府。听臣等催促作速到任，责成悉心干理。如果三年政成，军民安堵，仍听臣等具实旌荐，给与应得恩典，优其俸给。候六年通叙，不次超擢[2]。庶用当其材而事无不集。其于创始诸务，必足为久安长治之规矣。为此具本谨题请旨。

奉圣旨："是。"

①傥：通"倘"。
②超擢：越级提升。

议处更调官员疏

题：为议处不及县官，就近更调，以裨平蛮善后事。

该臣会同巡按四川监察御史孙代议：照都蛮虽已荡平，所有长、珙、戎、高、筠、庆六县残害日久，目今抚摩疾苦，招集流移，当务为休养生息，及于山都地方建立城池，控设要害。一应新创事规，俱赖六县正官励精任事，指臂相使，安攘相成，乃克有济。一有不称，误事匪轻。除高县知县何汝质、筠连县知县任体道俱贤能称职，堪以久任；庆符县去叙州府为近，知县嵇镭才虽精劣，尚堪备员。戎县知县刘子谦不能称职，已经论调，及蒙将经历王慎升补堪任外，看得长宁县在山都之东，珙县在山都之北，二县向遭虐刘，视他县为最酷。乃有长宁县知县张应极，久抱沉痾，精神疲弊，虽勉强视息而百务废弛，奸吏猾胥任其纵横，莫能诘问。珙县知县朱国正，年力甚壮，才思欠充。前当大征之时，每每当堂啼泣，钱粮出入，吏、库巧为侵分，漫无觉察。在张应极则难胜牧民之任，在朱国正则有妨经始之图，但其到任俱属未久，难以遽弃，所当量为分别拟降、拟调者也。及照纳溪县知县高岩，政有执持，资甚通敏，当水陆交冲之地，事事节省调停，民用和辑，但邑小才优，官多余暇，似堪改任长宁。彭山县知县周应璧，醇厚之质，明达之才。初任县事，焕然改观，民怀吏畏。及委以营中理饷，尤见综画精详，似堪改任珙县。其彭山县地僻事简，似宜即以朱国正调补，既经策励，或可期以后功。

伏乞皇上敕下吏部再加体访，如果臣等所言不谬，将张应极改降教职，朱国正改调彭山，高岩、周应璧各调补前缺，俟其久任果有成效，破格推升，或拟行取①。纳溪县员缺，另行推补。庶繁简各当其才，而众职毕举之余，其于善后事宜必大有所裨益矣。为此具本谨题请旨。

奉圣旨："是。"

①行取：行文调取进京，到朝廷（中央政府）任职。

升荫谢恩疏

奏：为恭谢天恩事。

万历二年（1574）三月初一日，准吏部咨：为仰仗天威，荡平都蛮，廓清疆土，恭报全捷事。准兵部咨该臣题前事，本部议覆题："奉圣旨：这蛮寇荡平，各官效有劳绩，曾省吾升都察院右副都御史，荫一子入监读书，照旧巡抚。钦此。"钦遵备咨到臣。除焚香望阙、叩首谢恩外，臣诚惶诚恐，稽首顿首称谢者。伏以奉命徂征，六月获师中之吉①；论功行赏，九天来晋锡之荣。升、荫兼蒙，感惭交极。

窃念臣学未谙乎军旅，职专在于拊循。有蛮不恭②，谁领疆（场）［埸］③之责？为民伐罪，自修官守之常。第若机会未逢，即贤哲拘挛④而难任事；迨兹明良相遇，故庸愚奋发而可成功。恭惟皇上天纵其资，甫继照而眷然西顾；神耀其武，正中兴而断以南征。胜算密运于庙堂，远猷肃将于枢筦。在朝竭股肱之力，既已本于元首之明；在野效走逐之能，实又原于发踪之巧。臣独何绩之可录，帝乃匪⑤颁之特隆。驱驰旧官，正恐续貂，而宪台更骤跻三品，俯仰弱质尚惊宠鹤⑥，而国学复延赏一丁，祗受则器实惧于满盈，控辞则例有妨于逾越。臣敢不力图经略，但知恩重身轻，志矢捐糜，未论汲长绠短，罔以前功而有怠，期于后效以无虞，使蛮荒渐入文明，戢干戈而橐弓矢；令益部⑦尽安教养，悦礼乐而敦诗书。庶少⑧裨来王来享⑨之鸿休⑩，而永振厥声厥灵之骏烈，臣无任瞻天仰圣、感激屏营⑪之至！为此具本谨具奏闻。

①师中之吉：此谓告捷。《易·师卦》："九二：在师，中吉，无咎；王三锡命。"意思是在军中任统帅，持中不偏可得吉祥，不会有什么灾祸，君王多次赐命嘉奖。

②不恭：指谓少数民族动乱、反叛。

③疆埸：原误作"疆场"，径改。

④拘挛：拘束、拘泥。

⑤匪：通"非"。

⑥宠鹤：春秋时，卫懿公喜欢养鹤，外出时连鹤也乘轩。当要和敌人打仗时，兵士们说，平日待鹤那么好，叫鹤去打吧！卫国终于被灭。事见《左传·闵公二年》。后以"宠鹤"比喻受帝王宠爱滥居禄位者。

⑦益部：巴蜀地区。

⑧少：通"稍"。

⑨来王来享：天下一统，万国来朝。《诗·殷武》："昔有成汤，自彼氐羌。莫敢不来享，莫敢不来王。"

⑩鸿休：鸿业，大统。

⑪屏营：屏息，惶恐。

卷之五　公移①

论曰：兵有先声者，檄文②是已。发一乘之使，驰咫尺之书，电骇飙冲，莫不消靡，虽有智者不能为计矣。故露布③羽飞，发号响应，亦制胜一奇也。今读《录》中檄文百余条，大义凛发，凌厉九霄，不待敦陈④突骑，足以彍（jué）⑤天弧之威狼而詟（zhé）⑥之焉。叙公移第二。

①公移：简称作"移"。古代公文的一种，使用于平级衙门之间通报情况和协商公务，也使用于上级衙门向下级衙门发布命令和指示，等等。

②檄文：古代官方文书，用于晓谕、征召、声讨，后特指声讨的文告。进而演变为军中文书的通称，用以声讨敌人、宣示罪状、征召等。

③露布：古代军队的捷报。唐封演《封氏闻见记》："露布，捷书之别名也。诸军破贼，则以帛书建诸竿上，兵部谓之露布。"

④陈：通"阵"。

⑤彍天弧之威狼：引弦欲发，敌人胆慑。《汉书·扬雄传》："掉奔星之流旃，彍天狼之威弧。"彍，弓弦急张。古代中国的天文体系中，天狼指天狼星，指代入侵的异族。威弧指弧矢星官，箭头正对天狼星。

⑥詟：丧胆，惧怕。

檄文一

为军务事。

照得叙南叛蛮屠戮六县生灵，糜费屡年兵食，在今日当以讨罪为先。近准总兵刘手本议举大征事宜，开款到院。为照该镇先尝建勋此方，所议必有成算，除钱粮一项先该本院案行布政司议报，堪以奏改军饷银共七十一万八千四百五十余两外，至于议调大兵，查照浙、直《平倭事例》升赏，与夫选调将领数事，俱应题请。然军戎重务，贵出万全；筹画先机，宜参众论，合行摘议。为此案仰该司官吏照案事理，即便会同按、都二司并川南守、巡该道，速将该镇后开各款事情从长计议，果否相应，于前件下备细议报，并将未尽事宜一并会议通详，以凭施行。此系征剿大事，毋得依违塞责，以致迟延未便。

檄文二

簿查先准总兵刘议举大征事宜到院[①]，已行布政司会同按、都二司并川南守、巡该道会议，延久未报。该本院看得：都蛮负固不逞之罪久矣，今治之之道，惟抚、守、剿三者。历观往昔，抚未几而叛随。此缘不剿而抚，彼无所惩创，而以屡抚屡叛为奇货，是抚不足恃，不待明者而后知，则惟有守与剿而已。

守，则今日设大将以镇之，屯兵一万有奇，岁费兵饷一十三万有奇。其守如此，即使蛮果畏惧不出，然亦兵疲于戍守，民困于转输，劳苦巴蜀，何时而已？况蛮恶犹肆，如正月初二日长宁县申报："叛蛮伙众出犯梅洞[②]地方，劫掳居民朱希绍等十七家，杀死男妇四命，掳去二十三名口，烧毁各家房屋。"又二月二十六日，据兵巡下川南道呈："据戎县申：据岭枕寨民杨万富走报，二月初八日被蛮突出，将傅成贵杀伤二镖，掳去男妇一十三名口，烧毁草房五间，劫去家财、谷米罄尽。又据本县昧漏漕地方石仕生报称：二月十一日被叛蛮一伙前[后][③]夹攻，烧民周文祖等家瓦、草房三向，掳去男妇三名口，劫去水牛二只，口叫先将你们烧劫尽绝，出劫九姓、泸州卫、江安县一带地方。"二月二十六日，该道呈报："据守得胜堡百户曹文进呈称：本月初十日，一伙都蛮明火近堡，督军迎敌数阵，军寡蛮多，不敷敌杀，被伤何贵右手，劫去军民任廷美等家牛四只。比弟曹文达与职舍死敌杀，蛮多攻围，将弟并任廷美男妇四名口捉掳去讫，烧毁营房"等情。以此观之，岂容因仍苟且，不为长久之计！

今即欲调集大军，犁庭扫穴，使渠魁授首，然后赦胁从之众，广安集之仁。立官设卫，以为世守，此剿之说也。乃本院不量之愚，将以为地方一劳永逸，顾其事非一朝夕所能猝办，非一手足所能猝举。是以谋之贵审，审之贵豫[④]，故九丝城之险不足为险，调兵十万不足为多。所据布政司堪动军需，似亦有备，乃最要在任事者各得其人，与买粮运粮有策耳。有粮，然后可以调兵；有人，然后可以集事。区区都蛮，未可徒诿之难也。况预计粮饷、调集土、汉官兵，尽剿都蛮，以靖地方，并其余未尽事宜，听本院径自从长议处，俱已陆续奉有成命，无事渎题[⑤]。今所宜题者，独调贵州将与兵耳。故苟可以安常而喜于生事，苟可以善后而惮于改图，其于人臣之义皆谓之不忠，本院所不敢也。特用申明，博采群议。

为此案仰该司官吏照案事理，即便会同按、都二司，川南守、巡道，速照先今事理逐一从长计议，或宜守，或宜剿，或于守与剿之中别有奇计石画⑥，足使兵不血刃、坐致渠魁，使蛮民无肝脑涂地之惨，而有悔祸效顺之思，则本院凭恃天子宠灵，决不吝重赏超叙。在诸司果确有定见，各相吐露，即便刻期具报。盖询谋金同而后事乃可举，毋得依违含糊，迁延日月，以误大计未便。该道仍另会同总镇衙门议报施行。

①院：谓四川右副都御史院，即四川巡抚衙门。巡抚例兼副都御史。

②梅洞：今长宁县梅硐镇。

③按："后"字，据文意补。

④豫：同"预"。语曰：凡事预则立，不预则废。

⑤奉有成命，无事渎题：对于都掌，皇帝已经决策，命令进行征剿，用不着再就应剿还是应抚题报请示了。

⑥石画：即"硕画"，大计划。石，通"硕"；画，通"划"。

檄文三

照得叙南都蛮负固肆恶，残害地方，未见悔祸。除题奉明旨调兵征剿外，所有计擒与兵剿两不相妨，一应赏格，合行开示，以激人心。为此案仰该道即照后开功赏事宜备云，翻刻大字告示，遍发戎、长、高、珙、庆、筠六县，晓谕防守汉、土官兵并堡隘、乡村军民、各寨蛮夷人等知悉，仍行总镇衙门并参、游等官知会施行，各县具遵行缘由，径报查考。

计开：

一、不分汉、土官兵并各寨都蛮夷民，有能树立奇功、计擒首恶、招安余党、荡平巢穴者，除定赏银三万两外，系都蛮夷民者，即奏请朝廷立为世袭土官，以示酬赏。系汉、土官兵，有官者特与具奏，超升职级，无官者超叙一官。

一、生擒真正首恶都蛮解院审实，每获一名即赏银一千两。斩获真正首级一颗，赏银五百两。若首恶都蛮能互相攻杀，擒斩同寨首恶解献者，准免本罪，仍照前例给赏。

一、见行事例：四川苗蛮有能一人斩三名颗，升一级。至九名颗，升三级。系壮男，与实授。如不愿升者，每名颗赏银五两。本院看得五两似少，今改为十两。其首先冲锋者，虽无首级亦照升赏。幼男妇女与十名颗以上并不及数者，俱酌赏。

一、未获强盗、脱逃军犯、内地人民，先年逃入在寨，今能用计擒斩首恶一名颗者，准免本罪，仍赏银三百两。乘机内应取胜、致陷巢穴者，赏银一千两。

檄文四

为抚谕夷蛮，以安地方事。

照得戎县山都六乡之蛮，蠢尔无知，负固劫掠，已奉明旨命将督兵征剿。但今皇上御极之初，万物维新之会，本院念尔等莫非朝廷赤子，且中间首倡祸乱者，虽罪不容诛，至有胁从为乱者，又有不得已而从之者，亦有虽系蛮类素知畏法者。若不分别玉石，未免有干天和。今本院惟欲芟锄贼首，以正法典，其胁从等项准与宽宥，俾知自新。合先抚谕。

为此案仰该道即便翻刻大字告示，转发各该地方，并行戎县掌印官，责差惯熟通老赉谕知悉：原系百姓，及早散回出首，给照安业；原系都蛮，及早悔心改念，任守地方。本院仰体朝廷浩荡至恩，姑缓剿杀，许尔等以求生之路，赦其往恶，责以新功，听各蛮同心效力，将有名贼首执俘献馘，即照格给赏。若各贼首又能互相攻杀，将同类恶蛮擒斩出献，即准免本罪，仍一体给赏。中间果有争先立功、素能压服诸蛮、率众归降者，奏请建立土司，叙以官职，给以印信，令其世袭，仍加重赏。若或执迷稔凶，或听信奸徒唆哄，不辨顺逆，不知祸福，本院必选调汉、土精兵，四面攻围，辟如以太山压累卵，举烈火焚枯株，尔蛮必靡烂尽绝，无复遗种，后悔无及。

特示。

檄文五

为军务事。

照得都蛮负固为患，目今雕剿，悬赏为先，拟合行委。为此牌①仰各官即便带领军饷银各一万两，前赴高、珙、戎、长等处地方，会同刘总兵、郭总兵、张参将，并督同各县掌印、各地方领兵等官，计议机宜，赏募勇敢之人。但有能绝其向导、离其党与、孤其应援、疲其心力、收其胁从、擒其首恶、侦探间谍、设伏出奇者，即随便宜，酌功之大小，登时分别支赏，鼓舞人心，不必顾忌有所牵制。用计为上，用兵次之。以蛮攻蛮为上，以兵攻蛮次之。许降不许抚，许真降不许假降。真降者须是送当妻、子②，立有擒斩之功，方许行赏。间有踪迹狐疑、不系真降者，就便立诛。

今日之事，有剿无二！不得因仍故态，假意缓兵，共相欺哄，使遗孽再萌，为害旋踵。如计空一寨，即选我兵精壮者扎隘占定，更图进取。有功之人，将今发号票③先给执照，听候另行犒赏。本官仍随处监查各营领兵官，有无用命怯懦，克剥军粮，军兵有无足数，见在防守及老弱替换偷闲等弊，不时具报。及传谕军中大小官兵人等，务将九丝城事作一家事，各用事官作一家人，互相策应，互相保全，共图殄灭此贼，以靖地方。事成论功，本院自有斟酌，毋得各分彼此，致误军机。一应事情，陆续禀报。完日，将用过银数备细册报查考，毋得违错未便。

①牌：令牌。

②送当妻、子：将家人送官以为人质。当，质当。

③号票：编就字号（号码）的凭证纸。票，票据。

檄文六

照得大征都蛮，窃闻道傍之议尚有以二百年故事为说者，此未达今昔不同之旨也。昔日中朝各边多事，或以此地一隅，暂从宽处。今四夷来王，独此弹丸称乱，见奉明旨，西顾惓惓。此不同一也。昔日有事地方，未必庙堂听其画诺。今君相一心，主议荡平，刻期待报。此不同二也。昔日命将，或素非忠勇，即虽忠勇或原非本地出身，不识蛮之性情，不谙蛮之道路。今总兵刘，自十五岁立功九丝，蛮素畏服，平日以忠勇著闻，近一扎隘，蛮即敛手，已有明效。此不同三也。昔日举兵，或地方荒旱不常，粮饷不继，今连年丰稔，目前可卜有秋，一切改运买运、本色折色随取皆充。此不同四也。昔日文武等官未必协心并力，是以人谋寡助，独任难成，今司、道、府皆同猷共念，雅负经济之才，郭总兵、张参将等，皆该镇所称老成枭健之将，余官并系遴选，勤干可资。此不同五也。

昔日将官未尝专设，虽系专设，或一经论列，便置退闲。今该镇虽近以闽事被劾，朝廷特为勉留，令其矢忠宣力，即魏文侯之任乐羊①，岂能过此？于此不感激思奋，该镇抑独何心！此不同六也。昔日征蛮，原无定议，苟且了事，每以招抚惯套，诈为平定奇功，收兵在途，叛不旋踵。至今流祸，谁为厉阶②？今已共戒前车，永图后效，力行大剿，务拔根株，事后设官，誓言不再。此不同七也。昔日召兵调兵，有同儿戏，或不给月粮而未几罢归，或不与应兵而深入多损。今募兵籍册食粮，调兵四面云集，人人扼腕奋臂，愿效一战。此不同八也。昔日屯兵持久，未得一功。今该镇任事以来，前后功次以百数。近日指授一武生李之实，即获阿苟元凶与大贼阿缪等五名，并就生擒，余党鼠窜，莫敢申③颈而窃视。此乃积威劫之，机会有可乘，其不同九也。昔日大势在蛮，盖以所恃者险，我兵素不服习，或乌合而临之，所以易进易退。今兵皆预集，食足以充其体，信足以结其心，即历岁逾时，无不可用。且勿论战，只坐困九丝，蛮不死何待，险何足恃乎！此乃大势在我。其不同十也。

夫今日之事，有此十不同于昔日，此于蛮所谓天亡之秋也。而说者引二百年之迹以难今日，此必为蛮作说客，殆非中国之人也。本院不愿闻之。夫临事而惧，好谋而成，圣有明训。本院白面书生，谈何容易，乃其心不量，而欲为地方建久长之策，诚见今昔不同，其大较有如此。夫难得而易失者，时也；难成而易毁者，功也。故智者不失时，而勇者不毁功。若或喜于生事而侥万一之幸，又或狃于因循而怀二三之心，天日鉴临，罪俱蛮等。

今奉明旨查勘"有无师期、有无成算"，若徒文移往来、意言矛盾，实上慢君命，下失民心，深为不便。除大征各项节目已经行司会议，及可施行者一面施行外，为此案仰该道官吏即行兵巡道并刘总兵、郭总兵、张参将，俱约期前到叙州府面相集议，各吐肝

胆，审机宜，决犹豫，参伍众见，会通群心，归于至当。毋甲可而
乙否，毋面是而背非。孰为渠魁，所当先图；孰为胁从，所当罔
治。将运用次第，密书成册具报，以后特举而措之。慎勿含糊，有
误大计。夫议成而行，事豫则立，后乃可以无悔。如或以蛮竟难
平，事竟难料，师期、成算漫无定端，亦宜明白声说，本院即奉身
而退，待罪朝廷，以俟后之君子。决不敢复循往辙，甘蹈不忠。其
该地方行令领哨等官，严加防御，毋得迟违未便。

①魏文侯之任乐羊：魏文侯以乐羊子为将伐中山国，而其子乐舒乃为将
中山，群臣因言乐羊子通敌。而文侯信任乐羊不疑，卒灭中山。

②厉阶：祸端，肇祸之源。《诗·桑柔》："谁生厉阶，至今为梗。"

③申：同"伸"。

檄文七

为军务事。

照得山都群丑盘踞九丝，历代逋诛，皆畜以羁縻之属，大明兼
覆，始编为版籍之民。虽在往日叛服不常，未若近年猖獗尤甚，长
驱江、纳，几薄叙、泸。拥众称王，攻城劫堡，搠死千户、百户，
掳杀监生、生员。所掠军民，或卖或囚，尽化为剪发凿齿①之异族。
但遗老弱，或焚或戮，相率为填沟枕壑之冤魂。村舍在在为墟，妻
孥比比受辱。六县不胜其荼毒，四川不胜其驿骚。其尤可深恨极痛
者，剖孕妇，炊婴儿，资以为笑；解肢体，掘坟墓，逞以为凶。

呜呼，惨酷至矣，恶贯盈矣！兔死狐悲，在物且伤其类；民胞
物与，当官何忍于心。前此任事有人，每主设将调兵之议，奈何频
年罔效，反滋师老财匮之虞。其故多端，有难悉数，大抵或苦于钱

粮之浩大，或惮于巢穴之险深，或迫于更代之靡常，或淹于抚剿之未定，或守将虚称挞伐，购数级②以捷闻；或委官驾言招安，夸一时之胜算；或通老、媒保利其出而分鹬蚌之财；或土司、水都③虑其危而坚唇齿之助。是以渐成侮玩，益肆凭陵，甚至撤兵赏蛮，大类引贼入室。病若在于指拇，害实切于腹心。失今不图，末忧方末。

兹值明良交泰之会，正当中外协恭之时，险莫险于海倭，每见骈尸就戮；强莫强于塞虏，已看稽颡称臣。矧兹鼠首蜂腰，岂足润戈膏斧！但念民怨已极，用知天网难逃，且朝廷以征剿尽绝为期，主将以荡平图报自誓。夫不暂劳者不永逸，不小费者不大成，既杂议以佥同，合整师而问罪。咨尔文武将吏、汉土官兵，其各奋勇抒忠，布昭圣武，务在犁庭扫穴，振叠天威。於戏！杀有可哀，意将欲以止杀；刑则勿喜，心本期于无刑。一清巴蜀之氛，共泄神人之愤。用命奏绩者，赏格具在，决不食言。违命罔功者，宪典森严，决不姑贷。尔等咸听令于阃外，本院不遥制乎师中。已集兵粮，先飞羽檄。

计开：

军誓六条：

一、人臣事君以忠为本。今日征蛮，用除此方千百载之大患。如或避嫌疑、计利害、怀犹豫、惮勤劳、乐因循、起猜忌、溺爱憎、挟恩雠，心有所见而不言，机有当乘而自失，不以国事为家事，不以民忧为己忧，如此者皆谓不忠，以其持二心也。夫二心之臣，不可与事君。以处小事且不可，况兹军旅大事乎！本院果有不忠，愿文武将吏共为匡救。文武将吏，多抱忠悃。但或积习之弊有类于兹，愿亟为改图，永肩一心，同舟共济。本院之于此蛮，一日不平，戴罪一日。一年不同，戴罪一年。有初罔终，人非鬼责④。

一、主将者，三军之司命。将权必重，军令方行。一应分营列阵、进退攻守、奇正分合机宜，俱听总镇刘调度规画，其主客、汉土官兵，悉听节制。敢有抗违者，随其罪之轻重，各以军法处治。或假称本院，擅有施行者，勿分真伪，都指挥而上会同参拿，指挥而下径自捆打。事关紧要者，惟监军道得以协议共闻。

一、天时不如地利，地利不如人和。故不和于国，不可以出军；不和于军，不可以出阵；不和于阵，不可以出战；不和于战，不可以决胜。故曰："师克在和。"军中无大无小，无寡无众，务要一心一念，相助相亲，诚若辅车之依⑤，共成指臂之势⑥。

一、近山为阵，不仰其高，蛮寨险危，攻心为上。大兵坚壁，疑间迭行，势迫力穷，乃可就计。真降者即赦其罪，伪降者宜察其形。四面俱围，须开一角。凌霄破后，方图九丝。应变出奇，是存主将。帝王之兵，以全取胜。贵谋贱战，勿忽斯言。

一、自逆蛮作孽，不分汉民、苗民，或被掳胁从，或交通煽诱，此皆无知犯法，未忍概诛。今特为尔等开一生路：各营立招降白旗一面，果系胁从，非其本心，止是交通，不曾出劫，俱赴旗下投降，监军道即给印票⑦，待以不死，仍安置别地。若能内应，擒贼来献，依平人一体重赏。如执迷不悟，歼累无遗，后悔无及。前已开谕，今再叮咛。

一、邻近土府、土司，世受国恩，自当小心奉法，捍贼卫民，乃至与蛮结亲，声势相倚。前此征调，闻各蛮或乘其未至，先行贿赂，许纳税粮。或已被攻围，把目⑧得钱，卖阵佯败，俱属悖逆。但事经既往，姑与维新。已行调取各司官兵，共举义师，永图安戢。其各回心改虑，严禁目把等人。务期讨罪立功，用赎前愆，保守爵土。如再观望狐疑，或蹈前弊，致误军机者，平蛮之日，定行移师并诛，毋自贻戚。

军令共十五条。附关防一条，通令一条。

监军道施行十条：

一、休养生灵，本欲相安无事。今为地方驱除大恶，不得已而动众兴师，劳苦百姓，已切痌瘝（tōng guān）⑨。岂得更加骚扰，以重困累。凡文武、汉土等官，各宜体悉此意，禁辑目兵，恪遵纪律。敢有擅动民间一草一木者，犯兵必斩，本管官并究不饶。

一、调到汉、土官兵，俱系题奉明旨，以破城平贼为期。今次不比往常，或赏银、或复官、或升级，断在必行。务要安心定意，毋失机会。如有九丝城未破，贼尚未平，但以一二阵及小寨塞责，即行逃避者，既不准功，仍行议斩。

一、调到土司各兵，听本管官亲自督领，同委去官监同行事。除用兵日时方向遵奉将令外，其临阵兵法，或随大将指授，或听仍土俗，委官不必越俎。如敢骄慢恣睢，或后期而至，不奉令而惰归者，监委官即时参报，以凭拿究。

一、大兵压境，悉照主将分定哨道及刻定日时，犄角夹攻，并力齐进。如领兵官不依期进兵，策应或有先后，或有观望，及一阵势在孤危，各阵坐视不援者，领兵官俱斩。

一、大兵征进，四面攻围，必另设游兵禁绝邻司往来、通老馈送及米盐小贩。各兵目能擒获前项人等，同获奸细之功论赏，敢有纵容及疏虞不获犯出者，各以军法重处。

一、往时攻寨，每因土兵贪婪，抢取资财，中贼之计。今令攻贼所得牛马、甲仗、杂物等项，战时不许收拾分毫，只待破贼之后，公报主将，听其分别，尽数给赏。敢再仍前贪取误事者，斩。

一、军士随身器械，领兵官俱要点检整齐，如弓弩无弦、箭无羽镞，或有而不牢及弩牙发而不利，枪刀、剑戟、铳弹不坚锐者，捆打。应给者，令其开数查给。

一、即今主、客官兵以渐云集，该道须令军中多备六一散⑩及咸梅等物，以解暑渴。各兵初入贼境，不许辄饮溪水，必使居民先尝而后用之。违者，以军法重处。

一、官兵不许夹带异物及他货并妇人入军中。违者，罪之。

一、军中敢有妄言祸福，眩惑众听，及将军机漏泄于外，踪迹诡谲，并搪报贼中消息，未报主将先行邀问传泄者，俱斩。

督粮道施行二条：

一、各粮饷、赏犒，不拘本、折，已经多方办运，务令有余。每次听委官协同本管官唱名给散①，令受实惠。若本管官、目敢有沿袭故态，侵分入己，以致士伍离心，因而（愤）［偾］②事者，斩。其各兵分布已定，该道先查某营官兵若干，该用粮几何，并鱼、盐、姜、蒜等件，先行分运相近去处收贮，以便临时支给。或有难以预料者，须临期随便调度，毋或拘拏，以致士有饥色。

一、各堡添修仓厫尚属不足，运到粮米堆贮民间，奸弊易生，尤当防慎。该道行令经管员役并各堡官兵，务要设法关防，以免他虞。临时放散，严加查验。如有插和沙土等弊，即行重究。大举之时，运粮入营尤为谨要，一应规画。原议未尽者，听其处分具报。如或稽缓误事，责有攸归。

纪功道施行四条：

一、官军征蛮，以荡平九丝城为第一功，凌霄次之，各寨又次之。有能用计招降，使蛮内应，我兵乘虚直捣巢穴者，是谓奇功。有能临阵对敌，奋臂先登，摧锋陷阵，使贼众披靡者，是谓勇功。各视其大小强弱以为等级，定行疏荐，不次超叙。不愿官者，照格给赏。

一、军中以赏罚为急务。赏不明则士卒不尽力，罚不严则士卒不齐心。如擒斩获功，本管即禀明主将，明开日月期候、地名、战次，某为先锋，某为羽翼，作速开报。该道务要赏不逾时，速发委官公同本管分别给散。如或淹滞、或扣克、或偏私，会同主将、监军即行重究。其有争取首级、私自掠物贪财、妄杀平民、降蛮冒功者，斩。买功者，罪之。督同部院委官严核。

一、先锋兵勇，每因割取首级以致误事。今后临阵先锋，以冲锋破敌为上，获级次之。若搜获零星老弱者，另议。

一、官兵获到功次，务要真正穿耳凿齿者[13]，方准算功。其有穿、凿不全者，不得一概拟赏。又有黠蛮将掳去汉人绑杀来献，辩问既明，宜重加怜恤，不许报功冒赏，自速鬼诛[14]。

一、本院奉命行军，矢殚赤心，务在除贼安民，仰纾西顾。此外利钝，非其所知。至于论功行赏、破格优叙、鼓舞士心，俱经司、道、府秉公会议，呈允施行，并无别项员役一毫干预。诚恐无籍奸徒不畏刑章，乘机肆骗，未赏未叙者被称打点，诳以求为；已赏已叙者被称关通，诳以酬谢。诸如此类，难保必无。不独本院与司、道、府各官名节所干，且于用兵大计甚属妨碍，不可不虑。司、道、府并各委官，一面严行密访，一面遍谕汉、土官兵，务要一心剿贼，图报朝廷。勿怀侥幸之私，勿由邪枉之路。倘或违犯，除奸徒定以阻挠军机共戮于市，听从者虽有战功，一笔勾涂，仍拿究从重拟罪。有报出、首出者，量情轻重，与获功同赏，官从优荐。各宜多方禁戒，毋或漏奸。

一、以上誓令乃其大纲，本院与各道宜分任其责者。至于军中应行、应禁事宜，节目甚多，俱系大将径自施行，将领、官兵，各宜查照遵奉。

①剪发凿齿：都掌族族源复杂，有诸葛南征后安置在戎县一带的青羌，有古老的僰人，更多的是东晋时割据蜀中的成汉国主李寿为充实户口，自南中（今云贵地方）"引僚入蜀"的僚人，等等。历年既久，诸不同族属逐渐融合，最后形成新的族群，称为"都掌"。都掌族中，分别保留下了各个不同族属原来的习俗。其中，剪发凿齿便是僚人的习俗。

②级：首级。

③水都：戎县水都四乡。

④人非鬼责：众人非之，鬼神责之。

⑤辅车之依：颊骨和齿床互相依靠。辅，颊骨；车，齿床。《左传·僖公五年》："辅车相依，唇亡齿寒。"

⑥指臂之势：如臂使指之势。

⑦印票：加盖官印的票据（凭据）。

⑧把目：土司官自行辟任的土目、把事等头目。

⑨㾰瘵：病痛、疾苦。《尚书·康诰》："瘝瘝乃身。"《传》：恫，痛；瘝，病。

⑩六一散：一种祛暑的中成药。

⑪给散：发放，散发。"放散"同。

⑫按："债"字，据文意改。

⑬穿耳凿齿者：都掌族人。其人率皆穿耳、凿齿。

⑭鬼诛：神鬼之诛。

檄文八

为军务事。

据分守下川南道呈称："行移总镇查议：见今防剿官兵一万，或即为常守，或时有增省，或期有远近，或定以半年，或约以一岁，或别有久远之图，一一酌议，拟派粮饷运纳。"随准该镇回称："叛蛮为恶多年，往剿已非一次。先年用兵二万防守，蛮贼尚尔肆恶，长驱去劫各县。后蒙议兵一万四千，两院①方略只以一万为率。本镇分扎要隘，今若不大征，则各隘用兵一万再不可减，即为常守，无容增省。每月用银六千五百余两，米约四千五百余石。非可以年月计也。若用大征，月日可期，远则一年，近则半载。合用钱粮必得百余万两。剿、守二事，又在两院主之"等因，备呈到院。已批布政司查议去后，为照前项防、剿官兵，今该镇称以一万为常守，即月用银六千五百余两，米四千五百余石。以一年计之，该通用钱粮十万五千余两。又称难计年月，则费复不赀。又云若议大征，远则一年，近则半载，必得钱粮百余万两。此外，犹有运米脚价、制造火器、赏功等项不可胜计。据此两议，守、剿虽无定形，钱粮则当议处。盖有备无患，功乃可图。师行粮从，势不容缓。除万历元年防守钱粮已经议报停当外，为此案仰该司官吏照案事理，即查在库各项银两总共若干，见在军饷银若干，税契银若干。仍查此项上年解部若干，今除应解者更有若干，所解之数即今应否奏留。又查某项某项钱粮可以径动，凑作军饷各若干；某项某项仍应题请方得支用各若干。并查解京钱粮亦有某项某项应否奏留者，其奏留事规节年有无旧例。此外，更有何项堪处钱粮之策，逐一备细查议明白，通详施行，毋得违错未便。

①两院："巡抚都院"与"巡按察院"，并称"两院"。

檄文九

为官兵获功事。

准总兵刘手本报称："流贼方三哥，勾引蛮贼百余，出于高楼子地方坐草，捉去民人董从元并妇女三口，黄牛二头。本镇亲统指挥郭文等，深入九丝城下，蛮被鸟铳打死者百余。当差监生何钰赍发悬赏，计令降蛮阿大、阿二、阿花，焚烧方三贼寨，官兵获功"等因到院。看得监生何钰，据该镇称许凤抱智谋，可胜付托。又近闻黄土、内官、落豹三寨各蛮亦思归顺，未有因由。为此牌仰何钰因事相机，乘时建策，宣示三寨，要知本院仰体朝廷新诏浩荡之恩，姑缓该镇尽行剿杀之议。且念彼既悔祸，早欲逃生，我当垂怜，待以不死，忘其旧恶，责以新功。若果三寨协同，一心报效，专听总镇军前督率指授，将别寨讨死困蛮并力扫荡，以树奇功。事成之日，本院即审择其中一人能压服地方者，奏请朝廷立为土官，以示酬赏。何钰除重赏外，另行待荐，用备干城。夫西域之功，班生不烦兵于中国；南海之绩，陆生①惟缓颊于尉陀。况此区区之蛮，岂费堂堂之阵。倘三寨阳顺阴逆，口是心非，不能报效立功，即系冥玩负固，何钰仍随该镇调集官兵，一概锄绝。彼之自取，我则何尤？

①陆生：陆贾。陆贾曾出使南越，说服蛮夷大长、南越王赵佗臣服汉朝。尉陀，即赵佗。

檄文十

为地方事。

近准巡抚贵州都御史蔡咨称：四川宣抚奢效忠，逞倚异属，擅自兴兵越境仇杀，屡行禁谕不听，备咨本院请行严禁，等因。除行该道禁谕外，续据参将张泽揭称："奢效忠先年遵奉贵州明文，调伐土官安国亨，后将国亨议处平定。自兹彼此相杀，雠恨渐深。土司夷性，是非相等。国亨屡次发兵劫杀效忠夷民地界，近日又称效忠发兵欲行进攻国亨地方。但效忠虽系本参所属，奈国亨仍攻效忠，本参何以禁止。必须两省会行，方可严禁。目今大伐九丝，必然调遣效忠。统兵之日，彼怀内顾，不但留兵自保，抑恐征剿无恒。伏乞移文贵州抚院宣谕国亨，不许乘机擅犯效忠地方。两省各委官驻守界边，遵行禁止。使效忠心无疑虑，可以专为征剿之用矣"等因。除咨行贵州抚院行令毕节兵备道，委官住镇国亨边界，不许乘机劫害效忠地方外，又据奢效忠申称："安国亨节次掳掠及扎兵数寨，要行杀害，申乞禁谕"缘由前来。该本院批："近据大方坐镇指挥王道行具报，贵州军门移称：'奢效忠擅自兴兵，为安智报雠。如此，则是起衅在效忠，而安国亨为直矣。'今据申称国亨节次掳掠及近日屯兵数寨，则是起衅在国亨，而效忠为直矣。但以本院度之，国亨势必不敢先动，缘彼前罪未除，冠带未复，今正当悔悟，寻思报效之时，岂宜再构祸端，自速亡灭。此必效忠以前次奉调征讨，恐其报复，狐疑在心，思先事以防之，然反使国亨得执以为词，其计甚拙。除移文贵州军门禁谕外，今仰尔效忠当一意以剿平都蛮为心，整练兵马听调，期成伟功，当蒙显爵。若国亨乘间窃扰，即系党护都蛮，故为掣肘，自有朝廷正法，不足为虑。若效忠观望怠忽，胡越相视，不早思并力都蛮，恐难保国亨不形尔短，且贻后悔。此本院访尔颇解道理，故以此好言示谕，尔其深思亟图。此缴。"

檄文十一

为军务事。

据叙泸参将张泽揭称："长宁县由梅洞、戎县相接江安县地方，叛蛮出没劫害。本参所统截杀守隘之兵，不足二千一百，委难展布。伏望俯悯地方，仍给本参兵勇二千余名。地远兵寡，防御自疏，除另议添兵"等因，又准该镇开报亦称相同。看得前项地方，既称兵少不敷防守，若于别处调取，目今警报日至，未免迟延，及查先准总兵刘手本两次开称："原任总兵郭成惩创之后，乞赐特疏录用"等因前来，该本院查得本省先年征剿薛兆乾[1]，亦径委松潘原任总兵程规用兵，后报捷，一体叙功。今本处即设该镇在彼，事有专责。本官系参革回卫之官，曾随该镇累立战功。今地方有事，自合随宜使过，以尽其长，且闻伊父先日被贼杀害，在成当卧薪尝胆，殚力竭谋，以雪此不共戴天之恨，似不当待举用而后报效，况有前例，相应暂委，带同亲兵以备缺兵之处防剿。为此案仰该道官吏，即行叙南卫原任总兵郭成遵照，带领部下精兵，速赴戎、珙、江安等要害地方，听总兵刘分布防守，相机雕剿施行。本院看得古之名将能大能小、能勇能怯，其志但取成功以报朝廷，以垂不朽。本官毋得虚执体面，坐失事机，永作不忠不孝之人，以贻后悔。其所带兵数及起程日期，径报查考。

①薛兆乾：龙州宣抚司土官，率众殴杀副使李蕃父子，拒命。官军剿灭之。事见《明史》卷三一一《四川土司传一》。

檄文十二

为军务事。

照得防守官军一万并近日添调军兵粮饷，节据该道议处足用。但恐以后陆续添兵，尚属匮乏。若候临期方买，未免有误军机，合行酌议。为此牌仰该道官吏即便查议，于叙州府库贮及布政司议解军饷银内支发庆符、长宁、筠连、高、珙、戎六县，各照时值并将脚价量议加添在内，于就近地方共召买粮米六万石，次第收贮听支。盖六县百姓贫穷残害者诚多，而商贩贸易者不尽无也。况价增则米必易集，但免搬运之劳耳。该道仍斟酌地方大小、受害浅深等项，分派责成，作速议报施行。随所买多寡，陆续具报。有能设法如数买完者，除优叙外，先行奖励。其有支吾怠缓者，开报参究。

檄文十三

为军务事。

照得大征都蛮在迩，所有添调军兵粮饷，欲待召买，未免缓不济事。及查各处预备仓谷收贮多时，易于腐蚀。看守人役，甚以查盘赔补为苦。即应出陈易新，既便民情，复济军饷。合行通融议处。为此案仰该司官吏照案事理，即将各州县万历二年应解丰、宁二仓①并滨江州县起运粮米，先行佥派该年解户。查各在仓赈谷若干，每处量留备赈，其余通令碾米起运，准作该州县额解之数。如过其数者，亦行令附搭解运，仍会同分守该道，坐定仓口交纳。应用夫船等项，悉照前规。起征之时，就令小民纳谷折米，以充前数。其滨江去处，若止议顺水者，似不敷用。除叙州府所属候临期另议外，至如设近逆水州县去叙南不远者，虽挽舟而上较顺水为难，较陆路为易。今欲为地方建久长之策，计吏民必达理晓事，不苦其难。及照各州县输纳农民并僧道度牒等项事例，议改叙州府照依时价输米，就中量减分数以折脚价之费，此似可行。至于吏承因公挂误革役、原无赃私过犯者，限以定数纳米赎罪。事体未知稳便与否，作速查议明白，马上赍报，以凭施行。其大征事宜，上紧议报，毋得迟缓未便。

①丰、宁二仓：四川省设在成都的广丰仓和广宁仓。明万历九年《四川

通志》卷五《郡县志一·成都府》："广丰仓、广宁仓，俱在四公庙西。"

檄文十四

照得大举征蛮另有定期，此时正当先事练兵，以备防剿。况叙州府城及南六县切近之灾，而土兵不练，专靠调用，甚为失策。为此牌仰该道官吏照牌事理，即刻行文该府及高、珙、戎、长、庆、筠等六县掌印官，各出榜晓谕，务要多方召募土著精壮枭勇人丁，不拘多少。籍册、食粮与同应操民兵等项，责委谋勇知兵官员日逐操练，使知纪律。其赏罚、练习等项，听该道随便施行。各缺署印官一面便宜定报，不必候该司通议。又各兵粮饷既近于家，应否多支折色以存本米，审察群情端的议报，仍行该镇知会。并该道近日揭禀行委原任总兵官郭成就近摘发操练，甚为有理。一面行令著实如揭举行，先将召募兵数、委操官员职名具报查考。如或虚应故事，无益实用，查出通行参究不恕。此事非该道身亲巡历督责，与该镇当面计议而行，恐临时难以济事。所系不小，毋得迟违未便。

檄文十五

为多方议处，以广军储事。

照得大征都蛮在迩，应用粮饷虽经议改赈谷，就近输粟纳米，尚恐匮乏。又该本院询访舆论，咸称以差银征米，公私俱便，合行酌议。为此案仰该司官吏照案事理，即行各分守道将滨江顺水、逆水州县通查，万历元年应征各项差银可以改令纳米者尽数查出，至七月间准其改纳，以充军饷。盖不惟省成色之消耗，又可以省衙门之秤添，况当收成之初，民力易办。纳完即附搭赈谷碾米并解，特量给盘缠与篾船等项，悉照前规。其各项差银，就以该州县相应之银拨抵，以免司发。又查蜀郡等府见支禄米，屡请折银，申文可据。本院恐以为例，遂未允行。今兴兵动众，为地方扫除大害，不妨从权，准与定价改兑一年，后不为例。有无相应。又闻蜀府①收贮米谷甚多，每年发卖易新。今以市价平买数万石，亦得接济，且免各州县召买骚扰。是即蜀王同舟共济之雅，须先行长史司②启王，能慨无龃龉，而后可行。不然，即从议罢。齐景公云："虽有粟，吾得而食诸？"此在王为国为民之念真切何如，非人所能强也。以上俱作速查处明白，马上赍报，以凭施行。此系军储重务，毋得照常延缓未便。

①蜀府：蜀王府。

②长史司：明代藩王府下属机构。掌王府之政讼，辅相规讽，以匡王失；率府僚各供乃事，而总其庶务。

檄文十六

为仰仗威灵，生擒首恶，以安地方事。

据叙州府通判洪一贯禀报："把总谢秉华、吕崇舟、哨官陈文龙、武举官李之实、通老袁伟，前去凌霄城用计诱出首恶阿苟，及阿缪、阿肉、阿夅并小蛮二名，于十一日擒获"等因到院。除阿苟以前劫杀罪状不开外，姑以今万历元年（1573）正月内出劫高楼子，坐草掳去民人董从元并妇女三口，又劫梅洞地方居民朱希绍等十七家，杀死男妇四命，掳去二十三名口，烧毁房屋不计。二月内出劫龙湾寨①居民杨俸聪等数十家，杀死庞氏，掳去蒲氏等四名口；又劫岭枕寨，杀伤傅承贵，掳去杨万仁等一十三名口；又乘夜出劫得胜堡，杀伤军人何贵，捉掳官舍曹文达并军人任廷美等四名口；又劫下苦竹寨民胡朝期等家，杀死文中等一十三名口，杀伤杨廷佐等一十一名口，烧毁瓦、草房十六向；又杀死戎县差人张一阳；又出劫江安县地名陈村，杀死民妇王氏等五名口，掳去李文官等二十余人，牛、猪百余；又劫掳水泸坝②监生胡天锡等家，见军到对敌，退据高隘，随又突出，杀死生员胡一侗、居民胡万鉴等十名，掳去监生胡天锡、居民胡本全等四十八名口，杀伤胡志明等九名口，烧毁瓦房十一向，劫去牛、马二十九只。三月内又准总兵刘报称："得居乡蛮贼阿苟，恃恶纠集各乡叛蛮，出劫戎县地方，官兵截杀，斩获蛮首阿杲等，各蛮不忿，啸聚凌霄城欲出复仇"各等因在卷。看得首恶阿苟屡抚屡叛，狠毒异常，在往年绑掳职官，残害生民无数，今年又复绑掳监生，杀死生员军民，焚烧房屋，抢劫家财。生死含冤，神人共愤，可谓穷凶极恶，万死不尽其辜者。乃今将领、官军齐心奋力，首先擒获，实朝廷威力震叠戎心所致，合行议处以正典刑。为此案仰该道官吏照案事理，即便会同兵巡下川南道并督同该府掌印等官，查议首恶阿苟历年此等恶状，今当作何处治，以泄冤愤。与阿缪等并速议报，以凭施行，毋得违错未便。

①龙湾寨：即龙湾镇。详卷三《经略平蛮善后疏》"龙湾镇"注。
②水泸坝：今僰王山镇水泸坝社区。

檄文十七

为军务事。

照得都蛮恃险梗恶，即今先行雕剿，所据六县城守，尤当加谨堤备，合行申饬。为此牌仰该道官吏照牌事理，即刻行文，严责高、珙六县掌印、巡捕官员，整搠兵、快、地方人等，务将城池、库狱比常十分防固，毋得怠忽疏虞，自取参究。并晓谕该管地方村镇居民，互相团聚保守，毋使蛮党萌念窥伺劫掠。各具遵行缘由，径报查考。

檄文十八

都察院示谕六乡都蛮知悉：即今官兵擒获首恶阿苟等到院。该本院看得阿苟往年绑掳职官，荼毒军民，不可枚举，只以今年出劫五次，杀死生员，掳去监生，恶状通天，法难肆赦，应正典刑，以泄冤愤。其余畏法不敢出劫者，许其安心投降，通准赦免。立功报效，照格给赏。毋得持疑，自贻后悔。

特示谕知。

檄文十九

为军务事。

照得戎、长等县地方人民，妻子、老幼、亲戚节被都蛮残杀。今闻天兵大剿，人人踊跃思奋，愿来投军效力，此蛮命绝亡之秋也。今本院已行各将领官，随处召募录用。缘未定有期限，终属依违延缓。为此牌仰各该将领、官员人等，即便上紧召选练习。自本月二十一日为始，召过某兵某兵，先用竹纸一二叶开具花名，每五日一报本院查考，分别敬怠。一面遵照造年貌、籍贯册给粮，总足五万之数等项施行。毋得迟延时刻，致误机宜，定以军法，重治不贷。

檄文二十

为军务事。

照得大举征剿，计在三秋。调取汉、土官兵大约计有十万，尚不足用。及查近边六县乡勇，节据监生何钰、武生陈安德、杜复元、赞画何子宸等各召募土著不等，俱系精壮勇敢之人，一可当百。可见非本地无兵，乃有之而不召也。有兵不召，罪将谁委？如曰恐费粮饷，不敢多召，则议调土兵，岂不食粮饷者乎？踟蹰敝套，坐失机宜，良可浩叹。为此案仰该道官吏即便会同兵巡下川南道，速行总兵刘并各将领等官，备云出示，随处召募本地乡勇，不拘多少，但以精壮勇敢取数。本院专以此为各官殿、最。随收册籍，随给粮饷。一面造报，一面操练。听该道及委官不时查阅，酌行赏罚。各兵或愿多支银，或愿多支米，晓令头目连写名情愿结状、年貌、籍贯同册赍报。盖各兵果皆本处之人，多支折色尤便，惟酌量彼中事体行之。如有求人情挂名，及遴选不精、滥以老弱充数、虚冒粮饷，与夫练习无法，无裨实用者，查出，先将所募官员参究不恕。大率多多益善，要以五万名为期。各具奉行缘由，径报查考，毋得顷刻迟违未便。

卷之六　公移

檄文二十一

为军务事。

先据总兵刘屡次申报："叛蛮阿苟，倚恃凌霄城险峭，频肆劫掠，所当雕剿。"及续报："乘虚雕剿获功真蛮首级一十三颗，内蛮头阿迸一颗。"行赏去后，近据参将张泽揭报："奉总兵刘行，本参督同武生李之实，计擒阿苟并阿肉等五名。"除候解验外，看得首恶阿苟内据得居乡，又外据凌霄城，表里二窟，雄视诸蛮，党与甚众。今阿苟虽获，其得居、凌霄未见捣破，内外党与凶恶著名者未见擒获，尚属苟且潦草。及照该镇先议摘调土官奢效忠羿兵三千名，本院差发令旗，添调兵五千名，专为雕剿之用，即今调到。前项二处未见下落。又据该镇面议留五千兵，至大举之期尚有三月，恐费粮饷。此为百姓惜膏血，本院甚叹赏其言，但近据部咨有云

"三易抚臣，再更镇守，老师费财"等云，是又不特此五千兵所当惜费，只在主将出谋发虑、定计设奇，或多或寡无不可用者。大抵大举者雕剿之结局，雕剿者大举之张本，向来成算，于理不易。羿兵五千既到，不可令其无事而空行，与初调之意辄相矛盾，且失信蛮夷，所系不细。况分调各处土兵，尚在中途未到，此皆本院据该镇定议深信亟行，以重将权，以除蛮害，他人不得而与者。若调止不常，有同儿戏，致使已调在途者闻风携贰，谁任其咎？若只以费粮饷一节为虑，此本院之责，该镇所虑在无兵耳。为此案仰该道官吏，即便会同总兵刘面议调到羿兵作何遣用，应扎某处以便应援，应捣某巢以摧强锐。瞬息至秋，应否取足原调三万之数，以图大举。此系紧要机宜，非可丝毫差谬，亦非可寻常两可。难执一时之见，难拘一人之言，是在主将及该道斟酌停妥画一，其余将官不过仰受成算，岂容妄生异议，别有依违，致干重辟。作速具报，毋得延缓未便。

檄文二十二

为军务事。

照得大征都蛮在迩，所有各将领、大小官员，俱系总兵刘开报本院委用者，即今逐一送该镇分布调度外，为此示仰各官每事务听该镇节制，或有计策，必待该镇议准方行，庶将权归一，视听分明。如敢十军九目、纷更驳杂、凭恃胸臆、自用自专、不遵约束者，听该镇以军法处治。在本院所任调兵足饷，怯懦疏庸、有误军机者，得随其轻重或参或拿。此外，决不逞为牵制。恐军中未悉此意，及兹谋事之始，合行申谕。为此案仰该司官吏即便备云刊刻大字告示，晓谕各该将领、官兵人等遵照施行，仍知会该镇，并刷印一张送查。毋得迟违未便。

檄文二十三

为雕剿获功事。

据兵巡下川南道呈报："总兵刘发兵雕剿落豹、高寨，擒获胁从三名、小蛮一名、首级十颗解道，审得被擒王正朝等三名原系戍、珙良民，被虏入寨，候查明另议"等因，并解各犯到院。又该本院覆审，王正朝执称"夷俗将掳过汉人剪发打齿，不穿耳，若临时势穷，或斩或擒送出搪抵①"等情。除另批行外，看得兴兵问罪，正与六县生灵复雠，若或不辨真赝，又听其绑送汉人，因而拟斩，此乃助蛮为虐，自鱼肉我良民，日月照临，此心何忍！宁可无功，万万不可蹈此，既干天和，又干国宪，合行申禁。为此案仰该道官吏，今后功次，俱要阵前擒斩真正凿齿穿耳者，解赴该道审验明白，方准照格议赏。若有以被掳汉人及妄杀良民报功希赏者，查审得出，定照律例重究施行。其王正朝等，听该道审明另报。毋得违错未便。

①搪抵：搪塞抵数。

檄文二十四

为申谕纳降，以全蛮命事。

据兵巡下川南道呈报官兵克破凌霄城大寨缘由到院。除将获功员役通行叙录、照格犒赏外，案查先该本院仰体朝廷肆赦覃恩，姑缓官兵剿杀，许以悔祸求生。乃兹蠢夷，尚怀疑畏。中间被掳之民，或思归而不能；怕死之蛮，或欲来而不敢，逮今未见出降。今照凌霄贼巢，高险甚于九丝，我兵一上，蛮头尽落。中间岂无欲降之蛮，以早失机会，竟为可怜之鬼。若本院初心，只欲擒斩首恶以正法典，不忍概行诛戮，有伤天和。为此案仰该道官吏即再刊布告示，速制召旗并小木牌万余，上开"来归来降者执牌为照，免其诛斩"。仍行戎县，差惯熟通老，分投赍领木牌，潜丢各寨各山，令其及早执牌出降，以免临时不分玉石。仍严谕官兵人等，但有牌为照，即不许妄杀。违者反坐。若蛮能转祸为福，乘机内应，导引我兵分捣各寨，或擒斩首恶来献，照原谕准免本罪，一体给赏。如再狐疑，敢行抗拒，即如凌霄各蛮，不论男妇老幼，万死莫逃。岂不哀哉！

特示。不再。

檄文二十五

为军务事。

照得官兵防剿都蛮，值今天气蒸热，彼中暑雨阴岚，恐生疾病，所宜悯恤。应用药饵、医生，及犒赏盐斤、姜蒜，拟合先行取买。为此牌仰该道官吏即便会同守、巡二道，行叙州府动支军饷银两，发产药地方收买粗、细药各五百斤，陆续委官支用。并暂于该府取用医生五名，随营疗治官兵。该府给与印信、文簿，令医生领执，日逐将患病姓名、用药服数登记在簿，事宁销算。又行马湖府买生姜十万斤，嘉定州、犍为县各买盐五万斤，夹江县买蒜五万斤，就令马湖等府州县，各于库贮官银内支买，解赴叙州府收贮，听候犒赏官兵之用。各具支过银数、差解人役姓名、日期，先报查考。如有迟误，即拿该吏究解本院处治施行。毋迟顷刻未便。

檄文二十六

为军务事。

据参将张泽呈报："武举李之实等前去凌霄城，计出蛮王阿苟，并首恶阿肉等六名。"擒解到院。已经审实，照格重赏。看得李之实挺身效力，亲入贼巢，计擒首恶，功可嘉尚，合再优异以激人心。为此除已给赏冠带外，牌仰该府官吏即行长宁县，准免李之实杂泛差役终身，给帖执照。仍谕本官，再须多方图谋设计，擒斩首恶，以报国恩。具行过缘由缴查，毋得违错未便。

檄文二十七

为军务事。

万历元年四月十三日，据叙州府申：奉本院票查各州县改运并召买粮米已、未完数目，开报到院。为照前项粮米系三军急需，乃各官有恪勤职业首先完报者，有因循怠缓全未完解者，若不明示劝惩，无以儆惕人心。及查未完之中，有因正米已完、止召买未完者；有完多欠少者，又应分别惩戒。为此案仰该司官吏照案事理，即行后开州县，将各官应奖者就于该衙门无碍银内动支八两，折备花段、羊、酒，用张鼓乐，导送各官公署，以礼行奖，用彰本院旌勤之意。其全未完解者，严行戒饬，仍提该吏解报召买，与有未完者姑免戒责，行督粮道立限严催速完。如再迟延，该道据法参究，以凭施行。仍备呈按院知会，俱毋违错未便。

檄文二十八

为军务事。

据兵巡下川南道呈报官兵奋勇克破凌霄城缘由到院。为照凌霄贼巢视九丝虽小，而险峻倍之，九丝之蛮敢于出劫无惮者，以恃凌霄为门户也。今我兵一举，未及数朝，即获全胜，有如摧枯拉朽。此诚朝廷神武不杀之威，亦道、镇、将领各官协忠并力所致。除候叙录及获功官兵另行外，合先宴待。为此牌仰该府官吏即照后开银两、花段，差官解送兵巡道，就于彼处设宴。该道代本院陪刘总兵并约郭总兵、张参将同宴。又洪通判、罗知州各一席。又办二席，该道径自委官陪宣抚奢效忠，以酬劳勚（yì），完日具由缴查。验功既的[1]，即宜乘此破竹之势，另图游刃之功。此后宴待，当本院躬历九丝，自为主席。毋得违错未便。

计开：

兵巡道抹金[2]银花二枝，重二两，折段银十六两。

刘总兵抹金银花二枝，重二两，折段银二十两。

郭总兵抹金银花二枝，重二两，折段银十四两。

张参将抹金银花二枝，重二两，折段银十四两。

通判洪一贯、知州罗向辰各银花二枝，重一两，折段银各八两。

奢效忠抹金银花二枝，重二两，折段银十二两。

备宴席银二十两。

①的：的确，确实。

②抹金：镀金。

檄文二十九

为军务事。

照得凌霄城今已大破，据报擒斩数多，实由该镇谋勇出奇，官兵用命所致。即应先行具奏，用纾朝廷西顾之忧。所据九丝师期、成算一节，合行查催并题。为此，牌仰该道官吏即便会同刘总兵，查议九丝机宜，今当作何计剿，大举师期的在何日？作速呈报，以凭具（提）［题］①。其调到奢效忠兵，父子兄弟俱来报效，数日之间即遵将令破此坚城，胜气当乘，大功可必。该道责在监军，审此机宜，一并会同该镇分布紧要地方，相机攻剿。该司未调二万五千名，应否即行再调，以图进取？毋得迟延未便。

①按："提"字显系"题"字之讹，据文意改。

檄文三十

为军务事。

先该本院案行清军道，会同兵巡道并总兵刘速行各将领等官，随处召募本地乡勇，不拘多少，但以勇敢取数，本院专以此为各官殿最。又经刊行告示，召兵官员将募过兵数呈报兵巡道并总兵刘会同挑选，分发将领管率，入册食粮去后，止据原任游击吴继祖呈报前来，其余并无具报，合再申行。为此牌仰该道官吏即将召兵一事，该道委温江县知县沈植，该镇委武职官一员，会同遴选查验，加意举行，勿使各兵投进无门。盖必早为挑选，庶羸弱者早得归农，精强者早得著伍。与其虚候忍饥而解体，孰若速收给饷以结心。该道虽以督兵相妨，委官自可专任干事。其所召兵勇，先给一二月粮银，以资家口、军装。限三日内，将该镇衙门委选兵官员职名呈报，毋得迟延未便。

檄文三十一

为军务事。

照得凌霄城视九丝虽小，而险峻倍于九丝，向来各蛮长驱出劫，专倚凌霄为门户。恃险抗敌，莫敢谁何！不破凌霄，即九丝未易措手，故有"若要凌霄破，星往月中过"之谣。今我官兵奋勇一攻，破城于三日之中，获功在二百之外，此诚朝廷神武不杀之威，亦道、镇、将领各官协忠戮力所致。近该本院牌行叙州府，将各将领等官先于彼处宴待，其余获功官兵另行去后，今照各官出议大征事宜，相应改行该府备设，本院亲宴，以励后效。为此牌仰该道官吏即便查议凌霄获功将领、流土等官，应该作何宴待并各给花段银数，速议详报，以凭施行。其本院先行该府原牌，事完径自并缴，毋得违错未便。

檄文三十二

为军务事。

照得永宁宣抚司宣抚奢效忠，奉调提兵万众，并力奋剿凌霄，破城两三日之中，获功百五十之外，功当首论，劳有可嘉。除已照格给赏、宴赉，及候克平九丝城之日本院特与奏复宣慰职级①外，合先加奖。为此牌仰该道官吏即于永宁税课局商税银内，动支二十两折给银、花、银碗、彩段，仍另置扁一面，上写"奉调大破凌霄"六字。完备，差官盛张鼓乐，导送本官衙舍，以示本院嘉劳之意。具支送过缘由缴查。毋得违错未便。

①奏复宣慰职级：按《明会典》，明代土司之官九级，自从三品至从七品有文武之分。文职土官为知府、知县等。武职土官，依次有宣慰使（从三品）、宣抚使（从四品）、安抚使（从五品）、长官司长官（从六品）等。永宁地志据称，洪武四年置永宁长官司。六年，升安抚司。八年，再升宣抚司。又按《明史》《明实录》诸书，均无置"永宁宣慰司"之记载。然《明史·永宁土司传》云：洪武"八年正月，升永宁等处军民安抚司为宣抚使司，秩正三品"。此檄言"奏复宣慰"，则曾置为宣慰使司，亦未可知。

檄文三十三

为军务事。

据清军、兵巡二道呈："委保宁府通判丘梁、师道立于军门下专理军情、功赏"等因，已经如议批行去后，合再径行。为此牌仰二官即便遵照，每日专于本院门下早暮会同干理。除军情无巨无细不时禀白外，一应报功解功、募兵调兵，或随宜赏不逾时者，若无稽考，恐有混乱遗忘、虚冒侵隐之弊。钱粮重务，此非首领等官所能胜任，是以委成二官即便置立文簿二扇，各掌其一，关防钤盖。但有自外开赏而进者，有自内径赏而出者，务要登时记录人银数目，其关领银两等项总撒①之数，则检校徐圭掌之。二官每五日一督同查对，各注"查明"二字，庶便完日总查，可免前弊。其自文到以前赏过人银，并行查明另报。俱毋违错未便。

①总撒之数：明细数目。总，总数；撒，细分。

檄文三十四

票仰检校徐圭即便遵照：以后每次赴府支领赏功银两、花红等项总数，本官登记簿内明白，先报委官丘通判、师通判知会，每五日将支销数目听督同查对，各注"查明"二字于簿。支销完日即报，另行支领，以便总核。毋违。

檄文三十五

为军务事。

该本院访得镇雄土兵先年调征都蛮，或乘势贪财，或因机受贿，阳称攻剿，阴肆交通，往往无功，反遭挫衄，深玩国法。姑记不究外，合行申谕。为此牌仰土舍陇清，即便传谕各兵知悉：今次务要痛除往弊，齐心奋勇，并力杀贼，报效朝廷，如奢兵到营数日即克凌霄，既行重赏，又与宴劳，准奏复官优待。本舍若能用心设谋，戮力捣寨，成功之日，一一照此。如或仍前纵容，包藏祸心，不遵明禁，日久无功，即系党贼，定行重处，决不轻贷。

特谕。

檄文三十六

为军务事。

据清军、守、巡三道呈议大征事宜，内开一议："游兵：水都四乡与山都蛮交界处所，应设兵防御，堵截交通。但路径丛杂，难以定处，合将新召募远近兵勇，除补足五大营前数外，多者通送主将临时差遣，往来策应"等因。为照大征时各营分扎已定，各相战守，各相应援，游兵却似可缓。近据兵巡道呈报："被三百余蛮从恶泪坎旧焚处齐起，将军丁赵万嘉等三名杀死。"若有游兵堤防，岂容既焚之处又任都蛮聚集？又访得各蛮雇令苗兵五六百名，在于得挖口地方扎寨，挑沟以待我兵。若有游兵巡警，岂容苗兵公然交通出入？兵贵万全，不宜疏漏如此。且攻破凌霄未死一卒，今无故杀死三军，成何纪律？为此牌仰该道官吏，即便会同总兵刘议设精勇游兵二枝，以枭将领之，仍令日逐往来两路，哨报贼情，有警策应。作速呈详，以凭施行。毋得迟缓，致弃前功未便。

檄文三十七

为军务事。

牌仰参将张泽，即行凌霄城防守把总吕崇舟、武举胡禄等，务要严督军兵，日夜加谨堤备。毋恃一胜，遂萌怠心。近如恶泪坎被焚之处，蛮贼复聚杀人，可为鉴戒。其以召兵更换，务将新兵选足并器械整齐，布置停当，接应周详，方许前去交替。行令旧兵回营，毋得零星更换，致有差错疏略。此乃该参地方责任，慎勿怠忽未便。

檄文三十八

为军务事。

照得先年大征九丝城，有巡抚营①在焉。今次虽设总镇，而进兵之时，军吏深入，冒冷阻，犯雾露，甚苦。本院独驻扎叙州府，不临行阵，非所以同苦乐而作勇敢也。为此票仰该道官吏，即便会同兵巡道，并行叙州府，将本院驻扎去处定拟具报，作速量为整理衙门，听候施行。毋得迟违未便。

①巡抚营：巡抚之营。巡抚躬临前线，驻扎营中。

檄文三十九

为酌议兵粮事。

照得四川三面濒夷，用兵乃其常事，如军兵日支一分四厘，土兵日支二分一厘，此系从来定规。自隆庆六年（1572）间，乃将土兵增为二分九厘，即今守隘之兵是已。今照大征所召土兵，已据司、道议允，仍旧二分一厘支给。该本院看得各该兵勇粮饷，若以坐守者反多，行攻者反少，甚无以激励人心，合行酌议。为此牌仰该道官吏，即便会同监军道并总兵刘酌议，应否将兵之劳逸称银之多寡，或一概照旧支给，或以支银多者出征。务要斟酌调停，以服人心，以一事体。作速议报，通详施行。毋得迟缓未便。

檄文四十

为军务事。

准贵州都御史蔡咨：准本院咨称云"烦议查照施行"等因，又称奢效忠辅智为乱等情。准此，又该本院行叙州府，差百户张汝昆赍文前赴毕节道，行坐镇官严加禁谕安国亨去后，今准前因，合再申禁。为此案仰该道官吏，即便摘咨内行禁一节，行与宣抚奢效忠遵照，止许选练精兵三万名，听文前来并力九丝，不得生事辅智构乱，滋患地方，致误征蛮大计，并弃前功且贻后害，罪有攸归未便。

檄文四十一

为军务事。

照得大征在迩，询访往弊，邻近土司因其世结姻亲，潜相党护，或助之力，或纵之逃，并通老人等暗行馈饷，及积猾棍徒出入捷径，贩卖茶盐诸物，因以传探事情，深为可恶，所当严禁。今照夔州府通判朱充先任珙县，稔知此弊，合行专委。为此牌仰本官照牌事理，即便亲诣彼处，细心察访前项奸弊，严行各县并堡隘官兵人等，设法擒拿解报。有功员役，同获奸细之功论赏。敢有玩视疏虞，及受贿纵容等弊，许本官指实呈报，以凭拿问，处治施行。毋得徇情雷同，致误军机，有负委托未便。

檄文四十二

为军务事。

照得调到堡隘召募汉、土军兵，每月应给粮饷，本院屡行依时放散。及刊发谕檄，每次令委官协同唱名给领，令受实惠。敢有沿袭故态侵扣者，斩。又各仓粮米，临时放散亦要严加查验，如有插和沙土等弊，即行重究。此则本院体恤军士，惟恐不得其所。今闻放粮一节仍属愆期，据坝底兵诉称，四十日未支行粮，此何故也？殊失本院初意，有违军令，合再姑行酌议。

为此牌仰该道官吏即便选委廉干知县二员，专理放散军士、召兵月粮，务将银两预于月终就令委官支领錾（zàn）凿①，逐名照数秤封停当；月初亲诣各堡隘处所，当面给领。又粮米于坐定仓口，委官眼同支放，庶使各兵得沾实惠。先行示谕知悉，作速议委官员详报施行，仍将以前稽迟情弊访报。毋得迟违未便。

①錾凿：用錾凿刻。錾，凿刻金石的工具。此谓用錾分割银子并且称重刻记，以便给赏分发。

檄文四十三

为军务事。

据监军道呈报官兵奋勇克破都都寨缘由到院。为照即今酷暑积雨之时，该道、镇暨各将领、官兵人等，乃能协忠宣力，冒险深入，克取强蛮大寨，劳绩殊多。及查先该官兵攻夺凌霄城，牌行叙州府动支花、段、宴待后，因各官出府议征未受，合仍照旧举行。为此，除获功官兵另行外，牌仰该府官吏即便查照单开数目，于军饷银内动支，差官用张鼓乐导送监军道，就于彼处设宴。该道与纪功道代本院陪总兵刘，并约郭总兵、张参将同宴，及曾同知另一席。又办二席，该道委官陪土舍陇清，以酬劳勚。完日，听该道呈报具支解过缘由缴牌。毋得迟违未便。

计开：

监军道抹金银花二枝，重二两，折段银十六两。

纪功道抹金银花二枝，重二两，折段银十六两。

刘总兵抹金银花二枝，重二两，折段银二十两。

郭总兵抹金银花二枝，重二两，折段银十六两。

张参将抹金银花二枝，重二两，折段银十四两。

同知曾可耕抹金银花二枝，重一两，折段银八两。

守备沈茂抹金银花二枝，重一两，折段银六两。

坐营指挥葛琼抹金银花二枝，重一两，折段银六两。

兵部委官孙镗抹金银花二枝，重一两，折段银六两。

土舍陇清抹金银花二枝，重二两，折段银八两。

檄文四十四

为军务事。

照得大军破凌霄城以三日，破都都寨以五日，擒斩虽多，俱非本院初意，不如招降以全蛮命为上策。即今各蛮不肯出降，又行潜遁，不过往水都及邻近长官司收留容隐，若不先行晓谕，恐连累良善，有伤太和。为此仰水都四乡并各长官司众夷知悉：遇有各蛮逃入者，尔等有三件好事当干，开列于后，依而行之，庶免后悔。若愚玩党护，交通窝藏，即今二十万汉、土大军以渐添集，尔等与妻子、亲戚思量，各要自保草命，不得养虎贻患，概速天诛。刀斧到颈，悔之晚矣。特此叮咛再示。计开：

一、收有逃蛮，及早引出投降。蛮免死，引出者重赏。

一、收有逃蛮，一面报知官军，听候处分。擒获之日重赏。

一、收有逃蛮，设法擒斩来献，除重赏外，仍与冠带，给牒荣身。

檄文四十五

为军务事。

照得都都寨冲锋阵亡、被伤人役，俱宜及时优恤，以励人心。为此票仰纪功道官吏即刻作速查明，分别议报，以凭重加优赏优恤施行。毋得迟延未便。

檄文四十六

为军务事。

照得官兵四面云集，所贵一举成功。然兵难遥度，除一应事宜先已刊布谕檄，遍发晓谕，并本院不日抚临戎、珙地方，亲督官兵进剿外，为此牌仰该道官吏会同该镇与各将官从长计议，画定方略，务要多方悬赏，以作士气，不时申令，以慑人心。如事势未便，则持重以待时；机会可乘，则进趋以取胜。各怀敌忾，共收全功。毋得迟疑疏缓，坐失机宜，致妨千百年大计未便。仍传谕各营知悉。毋违。

檄文四十七

为军务事。

照得本院动调大兵征讨，惟欲诛剿叛逆，安辑胁从，以广好生之仁。近见降夷阿大洗心归正，又将瞿得等草房烧毁，乃见实心报效，即系良民。除行叙州府动支十两银牌一面犒赏，该道仍给与免死旗一杆、牌一面执照外，又查阿熊幺与阿二至亲，今阿二执迷不悟，自取灭亡，仰熊幺勿得顾念亲情，务一心与阿大先行设法擒斩来献。尔等仍要协谋并力，用心干事。功成之日，一体奏闻朝廷，叙官重赏，决不食言。为此牌仰该道官吏即将发到银牌一面，用鼓乐迎给阿大收领，并给免死旗、牌执照，谆切晓谕与阿熊幺遵照施行。如有反覆不的，一概剿杀。毋得违错未便。

檄文四十八

为军务事。

照得各土司官兵奉调如期，具见忠顺。今大兵压境，九丝不日荡平，但恐破城之后，各目把人等私瞒土官，土官私瞒上司，或将擒获壮蛮暗地收留，或见各蛮危急之际，听其欺哄，不加防范，以致误事。不惟尽弃前功，且复轻陷大恶。合先申谕。为此牌仰该道官吏即刻行文晓谕土司、领兵官舍知悉：务要严禁部下目把人等，凡破城擒获壮蛮并投降夷蛮，俱要尽数报官，以凭照格重赏，题请超叙官职。敢有隐匿不报者，查访得出，虽有所获功次，不准叙录，仍行从重究罪不恕。

檄文四十九

为再谕纳降，以全蛮命事。

照得各寨胁从蛮党，已该本院三次晓谕，许以求生。又发白旗，准令投降。至今止阿大、罗万良等数十人来降，其余未见输款。今照大兵已齐，刻期进剿，玉石难分，死在旦夕。但本院仰体天地大德、朝廷至仁，首恶就诛，国法斯正。不忍概行诛戮，以干天和。合再开诚抚谕。为此牌仰监军道即再多方晓谕各寨夷蛮：只在此时早出投降，给以免死牌面执照，另与扎寨。事宁，仍旧安业，任守地方，妻子相守，安享太平。若更能报效，内应捣巢或擒斩俘献，一体照格重赏。如再狐疑，失此机会，竟为叛鬼，后悔无及。特此谆切再谕。其各军进攻之日，止许擒斩凶狠首恶，其老弱幼小之蛮，但许生擒，不许混斩。一并告诫。

檄文五十

为军务事。

照得戎蛮叛逆，稔恶多年。今日动调大众、钱粮以数十万计，目下连营合垒，扫荡有期。尔汉、土官兵，必能前洗六县生灵之愤冤，后开地方千百年之宁息，然后此举方为不负朝廷，功名俱垂于竹帛矣。如或有所疏漏而祸根未除，有所姑息而滋蔓犹在，但取了事一时，不顾隐忧他日，或奏报之后蛮恶潜萌略涉，惊动朝廷以片纸诘问，在诸将领及邻近土官何辞以对？恐罪不可测，美事不终，本院所深惧也。所当预行申戒。为此牌仰该道官吏即行该镇，晓谕各营将领、汉土等官兵遵照，务要鼓气作忠，一剿必期于尽绝。同心戮力万分，不蹈于欺瞒。敢行抗拒者立诛，情愿投降者必赦，老幼无知者别行安置，强梁稔恶者悉与芟锄。庶鬼神阴察其血诚，而升赏明彰，其报称矣。如其不然，朝廷之威灵不可轻犯，朝廷之恩典不可幸承。少有人心者，岂得不魂惊魄动，立俟大捷！不复多言，各毋违错未便。

檄文五十一

为军务事。

七月二十九日，据参将张泽呈报："委官驿丞董思明入营被贼捉虏"等因到院。除批行监军道参究外，看得参将部下拥兵万有余名，未见一功报称，今驿丞董思明入营，何故不发一兵护送？及致被虏之后，又不能并力截追，任贼执官，反捏虚词搪塞。将官如此，地方何赖！为此牌仰本官，即查所领万兵干理何事，因何不令护送，被虏之后又何不即督兵追敌，即今数日董思明作何下落？据实回报，以凭参究施行。毋得含糊迟延未便。

檄文五十二

为军务事。

节据委官知县张九思申报"麦易营粮运阻截"等因到院。除护送粮运已行监军、总镇、各营将领外，为照大兵既已内屯粮饷，不容迟缓，在分守下川南道职司集饷，在督粮道职司督饷，均有责任。及查先据布政司议呈分守川西道带管督粮道，已于七月十八日批行。今军务孔棘，若只候吏卷到日举行，何以济目前转输之急，殊可深虑。合行严催。为此牌仰该道官吏，即于初四日起程进营，将下川南道事务仍送沈参议在彼管理。该道一面举行督粮道事务，协同督催转运，共成大事。又查，贵州安总兵亦已到营，二道再一商议应否暂令护送粮运，毕日照原议入营协剿。此系紧急军务，毋得执一迟缓，致误军机未便。

檄文五十三

为军务事。

先据布、按、都三司呈议"督饷、监军、纪功官员，查得上川南道沈参议、下川南道李副使、屯盐道周金事，俱堪委任前项督饷、监军、纪功之责。如或五哨进兵，又查川西道王参政、下川东道①范副使、安绵道②李金事，俱合同前委用"等因到院。该本院批："都蛮荼毒六县，骚动四川，既数十年于此矣。有识寒心，征非得已。所赖诸司共为匡济，以期底定，非本院所能独任也。俱依拟作速举行。监军行李副使，营中督饷行王参政，催督粮运行沈参议，纪功行周佥事，其范副使、李佥事，候临期更用多贤之助"等因，批行该司通行遵照去后。今照官兵已入营垒进剿，粮饷至为紧急，合再申明严督。为此案仰该道官吏查照先、今并谕檄事理，即便随营驻扎，料理各营粮饷，上紧催督转运，并令各堡隘多拨军兵，往来护送各处堆积；民间粮米，行令经管员役及该堡官兵，用心防慎，以免他虞。放散之际，严加查验插和奸弊究罪。鱼、盐、姜、蒜等件，发运相近处所支给。各县堡隘并军前一应大小官员人等，如有奉行事务怠缓迟慢者，该道径自提究处治。应参究者，据法参呈施行，毋得姑息未便。

①下川东道：此谓分巡下川东兵备道，驻夔州府（今重庆奉节）。

②安绵道：整饬安绵兵备道。《明会典·镇戍》："安绵兵备一员，驻扎绵州（今四川绵阳）。整饬安绵石泉等处兵备，提督关堡，操练土兵民壮，兼督利州卫并保宁府官军民快。"

檄文五十四

为军务事。

据原任郭总兵禀称："应扎高寨、平寨二处及本职左二营共少兵一千五百六十余名，不敷战守。"开款到院。查得调到兵八万五千余名俱已发营，今郭总兵既称兵少，即应于监军道、总兵衙门会议通融拨用。且方今进剿之际，方才从容请兵，不知兵在何处，事体舛误若此，良可浩叹！及查石柱尚有报效兵二千三百名未到，除候催取，至日定以一千名发长宁护送军饷，其余查发外，为此牌仰该道官吏即刻会同该镇一面通融拨补，务要上紧进兵，捣巢克捷。蜀天秋雨乃其（当）[常]①事，成化三年成功尤是大雪，毋或拘于天晴，迁延日期，老师费财，上负朝廷，下负百姓未便。

①按："当"，应是"常"之讹。据文意改。

檄文五十五

为军务事。

该本院详虑数事，款开于后。计开：

一、查得成化年间都督李矿征九丝，天大雨雪；宋元丰四年（1081）征九姓①，无日不雨，自秋（阻）[徂]②冬。目今秋爽，气候温和，雨亦不大，正宜进剿。若或拘以天时，只待晴霁，必至老师费财，其计甚左。

一、蛮众鬼黠，九丝城上虽寨房数多，恐精壮者别行逃躲，而守寨房者乃被掳、老弱之辈。俟我兵攻上，既难获功，且恐各营冲劫，或突犯内地。俱当先事戒严，设法哨探，加谨堤备，以免他虞。

一、连营虽（以）[已]③扎定，不可无间谍往来以观虚实，从古用兵所急者。董思明抢进，今在何处，曾差人一晓谕否？定是何蛮抢去，作何处治？

一、各将官发营者多矣，今麦易运粮，却不得一官护运，以致失事。闲在一处，岂不拥肿！如无用者，可会同一一遣回，免挂名费粮，且如绊脚索。

一、阿大既降，就当信用他；何钰既坐寨，就当一心在里。今兵既临城，阿大如何报效，何钰如何运用？

一、九丝城攻破之后，须先查擒获恶蛮若干名，如有漏网者，速行搜山，务以获首恶为紧要。如首恶四散，虽搜获无名者，必不除祸根。此不可不预先定计。

一、石柱兵二千三百名，又于初四日差官催取，计目下可到。除定拨一千名于长宁县运粮，今郭总兵称该营高寨、平寨等处缺兵，合将其余通融拨用，分布周密，以收全胜。

一、毛坝、麦易、得挖地方，广远险阻，断非张参将一官能任。今安总兵将到，须预定前一处，以便应援。

①征九姓：宋将林广征讨归徙州（今四川古蔺）乌蛮乞弟，道经其地。

②按："徂"字，据文意改。

③按："已"字，据文意改。

檄文五十六

为军务事。

据永宁宣抚奢效忠申称："自统兵于二十三日到营，二十五日报称深沟子被蛮阻截粮运，并驿丞董思明不见下落，职即发兵追捕，至彼搜林，箭伤多蛮，斩首一颗。至初三日遣兵攻扎笔架山，透麦易连珠屯进，先奉颁布书册犒赏猪、羊、牛、酒等件，并长、珙二县，解运陈糙腐米，革正①乞发鲜洁粮米，添助人夫帮运并兵一万进营粮饷。麦易运粮道路由贾村、鸡冠岭，系戎县近地，乞行修理，若往毛坝转运耽延"等因到院。先该本院已行分守、督粮二道亲住长、珙二县，验运得挖、麦易粮米，并催发各项赏需去后。

今据前因，除批行外，为此牌仰宣抚奢效忠即便遵照：一要作速进扎麦易营，二要刻期直捣九丝，三要发兵搜山尽绝，四要拨兵接护粮运，并董思明作何追取，上紧飞报捷音，以凭重赏。本官仍将军中事情、进兵机宜不时详细具报，以慰本院至望。毋再迟缓不便。

①革正：革除，纠正。

檄文五十七

为军务事。

先该本院行委都司徐仁威统领资阳兵五百名，原任都司韩似甫统领召兵五百名，共为一营，屯扎毛坝，应援协剿。已行监军道转行该镇知会去后，及查徐都司见病罗计①，资阳兵见在总镇营，韩似甫不知见在何处。今照贵州安总兵，该本院分拨于得挖或麦易营领兵，本官素称骁勇，仍应添委本地将官一员，协谋行事，庶为妥贴，相应查处。为此牌仰该道官吏，即查毛坝营应否仍用徐、韩二将统兵扎守。如或不用，就将韩似甫改于得挖、麦易，随同安总兵领兵协剿。缘韩似甫旧掌泸州卫，熟知相近地里，又明爽有干决，不可不用。徐都司候病痊日，听该道、镇分发应用。若将得挖、麦易一带重地，止付张参将领奢兵一之枝，及安总兵虽付得挖，若无协理一将，通属误事。该道务将本院千虑一得之见，与该镇熟思而行之，不必别有更易，以致事体不一。果否相应？作速具报施行。毋得迟违未便。

①罗计：今珙县上罗镇。

檄文五十八

为军务事。

照得大兵俱已围扎九丝，<u>旦夕可收全捷</u>，但各县地方俱当先事戒严，合再申明。为此牌仰该道官吏即便督责高、珙、戎、长、庆、筠六县掌印、巡捕等官，整捌①地方兵、快人等，各将城池昼夜严加巡守。或有逃出零贼，就便设法擒斩，毋得漏网，惊动小民。不许怠忽疏虞，通取重究不恕。

①整捌：整顿。

檄文五十九

为军务事。

照得宣抚奢效忠密迩蛮害，本院采访众论，皆谓欲绝九丝祸根，非专任奢效忠不可，是以开心任之，既奏知朝廷，又数行褒奖。在该抚，先调兵一万，不数日克破凌霄，何其勇也！本院心甚喜之，已行报功，为后日升官张本矣。近又调到精兵三万有零，奋然有吞蛮之气，亦为可喜。乃今顿兵瞭远，不进麦易，旷日持久，其故安在？据申入营牛、酒及牛脯、姜、蒜等项，已催行解发；选锋五千应另悬赏，已发银牌五千面，又悬赏银二万两在外，其意固为地方，亦欲尔成功，使保你者不失言，使土官辈见得奢效忠知书达礼，本院待之不同，各感发而兴起也。今尔可自处于退缩，负本院之至意乎？麦易要地，系主将派定，军中但闻将军令，岂可违乎？其续调一万兵，只可待为搜山之用。若成功，还在此三万。不然，三万精兵且不敢动，又何以一万为哉！或勇于前而怯于后，或见其小而忘其大，甚为尔不取也。即今天道晴霁，钱粮渐次运进。选锋上阵时，即将银牌赏之，便速报总镇及监军衙门，说你奢效忠愿早干事，传知各营，一齐奋勇，尔岂不留此美名。若宣慰之升，本院已为尔任之，其重赏不论也。尔自可失机会，拥兵三万与调数千兵者一概委靡乎？蛮则何亲，百姓何雠？譬如你宣抚地方被害，本院不救你，你心下何如？不可不深思以为子孙长久之计。功在旦夕，本院只晓谕此一番，再不多示。除牌发奢效忠外，合行知会。为此牌仰该道官吏，即便查照施行。

檄文六十

为军务事。

照得大兵十万深入蛮巢，或宿食失宜，或水土不服，或堤防格斗、伤力残身，病症多端，辛苦异状，合用药饵多方疗治。为此牌仰该道官吏即行各营，委官速查前发药饵有无足备，医生有无足用？如或不敷，作速再行添买取发。谕令医生，务要随营用心依方疗治，毋令失所。及有失所者，委官亲为抚恤，以慰群情。如或苟且虚应，就便查究施行，毋得迟违未便。

檄文六十一

为照兵粮俱足，诸将逗留，仅御一万之丑蛮，如敌十万之强虏，既不并力齐上，又无偏师直冲，借口标弩、木石之多，全无批亢捣虚之策。未尝得一贼首，先已抢去驿丞。往来之暗路尚多，柴米之潜通不少。阿二既在城上，如何得入鸡冠？阿大既已投降，如何又容叛贼？任狐鼠之纵横，若罔知见；拥貔貅（pí xiū）而观望，何等心肠！以此畏首畏尾之为，岂是多算多胜之道。该道监督军务，兵巡地方，责任匪轻，缄默非计。如或事体竟难逆料，何不明白声言？老师费财，罪将谁诿。毋得再迟未便。

檄文六十二

为军务事。

照得大兵十万围困一万之蛮，营垒珠连，将士霆奋，此时贵在先登，直捣巢穴为上。为此牌仰各营官兵知悉：如主将刻期已定，有能督兵奋勇先破九丝者，不拘擒斩多寡，为第一功，多给悬赏银两；其续上九丝获功多者，为第二功，量给悬赏；其在城下获功者，为第三功，止计功给赏，不许滥给。即今各营分布信地已定，若有防御疏缓，纵贼逃遁，或贼于分扎地方突出为害，该营官即以纵贼出境杀虏良民重究。

特此叮咛通谕，各毋违错。

檄文六十三

为军务事。

该本院查得永川县典史张维城，原委分理麦易营事务。本官一向托故避难，至今竟不到营，向系广元县典史蔡永芳、江安县典史何就云在营代收。除已将张维城锁拿究问外，看得二官一以押夫入营，一以分委毛坝，乃不分彼此经理，克济军务，合先行奖。为此牌仰该道官吏即于该营赏需银内动支六两，分给二官亲领，以旌任事。仍行监军、督粮二道并各营大小委官知会施行，具行奖过缘由缴牌。毋得违错未便。

檄文六十四

照得本院钦承帝命，协同总兵刘大征都蛮，所有军令五条，开示于后。计开：

一、自都指挥而下，不用命者，拿赴军前处斩。土官自四品以下同。

一、调到汉、土官兵，悉听军门及主将号令，刻定日时犄角夹攻，并力齐进。如有先后观望、坐视不援者，领兵官俱斩。

一、大兵四面攻围，各有分定信地，如有疏虞及纵令潜逃者，悉照军法重处。

一、破城之后，有不禀明本院、主将私自散回者，领兵官处斩。

一、官兵先破九丝者为第一功，续上九丝者为第二功，城下获功者为第三功，其悬赏银两照前牌给。

檄文六十五

牌问奢效忠：你父子同来，领兵将近五万，就不用别项官军，单剿都蛮亦已足用。乃今延迟一月之外，你兵常有损伤，尚不一鼓登城，其故安在？若能先登，升你宣慰已在本院，荡平九丝银三万两已在营中。你说选过先锋五千名，又经另置有银牌五千面，升赏如此，你再何所待？前以一万兵三日破凌霄，今不能以五万兵一月破九丝乎？国家与你曾否有恩，都蛮与你曾否有雠，其中有何缘故？或有人阻当你，或都蛮强盛，你兵难以动手，可即刻明白说来，再不得含糊观望，误我大计。朝廷法度森严，本院以至诚待你，各土官在傍看著你。你今日作何定计，早早具报。

特此示谕。

檄文六十六

为怜悯分豁①，乞救苏生残命事。

据温江县知县沈植、宜宾县知县许一德呈奉本院批："据长宁县民胡勋诉前事，并奉白牌发下生擒阿后到职，会审得：罗受即胡正受，长宁县人，隆庆五年内被阿大等出劫掳进，卖与母猪寨阿老，改名阿后。元年八月内，阿老引正受并约母猪寨同伙阿蕴等百十人，到九丝城下割谷。适遇奢兵前来，正受同阿蕴见系官兵，喊叫'我系汉人，不要杀我'等语，各兵因先奉都爷明文不许妄杀汉人冒功，当将正受、阿蕴生擒转解。又细审正受，执称'官兵已到九丝城下，内有小路一条，向未扎守。阿老等众蛮投降之后，失记月日，带令正受并不知蛮姓多人于鸡鸣时送米上九丝城，昏黑下山。正受往还三次，其余每人约挑净米二斗，不计次数'。又称'母猪寨多蛮，常将一半住寨看守，一半暗上九丝城助蛮与官兵敌阵，各带大刀一把、弩一张、箭一篓、标三四枝，到晚见兵散下山'。又执［称］② '九丝蛮寨俱在中央，每遇官兵打阵，各蛮摆列沿边崖上敌打，寨内止是蛮妇守寨。时已柴草将尽，见今各蛮并居，拆屋煮饭，蛮妇埋怨，各蛮商量米粮止够一月，待尽敌不过时，只拼死守着铜鼓，一命抵命'等情，合无将胡正受给伊伯父胡勋收领当差"等因到院。除行给领外，缘系军中机宜，合行知会。为此牌仰该道官吏即便严禁降蛮交通，催督各营官兵并力尽剿，登城之后，务要发兵搜剿种孽，以收全功，施行毋得疏怠迟缓未便。

①分豁：开脱。
②按："称"字，据文意补。

檄文六十七

为军务事。

云除牌发示谕外，今奢效忠等兵系该参管辖，合行查报。为此牌仰参将张泽即查奢效忠何故延迟不即登城，该参曾否催督，近日九丝蛮情如何，今主将作何筹算，各营作何协谋，的于何日并力齐攻？——详细具揭报来。以凭施行。毋迟未便。

檄文六十八

为军务事。

据高县申报："八月二十九日，据打手阿钟伏等在于苏滩哨探拿获细作阿圤供称：'二十五日同阿把等四人，由鸡冠岭、小落明①番箐，由后山隘过罗星渡，阿把往长宁县，阿舟往筠连县，一个往珙县，阿圤由高县探听兵马、粮草消息回信，及要探有无过往官员要行抢进'"等因到院。看得各县掌印官并未见设法擒捕奸细一人，可愧可恨。今据供报前因，合行严拿。为此牌仰该县官吏即便责拨兵勇人等，于合通夷要路昼夜加谨截伏，并严加擒拿前项奸细，限三日内解院审究施行。如违，提官锁吏。毋得疏虞迟缓取罪不便。

①小落明：在今珙县曹营镇鹿鸣社区境，地名小鹿鸣。

檄文六十九

为军务事。

该本院访得九丝城被掳良民甚多，目今大兵围扎，惧恐官兵妄杀，以致进退无门。若不先行招谕归还，未免横罹锋刃。合行下令再示生路。为此牌仰该道官吏即用火牌数面，大书"汉人先出"字样，或差通老赍牌前去宣谕，或于经行路口插立，委官监守。但有投出汉人，不许暗行乱杀，就便押赴营中亲审明白，解赴本院发落。该道仍行各营将领、官兵知会，毋得故违，希图功赏。查出，问拟抵命不恕。

檄文七十

为军务事。

先该本院谕檄官将：如有各蛮真降者，须是送当妻、子，立有擒斩之功，方许准降。间有踪迹狐疑、不系真降者，就便立诛。又该本院先审被掳王正朝，执称各贼临时势穷，将掳去汉人或斩或擒，送出搪抵等情，俱经通行申谕去后。近访各该降蛮，俱将被掳良民投献首级，塞责纳款，尤为狡诈可恨。合再申饬。为此牌仰该道官吏即便传谕统兵官遵照：凡有各蛮悔罪投降，务要先将妻、子送出，生擒真正首恶解献，方准投降。不许仍将被掳之人欺哄官兵，诡计偷生。若官兵以此报功，不准首级①，仍以妄杀平民治罪。

①不准首级：不能作为斩获敌人首级的依据。

卷之七　公移

檄文七十一

为军务事。

据天全土妇马氏领兵一千名到院，及查近据监军道禀称："张参将数称麦易疏空，恐贼由顶冠山出犯长、戎，乞发兵扎守"等因，除拨发前去外，合行知会。为此牌仰该道官吏即便行令参将张泽，统领前兵押发顶冠山屯扎进剿。仍听该道、镇随便调度策应，并行分守道照例支粮施行。毋得违错未便。

檄文七十二

为军务事。

照得大兵已集，利在并力齐攻。目今迁延不进，甚属非计。除本院不日抚临躬督外，为此牌仰监军道即便会同该镇及督同文武将吏，乘时奋勇直捣九丝。蛮既就俘，即选委精兵一营，扎定城上。然后分遣各将搜剿箐林，务在首恶尽除，不许杀降，不许杀老弱、妇女、幼男。务体此意，如有临阵退缩、傍观逗遛及妄行杀戮者，就便据军法正罪枭示，毋迟毋错。

檄文七十三

为军务事。

看得大兵征蛮只诛首恶。今阿大已降，待以不死，惟阿二欺心逆理，尚据九丝。方三系高县百姓，亦敢党叛肆恶，不知死活。虽釜底游鱼，立见（靡）［糜］①烂，俱带累各蛮甚多，殊可怜悯。为此牌仰监军道即差晓事有行止通老，持牌谕蛮：或早将阿二、方三擒斩送下，即免屠城；或下来引兵上城，共擒二贼；或早求生路，赴院赴降。如再迟疑，一体剿绝。

①按："靡"字显误，径改。

檄文七十四

为军务事。

票仰监军道官吏即令通老黎朝佩、黎朝冠领降夷阿大、罗万良、阿略并降蛮中有情愿报效者，俱令同到庆符县投见，听本院分付发营，立功超叙。如或阿大在营杀贼，即令伊男赴见。毋违。

檄文七十五

为军务事。

照得九丝叛蛮，在昔俱是戎县百姓，一向不知朝廷法度，虏杀官民，攻劫城堡。今奉将天威，特行征讨，尚望蛮能悔祸，示以求生之门。乃今大兵压境，犹敢婴城抗拒，又且恣横无忌，虏我驿丞，杀我粮夫及我土兵，是蛮蠢终无悔祸之日矣。除已降如罗万良、阿大、阿略等行议题授长官司，以示优容外，其余叛恶，合行申令各营力行尽剿。为此示仰大小官兵人等知悉：如九丝城上都蛮一月不灭，围困一月；一年不灭，围困一年！各汉、土官兵，各皆奋勇抒忠，坚心竭力，务捣猿猱之穴，必诛豺豕之群，使首恶如阿二、方三等悉行擒斩，以收全功。班师之日，将领升赏，军兵重加犒劳。各宜报答朝廷，自求恩赉。毋失机宜。

特示。

檄文七十六

为军务事。

牌仰镇雄府土舍陇清，即将领到各兵听该道、总兵衙门分发得二、得罗屯扎，遵令进止，奋勇杀贼。本舍务宜赤心图报，鼓舞各兵，协力用命，尽收首恶，以膺殊赏，以凭优叙。即今分扎信地已定，毋令各兵交通纵贼往来，致有疏虞及观望逗遛，违误军机，有负效用，通干军法不便。

檄文七十七

为军务事。

照得调到汉、土官兵十三万有零，必有肯为先锋攻上九丝为第一功者。各营悬赏银或一万两或二万两，正为先锋而设，若能攻上者，即当以此银赏之。恐各兵观望，未有凭据，反致误事。今本院与总镇及监军道共画押一牌，传取各营结状，如有情愿认为先锋攻上九丝者，即具结画押呈来，以凭会同分调策应。其愿为策应者，不必具结，但听总镇调遣。各毋迟延，又有所推诿，自干天宪，神明殄之。

檄文七十八

为军务事。

准总兵刘显手本，及据郭总兵揭帖禀称："奉主将密令，初一、初二、初三，不分晴雨，并力齐攻，三日后另作别计。"随据监军道禀称："初一日，总镇刘攻上二层崖[①]，郭总兵攻上二包坡[②]。"此见号令一出，即有效验，并攻之力，尤不可诬。但三日后不知更作何计，合再督励。为此牌仰该道官吏即行各营领兵官知悉：目下天雨，昼夜当防。一待天晴，务要同心协力，整齐行阵，精选冲锋，刻定日时并力齐攻。一鼓一炮，进则齐进；一钲一梆，止则齐止[③]。如有黑夜攻袭，亦必八面应援。奋勇先登者，即时给以重赏；临阵退缩者，即以军法斩首。各营将官不奉令者，据实参呈施行。毋得延缓观望及坐视不行策应，致误事机，罪有攸归未便。

①二层崖：今九丝城镇长官田村二等崖。
②二包坡：在今九丝城镇黑帽营下方。
③"一鼓一炮"句：古代军队进攻，则击鼓、鸣炮为号。敲梆鸣锣，则收兵停止进攻。钲，铜锣；梆，即铎，习呼梆子。

檄文七十九

为军务事。

访得叛蛮阿二往来阿大处设谋，俱由郭总兵信地出入。今本官所领兵数不为不少，何故逗遛不进？况陇清兵当时原未作数①，即使未到，亦当过河②扎营，待到日分拨。岂得拥兵观望，不加堤防？为此牌仰该道官吏即便行问郭总兵何故不行过河屯扎，坐待陇兵延缓？即今狡贼往来设谋，又何不即拨兵把截要路？明白速报，以凭施行。毋得迟缓未便。

①作数：计算在额定兵员数额之内。

②河：指今毓秀河，源于九丝城填毓秀社区山间溶洞，南流，经九丝城与鸡冠岭之间。河西为内官寨，河东为九丝城。下流，入建武河，再入邓家河，汇入南广河而通大江。

檄文八十

为军务事。

照得九丝原议悬赏银三万两，以先破城者为第一功，多给悬赏；续上九丝者为第二功，量给悬赏；其在城下获功者为第三功，不给悬赏。斟酌已当。又查《赏功事例》，每颗定银十两。今照前项，叛蛮若有官兵一枝冲上，蛮即四面奔逃，其在城下获功者实藉城上之力，合行分别查给。为此牌仰该道官吏即行各营官兵知悉：如有先登九丝者，除悬赏照前分给并官员以首功论叙外，其军兵人等，如在城上有功者，照例每颗十两全给；如破城之后不得功级，许将城下获功者应给银两均分。如城上量有功次者，听该道临时酌给。庶赏劝均平，人思奋勇。毋得迟违未便。

檄文八十一

为军务事。

访得九丝叛蛮围困已急，多有偷路从天蓬六寨①洪岩②落下逃去者，此一路系往镇雄地方。今陇清奋勇，以四万五千兵报效，忠矣。若使十兵擒一逃蛮，即可擒四千余蛮。不然，兵来虽多，蛮自向彼地方逃去，此前门驱狼，后门走虎，非陇清之责乎？识得紧关去处，不费许多力气，密切牢（计）［记］③施行，不许怠忽贻悔。为此牌仰土舍陇清即便遵照毋迟。

①天蓬六寨：今云南威信县旧城镇天蓬村。
②洪岩：即红崖。
③按："计"字，据文意改作"记"。

檄文八十二

为军务事。

照得山都叛蛮恶贯满盈。虽经已破巢穴，但尚多逃入水都四乡容留藏匿，甚为可恨。未忍多诛，姑行切责投献。为此牌仰监军道即便选差通老，赍执火牌前去水都四乡晓谕各蛮知悉：务将收留山都恶蛮，即时擒绑送官，乃见真心向化，仍行犒赏。若仍前党庇，不即送出，或将被掳汉人斩级塞责者，定行发兵一并剿灭。毋得执迷，自贻后悔。

特此示谕。

檄文八十三

为军务事。

照得本院拟登临九丝议处善后，据道、镇节称："搜捕余寇未绝，道路未及开通，不便驻扎。"除另行外，但母猪寨系是郭总兵招降及分定信地，责任独专，不容推诿，目今奏报亦难再缓。及照官兵连次攻战劳苦，所据九丝赏功银两，合先给散，并行清军、分守二道前来集议善后事宜外，为此案仰该道官吏即便会同二道，在营集思广益，殚虑悉心，濡忍胼胝之劳，宁耐雾露之苦，商确停妥，拟议详明，会呈两院。庶上可以奏报朝廷，下可以永安百姓。大征之举不负，而共事之功不朽矣。其应该悬赏银两，该道分别已为不爽，就便会同分散。有不遵依，即便晓谕：九丝悬赏三万两以荡平而言，非为冲锋。各营悬赏银不等，以冲锋而言，非为荡平。即今何营冲锋，果否荡平，自有节行牌案及该道临时躬核可据。其各营已前动过悬赏银，俱当以主将一营为例，其余多动者，要见有无与功相当。即今母猪寨，在各蛮有俯首听命之心，在各将怀有挟而求之意，应该作何惩治？其奢效忠委邵明邦等坐镇落武等处，都蛮作何下落？俱听该道便宜，径自会同施行。汉、土官军有颓惰观望、误事藏奸者，即便拿赴旗牌前处斩示众。母猪寨既破，应否各将分任搜山，遵旨务期尽绝。又各乡漏匿残蛮，该道应否出给火牌招出安插？俱毋违错未便。

檄文八十四

为销算冲锋银两，辩明心迹事。

据原任郭总兵禀称："据把总吕崇舟、徐轲、刘汝悌等禀：'蒙总镇分散悬赏银三万两，云除将今给银三百两缴回，仍欠五百三十五两，愿以擒获首恶功次扣对还官'"等因到院。看得本官用费银两虽多，但其始扎蛮寨腹心，继登尖峰险地，若非重赏诱降，鼓舞兵士，何以致收全功？据其所获功次，已在千百之外，似难与各营概论。且地方善后事宜刘镇经略既定之后，非本官谁可代者！况此番本官协心并力，忠勇难诬，相应酌处。为此案仰该道官吏照案事理，即将郭总兵应追悬赏银八百余两，会同该镇酌量彼时事势，应否准与开销，再一议报，以凭施行。毋得迟错未便。

檄文八十五

为军务事。

照得各司土官平蛮收功，本拟于叙府宴待之外，另加犒赏酬劳。近据西阳宣抚冉维屏呈称："当即赴府参谒，但恐各兵无人钤束，致有骚扰"缘由到院。批免前来，及行叙州府通将各司官舍花段、宴席解营给领外，看得宣抚冉维屏、马斗斛奉调不避炎暄，文移每见恭慎，督兵奋勇直前，遂致大收全功，具见抒忠报国。本院深所赏爱，合行特加优奖。为此牌仰该道官吏照牌事理，即查后开给赏各司官舍银牌、字匾、花段等项，于重庆府动支官银制造，候过府给领，取印信领状呈缴并支过银数报查。如各土官在途不加钤束，兵有骚扰者不许支给，仍从重参究并功次除革，毋得违错未便。

除行兵巡上川东道于重庆府造牌置匾，特加重奖及候具题优叙，并差旗牌官秦松、宋镇擎捧令旗、令牌督押外，牌仰宣抚冉维屏即将后开银牌、字匾、花段到府照数收领。本官沿途务要申明军令，严令目把人等，约束各兵，照依编定号数，通融坐船衔枚而去。不许毫发骚扰，倚强多占船只，辱激职官、百姓，及擅动民间一草一木。庶上不负本院优待，下不失本官初心。如有故违，前功尽弃，定行从重参拿不贷。

计开：

给赏宣抚冉维屏银牌二面，重二十两；"抒忠奋勇，平定都蛮"字匾一面；银花二枝、纻丝二匹。花段共折银八两。

石柱宣抚马斗斛"忠勇平蛮"字匾，平茶官舍杨正崇"忠勇先登"字匾。赏同前数。

邑梅长官杨通承银牌一面，重二十两；"尽忠平蛮"字匾一面；银花二枝、纻丝二匹。花段共折银六两。石耶土舍杨正魁、石柱土舍马邦文同。

檄文八十六

为军务事。

据监军道呈详："九丝地方各处险寨俱已荡平，所据西阳、石柱、平茶、邑梅、石耶、天全等处土兵请乞班师"等因到院。相应准从犒赏发回。为此牌仰旗牌官即便擎捧令旗、令牌，督同原押指挥、千、百户等官并各土官、目把人等，严谕各兵支领行粮、犒赏明白。沿途遵守纪律，不许生事骚扰及擅动民间一草一木。违者，轻则捆打、割耳，重则绑赴旗牌前斩首示众。监军道仍预期宣谕知悉，本官押至江安县，与原差旗牌官交押明白，方许回销。毋得姑纵，通取罪究不贷。

军门示谕：官兵有犯令者，即绑赴旗牌前斩首。毋违。

檄文八十七

为军务事。

照得落武、落拗等处蛮孽，原系宣抚奢效忠收降，今九丝平后一月，何不早出投生，尚敢潜箐悖逆，以致道路尤未疏通。此乃本官经手责任，若或止以招抚塞责，漫无下落，将来略有惊扰，本官不惟独当其罪，抑且尽弃前功。蛮心难测，国法难容。合行督责。为此牌仰宣抚奢效忠即查落武、落拗等处蛮党，若系招降，须要主将呈认，并取本官自认印信甘结、各头目不致贻患结状，一面申报本院，一面申报道、镇会同酌处。若本官不敢担当具结，亦要声说明白速报，以凭处治施行。毋得含糊延缓，自贻后悔未便。

檄文八十八

为军务事。

先该本院遣发火牌行道、镇督率文武将吏攻克九丝之后，选委精兵扎定并已降（jiàng）设官外，余即分遣官兵搜剿箐林，务在尽除首恶去后，合再申饬，并颁悬赏。为此牌仰该道官吏即便会同该镇示谕各营官兵知悉：俱要奋勇并力，破城之后，听该镇拨定精兵扎守，其余将领、官员，务要鼓作军兵，悉将奔逃首恶分头搜捕尽绝。除功级银照格给赏，另以每一百名颗悬赏银二百两，陆续预先呈请支发。仍禁不许杀降，并妄杀老幼男妇冒功搪塞。如九丝平后，敢有不奉本院及道、镇衙门号令先回者，该管官员所获功次尽行勾除，仍究罪不恕。

檄文八十九

为军务事。

据监军道禀称："总镇刘差降蛮阿惹等入山哨探，亲见阿大等二三十蛮潜藏在林。该镇称，母猪寨事完即可搜获"等因。又准该镇书称："万山深箐，难搜尽绝，即土兵纷纷禀告班师，目今大功已成，余党只宜开恩招抚"等因，各到院。看得擒贼先擒王乃为胜算，今余孽虽经擒斩颇多，至于阿大、阿二、方三系节题本内首恶，称王倡乱，荼毒生灵，乃神人所共愤者，三人俱逃，将来贼情反覆，不免欺君罔众之罪。此本院与该道、镇身任其责，不得不为深长虑也。为此案仰该道官吏即便会同该镇，从长熟计，务将贼首三名擒斩，方为全功。其余党孽，姑听该道、镇会同诸将议处安插。如欲即为班师，日后作何计策、作何处置可保再不叛乱？且班师之后，镇守之责仍在主将，分守之责仍在各将，缘不奉明旨定夺，谁敢轻脱干系！若果议设衙门、议设官军，犬牙相制，轲角相维，各得要领，然后可以不虑余党，且得长治久安。案到，即议明白速报。土兵应发回者，陆续限以日期，不宜并发。仍行预报，以凭差官督押施行。各毋含糊迟延未便。

檄文九十

为军务事。

照得平蛮善后，先该本院通行道、镇等衙门集议及牌行首清疆界去后，今照目前经理，如清界限、勘田土、修城池、建衙门、立墩堡、开道路，并定军数以便防御，分约束以严责成，皆不容一日迟缓者。若候并议呈详，未免延误。及专委小官干理，终难济事，相应摘行议处。为此牌仰该道官吏即日会同分守道并总镇衙门及郭总兵、张参将，先将前列数事上紧从长熟议停妥，分定各将官管理，庶有专责。作速具报，以凭施行。其各项未尽事宜，不妨陆续议详。毋得迟缓未便。

檄文九十一

为军务事。

照得防守官兵已有定数，各仓粮米积贮数多，合先酌处。为此牌仰该道官吏即便会同兵巡下川南道并前带管分守上川南道及各将官面议，前项粮米某仓实在若干，今坐支官军若干，各兵是否仍照旧例月支四斗五升照数存留备仓，其多余之数应当作何处置，并应否赈给六县被害人民，免致腐烂，无益实用。速议明白，具由通详，以凭施行。毋得迟缓未便。

檄文九十二

为军务事。

据监军道禀称："各土司官兵赴府领宴，但虑兵见无主，定多放肆。乞将宴席、花段解营宴赏"等因到院。甚为有见，合行支发。为此牌仰该府官吏即将酉阳宣抚冉维屏、石柱宣抚马斗斛、平茶官舍杨正崇、邑梅长官杨通承、石耶土舍杨正魁、石柱土舍马邦文各宴席、花段银两，俱星夜差人解送监军道给领施行。其天全土妇马氏、土舍高恒、杨万盛，候过府径给。具数目报查。毋迟时刻未便。

檄文九十三

为军务事。

先该本院牌行宣抚奢效忠查落武、落拗等处蛮党，若系招降，须要主将承认，并取本官自认印信甘结及各头目结状，申报酌处去后，延今日久未据回报。看得前项地方，系是参将管辖信地，合行督责议处。为此牌仰参将张泽即便查问奢效忠，原招落武等处叛蛮既奉本院牌行，如何不速回报，目今应当作何处治，可免贻害地方？速赴监军该道并主将处商议停当，上紧具报，以凭施行。毋得含糊苟且，为小失大，自干法典不恕。

檄文九十四

为军务事。

照得地方荡平，班师伊迩，所据各仓粮米积贮数多，合行酌处以免浥烂。为此，除已支销者另行清查外，牌仰该道官吏即便速委能干官员，亲诣各县各仓，将收贮粮米逐一分别上、中、下等则，将上等者责令经手人役如法守支。中等、下等者应该作何处置？速议通详，以凭施行。毋得迟违未便。

檄文九十五

为军务事。

照得地方荡平，各处山寨宜更定美名，以新耳目。为此牌仰该道官吏照牌事理，即将九丝城改名平蛮城，印霸山改名文印山，内官寨改名武宁山，吊猴山改名降蛮山，鸡冠岭改名金鸡岭，凌霄城改名拱极城，黄土坡改名荡蛮坡。其余应改者，该道径自定改，速令匠作各于本山、寨高处，或磨岩、或勒石，大书题写明白。通行晓谕，遵照施行。俱毋违错取罪未便。

檄文九十六

为军务事。

照得驿丞董思明奉委军前被贼执去，今九丝荡平已久，竟无下落，殊可悯恤，合行议处。为此牌仰该道官吏即便查议，本官应该作何优恤，并有无家口在驿，照例请给，应付还乡。仍于叙功文内一并议录，具由通详施行。毋得迟违未便。

檄文九十七

为军务事。

据布政司、清军道禀称："叙州府收监叛蛮放火反狱，今俱杀死禁中。但城守空虚，请乞查发官兵防守"等因到院。看得擒获都蛮本系豺虎，昨乃先行枭示，正恐生奸。然犹未忍一时概诛，不意兽心叵测，幸有该道弹压彼中，旋从扑灭，实为天速其亡。为此牌仰该道官吏即将差官赍到令旗、令牌便宜从事，除已登时杀死都蛮，一面行府清查明白回报，其余在监及续解投到生擒应解省者，作速差官牢固解省。应处决者，即便委通判丘梁、知县许一德审明，陆续处决。其纪功道文书，即赴该道投收拆看，径自施行。应变卖者，行府、县照前票行。又该府掌印官另候明文，方许入山。今发指挥丘承业回府，督同叙南卫千户顾节、葛应武并取到瞿塘卫①镇抚仝一本、于继勋，严令将发来军余②四十名及该府见有打手二百名并地方人夫等项协同领管，严令昼夜加谨巡逻护守。应用押解赴省官员，即选择镇抚一员管解。以后在山生擒，本院另行纪功道，止解候抚临处治。俱毋违错未便。

①瞿塘卫：驻今重庆奉节。
②军余：军户余丁。明制，军人编为军籍，世代为军，父死子继。军户人家，除以一丁（成年男子）为军（称为正丁）之外，其余男丁皆为"军余"，接受卫所差遣。

檄文九十八

为军务事。

据督粮、守、巡下川南三道呈奉本院钧牌①："照得各处土司官兵，各卫县军兵、乡勇等项前来征剿叛蛮，今已收功，所据事宁之后例应犒赏发回，合行酌议。仰道会同督粮、监军二道查议，云各得实惠矣"等因到院。该本院批："银两行叙州府解发，余如议施行。其永宁，只除得挖外，闻亦不必经长宁，自有径路。可再一速议，以凭号令。此缴。曾可耕将入觐，以袁邦彦代之。"批行去后，合行支发。为此案仰该府官吏照案事理，即于军饷银两动支四千两，差官分解。内将一千三百两发长宁县，听委官成都府通判袁邦彦、荣县知县张九思专驻长宁县支散。又将一千三百两发珙县，听邛州知州赵方立、洪雅县知县王之绪，专驻珙县支散。又将一千两解交委官同知容朝望、知县张联奎，犒赏镇雄土兵。又将四百两解交经历王慎、判官胡若水，犒赏永宁分扎得挖羿兵。各候班师之日给赏，完日造册缴报。余剩银两解还府库施行。俱毋违错未便。

①钧牌：对长官令牌的敬称。

檄文九十九

为军务事。

照得各小寨既破，余贼逃匿者亦皆无名小蛮，即如该镇议行安抚，盖杀伐之后，略施恩泽亦自无妨。但今日大征专为阿大、阿二、方三，三酋已获，即可完事。三酋未获，何必另议用兵。"豺狼当道，安问狐狸！"舍有名之大恶，求无名之小恶，不忧网漏渠魁，却忧妄杀良善，谚云"抓沙抵水，亦见其不智矣"。为此牌仰该道官吏照依先今案内事理，即便会同该镇，一面设法购求三贼，一面相度地势设立衙门，一面议散土兵。分定期限，俱先行具报，以凭施行。此外非本院所与知矣。俱毋违错未便。

檄文一百

为擒获蛮王事。

据四川布按二司、清军、守、巡下川南三道呈："据官兵吴鲸等生擒蛮王阿二解院，查审明实，合发收监。"为此牌仰该司官吏照牌事理，即将发下首恶阿二牢固肘镣监候，遵听具题明文施行。司狱官吏干系不细，务要日夜经心防守供养，毋得疏忽致毙，自取究重不便。

檄文一百零一

为军务事。

据经历王慎呈报："准宣抚奢效忠手本，九月二十六七日，发兵尽将落武、落拗蛮寨攻打，焚烧各蛮吊猴岩囤上。本职搜山，擒斩功级七十二名颗"等因到院。看得吊猴与落武、落拗原不相干，若效忠行剿，必由主将；效忠得功，必报监军。今道、镇并无一字，止关行经历具申，此申何据？中间必有隐情，殊违法纪。况前蛮赴永宁投降之时，及效忠许降之后，本院屡诘其何不开报，及行问参将，回称"有计在后"。审问差来目把，亦禀云"待后区处"。又访本官同抚夷官邵明邦将叛恶阿赛、阿黑、阿贡、阿闹、阿介、阿留、阿长、阿瓮、阿打招抚在身，未见下落。今效忠既于前地漫不分明，却将吊猴岩之功抵坐落武、落拗。且此地二千余蛮，岂是七十余功可以搪塞？若非市恩养乱，必是受贿容奸。岂惟孤负本院优待之初情，且复干犯朝廷森严之重辟。本等之爵土可惜，分外之升赏不轻。为此牌仰该道官吏即查落武、落拗、得挖等处，如已经停妥，便速行具报。若尚犹豫未克，上紧会同该镇议处，并问奢效忠因何辄将此功搪塞及阿赛等作何下落，火速查明。文到即报，毋再迟缓未便。

檄文一百零二

为军务事。

节据监军道禀称："各险寨俱下，首恶就擒，一时平静，地方幸甚。"及称"散漫余贼，该总镇刘执称蛮势已穷，急之必四散及贻后害，缓之当自来，徐有所处。该镇愿以地方大事尽付与他，决保无虞。"又称"土兵势不可留，议定十八九日撤兵省饷"等因到院。看得险寨尽破，蛮首已擒，土兵议散决不可留，搜捕太急又属无益，该镇既以身任其事，决保后日无虞，相应准从随便经理。为此牌仰该道官吏即将营中应撤、应留官兵俱听议定日期分发。但该镇急当刻日大建总镇衙门黄土、内官等处驻扎，以便弹压，并暂设四堡于九丝城、都都寨、印把山、鸡冠岭，分兵防御。然后次第经略别项。若或（彻）［撤］①兵之后又出上罗计旧处驻扎，本院决不敢保，该道亦不敢保，须取该镇手本的确回报，以便具题。事干重大军情，务须慎终如始。毋得含糊轻易，以贻后悔未便。

①按："撤"字，据文意改。

檄文一百零三

为军务事。

查得九丝地方既已扫荡，所有东、西、南、北地界，正宜及时清查，以便安置防御。为此牌仰该道官吏即便会同该镇，先将四至处所委官定立界限，明白画图、贴说，送院查阅，一面凿山或竖石题写明白施行。毋得迟缓，视为不急之务未便。

檄文一百零四

为擒获蛮王事。

据清军、守、巡下川南三道呈："差千户耿应元并总镇差哨官盛子贵，押解生擒蛮王方三到院，查审真实，合发监候。"为此，除令原差官解领押前去外，牌仰该司官吏照牌事理，即将发下蛮王方三牢固监候，用心看养，昼夜加谨防范，听候具题明文施行。如有监毙，司狱司官吏并刑房该吏一体抵罪不贷。具收管缴牌。

檄文一百零五

为巡抚地方事。

查得太平长官司①先年克平，题准递年额纳泸州卫仓米一千石，布政司并该道册籍可查。后来含糊隐匿，有司莫知稽考。即今九丝荡平，更治之始，合行清查追纳，以供军需。为此牌仰该道官吏即便会同兵巡下川南道，严查太平长官司原题额纳泸州卫仓米系于何时何故隐匿不纳，应否仍旧追征，或就近改纳新建衙门，以充屯守官军粮饷。作速清查明白具报，以凭施行。毋得迟缓未便。

①太平长官司：治今兴文县大坝镇。《明史·程信传》作"太平川长官司"。嘉庆《直隶叙永厅志》卷二四："成化三年，大坝都掌夷叛，命总兵官襄城伯李瑾等计平之，奏改大坝为太平，置长官司（土司），举土人黄锁为之。与九姓（长官司）同属永宁宣抚司（土司），迨（天启元年，永宁宣抚司）奢崇明叛，（崇祯三年）讨平后，改土（设流）为叙永厅，设同知一员以资弹压，太平司遂废为太平里。九姓司改属泸州。"

檄文一百零六

为军务事。

看得九丝城破后已经四十余日，至今余贼未尽搜捕，地方尚欠处分，奏报迟延，使朝廷之上久切悬望，甚非人臣小心之义。事难创始，亦难慎终。有功非贵，保功为贵。各将或生骄矜，或分彼此，或涉含糊，或甘罢①软，不思钱粮重大，士卒艰难。当早为一劳永逸之计，清查戎县之旧地，以便安插；计处真降之善恶，以便招徕。此该主将与郭总兵专责。本院即日题明，主将只待衙门建立、道路开通，九丝城中与腹里②无异，方许回京大用。郭总兵系是本土，还以旧职，协同镇守。主将去后，即可交代。纵有别用，亦当终身镇此一方。本院誓以血诚叩天③，当蒙俯允。今日若一毫措置不当，后日懊悔必迟。朝廷何负于文武众官，每每文武众官孤负朝廷，贪图无尽，罪当万死。其宴待一节应否从缓，抑且就近宴于山中，以示慰劳。其功次文书定是何日可到，立等具奏，不容仍旧迁延。为此案仰该道官吏即行守、巡下川南道并该镇一体查照施行。各毋违错未便。

①罢：通"疲"。

②腹里：内地。

③叩天：此谓叩求天子（皇帝）。

檄文一百零七

为军务事。

照得本院抚临珙县，一切随行军兵并跟随文武等官人役，俱与在营官兵事体相同。今访该县邑小民贫，并无米粮发卖，各兵何以度日？合行酌处。为此牌仰分守下川南道官吏即将随从本院并各官人役一一查出，分别动支本县粮米犒赏，以免枵腹。即刻具报施行，毋得迟违遗漏未便。

檄文一百零八

为军务事。

照得各寨叛蛮，系奉明旨悉力尽剿。又该本院仰体朝廷浩荡至恩，止将山都恶蛮剿杀，其余姑与维新。今据该道禀报："母猪寨、吊猴岩、都得金叛蛮逃于天蓬六寨；落武、落拗、印杷山、丁丁①、白所②者，逃于水都等处，请乞明文"等因到院。看得天蓬、水都各夷，不行安分守法，乃敢窝留叛党，罪恶益重，法当诛剿，姑行严责解献。为此牌仰该道官吏即便选差通老，赍执火牌前去各寨宣谕朝廷杀伐利害，许将收留叛蛮作速自行擒绑解官。准免本罪，仍照格一体给赏。若仍执迷，党护延缓，不即解报，即便另议提兵一并剿绝。毋贻后悔未便。

①丁丁：即定丁，在今九丝城镇文印村境。

②白所：在今九丝城镇文印村境，地名白所寺。光绪《兴文县志》卷五："北所寺，在文印乡两河口侧，群山围绕，形势幽奇。"

檄文一百零九

为军务事。

据监军道禀称："天蓬六寨、水都四乡尚候裁示进止"等因到院。簿查先该本院看得各寨叛蛮系奉明旨悉力尽剿，今母猪寨、吊猴岩、都得金叛蛮逃于天蓬六寨；落武、落拗、印杷山、丁丁、白所者逃于水都四乡，互为容留，法应并剿。姑行该道、镇许令解献另议去后，今据前因，合再申严。为此牌仰该道官吏即便会同该镇，查议前牌申谕之后，天蓬、水都各夷曾否擒绑解献，再一叮咛晓谕，勒限解官，悉与免罪，仍加重赏。若或冥顽如故，展转支吾延缓，我兵即一面呈报，本院另行催督大兵概剿施行。毋得延缓未便。

檄文一百一十

为军务事。

尝闻古之名将，每大征后将斩馘尸骸寻积一处，起为高堆，名曰"京观"。今照九丝破后，狐鼠就戮者其数颇多，事竣亦应仿此，既彰天朝杀伐之威，又恤人间暴露之惨。为此牌仰该道官吏即便会同该镇，委官选令军兵若干名，通将阵前斩过尸骸尽行收聚，用土高厚掩瘗，立石标名。完日具由回报施行。毋得违错未便。

檄文一百一十一

为军务事。

该蜀府差官赍送军前谷价银一千两到院，合行发营悬赏。为此牌仰该府官吏即将差官解到前银一千两照数验收，差官解送监军道，发该营委官收贮，就听该道示谕各营奋勇冲锋官兵知悉：有能首先登城者，除原议悬赏外，就将今发银两分外给赏，以见蜀殿下仰体朝廷除害安民至意，及同心共济之雅。具收过缘系回报。毋得违错。

檄文一百一十二

为集议善后，以裨安攘事。

照得九丝巢穴今已荡平，虽除既往之凶残，尚余将来之莽孽。盖一时之功不足取快，而百世之计所当永固。若不谘诹于众论之公，何以商求乎一定之计。除本院登临九丝，公同各官详议外，拟合先行访问。为此案仰布、按、都三司，守、巡下川南道并该司官吏照案事理，即将发下书册分送按、都二司、各道会议，即便斟酌古今之宜，参伍汉夷之俗，要害作何控扼，官军作何营屯，田土作何区分，衙门作何建立，降夷作何钤束，污俗作何消镕。务在用夏变夷，长虑却顾，但取久远而无惜于目前，亦必宽徐而无伤于迫狭。庶兵革不至于再试，豺虎不至于再惊。使六县老幼，得终其天年，而三蜀黔黎，无愁于征戍，斯地方之大幸矣。作速详议具报，以凭采择施行。毋得草率塞责延缓未便。

檄文一百一十三

为军务事。

看得九丝都蛮虽已荡平，目今设立衙门为急。除行监军道会议外，但事须慎始，用在得人。为此牌仰分守下川南道即便会同监军道，作速行委推官吴文全、知州罗向辰、经历陈忠、王慎，听监军道会同该镇带领踏勘地形，商求机要，或建府，或设所，或立官，或领田，或修路，或伐林，一一务为长久之计。秉公持正，熟思审处，使控制得宜，缓急相应。画图、贴说具报，以凭奏请施行。毋得忽略草率，有误大计不便。

檄文一百一十四

为军务事。

先该本院看得官兵擒解叛蛮，在途称脱逃，在监称反狱，宜当速诛以免他虞。随差官赍捧旗牌发清军道，在府将解到壮蛮随便处治去后，看得各蛮逃脱、反狱，皆由吏卒、解人疏虞所致，未可因噎废食。目今大功将竣，所有生擒称王首恶并孽党壮蛮，俱应仍候明旨典刑，庶于事体稳妥。除行纪功道将验过壮蛮解发叙州府监候，陆续差官转送巡按衙门审发按察司监候外，为此牌仰该道官吏照牌事理，即将以后解府壮蛮行令该府严谕司狱官吏、狱卒，加谨防范，陆续起解赴省施行，不得使之速毙取罪未便。

檄文一百一十五

为军务事。

照得三军之命，悬于主将。朝廷命将出师，奉明旨专责，在主将得操生杀予夺之权，固当至公至正。如不公正，自有本院觉察，非诸将群下之所敢议也。今九丝已破，一应功次，当候监军道呈禀及本院斟酌，决不亏枉公道。乃今余贼未平，各将不思全始全终，协心并力，为地方永除祸患，却且争功争赏，有如讼诉，甚属欺慢明旨，大不敬。本院痛恨极恶之。为此牌仰监军道即便传示各营官兵知悉：在主将诚不必自居其功，其实各将之功皆当归于主将。除悬赏月粮听该道查明径给外，如再不候该道有行，辄行蓦越①，赴本院妄陈功次，不以乘势搜山为急者，即系悖逆无上之徒。虽有前功，决不收录，仍行从重参拿重究，决不虚示。并行主将申严军法，速歼凶渠，以成全捷。毋得因循误事未便。

①蓦越：超越。

檄文一百一十六

为军务事。

照得母猪寨延久不破，主将不能辞怠缓之责，各将不能免逗遛之诛。除未分悬赏银两分别功次，自有本院主张外，其近日颁发火牌，内开母猪寨、吊猴岩、都得金悬赏银二千两，及又另解银两去后，合行阵前给赏，庶不逾时，以鼓士卒。为此牌仰该道官吏即将前发悬赏银二千两委官解随阵前，眼同诸将封明，待各兵攻克之后，即照原议，该道登时自行分别给赏。尚有余银，许道、镇随便支赏，毋得不公。传谕各营官兵知悉：上紧奋勇攻剿施行，若再迟延，定行不叙前功，从重参究不便。

檄文一百一十七

为军务事。

照得九丝荡平，事功将竣，所据一切原行始末及节次科臣、两院建议、经略，并今军前供事大小官员效劳、功罪等第，事务烦琐，俱应会查的确，庶几激劝不爽。为此牌仰该道官吏照牌事理，即便会同守、巡下川南道，通将九丝前后事情、各官效劳等第，一一细查斟酌明白，并将本院节行紧要事件删入，仍分别应具题、应行奖者，作速议报。其善后事宜，张官置吏，设立衙门，区分田地，通行博访总议，以凭施行。毋得违错未便。

檄文一百一十八

看得冉维屏领兵远来报效，攻围蛮寨以来，历见镇、道开称奋勇用命，以至今日大破九丝，本官之功自不可少。不论首级多寡，只论存心忠敬，一体叙功，本院决不食言。况仍有余孽未尽，合再严谕剿捕。为此牌仰监军道会同该镇，即将一大前件事密付维屏干之，若能了得，功仍居首。其有疾，合先发银二十两给与调理，听令放回，毋负本院至意。纵留，不过十日半月。毋得故违不便。

檄文一百一十九

为军务事。

照得母猪寨、都得金叛蛮，原系陇清收降，郭总兵差官坐领。已有专责，自不容诿。落㧗等处，原系宣抚奢效忠收降，又系安总兵、韩似甫分定信地，参将张泽所管地方，俱系各官责任。若奢效忠止以招抚塞责，漫无下落，将来略有惊扰，本官不惟独当其罪，抑且尽弃前功。又各处深林茂菁，尚多藏匿叛党，仍须分布将官，领兵分搜尽殄，以杜后患。合并申饬。为此除径行切责郭总兵、奢效忠外，牌仰该道官吏即便会同该镇，严催郭总兵、陇清速剿母猪寨、都得金等处。又落武、落㧗等处若系招降，须要主将承认并取各官自认印信甘结，及各头目不致贻患结状，申报酌处。各事完日，该道、镇号令各将官分投统领所部汉、土官兵，但遇深林密菁去处，通要发兵著实搜剿，务期尽殄漏逆，永除后患。毋得始勤终怠，草率了事，致使萌孽复生，概干法典，徒费前功未便。

檄文一百二十

为军务事。

照得荡平都蛮，皆赖司、道及各官匡饬，与诸将效命争先，以致全捷。功信伟矣！若本院叨享成功，愧无以慰劳诸执事，所有太平盛宴又系常典，义不容辞。除花、币已收外，其杯、盘、壶、碗合行议处。该本院于七月间梦见真武之神云中助阵，当对司、道言之。梦后二日，偶报都蛮持长枪大斧乘夜劫营，忽见白衣巨人当道，各蛮惊散奔逃，枕藉甚众。所遗枪斧，自营中得之。梦则先说，事乃后符，似非偶然者。合将旧建真武庙①再行修盖，以答幽赞。盖除此积害，岂独人谋，实资神力。为此牌仰该府官吏即将杯、盘、壶、碗查收明白，并将前发入山杯、盘等件总计若干，即日委官估勘，并督匠修理真武庙宇应动若干，完日具支销数目，备细册报查考。再照驿丞董思明、千户徐子明、坐营都指挥葛琼、典史张大，或以阵亡，或以病故，均为死事，甚苦。本院每一追念，心痛如割。合将前银各给十两，赍送各官之家取领缴报。少见优恤，以慰忠魂。如有存剩者还官另报，以凭作正支销。各毋违错未便。

①旧建真武庙：在今宜宾翠屏山，至今保存完好，已由国务院公布为"全国重点文物保护单位"。

檄文一百二十一

为军务事。

看得九丝虽破，工夫全在搜山。搜山尽绝，方称荡平。诸将须听主将号令，不得潦草塞责。除土兵另候明示查发外，其有调到未久及招募各兵，粮饷有余，务要照旧留用。为此牌仰该道官吏即便临期会同该镇，分别去留，明示号令，以便行事。其一应田地务要丈量，器械务要开报。各毋违错未便。

檄文一百二十二

为军务事。

照得今次大征，调兵十三万，费粮饷近五六十万，乃二百年来未有之事。据诸将平日口称及揭报者皆云：九丝城上有数万叛蛮，不愁获功不多。今访得擒斩尚不及二千名颗，余蛮作何下落，又有各首恶并未得获。擒贼擒王，岂宜欺慢如此。破城之后，纵有逃蛮及外虽作降、内实党恶者，自当乘胜刻期分投各剿，一鼓而收之，庶几少盖前愆。乃又旬日之外，拥十二三万重兵逡巡，一寨尚不敢动，打草惊蛇，已知决无多获之理。举动如此，岂不致贻笑土夷，可叹可怪。又闻爱惜坐镇，委曲哄蛮，恐黠蛮见识原在诸将之上，转为所哄，久已分明。即今一寨逗遛如此，余寨又该用几时。开口只说万全，如今万全何事！朝廷英明在上，诸将纵不念身家，亦当为子孙虑。本院实不胜愤恨，不能容忍。为此，牌仰监军道会同该镇，作速晓谕诸将：是何心肠，是何计策。大言小见，实费虚功，自有常刑查参。毋缓。

檄文一百二十三

为军务事。

看得都蛮首恶陆续尽诛，其真心投降各蛮，畏死守法者，合先行查处，以分别善恶。为此牌仰监军道即便会同该镇，速将降蛮某人应授与某项官职，某人应收为某处百姓，各与安插。其土著有功之人如聂永相等，有无情愿在内授官防守。又如何恩、阿牛等，定该优叙。俱宜早议停当，以示激劝。各毋违错未便。

檄文一百二十四

为军务事。

据解到都蛮阿大等一起，该本院亲审阿寅，执称阿二尚在鸡冠岭林木极深处，伊情愿寻出，但要官兵远远等候等情。看得阿二杀人无厌，其恶甚于阿大，且尚在鸡冠岭。营中置之不问，奈何奈何！为此牌仰该道官吏密切斟酌，或会同该镇，或密差官兵，跟随阿寅作速擒获阿二，以收全功。毋得失误事机，致贻后悔。又据阿寅口称：方三的在母猪寨。各宜用心擒剿。毋错。

檄文一百二十五

为军务事。

据擒获阿大差人周俭口称："同阿寅、阿惹寻获阿大，内阿寅忠实，阿惹奸险。"今据各报到，止有阿惹名，无阿寅名，此阿惹独居其功矣。又阿寅、阿惹俱系降蛮，今解到止有阿寅，无阿惹，是阿寅独当其罪矣。参详前后情节，阿寅老实，一被阿惹之卖，二被熊么之欺，况阿二见在鸡冠岭，若阿寅不说出承认寻获，阿惹、熊么岂肯说出，岂肯承认乎！今发阿寅去，尤恐阿惹、熊么知觉，或透漏消息，或巧设机关，不惟阿寅难以保全，必并阿二难获。偏听生奸，独任成弊。其有害于军旅之事，岂不盛哉！为此牌仰该道官吏务须委曲其迹，慎密其行，必使阿寅不为所害，阿二不敢脱逃，则九丝之事庶可无余恨矣。况阿大尚有降意，阿二始终不降；阿大只扎鸡冠岭，阿二拒敌九丝，且平日杀掳百姓，阿二为甚。若不擒获，是漏网吞舟，后害何时而已！此事须该道着意施行，毋得违错未便。

檄文一百二十六

为擒获蛮王事。

准总兵刘并据守、巡下川南道呈："差把总王茂等生擒蛮王阿大到院，查审明实。"除差雅黎守备①孙光裕督同原来官舍、军兵押发前去外，为此牌仰该司官吏照牌事理，即将发下蛮王首恶阿大牢固肘镣监候。仍令狱官、吏卒，昼夜经心加谨看养防护，听候具题明文施行。具收管缴牌。毋得疏虞，及再如阿苟故事，即将司狱官吏抵罪，决不虚示。

①雅黎守备：驻今四川天全县。

檄文一百二十七

都察院示：照得平蛮城田土素称膏腴，今委官踏勘已明。仰一应军民，但系相近土著人等，有愿种者，许赴守、巡二道告领拨给，田不作屯，人不作军①，但立保甲以相守助。其贫乏者仍听查给牛犋（jù）②、种子，宽以年限，量征赋税。及候定贴之日，止令起取壮丁操练防守，此外再无别项差役。即今春耕在迩，各宜趁时种办，以安家业，以守地方。毋得坐失事机，致有后悔。

特示。

①田不作屯，人不作军：田地不列为军卫的屯田，领种田地人家，可以不编入军籍，仍然保留民籍。
②犋：畜力单位，能拉动一辆车、一张犁、一张耙等的一头或几头（多指两头）牲口称一犋。

檄文一百二十八

为教习夷民事。

票仰叙州府官吏即将郭总兵收降送院投见小蛮二名，并查各街民领到小蛮，有堪教训者俱发社学，责令教读用心训教读书。待数年后果有进益，申来酌处，并教读优赏施行。先具名数、发社日期报查。毋得视为虚文迟违未便。

檄文一百二十九

为查理军需事。

照得都蛮已平，所据各府、州县转运过钱粮、供办过需物等项，合行清查。为此案仰该司官吏照案事理，即将该司节次发过军饷银数造册报查，并转行各分守道通将所属州县运过米、豆若干，用过夫船银若干，解过税契银若干，办过军器、硝磺、鱼、盐、姜、蒜等项各若干，有无取获实收可据；其损失粮米，照依议允事规追赔，务要严限完报，逐项细查明白，备造简明文册，前列道属各项大总，后开州县总撒数目，限文到半月内送院复查。中间如有侵匿奸弊，就便查究招详，以凭施行。毋得含糊延缓未便。

檄文一百三十

为都蛮已平，查理钱粮事。

照得本院自四月间抚临叙南征剿都蛮，至十一月内荡平班师，所有军前用过钱粮、需物、军器等项，通合清查。为此案仰该道官吏照案事理，即便选委廉干官员，亲诣叙州吊取该府、县衙门并各委官收支文卷、簿籍到官，逐一细心查理。要见布政司总发过军饷并各属征解税契银各若干；某项、某件支用过若干，仍有若干；各府、州县总解过米、豆各若干；某营、某堡支放过若干，仍有若干；买用过鱼、盐、姜、蒜、牛、酒等项需物若干，有无支销明白；造发过军器、火器若干，有无损失、足数及取获仓库实收领状可据。每项前列大总，后开撒数，备造简明文册一本，送院覆查。中间如有收支不明、侵匿奸弊，就便查究招详，以凭施行。该道并承委官员务须用心查核，毋得潦草塞责及迟延含糊未便。

檄文一百三十一

为军务事。

照得都蛮原系戎县百姓，连因历任知县不才，或通贿赂，或受欺凌，或甘为猫鼠同眠，或偏听通保局骗，是以六县百姓久遭荼毒，几无孑遗。独戎县之民犹称未甚者，则以都蛮父母之邦也。可见为之父母者，若能如渤海、颍川①之政，蛮虽狠毒，岂有不可渐化之理。乃计不出此，致费朝廷处分，屡动大兵，未得要领。近方决策，幸尔荡平。但所荡平者，乃屡次题称山都六乡，其水都四乡虽未出劫，亦系党恶。前九丝城破后，各将官俱禀请本院乘机一概尽剿。本院此心不忍，又闻其各图悔悟，愿为良民，是以号令且班师而回。因行司、道选择堪知戎县者，众皆举尔王慎；又本院亦尝闻河南士大夫称尔可任大事，是以遂破格会荐，朝廷允之。此尔之遭际，不可以寻常视也，尔慎宜何以答报朝廷。为此案仰本官照案事理，即便遵照务理县事，尤胜于理家事。先固结良善之心，徐禁伏奸究之类，兴学劝农，立纲陈纪。其于四乡，何以改其冠服，何以变其语言，何以移其心志，何以一其视听，保甲有无可设，社学有无可建，田地有无可清，差徭有无可复？务要施为得缓急之宜，举动有张弛之节。地与武宁城②相接者，应否开通大路以便往来？地与各土司相接者，应否明立界限以杜影射？若能一洗污恶之俗，永成文物之风，本官政成之时，即径升安边同知，亦不为过。但本院不以资格拘人，在人不当以资格自限。若依旧全无振作，徒事含糊，或苟且以饰虚文，或急遽以留隐衅，无裨实用，有妨远谋，本官孤负朝廷，人鬼交责。仍将行过事件，每十日马上飞报一次，以凭查考施行。毋得违错未便。

①渤海、颍川之政：西汉循吏渤海太守龚遂、颍川太守黄霸之美政。

②武宁城：都掌既平，曾省吾将内官寨改建为武宁城，即今九丝城镇建武村。

檄文一百三十二

为军务事。

照得武宁山城垣，先据该镇、三司、各道会议，周围计九百丈，内除衙门外，修盖营房一千二百间，已经会本具题讫。随据守、巡二道先后禀称："城垣丈数各有不同，大率与原议相远，今恐经制未定，且俟再议。"为照原议在司、道、该镇，原题在两院，此其责任彼此均之，故不必复有顾忌。虽天时、地势、人力未免临时酌量有所增损，但不宜相去太远。且城大既可以减小，堡少亦可以增多。多其堡于城之相近，以补城之小，庶声势相援，指臂相使，亦属通融。未审果否。如便，即须速议并工。为此牌仰该道官吏即便会同分守道并该镇，将应建城、堡作速面议画一，马上差人飞报，上紧督工修理。其合用钱粮、匠作工食、犒赏等项，一面动支各仓粮米、军饷银两，随便应用，一面作速估计，通详施行，及道路有无陆续开通，俱限文到三日内议报。如过期延缓，提吏究罪不恕。

檄文一百三十三

为军务事。

照得军前支剩米、豆，先据该道分别存留，将浥烂下等者动支四万石，赈给六县被害人民，颇为得策。随已批行。又经明白具题权为赈济外，近闻前米尚未放散，今照民间青黄不接，正当赈恤之时，而浥烂之粮即便依期赈给，民已鲜获实惠，不知何以迁延至今？当必尽成灰饼，不惟粮米可惜，亦属赈济虚文。合再申行。为此，除行分守、巡道外，牌仰该道官吏照牌事理，即便查照原议，速催委官放赈。如或有所顾忌，亦便明白声说，毋使尽数无用，责有攸归未便。

卷之八　公移

批申一①

一

一件异省反酋等事——永宁宣抚司申称"贵州土官安国亨集兵与诸司奢效忠雠杀"由详②

批③：近据大方坐镇指挥王道行具报："贵州军门移④称：'奢效忠擅自兴兵，为安智报雠，如此则是起衅在效忠，而安国亨为直矣'。"今据申称"国亨节次掳掠，及近日屯兵数寨"，则是起衅在国亨，而效忠为直矣。但以本院度之，国亨势必不敢先动，缘彼前罪未除，冠带未复，今正当悔悟，寻思报效之时，岂宜再构祸端，自速亡灭。此必效忠以前次奉调征讨恐其报复，狐疑在心，思先事以防之，然反使国亨得执以为词，其计甚拙。除移文贵州军门禁谕外，今仰尔效忠当一意以剿平都蛮为心，整练兵马听调，期成伟功，当蒙显爵。若国亨敢乘间窃扰，即系党护都蛮，故为掣肘，自有朝廷正法，不足为虑。若效忠观望怠忽，胡越相视⑤，不早思并力都蛮，恐难保国亨不形尔之短，且贻后悔尔。其深思亟图。

此缴。

二

一件分定教演官员等事——指挥葛琼呈"议委指挥等官徐慎等分管演习武艺"由详

批：此呈尚为晚也。仰都司如其所议，严行本官分别督演，务要真心实意，使号令严明、武艺精熟，人人奋勇可用。官不用命者，即行禀究。军不用命者，即行捆打。不许空腾口说，徒饰虚文，临期误事，自干参罪。

缴。

三

一件军务事——布政司呈"议于本司库贮预备军饷税银内动支六千两给委崇庆州⑥判官夏智、汉州⑦判官赵元吉，于滨江一带州县收买大麦、葫豆，运军前接济干粮"由详

批：趁时收买麦豆，可以济粮饷之不及。另，委专官分买，可以减州县之烦劳，即如议作速委支施行。其价银，姑以三钱二钱为准，仍听其查照各地方时值⑧，宁稍从宽，以来争赴。此系吃紧一节，恐两州判未易集事，更须行督粮道移驻滨江要地分投督责，即从便宜区画船只攒运⑨，乃可以齐一人心，无挨延纷扰之患。

此缴。

四

一件军务事——布政司呈："奉案议，各州县应解丰、宁二仓

并行滨江一带州县各将贮仓自隆庆五年（1571）以前赈谷尽数碾米，俱运军前充饷。其隆庆六年（1572）积贮稻谷，仍存留该州县备赈。各将原坐二仓粮米，候万历二年（1574）秋成之时，照数征谷，抵斗还仓，以免小民转输之劳。如无额坐者，不必征还等项"由详

批：存留赈谷，不必拘以六年，每处只十分中留二三可也。盖以新谷出，即抵补矣。各处不编丰、宁二仓者，必编有各边仓，不论本、折，必有解户⑩，虽不必征完，俱可令解运。自该州县起程，亦于官银内量给篙、船、夫工银两，斯免重累矣。其改过额该解司之银，可另以官吏等役代之。若劝谕殷实，亦是一策，终恐未安。如何？

又赈谷久近不同，各掌印官须先躬亲督碾一石，分别年分，计斗为则。毋避嫌疑，致其赔累。及有侵克、和土、糠粃等弊，查出通究。俱限五、六月内陆续解到叙州府，本院亲临验发。各州县先将米数报查，如迟，官听参，该吏锁拿重究。仍行各该道设法严催。余如议行。

缴。

五

一件保守地方事——布政司呈"奉批查议复永宁防守滴水、落窝⑪等哨羿目⑫者靠⑬等口粮"由详

批：九丝隘兵一（彻）［撤］⑭，本为节省钱粮，至今每年费钱粮十三四万，谁任其咎！且每季羿兵增口粮税银六十两，猥不肯给，今调羿兵，只牛、酒、行粮已将费千金矣。放饭流歠（chuò），而问无齿决⑮，不拔一毛而忍割四肢。甚哉！其不通也。若方布政他事不可知，谓议复羿兵口粮一节，乃受土官奢效忠之嘱，本院请自当之，不须更究来历也。仰遵照作速施行。

缴。

六

一状报效事——武生陈安德、杜伏元率兵二百名，投（状）称："愿于小落明屯营，充为先锋，平剿都蛮"等词

批：壮哉！二生预集乡勇、子弟二百余名以图报效，姑未论成功，其志过人远矣。今卫官、指挥、千、百户等世受朝廷厚恩，袖手旁观，有同尸肉，为二生供扫除不足用也。该道审其真确，并生与子弟作速发赴军前，依其所请，扎营小落明，充为先锋，以观伟绩，仍隶一将官领之。又据称可再召四百名凑为一营，益妙益妙。捐银米养此土著，绝胜于远调土兵，所恨如二生者不多也，宜重赏之，以劝来者。即日议报。

七

一件军务事——布清军道呈"议赏获功人员并议将所获叛蛮阿苟等六名拟何施行"由详

批：山都蛮长阿苟世据凌霄，稔恶大逆，迹其近年残杀百姓，凶焰益张。只以召抚受欺，遂致久逃天网。今主将发谋，文武协力，乃不劳兵甲，坐致渠魁。余贼五名，并皆枭獍，率就生擒，功委可尚。总、参、通判等官，候并叙录。余如议，照格动支解赏。见在押功员役，该府分别酌赏。各取领状报缴。仍会呈按院知会。

八

一件军务事——布（政司）清军（道）会同兵巡下川南道呈"奉查审各堡隘并调到土汉官兵议给月粮"由详

批：本、折之议，非独为转运计，正求取便于各军谓所欲与聚，得之矣。依拟。守隘者本、折间月一支，行营者照该镇议为当

然。此大略也。临时斟酌，全在监军、督粮二道，银、米各有余，惟所欲之可也。

此缴。

九

一件军务事——洪通判呈"议总兵郭成驻扎泸州卫，再乞明示，听本镇召募兵勇充足。该镇统兵共五千之数，于该卫操练，相近戎、长有警，朝夕可至应援。其本粮运由水路至打鱼村⑯上岸，到卫止一二里，委官收支，庶官兵便宜行事"由详

批：练兵定于泸州卫，募兵取之乡勇，此必于以全取胜者，本院心喜之，而募兵一节则尤可喜。缘设处粮饷已定五万兵一年之用，若郭总兵能募乡勇一万，且练且剿，绝胜于调土兵十万，此上策也，不患钱粮不足。其牛、酒、花段之费，宁可犒我乡勇，以鼓其用命之气，甚不当投之土酋且示弱也。要体本院此意，著实力行，务使一以当十。如有求人情挂名支粮者，查出，一一杀之，以求济大事。一应粮饷陆续花名、年貌、籍贯册报支给。若果皆乡勇，俱给折色银，以免转输之苦，而兵得实用最妙。汝等协心并力，共垂不朽之名，本院所深赖也。其余机宜，闻即呈报。

十

一〔件〕⑰——威州知州罗向辰禀称"军中领兵大小官员乞要归听主将，其有不听调度者，许诸将拿戒"揭由

批：群策群力，都当用之，但须听主将号令为当耳。典史祝且为戎县巡捕官，捕贼乃其职分，若⑱专统乡老用计袭贼，但既动官兵，须出自主将，且本院正欲重将权，岂肯分其权而别有所任，且如该州非本院所委乎？其亦令分主将之权否也。所谓齐赏协谋，皆以助主将也，是又在主将能收拾人心而用之，则本院可拱手翘足而

俟，何尝束缚之、操切之，令其作难也！顾人人不能尽解此意，已出示严禁矣。

此缴。

十一

一件军务事——兵巡下川南道呈"准原任郭总兵手本，请造发部下兵勇合用挨牌、器械、旗布、锣锅"由详

批：一应增兵取用器械，须主将酌定数目，方得事体归一。该道宜据各官手本会议呈行，乃无弊也。又郭总兵系奉明旨革任，本院具题本内充为事官领兵。今已有主将，本官不宜称镇。至于张参将奉何明文亦称本镇，事功未成而倨傲如此，非本院用人之初意也。示知毋僭取究。

十二

一件军务事——永宁宣抚司准土官奢效忠关⑲称"奉调该司土兵五千名，今各夷有父兄子弟同心随跟帮助，共增一万余名，申乞验名犒赏牛、酒、行粮，均沾实惠，鼓励群心"等情由详

批：原调五千，增兵一万，虽出土人父子兄弟相卫之情，实效忠平日得人心所致，而奉公趋事之勇于此益见，良有可嘉。仰兵巡道即查验明白，便与补给牛、酒、行粮。内太平、九姓共一千五百名二项银两，已经先解，即应改给扣算，原差官速行示知免调。又查得平、姓二司土人素与都蛮交通，先年调征，受蛮敛银纳税之贿，或佯败，或暗助，以致领兵者不知此弊，不惟无功，反遭挫衄。除已往遵例姑赦外，该道即严行效忠，但系所领之兵，务要密察隐情，明示厉禁。如有包藏祸心，再蹈前辙者，即便阵前斩首示众；功成上赏，仍与加官。通行总镇衙门知会。

缴。

十三

一件专将权以便总督事——布清军道呈"议军前大小文武官员俱听主将权制，听令分布。如违，听以军法处治"由详

批：将在军，君命有所不受。从古主将，未有权不专而能制胜者。今刘镇之权，向来未尝不专，不知近日何自有纷纷之议。颇闻一二小夫，假本院差委而出，便尔猖狂，此醉生梦死之徒，不识大体，几败乃公事，本院与有过焉。除一面访拿外，今观郭总兵所云，深达此义，且俯焉自屈，独伸主将之权，此其识度过人远矣。一切体统，悉如该道所议刊行示谕，道、镇会同施行。欺违者或参或拿，毋再姑息。又近见参将张泽亦称本镇，是刘、郭、张一时三镇矣，奉何明文？今定，自郭总兵而下，呈揭本院及关行司、道并称本职，以别于主将。不许僭差。

此缴。

十四

一件军务事——兵巡下川南道呈"议行军中大小将领等官广召乡勇，收粮训练防剿"由详

批：募兵之初，已经刊布告示，俱送赴镇挑选矣。据申，良是。但招兵与用兵不同，恐该道亦当分任其事，但委公勤文职一员，会同该镇委公勤武职一员，专管挑选。务俱精壮，严禁重冒，然后册记收粮训练，仍不时查点，斯无弊矣。照行。

缴。

十五

一件军务事——布政司呈"议大征都蛮事宜"由详

批：都蛮荼毒六县，骚动四川，既数十年于此矣，有识寒心，

征非得已。所赖诸司共为匡济，以期底定，非本院所能独任也。据议悉心殚虑，筹画精详，上兵（代）［伐］⑳谋，蛮可不战而克矣。俱依拟作速举行。监军行李副使，营中督饷行王参政，催督粮运行沈参议，纪功行周金事，其范副使、李金事，候临期更用多贤之助。郭成、安大朝、刘天庆已经具题。各州县解运粮米，该司仍行督粮，并各守道查照定限严催解纳。如有故违，即锁拿该吏解院，照军法捆打；掌印官提究，以失误军机论罪。各卫所原无火器，间有，亦系不堪，已经行造。叙南卫军丁甚少，戎、珙等县几无孑遗，乡兵不能济事，改于附近州县各量抽民兵，并重庆卫军余应用，各日给口粮，悉如所议。事完，将用过钱粮等项造册回报。大木银两㉑备而不用，即径用，原有部议可凭。昨行议陈参政入贺一节，今有王参政，如何？酌报。

十六

一件破格给赏，以劝兵心事——叙州府申议"破凌霄城官兵，乞要于悬赏银一千两之外再加优厚，以激兵心"由详

批：知有九丝而不知有凌霄者，向来攻坚之常谈。先克凌霄而后并力九丝者，今日攻瑕之定计。且凌霄乃九丝之门户，数日间奋勇克破，我兵得而据之，以临各寨，实有建瓴之势，顿使诸蛮胆破，其功次于九丝而十倍于都寨。全胜之功，实张本于此。往议俱属悬断，未可以为临机应变之凭。仰布政司清军道会同守、巡二道从长酌报，知不逾时，未可缓也。仍通详施行。其都都等寨尚多，亦宜预定等级，以免数议，以鼓群心。

缴。

十七

一［件］——报效监生何钰具揭禀称"遣人取出黑普、岩头、

黄土、内官等寨蛮阿早、阿惹、阿黑、阿默、阿大等，情愿报功赎罪，限一月内擒出大阿劣王、小阿劣王、方三哥等，送与何监生转报"，又称"阿花愿挈妻子出住小落明，熊么愿挈妻子出住罗星渡，召夷汉乡兵合屯剿贼"揭禀

批：实心降者，定要送当妻子安置罗星渡等处，仍擒斩真正叛蛮，方信他是实心，就给牌收作百姓。如不肯这等，便不是实心，不许准降，只等大兵到一齐都杀了。其送当妻子，只要各寨头目真正妻子，其余小蛮但过他搬过寨就是。何钰仍听总镇衙门军令，用心传谕施行。

此缴。

十八

一件截剿获功事——兵巡下南道呈"准刘总兵手本，'据坐营官葛琼督令主簿周崇恭、赞画何子宸等，统兵暗伏滥田沟，（渚）[堵]②截出救凌霄叛蛮。各兵奋勇，生擒蛮贼阿关等四名，斩获首级二颗，重伤兵勇二名'，议动支叙州府库贮军饷银，照例给赏获功兵勇。其被伤兵勇二名，各给银一两，以示优恤"解详

批：依拟分别赏给。内阿苟供称一十四岁，似尚在幼男之列，量赏六两，余四两添赏重伤尹文威、冷朝用二名。阿关仍查验明白。生擒三名招报，此功虽少，有助凌霄。其功级虽以穿耳凿齿为准，但闻蛮近狡猾，自不穿凿，反穿凿掳去汉人，使之当先，此尤可恨。是在临时审辩，不为所欺可也。

十九

一件军务事——兵巡下南道呈"议召募兵勇，每名先给一月粮银，使办军装等项"由详

批：如议速行。召兵而令之枵腹守候，犹欲其入而闭之门也。

但陆续给散，所虑者月日参差，恐有重冒，此在委官悉心料理，于不一之中而有画一之法，则兵与食两无弊矣。

二十

一件军务事——布、清军并监军二道呈"议处决叛蛮"揭帖

批：据呈叛贼十名，及查对兵巡道原报擒斩花名文册与请赏由详，止朱点五名相同，余五名但有阿六而无阿路，有阿顺而无阿甚，有阿问而无阿稳，有张庆才而无张广才，有三哥而无周三哥，其三哥则又原开在幼男三十名内。此事系在天讨，须要详慎妥当，不容少差。概当诛者虽误犹可，若幼男误诛，后悔何及！仰仍作速的查，即刻具报，以凭施行。

二十一

一件仰仗威谟，官兵用命，计擒贼首等事——布、清军、守、巡下川南三道呈"议破凌霄城获功大小文武官兵愿录、愿赎、愿赏等项，及幼男妇女行叙州府变价"由详

批：凌霄险厄，都蛮所恃以横行无忌者。今官兵奋勇，三日之间，擒斩二百之外，实各文武官协谋并力所致。而总镇刘谋勇身先，厥功居多，本院躬行宴待，以酬劳勋，以图后效。该道冒险督兵，鼓舞士气，与总镇俱候优叙。郭总兵俟大剿功成，与张参将或赎或升，并从优叙。陈知府、洪通判、罗知州与其余有功文官，通候分别并叙。奢效忠九丝平日，定行奏升宣慰㉓，仍加重赏。田世威再俟有功并赎㉔。生擒贼犯，清军、守、巡、纪功四道审明查例招报，首级分发枭示。幼男妇女，变价入官。据呈，犒赏冲锋银两正合、便宜并长、戎二县陆续支给者，俱另开总撒银数一册印报，以凭开销。以后准此。应补银两，照数支给，各起俱取印领缴查。凌霄城防守官兵，行该镇另议的确更换。余如议行。一应功次，通

呈按院知会，库收领状。

缴。

二十二

一件军务事——守下南道呈："准原任总兵郭成手本，议请骑征马匹不敷，并添识字及日行纸札等项"，又准指挥葛琼呈奉郭总兵札付㉕亦同前事由详

批：郭总兵既有手本到道，如何又札付葛琼。葛琼，刘帅坐营官也，奉何明文，辄敢酌议申请。甚哉！其胆大也。事体舛错，难以准从。仰道一面行戒葛琼，纸札等项，候另议施行。

缴。

二十三

一件军务事——守、巡下川南二道呈"议行各州县酌量抽取民兵赴军前运粮"由详

批：民兵本以备调。地方有事，此辈既不得实用，止令运饷，甚当。且酌冲僻㉖以为多寡，尤见调停。如议行各州县抽取，令各掌印官亲自选编，差官勒限起解。如以老弱搪塞，纵令科扰及过期不到，先将掌印官住俸㉗别议，即锁拿巡捕官，该吏解究。余照施行。俱毋时刻稽迟，自干军律。

此缴。

二十四

一件军务事——兵巡、守下南二道呈"议委夔州府通判朱充接管洪通判催验粮运"由详

批：如议行，委朱充督理。但粮饷重务，师期已迫，本官宜锐意催攒，敢有抗慢误事者，即据实参究，毋得姑息，有负重委。

缴。

二十五

一件军务事——布政司、清军、兵巡、守下南三道呈"会同将领将大征事宜覆议分布哨道，随营委管饷米数目、仓口、背运夫程，及器械、犒赏、悬赏等项酌议佥同开款"由详

批：据议，成算已定，虏在目中矣。即通行各文武将吏知会，以便分营预图。刘天庆一营，恐贵州多事，难以赴调，即求其人以更之。游兵一节，临时固所当设，而平时尤不可无，断未有听蛮出入交通，决沟修寨，而全不一加巡警以惊乱其耳目，只待临时方行困守一计者。此似胡越人之谈，无心于制敌者，本院所不解也。该道试再思之。

此缴。

二十六

一［件］——温江知县沈植揭禀"点选过各将领等官召募新兵，连前在五千之外，内祝典史召集右夷兵七十名，系戎县素与贼通，今率降蛮投兵，有畏威悔罪之意，议各预支月粮一月，使办军装等项"揭帖

批：今已六月矣，各将领方造支四月之粮，军士焉得而不苦，不此之恤而惓惓于增粮之讲。甚哉！其可恨也。今已专有行选能干贤官二员，协同六县掌印官分投照月给散军士，仍与预支一二月。庶几军受实惠，不致怨咨，而官无所藉口矣。所谓"速给月粮，军心响应"，甚为得之。非有真心任事者，谁与共此！余并如议行。

此缴。

二十七

一件军务事——布政司呈"议递本院公文类差总投，宜宾县至

简州㉘一带，免设塘马㉙，其叙南至营，宜每四十里设马三匹。请乞
批行分守道于叙州府附近州县编取"由详

批：前议大征不必用马，良是。但各营调度、机宜往来、走报
声息，非马不能速达。本院已酌量于通省州县派取九十匹赴用，事
宁发还。自叙南至营议设塘马，业已行守道矣。如议宜简一带驿站
不必增马，省城各衙门差人，宜益从搏节为便。

缴。

二十八

一件军务事——守下南道呈"议委温江知县沈植、荣县知县张
九思督放兵粮，并议各官月用纸札等项"由详

批：沈植、张九思，如议委用。此系兵粮重务，二官务宜悉心
干理，稽察奸弊，体恤军情，毋负择委至意。但二官系总领，至于
分营给散之官，亦不可不速为处派，使之遵守。余照行。

缴。

二十九

一件恭议建庙，以益地方事——叙州府申准"郭总兵捐银三十
两，该府捐银二十两，修建巡抚汪㉚神庙"由详

批：近日凌霄大捷，宣惠侯与有神助。不然，当未能如彼之速
且易也，委应建庙崇祀，以彰明报，且本院适来之梦若有符合者。
如议修盖，仍动本院赎银三十两助工。

缴。

三十

一件行查边情事——兵巡下川南道呈"蒙按院行查都蛮叛乱始
末，并将近议雕剿、大征，及议处军饷并改运收买米银等项通行呈

报"由详

批：据详凿凿，征蛮之始末备矣。如所谓抚众伐寡等项，在该道会同该镇相机力行，即永害可除而大功可奏矣，本院复何言哉。其重庆木价余银[31]，本院数内未入，恐事完用之不尽，又启别端故也。

此缴。

三十一

一件陈献功赏，输忠图报事——布、清军、兵[32]、守下川南三道呈"议永宁宣抚奢效忠攻破凌霄不愿领赏，情愿比例超录，具见本官义专报效，乞行本官益奋忠诚，务期后效。九丝成功奏凯之日，听各道呈议请题升宣慰，随从有功员役一体厚赏、加官"由详

批：如议。马上行与奢效忠，上紧督兵前来。目今各寨已平，独余九丝以待进取。功成之后除特与奏升，仍照格重赏。随从员役有功，一体优异。不许念仇惹衅，坐失事机，自贻后悔。

缴。

三十二

一件军务事——参将张泽揭禀称"督同羿兵进笔架山，于麦易扎营，连日与蛮血战，箭伤蛮数多。奈蛮据险，我兵仰攻，不能斩首"，及云"抢掳押运粮饷官夫"由揭

批：参将之任不轻矣。中武进士，不为不知兵矣。身长六尺，魁岸惊人，不为不雄壮矣。奈何兵未扎而先容数十之蛮抢我运官[33]，杀我运夫。若肯早分兵摆路，焉有此失。马后兴兵，固为可笑，然使人心惶惑，蛮且得志，该参之心安乎，不安乎？陈、杨二知县尚不进营，其故何也？本院之恩待奢效忠，不为不厚矣，彼能感恩而奋勇乎？血战之说，乃系常套，但闻烧寨与蛮一斗耳。

此缴。

三十三

一〔件〕——知州罗向辰禀称"各州县解到牛、猪、酒、脯等物，委典史李瑶等押解，及行发兵护运总镇衙门收支，大举期的于十九日等项"由禀㉞

批：董思明之事，主将亦不能辞其责也。己营虽整肃，别营不然，亦何用哉？若十九日定攻，可矣。若再迟，非本院之所能知也。陇酋兵㉟到否？殊觉为此酋所误，奈何！

此缴。

三十四

一件军务事——守川西道呈缴"奉票查守下南、督粮二道事务回报"照验

批：本院所问者，乃近日督粮道出来，分守道进去，不定不便行文，非问该道未来之先，及沈参议陪审录时事也。此又何待于问！自今日以后，督粮则该道仍旧，而分守则沈参议仍旧。同舟共济，以期万全。坐镇边县，以安人心。务使粮、赏俱充，运道无阻，此外非本院所愿闻也。大抵各仓粮饷如有不足，夫有不足，此分守道之责，而各营粮与夫有不继，皆该道之责。幸毋忽焉。

此缴。

三十五

一件请乞班师等事——原任总兵郭成呈"本职先年征剿倭寇，得染湿气举发，乞回调理"详

批：地方今虽荡平，尚有逃匿深箐余贼，尚赖本官协同总镇经理善后，此请岂人臣矢心报国之忠、慎终如始之敬！仰布政司清军

道会同守、巡二道查照前案，作速议报，以定众情。

缴。

三十六

一件军务事——布、清军、守、巡下南三道呈"条议九丝等处防守官兵行镇、参衙门统摄"由详

批：防守官军，既经三道会议停妥，依行该镇督同郭、张二将查照统摄，听总镇调度搜捕、哨守并经理善后事宜。

缴。

三十七

一件破囤获功，俯赐班师事——兵巡下南道议呈"留镇雄并奢兵搜山，其西阳等各土司兵俱令班师，请委官押回"由详

批：如议次第班师。廪粮、犒赏，行分守道查照议允支给。预令沿途严加约束，不许生事骚扰一草一木。如违犯，兵听委官处斩，各官并究。仍行该镇督率定留官兵剿捕，毕日该道另议。其各将官自主将而下，俱候落武、得挖等处开通停妥，方许出府宴待。不得含糊丢下，不审轻重，功亏一篑。

缴。

三十八

一件军务事——兵巡下南道呈"议今奉班师，其各土司官兵不许循旧自行起关，各计程给与行粮，及将运粮船只尽发江安等处装送，以免骚扰地方"由详

批：如议。裁革土司关文行二道计给行粮，以免借口骚扰。其经过州县，本院先已通行宽备赏需，该道仍马上行文各处知会，齐备空船，就近催发。督押将领，东路用游击吴继祖及督原押重庆忠

州卫所官员分押；西路用参将胡大宾及督原押宁番㊱、雅㊲、大㊳、镇西㊴卫所官分押。有违犯者，径以军法从事。但各兵须待本院抚临九丝，次第查发。犒赏已经批行二道。其余将领如沈茂等暂留者，仍谕留，另候本院定夺。俱毋违错。

此缴。

三十九

一件军务事——分守下南道呈"议行嘉定㊵、泸州、南溪、江安、合江等附近州县派取里甲夫运饷"由详

批：如议。马上严行各该州县照数坐派，速令自备两个月工食。选委职官，编定夫头管押，星夜赴督粮道发营运饷。目今兵齐，立待举事。事宁定，将各地方具奏优恤。如或迟误顷刻，官，参呈、住俸；吏，拿问、革役。仍行各分巡道就近差人守催，起程飞报。毋缓。

四十

一件抚招流移等事——高县申"招集逃亡人户，量给谷种、牛只安业"由详

批：九丝已破。招复流移，使之安生乐业，乃今日第一要务。除本院具奏破格优恤外，乃今六县之官，独何汝质留心及此，情词恳切，真为民父母之心！且其政事凿凿务实，非苟言之。得人如此，虽有都蛮亦不足虑，况已荡定乎！仰分守下川南道从长议报。

四十一

一件军务事——分守下南道呈："据通判朱兖开报，查过罗星等四仓及长、珙等六县收贮米豆，除尚堪久贮，听支防守官军外，其中等不堪久贮者，查得六县地方累被都蛮荼毒，相应动支四万石

赈恤等项"由详

批：如议。防守官兵照旧例给，准令预支。其收贮者，如法看守。应赈者，行各委官秉公查散④，务令被害、被累及穷困者、复业者各沾实惠。毋得假手作弊，虚文搪塞，查出参究。完日册缴。浥烂者，作速查处详报。

四十二

一件议筑堡垣、墩台等事——兵巡下南道呈"议行各将领，于戎县起至各营寨每十里修墩堡一所，督各本营官目照地方如法修筑"详

批：各路设墩堡诚为急务，如议行该镇并郭总兵、张参将，各照分定地方上紧严督官兵坚固修理。果能如法先完者，该道查实呈请奖赏，如承委怠缓误事者即提究。

缴。

四十三

一件议冠带、设把事等事——兵巡下南道呈"议行刘总兵及行叙州府将降夷罗万良给与冠带，阿惹、阿寅俱立为把事，令将奔潜残蛮尽行招出，报刘总镇会同委官推官吴文全审实酌议区处，以杜后患"由详

批：罗万良首先投降，准给冠带、义官名色，阿惹、阿寅准立队长名色。谕令改心换肠，永保首领。如怀二心，定行杀了。该镇知会。

缴。

四十四

一件军务事——兵、守下南二道呈"议委通判、知县、把总等

官朱充等，丈量蛮贼田地册报，及拨民、兵等领种，俟二年之后起征"详

批：丈量一节，系久安长治根本，如议行。委通判朱充、知县许一德等无惮险阻，无厌勤劳，悉心履亩，踏勘编号，分别肥瘠、四至，详细册报。毋得草率遗漏，混乱含糊，致贻后患，责有攸归。主将老于疆场，矢心善后，仍会同指点，并严行各把总官，带领精兵随从往来。

缴。

四十五

一件集议善后，以裨安攘事——布、清军并守、巡下川南等四道呈"议复兵道、任将领、设府佐、建城垣、理疆土、移守御、扼要害、起民兵、通道路、设社学、恤疲民等十议"由详

批：据议，善后事宜甚为精详停妥，足裨经久安攘之计，仰候会题，明文施行。但本院窃恐人情始勤终怠、言易行难，将致彼我共蹈欺罔之罪，甚可惧也。中间应举行者，该道、镇务念荡平之难，视为切己利害，作速查照经理，此乃自尽臣子之分以报国家，当无俟于他人督过者也。

此缴。

四十六

一件军务事——镇雄府申"乞委官清勘山都相联地界，庶本府疆土不被侵紊"由详

批：仰守、巡下川南道会同总镇，即查陇清所称地界何故年久紊失，前此何故不言？一民尺土，皆系朝廷所有，都蛮负固，已遭剿灭。疆土既清，何衅之敢生！委官有无情弊？

报缴。

四十七

一件叛蛮咬肘群哄，希图越狱事——按察司呈"犯人王彦时等招"详

批：各蛮贼发监之时，本院文行戒谕不为不严矣，乃典守员役尤不经心，有此疏略，情甚可恶。各犯依拟赎完，王彦时、李承业各重责三十，革职役为民，行布政司作缺除名。吕士祯重责三十，姑准还役。陈崇华等各重责三十，查照发落。王恺罚杂粮二十石，范承功、高惟谦各十石，仓库收缴。阿二等，委的当官监斩枭示。见监蛮贼，严加用心看守。

四十八

一件集议善后，以裨安攘事——兵巡下川南道呈"议行总、参等官，分管兵将督修城垣及建衙门舍宇，估计该银七千七百六十七两零，申乞行令叙州府并所属宜宾、庆符、高、珙、长、筠等县，各于库贮堪动银内照依分定数目动支，解交委官收支，买办木料等项，刻期修建"由详

批：钱粮准动支，各项俱如议行。城垣重务，速移文该镇、该参严督官匠分修，务极坚固，以垂永久，以资保障。有能依限完报者，重加奖赏。过期不完、苟且虚应者，据法参究。匠作，行各州县文到即刻解用，迟误者即便参官拿吏，毋得姑息。各城基，分守丈尺即用石一块，镌刻官工、员役及匠作姓名，仍登记册上。一应钱粮、物料，行通判朱充、推官吴文全总理收支。守、巡二道须久驻其地，稽察催督，事完册报。该府各县堪动银两有无足用，预为剂量，勿致临期缺误。所修文庙一节甚是，尚有坐营公署、仓官宅舍、旗纛庙、演武厅、营房诸费未见详开，再一议报。又近据该镇移称"将镇城增足五百丈"。果然，则钱粮似又当增议矣。全在二

道留心耐苦，遥度难尽。

缴。

四十九

一件军务事——兵巡下南道呈"议防守官兵月粮请乞批行守道，照今推官吴文全查点过，除私逃外，而报实在止有一万四千六百一十二员名、战马七匹。行令照旧银米兼支放给"由详

批：各该兵勇弃隘私逃，律以军法，通当重处。姑候本院临营之日，再行查明拿究。其见在各军兵，谕令守法防御、用心修工，听候犒赏。敢有私逃，听该镇查明拿到营前，斩首示众。仰分守下川南道查照今核实数支粮，仍行兵巡道出示通谕知悉。

缴。

五十

一件母老患病，恳乞奉例终养等事——筠连县申"准该县知县任体道关乞放归养亲"详

批：都蛮荡平之后，正赖六县正官加意抚绥安集，况本官廉勤公谨，士民归心。身归于君，不得顾私家者，份也。仰照旧用心供职，不得懈惰及渎呈取罪。

缴。

五十一

一件投天俯张军法等事——珙县申"犯人刘尚学等招"详

批：冯域倚强买鲊㊷，捏情妄申，可恶。姑从轻拟，纸完发武宁山做工一月，照旧防守。刘尚学携鲊（冒）［贸］㊸易，亦属贫难，准改的决追纸，发落库收。

缴。

五十二

一件地方事——兵巡下川南道呈"议行叙、泸二卫取军、夫，与宜、富等县取里甲夫共三千余名赴武宁修城，其原拨兵夫听刘总兵拣选掣调同张参将统领前去，将坑蛮寨残蛮搜剿尽绝，以杜后患"由详

批：搜捕残蛮十分紧要。少有惊扰，即前功俱属欺诓朝廷矣。如议行。各卫、县取拨军余、人夫，以代修城，量给行粮，赴营照例日支工食。其各该在营官兵，行总镇申严军令，督率速将余孽尽殄。一应赏格，如原议行。该道有地方专责。"靡不有初，鲜克有终。"此本院与该道所当共念者，不容差误。

缴。

五十三

一件乞豁冤役重苦事——筠连县申"革免弩手，其防守操练见有民壮等"因详

批：地方虽平，残蛮未绝，该县弩手若果得用，尤胜于远处调兵，恐未可遽议裁革。所虑原无工食，难以久羁在官。仰叙马兵备道留心查议选用。

缴报。

五十四

一件增建月城㊹、敌台㊺等事——兵巡、叙马二道呈"会议武宁城修建月城、敌台动支银两"详

批：如议动支，坚固修理，务堪保障。镇城之工有日矣，成而复坏，有同儿戏，未必皆泥田之故也。既旷时日，又费钱粮，诸执事何以经理督察之？

缴。

五十五

一件集议善后，以裨安攘事——兵备、叙马二道会议"建武城修理行台⑯、千、百户官公署、西城台上官厅，共该银六百六十四两零"详

批：行台、所署，委当及时增修，银两悉如议动支。其月城、敌台，俟城工报完之后方行接续经理，不惟工力易办，且缓急得宜，仍先月城后敌台可也。凡筑城基，必用地桩坚大者密竖于下。前项泥田城脚，尤宜用此。近称筑起屡坏，岂或少此乎？一查报不足银数，仰即于泸州库贮民兵银内动支。

缴。

五十六

一件经略平蛮地方等事——兵巡、叙马二道会呈"都宁驿移驻上罗计，仍行宜宾、庆符、高县、长宁、筠连等县抽取原议夫马，于都宁、罗洗、武宁交界地方接替，及召募加添支应银两"由详

批：改都宁驿于上罗计，以免偏累，并各县派拨夫马于罗洗、武宁接替，调停甚当。俱如议马上先行遵照。其后来发银召募加添支应一节，仰布政司会同驿传道速议查报。

五十七

一件军务事——布政司呈"议改运军饷粮米"由详

批：改运粮米支发军饷应给夫船包价等项，俱如议施行。仍行各州县，务要首先征解，以济支用。如有怠缓误事，该司即参官锁吏重究。至于载运船只，各掌印官尤须亲自选验坚厚中用者，差委的当人员管押候用。毋以不堪搪塞，责有攸归。

缴。

五十八

一件惯恶番蛮装塘掳官等事——松潘兵备道呈"抚处过空心等寨㊼番蛮，及议详参将胡大宾等，指挥边方靖、曹希彬等，千、百户王应选等，应袭舍人、总旗黄遇先等，俱节次有功，于松潘卫库贮门税银动支一百二十四两零，分别奖赏。内边方靖免赃收俸，路继勋免立功，阵亡舍人张献可，再给埋葬银六两，及将失事千、百户毛斌、徐俊参罚杂粮等"因详

批：渠恶成擒，余党效顺，地方底宁，功可嘉尚。除该道、镇并候叙荐外，如议动支官银。胡大宾等四员宴待。边方靖准收俸，回卫别用，其免赃听另文行。李承芳等分别奖赏优恤。路继勋准取回用。黄遇先等准给帖冠带，谕令益加奋勇报效。毛斌、徐俊姑免参，照例量罚杂粮各三十石充饷，仍各捆一绳，重责四十大棍，以警因循。曹希彬免究。

番酋报复，该道、镇既尝预言，幸各有备，姑置勿论。今虽投降，夷心叵测。仰加意严行一镇不许怠荒，务要体恤主、客军兵，勤哨东、南道路，整饬关堡，操练器艺，常使有虎豹在山之势，方保无虞。若恃其暂宁，遂弛警戒，一或不靖，咎责谁归。各该领兵守把官员再三申令，勿忽仓收。

缴。

五十九

一件城垣事——兵巡下川道呈"请武宁城东、西、南、北城名"由详

批：门曰东宁、西宁、南宁、北宁，楼曰镇边。各如议，大书镌扁施行。

缴。

①批申：上级官长对于下级申文的批示、批复。

②详：详文。旧时下级就专项问题向上级进行请示的公文的一种。

③批：批示，批复。

④移：移文，行于不相统属的官署间的公文

⑤胡越相视：认为（都掌之事）与己无关。胡越，胡在北、越在南，比喻相隔遥远。

⑥崇庆州：今四川崇州市。

⑦汉州：今四川广汉。

⑧时值：当前的物价

⑨攒运：速运。

⑩解户：解纳钱粮的人户。

⑪滴水、落窝：俱在今叙永县落卜镇滴水村境。

⑫羿目：羿兵哨目（哨所头领）。

⑬者靠：人名。

⑭按："撤"字，据文意改。

⑮放饭流歠，而问无齿决：语出《孟子》："不能三年之丧，而缌小功之察；放饭流歠，而问无齿决，是之谓不知务。"在尊长面前用餐，大吃大喝，却讲究不用牙齿咬断干肉这类小礼节，这就叫不知轻重缓急。歠，饮也。

⑯打鱼村：在今兴文县城古宋镇郊。

⑰按：此处显脱"件"字，据文意补。以下类此，不再出校记。

⑱若：《小尔雅》："若，汝也。"此指代祝旦。

⑲关：前代公文的一种。用于互相质询。

⑳按："代"字显为"伐"字之讹，径改。

㉑大木银两：采办皇木而未用完，留存在地方的银两。

㉒按：据文意，"渚"字当为"堵"字之讹，径改。

㉓宣慰：宣慰使。明代土官有文武之分。武职土官，以宣慰为最高，官秩从三品。宣抚使次之，从四品。奢效忠的官职只是宣抚使。

㉔赎：赎罪，撤销处分。该土官此前犯有过失，受到相应的处分。

㉕札：明代上行下的文书，多指手谕。

㉖冲僻：冲要、偏僻的合语。

㉗住俸：停俸。

㉘简州：今四川简阳。

㉙塘马：兵塘、马站。

㉚巡抚汪：天顺末年四川巡抚汪浩。在任傲幸边功，诬杀所保都掌土官及寨主二百余人，都掌人怨入骨髓，转肆劫掠。及成化元年大兵征讨，仅能克之。事发，谪戍死。详《明史·程信传》并雍正《四川通志》。

㉛重庆木价余银：早年采办皇木未用完而存放在重庆府的银两。

㉜兵：即兵巡下川南道。

㉝运官：指董思明。

㉞禀：旧时下级呈报情况的一种公文。

㉟陇酋兵：指镇雄土司之兵。镇雄土司，汉姓姓"陇"。

㊱宁番：卫，驻今会理县。

㊲雅：州千户所。驻今雅安市。

㊳大：渡河千户所，驻今汉源县清溪镇。

㊴镇西：千户所。驻今甘洛县海棠镇。

㊵嘉定：直隶州。今四川乐山市。

㊶散：散发。

㊷鲊：原指一种腌制鱼，此泛指腌肉。

㊸按：原作"冒"，据文意改。

㊹月城：又称瓮城，城外所筑半圆型的小城，作掩护城门、加强防御之用。

㊺敌台：城墙上用于防御敌人的楼台。

㊻行台：亦称行辕，大吏出巡时所驻的处所。

㊼空心等寨：藏寨，在今松潘县岷江乡境内。

卷之九　公移

批申二

六十

一件经略平蛮地方，以裨安攘事——兵巡、叙马二道会呈"将洞门巡检司①改移武宁城建武所，比照雅州、广安千户所事例注选吏目一员，盐水坝巡检司②移设歇马坝，下罗计官兵调守芭蕉隘，珙县堡调守青冈隘。原守歇马、青冈、芭蕉、上罗计四堡兵勇，尽数革去。其都宁、罗洗、武宁夫马，目今仍照议允答应，至万历三年都宁止募马三十五匹、夫五十名，罗洗募马二十五匹、夫三十名，武宁募马二十五匹、夫三十名，以为定规"由详

批：改移巡司、注选吏目并前议改都宁驿，俱应题请。仰布政司会同按察司作速覆议通详，以凭会题。该驿钱粮，仍会驿传道从长酌拟划一，以免日后纷更。下罗③、珙县二堡移僻就冲，极为妥

当。歇马、青冈四隘革去省费，甚属相应。速行二道，先照议施行。

缴。

六十一

一件经略平蛮地方等事——叙马兵备道呈"议通行叙、泸所属州县，将见在民兵以百名内量留六十名看守仓库、城池，选精壮者四十名，限九月十五日解赴武宁城发安边同知收管，与各官部下军兵一体教演。各快工食，照旧每名月给银六钱，解道验散以后，自万历三年照新议编解放散"由详

批：该道之设，全以新造地方弹压为急，则操练民兵以壮声势，诚不容一日缓者。但今议调取各州县而又按月解银以给之，是解人、解银一事而两用。且向来民兵，类多游手游食、疲脆老弱之人，有名无实，必不堪操练，及其赴调未几，而逃亡者且接踵矣。然后追人、追银，又一事而两扰之，何济于缓急之用？即便不逃，而远离室家，久住边塞，恐亦不近人情。本院欲将州县应解民兵之数止令解银，其就近被害失业之民与新集领田之民，既衣食无所资，又愤怆有可用，即以解银雇募此辈，当必情愿。然后严查户籍、年貌，互相保结，编为行伍而操练之，毋容军人得以揽混，奸徒得以包当。夫就近则勾摄①不难，情愿则逃亡必少，一寓招来，一存鼓舞，而武宁之左右皆兵，各州县又无追呼之扰，岂不为长策乎！但本院坐而论之如此，又不知起而行之其便否果何如？大抵事求经久可行，要有济于实用，彼我一己之见，俱所不必拘也。仰道会同守、巡及该镇再一悉心商确，归于至当。马上具报，本院企足而待之。

六十二

一件经略平蛮地方，以裨安攘事——兵巡、叙马二道会呈"议

抽宜宾、南溪、富顺、隆昌、庆符、长宁、高县、珙县、筠连、泸州、江安、合江等州县民兵征银四季，解兵备道验发安边同知放散募兵"详

批：抽追民兵工食就近募兵，既会议金同，称为两便，似已妥当，但独取之于八州县，恐属偏累。况长、高等县亦当各练民兵以资保障，未宜再抽。即今募兵为急，仰布政司权于税契银内先算明二季工食，动支解发叙马兵备道验发，以三年春季为始，作速选募操练，务求实用。其抽取一节，原有历年规则，须再为酌报施行，一面知会各道遵照。募过年貌、籍贯，仍关防册申本院，以备抚临核查。

六十三

一件宣布德教等事——叙马兵备道呈"改过各降蛮幼小姓名"详

批：这降夷子侄，正当与目兵子侄一体爱养。内林院改林顺，林常改林悦，罗嘉向改罗嘉恩，周吼改周享，周章改周民，熊惹改熊稳，熊行改熊止，熊加翁改熊加畏，熊喷改熊守，熊省改熊伏，熊雕改熊驯，熊森改熊柔，何烦林改何敢负，胡闹改胡宾，王倒政改王者政，并其余俱聚社学，选过教读谕令用心训化。首以圣谕六条⑤，先令演习成歌，随讲解大义及跪拜、迎送、应对、洒扫之节，仍每学画与孔明⑥一像悬挂瞻礼。冠履、衣服宜稍变易之。有不给，即官为措赏，申请动支。资质果有可进，或一年二年后，另请优异。务在变夷为夏，以为兴礼乐之张本。

此缴。

六十四

一件酌处粮运，以省劳费事——分守下川南道呈"议将温江等

十州县未完改运粮米改征折色，并司发笾船银两并解叙州府加给各兵"详

批：本、折给军，当先审孰为稳便，然后无翻覆之扰。今且无论科派，直使之纷称不便，非民之罪矣，奈何奈何！除已起解者外，查得温江等州县之米，原系额解丰、宁二仓正数，仰布政司查照速行，仍旧解运该仓。即查司库应动别项官银，并司发各笾船银两并解叙州府如议加给，后不为例。庶军民两得其便矣。若责之变价，恐滋益扰耳。该司仍一详度，以为何如。可即施行，及知会该道。毋缓。

六十五

一件军务事——守、巡、叙马三道会呈"委叙州府等查照各部下并营隘官兵"详

批：所为留兵者，贵有实用，济当务之急也。倘有欺弊，使奸官积总局骗，留之何为！如议分委官员严加点选，沙汰老弱。或有名无实，从公开报，以凭重究施行。

缴。

六十六

一件巡抚地方事——兵巡下南道呈"行总、参衙门遵照拨兵，分发委官修理城垣，一月一换。其新调充发军止修理营房，每军日给银一分，听委官稽察"详

批：民夫如议撤放，即行拨兵修理，并调充军人止令自修营房，俱酌量日支工食，督催刻期完报。如有奸顽偷玩，轻则听委官径处，重则解道追粮革役。毋容姑息，责有攸归。

缴。

六十七

一件恳恩乞赐定夺安置功官，以远祸患事——安静长官司土舍料正权⑦申称"先蒙安于落亥⑧地方避住，今欲回府，诚恐本府图害，乞赐明示"详

批：料正权系朝廷分授土司，乃能同伊叔料钦赤心报效，擒斩多功，以致素恶陇酋⑨敢行妒害。仰叙马兵备道会同守、巡及该镇议处保全，务在扶正抑邪，以别向背。如陇酋仍前稔恶，作何究治，并报。

缴。

六十八

一件军务事——叙马兵备道呈称"原调宣抚奢效忠羿兵停止，乞要严行总镇并张总兵各督部下官兵，捕残贼尽绝，永除后患，及行奢效忠督兵防守境界，不许交通窝藏"详

批：残贼既搜获，颇有次第，此自该道及将领典守事也，不容一词假借者。此后仍不时设法寻搜，但以尽绝为度。原调羿兵暂止。并申饬奢效忠严束接壤部夷，遵守军法，不许交通窝藏，自干罪戮。

缴。

六十九

一件仰仗天威等事——按察司呈"覆查过军前有功官军人等功次"详

批：各该员役功次既已查核明的，俱如议，候按院具奏施行。查得史训等五十六员名原经各道呈详无名，多系寄名冒功，营中未尝见面者。其古朝艾、高永迁、刘汉林、丁锦已据该道开报本院行

赏。仰径行兵巡下川南道再一查报，仍呈按院知会。

缴。

七十

一件患病不能供职等事——叙州府申"通判朱充告病乞归"由
详

批：通判朱充廉能诚悫（què），任怨任劳。前在军中勤绩尤
著，赏未酬功，有疾暂须安心调理，不得遽尔言归。该府谕留。

此缴。

七十一

一件经略平蛮地方等事——布政司议呈"通省抽解民兵工食，
除高、珙、筠、兴、长、庆六县征银贴守坝底外，今计一百零十七
州县，每百名内抽四名征银，解叙马道验发安边同知核放募兵，候
领田军民籍定，照粮起丁操练。前项抽解之银，另议停止"由详

批：查得嘉定州属已据该司议抽二百名于中镇堡募兵矣，似难
再抽。今该本院只照该道原议银数并查建武所已配发军人七十名，
即应作数操练。除酌量减免外，余如议照数征解司库支发。候戍
数多及领田军民起丁之日，即议停止。

缴。

七十二

一件经略平蛮地方等事——同知吴文全呈"武宁城招集流移小
民，见有一千余人领田耕种，置立鱼鳞册⑩式，分给各营堡官将领
田人户照式填写，细查不的，合无委长宁、高、珙知县与同本职将
附近田地、茶园再行清查造册赍报"详

批：册式当矣。但恐行不顾言，始欠详确，终作弊囮（é）⑪。

仰分守下川南道会同叙马、兵巡二道，照议严委知县高岩、周应璧，随同本官督各营官将秉公悉心丈拨、安插，册报。

缴。

七十三

一件经略平蛮地方等事——叙马兵备道呈"动支本道（脏）［赃］⑫贼罚银一十八两零置造四门旗仗、铜鼓等项，及行叙州府库支鸟铳三十二门、大铳十六门、火药、铅弹，解吴同知查发"详

批：如议支造取用。地方初定，岂能保无鼠窃狗偷，则巡徼之兵似不可少。近日营火莫救，岂成防守哉！宜加谨焉。

缴。

七十四

一揭——同知吴文全禀称"三月十四日夜建武城失火，延烧房屋"等情

批：此时当以培固根本，安集人心，区画疆亩，使各耕种为急，余蛮自有主将担承，不愁不尽绝，再不得轻亵兵威，但宜分布哨探，有犯者登时斩之，如捕盗之法可也。闻有一人而包田几分⑬者，既不能自耕，又不轻与人，此非安边同知之责乎？若夫赈恤火灾，则另有行矣。召募民兵作何操练，报知。

此缴。

七十五

一件军务事——守、巡下川南、叙马三道会呈"行刘总兵、张副将各遵照将防守老弱不堪兵革去二千五百（石）［名］⑭，以五月初一日开除名粮，止留一万名分布防守等因"详

批：存汰兵数与分别食粮，俱如议着实施行，毋容顶充冒滥。

见今募练民兵八百二十二员名，应否抵数作常川⑮防守，及此后应减者应否逐季以渐，或仍待来年。又六月间果否搜捕可尽，各道会同该镇力任其事。（报并）〔并报〕⑯。

缴。

七十六

一件地方夷情事——兵巡下川南道呈"马湖府同知陶采，奉清军、按院委查屯伍，暂行俞知府督理回龙冈工程，其荣、赖⑰地方，一面行兴工，仍候陶采事完回日，照旧监督。乞要将马湖、建武二处每处批定一道专督总理等因"详

批：马湖事若再因循，非惟不足示警，只以生玩，将来之害，有不可胜言者。各道止坐而遥度，鞭虽长岂能及马腹哉！若委官，即有专责亦甚掣肘，况不专也。本院为此甚虑。今定以武宁行兵巡道始终其事，马湖行兵备道驻扎两河口⑱，各总理一切事宜，仍会同详议。同知陶采职在清军，该府掌印官事务颇简，不妨暂诣回龙冈督工，候陶采事完竟代，或相应官另委。其荣、赖一处，本院径行布政司发断事陈一道专管。前陶采条议，并仰兵备道会同守、巡、该镇作速详议明白，马上飞报。便具起马日期并报。毋得再迟误事，不便。

此缴。

七十七

一件募兵勇以备战守事——建昌兵粮道呈"议查得建昌等六卫逃亡大半，军伍空虚，防御难支，乞要不拘军民，合余选募刚强武艺者一千二百名，收粮操练充伍等项"由详

批：选土著之兵充逃亡之数，虽出权宜，实为长策。团操三年之后即成精兵，可以一当百矣。但在人不在法久矣。有该道毅然经

略，为地方加意如此，蛮夷当恐惧不暇，何叛之敢为！若都司官不乘此奋勇励精，日讲武事以修实政，以成此战守之美，焉用彼都司为哉！银两准动支，籍册、散粮、利器等项，俱如议施行。此外只严行赏罚可也。

缴。

七十八

一件请号令以振军戎事——建昌兵粮道呈称"叛夷安文、腻乃等剧恶，劫乱地方，方行天讨，乞要比照沿边兵备，请发令旗、令牌申饬军戎，庶几官军用命，俟贼寇芟除之日赍缴"由详

批：所请甚当，即与本院抚临何异！赍到旗、牌，军令，该道捧领行事，听从便宜。有违令者，依法处治施行，不得姑息。事宁赍缴⑲。

七十九

一件惯恶番蛮装塘掳官，官军奋勇，擒斩首恶事——松潘总兵沈鲸呈报"空心寺惯恶喇嘛，引领番蛮五十余人突出围虏⑳，委官督兵奋勇，当阵斩首七颗，夺获番马二匹，弓、箭、刀二十五件，余番星散。报乞将奋勇冲锋官兵批行激赏，并乞量调茂州三长官司土兵千人，计处钱粮，杜防阴害"由详

批：松潘向来玩愒㉑，今一时文武同心，多方整顿，遽有此捷。不然，即喇嘛作梗，恐未必先事预防；一旦抢官，恐未必临机制胜，且余党阻截又复乘夜督战，一散架嘴之众，足称攻心之谋。兵势既扬，内修宜固。倘犹叵测，听与该道熟计呈行。务在不战而屈人之兵，乃为上策。

此缴。

八十

一件从实练饬武备，以（度）［杜］㉒虚文等事——都司操捕陈都司呈"乞要将城操军人尽数查出发操，刻期训练，鸟铳、弓箭等器演习精熟。教试如法得中者，本职自捐俸粮量犒。其各征操马匹倒死者，限责本军买补备用等项"由详

批：满眼皆是官兵，一遇有警，百无一人堪用，豢养此辈何益！该佥锐意练兵习艺、清理操马，可以观振作之志。仰会同二司、清军道着实举行。犒赏仍于该司堪动银内议支。

缴。

八十一

一件地方事——建昌兵粮道呈"遵奉严行邛部司调集土兵前到沈守备统领，追剿叛夷腻乃等，及议兵于越嶲地方御备，恐乘虚突害"由详

批：地方之事难分彼此，顾事势缓急何如耳。夷猓果在可缓，即少发何妨。又前调盐井喇兵给过行粮，本院批行免追，谕令以后报功就近斟酌。该道可留心调遣之，并严督沈茂上紧完事。知会该守、巡道亲临其地经略处分，毋贻后害。

缴。

八十二

一件地方夷情事——分巡上川南道呈称"猓夷脚魁等三名并报首级拾颗"详

批：二堡俱完，又经擒献贼首，地方似可无事矣。该道督办，良已劳苦。首级准发为患地方枭示。其中镇堡系内地保障，尤为紧要，不知果可恃赖否？仍一勘报，以期万全。

缴。

八十三

一件乞请明示等事——建昌兵粮道呈"议给邛部长官司土妇马氏张盖夫伞"由详

批：马氏姑如议给与夫伞。谕令益奋忠勇，或擒斩首恶腻乃等，立有奇功，或严束属夷，地方安静，听该道另议冠带。如或党护逆囚，纵容出没为害，仍行追夺，从重参究。

缴。

八十四

一件叛贼抗拗明旨，节次统兵攻烧粮马地方，杀人如蚁等事——贵州革任宣慰安国亨申"永宁宣抚奢效忠统兵杀掳水西地方人民"详

批：夷狄相攻，中国之福。此指无官无爵如北虏、南倭之类是也。若有官有爵之土夷，不能安分守己，大胆相攻，使无辜土民日遭杀戮，则朝廷何忍不诛！必分别是非强弱，兴师问罪，不免劳民伤财，如何是中国之福？奢酋这厮如敢不遵法度，本院定行拿治。但闻你亨素知事体。往日之罪，似出谗言。今日益该小心，以洗旧迹，岂可轻犯天条！世间冤家只可解，不可结。两虎相斗，势不俱生；鹬蚌相持，渔人获利。你亨半夜详细思量，早早回头，一忍千利。以后你二酋享福，子孙长远，方知本院此言乃无价至宝也。

此不必缴，留你传家。仍听候会同贵州两院查处示下。

八十五

一件地方事——马湖府陶同知揭报"夷僄西姑摆等出没，及称赖因乡㉓有宋荣芳等，鸣龙洞㉔有杨春元，柏板隘有胡朝，俱为乡

导；其夷伟蒲遏、项太阳等，俱系通夷之人。谕令认守地方。内李廷美等见监本府，责令追出被掳人口等情"

批：据报防御颇周，目前似无可虑。再立两河㉕等隘及导奸驾驭得宜，仍核尤者，一明正其罪，即可保长久矣。应议者候司、道议报；应径行者作速施行。以后效劳员役默为稽查，分别稍示赏罚，以励人心可也。

此缴。

八十六

一件地方夷情事——布政司议呈"叛夷腻乃等为乱地方，调集兵粮剿捕"由详

批：叛夷蠢动，残害土民，惊扰内地，法所必诛。既经会议停当，一面各路整兵，务足四十万，并积粮饷，务足三年，直捣雪山、梁山，荡涤巢穴。但大征重事，须候朝廷处分。除具题请旨外，姑先行遵照筑堡立墩，选择将领及提督官先行防御，务在一一着实举行。岭柏虽故，尚有马氏母子代管其事，若不能多方钤束，岂得徒拥虚名。并黄郎㉖、乌蒙各严行戒谕，不许纵容藏匿，并速天诛。一应机宜缓急，在建昌道督率沈茂禁缉警备为先，上、下川南道互为掎角，彼此绸缪策应为急。仍各躬历边地，悉心经略，以俟一举万全。

缴。

八十七

一件投天安生事——布政司会威茂、川西二道议呈"行茂州㉗将各寨投顺番蛮自万历三年（1575）为始，照各羌所认粮米，一面起征输纳，一面竖立铁刻石碑以垂永久，请乞会题，或量加赏赉，或赐之姓氏，严禁通事人等不许科害起衅"由详

批：远人向化，固宜安之，但该道未见亲临面审真伪，尚属苟且。既称事干会题，不厌详慎，仰司再会议停当通详。

缴。

八十八

一件欺天奸党叛律违法，冒立异姓等事——天全招讨司土舍高恒申"高仲德系流民孟景春之子，捏作高定遗腹生子"详

批：高恒原无冠带，今称冠带舍人，系奉何明文赏给？其高仲德冠带，系司、道呈明本院奉行者，本酉安敢复生异议！仰守、巡上川南道先将高恒冠带革去，速提勘明前案具报。

八十九

一件北虏住牧等事——布政司呈"议松潘增处兵粮、加备器械等项条款登答^⑧"详

批：火器、操赏如议行。贴守、客兵二项行粮，暂准本年支解，以后年分遇警另详，缘未有年年防虏之理也。鱼、盐、姜、蒜等项，例非出征不用，但于三次犒赏内分别激劝可也。成都鸟铳手果否尚有二百名可调？既动钱粮，查的再报。

九十

一揭——指挥陈嗣昌禀报"夷首气拍等枝蛮众，愿来投降，随有领兵把总刘汝悌差通事廖万德等人寨探问，至三月初十日卑职会同俞知府临鸣龙隘、鲁家村^㉙，据刘汝悌带同夷罗脚实等十名前来投降，当即宣谕利害，量给犒赏，回寨认守地方"等情

批：尔为提督，要忠勤以靖地方，不欺不懦为忠，不怠不疏为勤；不得尚气，不得争功；用人替你出气，用人替你立功方是。全在计谋，不恃兵力。今河水既涨，蠢夷不出，所当作速建堡，以固

根本。但以防御为上，使他来即受亏，就不敢来了。若要大剿，须是预集兵粮，方得尽绝，非用一年干办不可。每事与府官商量，务图久远，毋取快目前。聂永相读书者，岂不听你提督！如他言有可用，尔当用之，但要济事，不必拘拘礼貌。

此缴。

九十一

一件乞天威镇夷情，以靖地方事——天全招讨司土妇王氏呈"夫杨时誉身故，乞赐大彰明示，以镇番夷"详

批：土舍病故，乃常事耳。杨时誉虽系罪犯首恶㉚，既遭天诛，已正明法矣。今土妇王氏屡次扰申，必有奸人妄生事端拨置。仰守、巡上川南道将递到人、文研审，并严行禁谕。

缴。

九十二

一件议处边防事宜等事——松潘兵备道呈"议南路开堡、添赏需物"由详

批：戍军添赏之苦久矣，其逃亡之多，亦何怪其然。顾"皮之不存，毛将焉附"，实为边事之隐祸也。今悉取诸节省之行粮以充之，岂止宽数百之命已哉！会选堡官，委为要务。仍行该镇、卫所并守备、守堡等官遵照施行。如有因循旧弊者，从重参究。

①洞门巡检司：永乐十九年置于珙县洞门铺（今珙县巡场镇塘坝村），隶属珙县。

②盐水坝巡检司：永乐十八年置于盐水坝（今珙县底洞镇境，旧名王家场），隶属珙县。万历三年迁歇马坝（今珙县底洞镇锦绣社区）。

③下罗：下罗计，又名阿亚谷，即今珙泉镇。

④勾摄：拘拿。此谓军卒如有逃跑，而其家在附近，拘拿不难。

⑤圣谕六条：明洪武三十年（1397）九月，明太祖朱元璋传令天下："每乡里各置木铎一，内选年老或瞽者，每月六次持铎徇于道路，曰'孝顺父母、尊敬长上、和睦乡里、教训子孙、各安生理、毋作非为'。"后称"圣谕六条"。

⑥孔明：蜀汉丞相诸葛亮的表字。其人为南中少数民族所信服。

⑦料正权：人名。后文料钦，亦是人名。

⑧落亥：今珙县落亥镇。

⑨陇酋：明初，设芒部军民府（土司）于镇雄，后改镇雄军民府，又改镇雄府，依旧土司。头人陇姓，彝族。清雍正中始改土归流。

⑩鱼鳞册：明代官府记载田地形状面积的地籍册。按田亩方圆画图，编以字号，宛如鱼鳞比次，因以鱼鳞为名。

⑪囮：《说文解字段注》："囮，译也。从囗，化声。率鸟者，系生鸟以来之，名曰囮。"引伸为诱骗，讹诈。

⑫按：原作"脏"，据文意改。

⑬分：通"份"。

⑭"石"应是"名"之讹，径改。

⑮常川：经常，连续不断。

⑯按："并报"，据文意改。

⑰荣、赖：今四川马边县荣丁寨、赖因寨。

⑱两河口：马边河与岷江交汇之口。今犍为县河口镇。

⑲事宁赍缴：事态宁息以后，将令旗、令牌缴回都察院。

⑳虏：抢劫财物，掳掠人口。

㉑玩愒："玩岁愒日"的略语，意谓贪图安逸，旷废时日。

㉒按："杜"字，据文意改。

㉓赖因乡：即赖因寨，今马边县城。

㉔鸣龙洞：在今马边县大竹堡乡红岩村。

㉕两河：此两河口在今马边县境，不是犍为县的河口镇。

㉖黄郎：今四川雷波黄郎镇。

㉗茂州：今四川茂县。

㉘登答：前代公文用语，常用以指旧时下级对上级的回答，犹言对付的办法。

㉙鲁家村：在今屏山县龙华镇境。

㉚杨时誉：明焦竑《国朝献征录》卷四三《南京兵部尚书容所吴公文华行状》：嘉靖八年（1529），"天全招讨副使杨时誉，以承袭为招讨使高定所困，相仇杀久之，边境骚然。"又《福建通志》卷四五《薛天华传》："天全六番招讨使死，长子杨时誉袭，次子时举谋夺之，勒兵相攻。"

卷之十　杂著

　　论曰：闻之孔子，和之以文，疆①乎武哉！故武之武，或不足敷奏其勇，而文之武，实遹骏有声远矣。公奉灵旗而大征也，岂徒杖三尺剑，玩寇于掌股之间已哉！居恒就舠为文辞，则在辕门如游金马，日匠思摛藻，与古之作者相放②依而以色容焉，亦笃勤矣。至归美元辅为宗功之篇，是又公之以可济可，而上谕③其信者与？叙《杂著》第三。

　　①疆：通"强"。
　　②放：通"仿"。
　　③按："喻"字，据文意应作"愈"。

功宗①小纪

　　昔人有言：自古用兵，未有大得志于西南夷者，从来久矣。山都介在川、贵间，汉府、土司，周遭布濩（huò），而蛮独陆梁其中。往代无论，明兴二百年间，盖十有一征，而最大者无如天顺、成化之际，至烦大司马[②]提兵出，合三省汉、土官军十八万，越四年，仅克大坝。盖其地去九丝不二十里，竟厄塞难进，以故遗患至今。嘉隆间，猖獗甚矣。语在诸使臣奏议中。其蹂躏惨酷未易名状，然所为稔恶斯极，小小挞伐辄不利。间议大举，则众难塞胸，讫无决策者。岂其才能、智力不足吞蛮哉？庙堂靡主断，疆场鲜成功，岂惟不成，非挑衅速祸之惧，则老师费财之虞，故未征而先与其败，少挫而遽夺其成。任事之难，匪一朝夕故矣。不佞往备员冏寺[③]，会言官追论贵州安酋先年阻兵[④]状，廷议欲有所连治。一日，谐寺僚谒今元相张公[⑤]，言及斯事，公云："贵州建在夷窟中，藉第令羁縻不动，斯可矣。若蜀之都蛮，密迩叙、泸，侵暴我内地殆六七州县，赤子无辜受戮者历年何算，而竟不问罪，此孰与贵州？"未几，不佞谬抚蜀。既入境，警报日数至，乃上书请讨之。自五月视师，九月报捷，中间克凌霄、克都都、克九丝，计大小寨以百数，俘馘及所焚坠死者以万数，山都遂平，斥境四百余里，腴田沃野十八万亩有奇。今张官置吏，列障乘城，分田授地，已屹然新巨镇矣。自不佞而下，蒙朝廷爵赏有差。

嗟乎，此岂不佞所能幸致哉！实由我祖宗功德冠乎宇宙，皇天申佑，景祚无疆惟休，是以诞生明主，妙龄御极，深惟长治久安之道，眷倚元辅张公至笃。公又本孤忠扶日月，勤思海内，不以蜀在万里外，弃而不讲。其于征蛮一事，图度于未征之前，筹算于方征之际，鼓舞一时而经略百世者，盖既竭其密勿之心思，即益部诸缙绅长老（诉）[诉]诉相告，亦庶几称一方绥靖矣。以此见相道之所系于治乱者，犹影响之于形声。昔韩魏公有言："须臾慰满三农望，收敛神工寂若无。"夫收敛若无者，相道大而忘言也。顾不佞与三农同慰，纵莫能言其详，可无纪其略，以俟载笔者采拾乎？

方隆庆改元，蜀抚、按以都蛮上变。时公偕内阁诸老视草，有叹者曰："都蛮不灭，蜀叙、泸赤子且无噍类矣。安得畀一巡抚往任之？"公曰："吾楚一士足办此，第名未著耳。"问曰："何？"公以不佞对。当是时，不佞督学关中，盖去今七八年所，而公已收之药笼中如此。近以平蛮，方得闻悬记之详。因忆曩者举贵、蜀事并论，公毋亦有深意存焉？迨万历元年（1573）三月，不佞甫至叙州，会言官有以闽事论刘显者，罪且不贷。公曰："临敌易将，兵家所忌。倘蜀事不效，并闽事逮治之未晚。"于是，言者意始解，而显以此惧且感，竟奋不顾身，以平蛮自效。有如显不可留，蛮祸益叵测，所领标兵多江、浙、闽、粤间乌合之雄，如郭成之罢，剽掠几内讧者恐又甚矣。事特预扑于无形不觉耳，况敢望平蛮哉！

先是，大征疏上，中朝公卿大夫谓不便者十九，大略以蛮若可征，岂俟今日？不如抚之便。公曰："不然，不剿而抚，此向来所以滋患也。且观蜀中经画，虏已在吾目中，诸公但倾耳以俟捷音之至耳。"乃其后果以数月告成功。至于公所为手教⑥者，有曰："刘显功名著于西蜀，取功赎罪，保全威名，在此一举。郭成虽废，然有必报之雏，宜用以佐显。"余因持以激显，亟起成于家。二帅感公特知，莫不鹰扬虎视，自计不反顾。有曰："六县人心怨恨既深，宜因其机而使之。"余因募六县丁壮。旬日间，一呼响集，莫不争先效死斗者。有曰："攻险之道必以奇胜，弈家布置虽多，成功者一路而已⑦。今可征兵积饷，为坐困之形，而募死士从间道捣其虚，先年破香炉、取洮岷⑧，皆用此道。若不奋死出奇，欲以岁月取胜，此自困之计。兵闻拙速，未睹巧之迟久也。"其后九月九日，卒用奇取一路登城，遂大捷。总之，公所卷卷无虑千数百言，而大旨若此，以故人徒见成功之易，而岂知政本之地发踪指示若斯之勤也。自今回视兵间次第，宁有一爽公之左券者哉！韩子曰："凡此蔡功，惟断乃成。"此虽蕞尔戎寇不足数，自非公主断，岂疆场之臣所敢尝试？而况深劳于猷念者虽在万里外，未尝不日夜往来帷幄中也。捷至，公喜动颜色，报书曰："都蛮自擅，不讨之日久矣，岂知王师动于九天之上，从衽席攫而取之乎？捷音远闻，不觉屐齿之折⑨。叙泸赤子，自是可安枕而卧矣。此时宜力为久远计，必毋使乴蘖复萌可也。"嗟呼！公之心上为社稷，下为生民，盖不遗余力，而不佞得奉以从事，藉卒业于坤维，何幸之厚也。至于不佞先后所条上便宜，即虽谫谫无高论，然无一不入告主上报可者。故尝念前此抚蜀者，其才视不佞奚啻十倍，乃其遭际似不同日而论矣。公则又间语公卿大夫曰："诸若此者非余之能，明主委心之力也！"於戏，休哉！惟明惟良，庶事以康。

方今朝野亨嘉，文武戮力。南靖粤，北驯胡，辽左反面，兵不留行，亦既威震乎殊俗，而化浃于方内矣。不佞乃独指一隅而谈功宗，是乌（睹）[睹]⑩公之大者乎，故名曰小纪云。

　　①功宗小纪：功宗，首功。光绪《兴文县志》卷五："功宗小纪碑，在建武旧崇报祠。曾省吾撰文，安边同知吴文全勒石。"碑高 4.55 米，宽 2.3 米，厚 0.33 米。2004 年屈川教授实地勘看，碑上部字迹尚清晰可识，下半部字迹残缺过半。2020 年陈介刚实地勘查，碑文漫灭，唯余题款依稀可辨。

　　②大司马：指兵部尚书程信。

　　③园寺：太仆寺的别称，掌舆马及马政，属兵部，官秩从三品。

　　④贵州安酋先年阻兵：贵州水西土司安万钟为其左右为所杀，无子，亲族争袭多年，而安国亨得袭，淫虐，以事杀万钟弟安万铨之子安信。信兄安智，与其母别居于安顺州，闻之，因告国亨反。巡抚王净遽请发兵诛国亨。智遂为总兵安大朝画策，且约输兵粮数万。及师至陆广河，智粮不至，净乃令人谕国亨，而止大朝毋进兵。已渡河，为国亨所败。时隆庆五年也。见《明史·贵州土司传》。

　　⑤元相张公：内阁首辅、中极殿大学士张居正。《明史》卷二一三有传。

　　⑥手教：手自书函指教。

⑦弈家句：譬如围棋，弈者部置虽多，成功只在一路。

⑧破香垆、取洮岷：破香炉，正德十三年贵州巡抚邹文盛、总兵李昂攻破都匀府清平苗族香炉山（在今凯里）；取洮岷，成化四年陕西总督项忠、巡抚马文升攻克反明的蒙古满俊部落石城。

⑨屐齿之折：大喜至极。《晋书·谢安传》：谢安主朝政，淝水之战，大破前秦。捷书既至，安"还内过户限（跨越门坎），心喜甚，不觉屐齿之折"。屐齿，木屐底下凸出像齿的部分。

⑩按：晬，应作"睟"。

征蛮杂录 _{有序}

都蛮既平，余班师还省，藩臬诸君请曰："斯事体大，宜记之。"余以仰仗朝廷威灵、庙堂筹画，及文武将吏、士大夫、父老子弟佐助之力，得侥天幸，为民除害，实无可记者。久之，复以为请，余因思：前事者，后事之鉴也。蜀多苦兵事，今所行有得有失，以为鉴于后来，不亦可乎。遂授吏漫录数条，以塞诸君之意。至于小小运用机宜，则余性善忘，已回首惝怳，苦无何有矣。史聃①曰：兵者，不得已而用之。恬淡为上，故不美也。余深有味乎其言。

一

大征之议，前此任事诸公，固尝早夜图之，其成案可覆考。但将不可易得，将得矣，又主国是者稍异同，即其事竟难任也。余偶代匮来，则总兵刘显已镇守其地。显，老将也，独熟于九丝险易，为蛮所惮。彼十五二十时以武举把隘，尝挺身与蛮斗，所杀伤百数十蛮。蛮至今呼"刘武举"，则色动神丧。而显既从此得名，历行阵于吴越闽贵间，其兵机益熟。彼既以平蛮自任，属今上改元，宣天纵之资，委心良弼，而张、吕二相公②又和衷夹辅，共济时艰，并以都蛮为天讨所不赦。大司马谭公③旧尝抚蜀，已训兵积饷，为大征计，旋提督两粤去，心尝恨之。是以阁部之见如出一人，虽群情鼎沸，而屹然不动。忽刘显被劾，又共为主留，显遂益感激思奋。由此观之，今日之平蛮，岂偶然之故哉！

二

蜀，四隅绵亘数千里，据中原上游，北倚剑阁，险绝天下，东连僚、僮，西、南尽番、蛮，蟠聚深固，自古称强犷难制。一隅不靖，即全蜀绎骚，矧都蛮之患二百年于此乎！前此大征，固尝集三省大兵，迟以四五年之久，稍示惩创，未拔根株，以故久而滋蔓。然都蛮与番、僚实不可同日而语，盖番、僚俱在邦域之外，即有变，驱之使出，便称无事。惟都蛮介在川、贵间，汉府、土司，周遭联络，而彼独横行其中，《易》之噬嗑（shì hé）曰："顺中有物曰噬嗑。"其义则啮而合之为贵，不合则为腹心之害，无时而已。土酋既习见我兵屡挫，渐成跋扈。东、西各边，又皆环视而畜不逞，有如一旦窃发，而都蛮从中起，吾不知蜀人何以奔命？矧亡命大盗如阿幺、方三等，又虎而翼之乎！此余不量而冒众议以决征，要之必俟诸久远而后利害乃见，兹难以一二尽也。

三

天下之事，未有不成于同而败于异者。余初入蜀，以大征事商之当涂孙侍御④，答曰："去年按眉州，蛮纵劫江安，羽书相望于道，远近震惊，余七日夜未能帖席。蛮之当征，更何疑也。"又宴劳刘帅，勉以尽心报国。已而扶风孙侍御⑤至，即移檄九丝，用激将吏，虽校士棘围甚劳苦，念兵间积雨，忧形于色，闻捷音则走书相庆，其关情如此。天水郭侍御⑥继之，一切经略，同猷共念，益抵于成，议功赏则鼓舞群心，足使后来用命，而措意俱宏远矣。余不肖，赖三公左提右挈，以始终其间，其亦幸哉！即今巴蜀宴然，户有乐生之欢，朝靡西顾之尤，斯同之效矣。

四

余未入蜀，闻之蜀人云，七县⑦百姓惟恐刘帅一旦去，即蛮祸叵测。又有谓刘帅似不安于此地者。余颇疑之。既至潼川⑧交代⑨，因思改元奉诏⑩，彼当自陈。即具揭阁部，若曰："叙南九丝城都蛮为患长久，近蒙庙堂、本兵筹画，用总兵刘显镇守地方。本官少年尝立功于此，阅历十有八年，都蛮闻风畏服，加以分兵扎隘各得要领，自五六月以来，都蛮不敢出寨，地方稍稍苏息。但此蛮玩肆已久，戎、珙、高、筠等七县久遭荼毒，即今不一大惩创，后来益无忌惮。且全蜀边镇、土司星罗棋布，先年不时称警，今皆观望此蛮，良非细故。除相机兼行抚剿，次第查理粮饷，另行具报外，职以为此举宜出万全，非可旦夕尝试。今所最要者，惟久任刘显，庶可以责成功，不然如郭成倐来倐罢，未展一筹而蛮害滋甚。以今较昔，利害悬殊。今显将自陈，愿假主上威灵，曲加激劝，以作忠勇，地方幸甚。"乃未几科疏劾显，兵部即据余揭请留，显遂感朝廷使过盛恩，誓以死报，故致今日荡平。余窃念前日之揭非能预知后来，而科疏一激，遂成显桑榆之美。事固有相反而实相成者，非此类乎！

五

初议征时，兵既未调，粮亦无措，众皆难之。独罗左使瑶、冯右使成能赞决。而左使综理钱谷，如运诸掌，本、折所需，多先事转输，士气百倍。右使甫履任，即毅然偕往军中，事多谘之，其当机转丸，若发千钧之弩而建之峻阪之上也。

营中督饷最紧。王大参宫用虽被目疾，驱驰戎、长之间，法严而人不敢玩，士皆有宿饱之欢。军夫与牛酒鱼盐杂需无措，则沈少参伯龙多方区画，随取立办，卒无愆期，其敏于集事如此。纪功一节，最忌冒滥。周金宪思充虽苦脾胃，乃舆疾营中，不避蒸湿，而功赏极其分明。老弱、妇女皆安置，得以全活。其在有司，昼夜总理军饷与一切机宜，无问巨细，则知府陈大壮不动声色，各就条理。若同知曾可耕、容朝望，通判洪一贯、朱充、丘梁、师道立，推官高文炳、吴文全，知州罗向辰、赵方立，知县许一德、陈嘉言、沈植、王完、张九思、张联奎、张震、王之绪、杨汝楠，经历陈忠、王慎，皆各赞襄分理于下，如指臂之相使，罔不既乃心者。而洪一贯始事即报蛮决可征，又执获阿苟，破凌霄，旋以忧归，后叙功未拟升，偶遗之也。又原任成都县知县陈以庄，永宁人也，颇究心地方利病，平生所述有《戎蛮纪略》，力言都蛮当征，而古今御蛮得失亦略备。余因取置军前，时一咨问，多所裨益焉。

六

初议大征，李宪副江所见，落落难合。余虽已驻叙南，而渠意犹未决，缘事体重大，其成与否，兵巡之责比他道不同，宜其然也。及破都都砦与进攻九丝，则该道临营督阵，寝处于蒸湿雾雨之中，不间昼夜，不言劳苦，如是者五阅月，皆人所不堪。虽恩威并用，而执法之意常多，故汉、土官军有所忌惮，争先效命。尝以催逼进兵与主将大失欢，及成功之后，主将甚叹服之，以为难也。此可以观任事之效矣。

七

以大征为不可者三：曰山险，蛮逸而我劳也，急之则遁，徒老师费财耳；曰地不可耕，人不足使，即克之奚益，且将自困；曰此一肢病耳，奈何骚动全省？夫谓老师费财，谓地与民不可耕且使者，今事已底绩，无足辨。惟"一肢病不当骚动全省"之说，关系地方大势，不可不明其不然。请以一肢辟①之：人之身，有一肢病而漠然不介意者乎？群七县之生灵，或被杀，或被掳，或被烹，一望村舍成墟，膏骸遍野。有人心者，其将忍之乎？若惧骚动而不处，恐一身之内自分胡越。天下之患，每至于狼狈而不可收拾者，必此之言矣。彼其意必以姑抚之而设隘以守，亦可以无事，夫使其如是而可无事，前之人奚不为？抑果为之，而难保其无事也。

八

自议设大将镇守，屯兵一万有零，岁费粮饷计本、折当用银十三万两有奇。若但守而不征，以十年计之，当用银一百三四十万，犹未知所抵。与其坐费民膏至于不可算而竟无补，曷若取十年零数平蛮于一年之中，其所省不既多乎？但潜消默耗于十年，即多亦不为异，惟顿费于一旦，即少亦苦其难。然此为愚人虑始论也，吾辈领疆（场）[场]⑫之责，但当视生民休戚何如耳。使虽费而民得安宁，不征可也；使徒费而民不免于涂炭，岂能安常袭故，坐视其死而莫救！景泰元年（1450）夷贼并起，先攻高、珙、筠、戎四县，后以次屠长宁、江安、纳溪，江以南为之一赤⑬；成化元年（1465），贵州五千余军一时陷没，巴蜀死者万有数千⑭。郡志固可考也。岂非坐视抵此乎？乃其后俘斩仅数百而罢，何一方人鬼沉冤一至此极也！近日，汉人亡命悉逋逃于中，黠者遂为谋主。彼固习见汉兵无如彼何，何惮不逞？及今不大创，吾诚未知其所终也。顷破都寨，一被虏童子望官兵奔回，解至军门，其伯父随递状具领，抱持号哭，麾下莫不洒泣。据状，乃隆庆五年（1571）阿大、阿二领蛮数千纵劫，初至长宁县，封民结一寨御之，名曰宝瓶砦，相持五日不破。后阿苟从凌霄率众助攻，立破之。其中男妇老幼三百五十余名口，仅幼小三四十口以生掳得全，余尽为戮鬼。此童子者，生掳之一也。其父母、一兄两妹，眼见死于砦下。悲夫！一夫不获，时予之辜。此而可忍，孰不可忍！朝廷以"悉力尽剿"命之，明见万里之外矣。

九

余于三月二十一日发锦官，天气黯淡。既在途，忽开霁。是夕，院后民居火。罗左使报曰："此大捷兆也。"抵眉州，有戎县通老数人迎见，忽厅瓦坠，穿仰尘⑮，抵坐阁西南角上而止。仰尘，竹所为也。左右皆惊。余默占曰："瓦坠者，蛮瓦解矣。穿仰尘，破竹势也。又抵西南角而止，蛮正西南夷也。然在眉，其速捷乎？"及入叙州，地屡震，皆自东北往西南。余乃遍访缙绅先生及高年父老，皆曰："往年平横江、平白草地⑯，皆震。今震，蛮必平。又震且数且大，平必速。"又曰："东方，生气也。北方，帝所居也。自东北往西南，以生道杀之，天兵所临无不摧折者。"又阿大、阿二据鸡冠岭为寨，其寨门因山石为之，至是令挖益险峻，石门忽崩，阿二大惊曰："此不祥，不如并力九丝城上。"阿大不从，仍据鸡冠，而阿二独上九丝。既上，值地震，一路复崩，蛮自是胆益落。又破凌霄、破都都、破九丝，皆有乌鸦成群飞绕火光中，官军以此占之，故胜气益倍。

十

总兵郭成，叙南人，其父为都蛮所杀，成有不共戴天之雠。比来镇守，愤在必报，未几论罢，所领倭兵⑰，尽岭南乌合枭健之众，遂多散去，其留者尚千余人，隶显麾下。显之勇能摄之，乃其心未尝不思成，盖成能恩之也。余因成之痛父，兵之思成，会张相公亦谓成当用，遂于元年二月中勉以忠孝，檄起任事。或谓大将未可轻用，余曰："不然，以叙南人御叙南贼，非大将也即不用，彼犹当自列行间以雪恨。"且一面具题，一面起用，本省用总兵程规之例固在，罗左使又力赞决之。成一出而显益有助，士气益倍，卒拔凤头，先寒贼胆者，成之功也。先是，有言显与成不合者，乃显固荐成，成既用，显复忻然共事。或曰："彼内不合。"余曰："但知平蛮，不知其合不合也。即不合，显亦庶几先国家之急矣。"

十一

余未起马时，檄通判洪一贯图度九丝形势，因回报曰："此必可征。"及察群情，则多不以为然，大抵非常之原，黎民惧焉，无足怪者。余以凌霄城之险乃九丝外户，久为阿苟所据，每九丝蛮出劫江安一带，必经凌霄城。或官兵追赶至此，即不敢近，甚且反击官兵。而阿苟者，又独为四乡雄长，阳顺阴逆。每蛮反出，则苟为之部署。县官知其然，即求苟招抚，又为苟请冠带。苟赴县官领赏，则惟恣其所欲。一日，领长宁赏稍不如约，即趋出，拔刀斫县门曰："必破此县。"县官惧，急倍其赏追与之，苟犹大骂去。未几则又反，反则又赏，以为常。监生胡（大）［天］[18]锡，长宁人也，被苟掳去（共）［其］妻男女家人二十一口，登时将妻以下二十口尽杀之，止存天锡一人索赎。余闻其事甚愤。而蛮中称苟为得居王，得居，乡名。苟内寨得居，外寨凌霄，为两窟。有阿幺儿者，仁寿大盗，逋逃凌霄，为苟义子，勇而黠。余因思兵法"攻瑕则坚者瑕"，凌霄虽险峻，近外地，且小，必先擒阿苟取凌霄，则蛮胆必落，九丝可图矣。乃先调奢效忠土兵五千听用，不言取凌霄。及余入叙南，众议抚剿尚纷纷不决。余密令通判洪一贯会同郭总兵、张参将，用武生李之实计，擒阿苟。苟果就擒，将官又欲纵苟，余亟令曰：有纵苟者抵罪！于是洪一贯执令缚苟，遂械入叙府。而阿幺儿者固守凌霄城不下，余乃移文刘总兵及调到奢兵刻期攻剿，甫三日，遂破之。或有告苟者，苟曰："凌霄城必不可破，况有阿幺儿在上。"及幺儿拿到，苟叹曰："九丝城不保矣。"

十二

刘总兵先差武举李之实计诱阿苟，不谓其遂获。及期则刘营隔远，而为郭总兵、张参将、洪通判就近成擒。后奢兵将到，当攻凌霄，嗣刘出议云："兵力未齐，且宜暂退。"余难之曰："各土兵已遣调在途矣，奢兵以近先到，则宜先有所图。若令退，倘各土兵闻兵皆退，尚欲本院再调乎？军机所系，罪将谁归？"刘大惧，遂奋然促奢兵进据五斗坝，破凌霄于三日之间，卒为取九丝张本。

十三

刘总兵议大征以一年为期，约用兵十万，用银百万两，用米五十万石。余行罗左使查报库藏，堪动银七十余万两，但师行粮从，本色卒难取办。余以各属预备仓赈谷久贮，易于腐蛀，斗级⑲苦于查盘，即应出陈易新，既便民情，复济军饷。行司议，将顺、逆水次州县每处存留三分备赈，其（于）［余］⑳碾米起运，计九万六千余石。先是添调军兵，恐各处米缓不济事，行分守道动军饷银，分发庆、长、戎、珙、高、筠六县，照时值并将脚价加添，就近召买粮米六万石。罗左使亦计发饷银，买葫豆㉑一万石接济干粮之用。余又查重庆、成都，既有改运碾米，则广济、丰宁二仓官军月粮亦应并改，共计二万五百余石，以折色支给官军。又恐日久匮乏，复将滨江去处未完差银听从民便，纳米充饷，共得粮二十余万石。比事完，仍剩粮一十二万二千八百余石。内取四万石赈恤六县疮痍，其余留为修城守隘军匠支用。差银竟未改征。

十四

蛮言"不怕十万官军，只怕十万粮米"。盖粮多则困久，是所惧也。余与司、道虽多方措处，犹恐不继，因思蜀府各宗室每每愿领折色，而民间则又以本色为便，遂行司以折易本，然竟无所用之，而事已完矣。蜀王闻之，遂助米二千石。余令宣言军中曰："蜀王为地方除害，且尽出禄米佐军矣。"蛮益惧。若蜀王者，可不谓贤哉！

十五

方议征时，余申令必设游兵，一以防奔突，一以绝交通，一以护粮饷。及议，款内乃无游兵，余讶之，则闻将官中有谓"大兵既合，无所事游兵"者，以是遂有驿丞董思明被掳之变，一时人心摇憾，几莫可收拾，久之始定。蛮王方三，自认掳思明者，且分遣奸细，探过往大官、钱粮，将复掳。已而游兵设，奸细悉擒。然思明之掳，噬脐何及！后审俘获都蛮，言思明被方三铁锁练手足，置九丝寨上。一日，方三近前说之降，思明大骂，举锁击方三，遂遇害。

十六

凌霄城既破，方进兵逼都寨，时五六月间。会余病甚，才饮药即下注，或竟日不进撮米，进亦旋注，形骸几无以自支。呼门吏不能出声，第稍存指顾耳。人心惶惶。请罢兵者纷然谓"已破凌霄，亦可以复明旨矣"，又曰"俟秋凉再图之可也"。余以为人臣已受命在行间，何敢自爱？然亦度不至死，遂不服药，但闭门静息，犹时时勉为短檄督兵，人心渐定，病亦渐平复矣。自今思之，万一病不可如何，其误事非小，蛮祸转盛，真不如不征之为愈矣！故余尝以为侥幸称平者，盖有天意存焉，人力不至于此也。

十七

七月初，余病少间。日午假寐，忽梦当空一人披发仗剑，貌甚奇诡，日光云气晶莹凝结，若垂天而下，观者如堵。余问曰："此何神也？"傍有应者曰："此真武神。"遂惊寤，云日交映，灿灿犹在目中。翌日，语冯方伯成能，跃然曰："此必胜兆也。真武正神大有功于本朝，今日之举，将以泄二百年神人之愤，其幽赞何疑。"后数日，推官高文炳自营中来报曰："酉阳土兵扎营㉒甫定，蛮欲行劫，夜半持长镖、大斧自九丝冲下。未及营百步许，见白衣将军仗剑大喝，蛮辟易返走，自相枕藉，死者甚众，所遗镖斧无算，斧柄长一丈。"自是蛮不敢复劫营，卒就擒灭，谓非神助，岂易为力哉。

十八

州县民兵脆弱，责以御敌，无一可用。余初行守、巡二道，议派营中运粮，以免派累里甲。乃到营未久，不耐劳苦，辄有逃避。其后调兵渐多，转运告急，欲复议州县重派，无济目前。因行就近州县富、南、隆昌、嘉、泸所属，派取僧夫，各多寡不一，计五千余名，不数日云集，责成僧会该吏领押，粮运甚得其力，而所给工食与民兵等。

十九

师期已近，总兵郭成及守备吴宪力请增募兵之粮，谓"不然兵且散"。余曰："蜀地三面濒夷，民穷，易与为乱，自来无数十年不用兵。今本、折充足，即少增无难，第恐后来援以为例，仓库空虚，年荒岁歉，令当事者将何取给？是谁为厉阶也。"后又力言"兵已散去"。余曰："兵可散，粮不可加。"乃兵竟无散者。又道申土官奢效忠愿多领本色，余不准。未几，又申愿多领折色。余虽量准之，而王大参宫用竟寝其申未发。盖一土兵有改易，即众土兵效之，故不可不审。

二十

原任总兵安大朝，贵州人，昔官叙泸参将，尝愤蛮之横，自请死战，蛮亦惮之。余具题充为事官领兵，以原任都司韩似甫佐之，屯扎得挖、麦易一路。参将张泽，言及都蛮即眦裂发竖，领兵屯饭甑、谷爆、毛坝一路，并督奢效忠兵。都司徐仁威、守备沈茂，随该镇领兵屯脚板崖、黑冒尖山㉓一路。都司侯一位、原任游击吴继祖，领兵屯得胜营一路。原任守备吴宪，督造鸟铳毕，即同把总吴鲸等于该镇标下部领冲锋。参将胡大宾，甫任即往长宁、泸州卫一带护送粮运，防截奔溃，其识见颇稳练。而掌印都司胡恩趣造火器，督发官兵，虽未临营，心劳敌忾。一时虎臣，足称矫矫。其后蛮王阿大等监候按察司，白昼反狱，登屋纵火，将溃，官军望见，首鼠㉔莫敢近，都司徐仁威即手弓偏袒登高，一发中阿大，余贼纷坠，遂成擒。仁威固尝与北虏数接战，其视狱中蛮无有也。然官军首鼠何为者？

二十一

粮运河道逆流而上，中有趱、木二滩，乱石纵横，水势建瓴，�腾激射，每船容三十石者方可用人力循岩牵引。及各州县解到粮船，率大小不一，小则易覆，大则难进，转输甚艰，余心甚苦之。

知府陈大壮既捐俸凿二滩，令稍平。余又查叙州府土桥㉕河厂，堆有商人先年销算折抵还官木板可用，乃分取匠作，如式造成新船二百只。又差官二员，各带饷银，自成都而下、合江而上平买合式民船三百只。于是，滨水州县以大舟运粮者，既浮江而下舶之南广洞㉖口，又分入小舟更番而进，飞挽如注，自庆符、高、珙、罗计一带各新建仓廒，不能容，至堆积民舍；又不能容，乃露贮，覆以簟、草㉗。蛮谍知大哭曰："官兵将困我十年乎？死无日矣！"

二十二

刘、郭二将，皆起自行间。四川各卫军官肩摩踵接，乃无一人得用，可叹。成都五卫，止指挥葛琼其才可备游击、参将之选，为总镇坐营官，以都指挥体统行事。其气吞都蛮，愤刺于骨，但气量浅狭。本院稍奖进之，即傍无人，以是为众口所讪，不得自当一队，竟郁郁病死营中。琼前此誓曰："但得剿灭都蛮，愿死无恨。"其言若谶也。大抵在营文武小官冒险临危，雨餐雾宿，各争先干事，不顾身命，若驿丞董思明，急于进营而被掳；合江县典史张大，急于造火药而被焚；营山县主簿陆韬、青神县主簿宋谦，急于运粮而被病；巡检曾禾，急于修滩而为滩水所溺。其官虽小，其以死勤事之忠，一也。余尝寝食念之。

二十三

以夷攻夷，一定之策。永宁宣抚奢效忠切近都蛮，土兵颇劲，宜无难调者，奈人称效忠诡而贪，调不即来，来不久住。隆庆四年（1570）一来，将破贼巢，以要赏败，其弟租亚死之，复不俟号令辄班师，顾委曰救兵不至。此后，蛮乃益横。

或谓欲灭都蛮，非奢兵不可。然以大势论之，虽不必全用奢兵，但地近则缓急足赖，兵劲则易为鼓舞，特所以御效忠者，宜有道耳。会效忠与土舍安国亨雠杀，贵州咨来，约禁效忠。又刘帅移文，欲并调二酋剿贼，又调土舍安智。智即国亨族叔，亦雠国亨而与效忠连亲。余虑二酋相见，势不俱生，且国亨来必经效忠境，恐都蛮未灭，别开衅端，乃上疏计处夷情，请假刘显节制。意若并调二酋者，而实不调国亨，且约贵州禁国亨，毋掣效忠肘，但整兵听调㉘，而乃专调效忠。效忠既见专调，又禁毋掣肘，度不效无以止国亨来，遂感激思愤，先调五千兵剿凌霄城，伊即领兵一万余名，三日破凌霄。后调三万兵剿九丝城，伊复亲率二子共领兵四万三千六百余名协剿，而又间出所有，市牛酒犒兵。效忠临阵一遵纪律，去来无敢后先，其获功为独多，卒平九丝，安见所谓诡与贪哉！

当不调国亨时，安智屡申"愿来效死"。刘帅亦数恳调之，余执不调。盖智与效忠唇齿相依，若智来，即国亨捣其虚，效忠必往救。今不调智，则智与国亨相持，必不敢窥效忠。盖恐智议其后也，而效忠乃得专力剿蛮。刘帅深服之，以是竟征蛮之役，二酋帖然不哗，卒获底绩，乃贵州力为禁谕，其功焉可诬也。

二十四

奢效忠兵初调五千，而来者一万；后调三万，来者几五万。陇清兵初调二千五百，来者一万；后调二千五百，来者二万五百。缘二土官逼近九丝，彼各争先奏功，故来者不拒，第行监军道廉其实数给粮，而刘帅又操纵其间，使不敢冒领。但幸而本、折有余则可耳。其实，调兵还当严令如数而至，不许数外加增，违者以犯令论。盖恐钱粮不继，偾事亦不小。

二十五

陇酋素称桀骜，此番亦俯首听命，不敢违。前破都都寨，其功有不可诬者。后调攻九丝城，有陇清用事人张大功，向因与珙县争地界杀人，系照提重犯，兹窃入叙府探大征信决与不决，遂为哨官徐应聘拿获。余以土酋多疑，一闻用事者被擒，必致惊散。即登时押解营中，付监军道查审并责其立功。故陇清暨各头目遂感激，安心杀贼。后兵回，愿留应支粮二千石助修城之费。

二十六

初议大征时，已牌行川东道饬酉阳、石柱、平茶、邑梅等土兵整搠听调，后各兵闻破凌霄城，争请报效，方差旗牌官调之，严令各土官躬督兵衔枚而进，不许骚动一草一木，犯者即于旗牌下枭斩。有平茶土舍杨正崇，差头目周崇义、杨再伏先寻宿处，至巴县天池铺索人引路，争杀铺兵，知府张希召即按军法将周崇义枭示，杨再伏重责一百棍，亦死。酉阳兵过珙县，有哗者，推官高文炳执一人捆打十五棍，不服，余切责宣抚冉维屏，将头目各打一百棍，贷之。大抵酉阳兵独猛悍，维屏号令分明，力能统驭，且久病营中，不敢申告，直待平定请命方回。

二十七

据忠州申："石柱宣抚兵极横，不可调。"余乃不调。及各土兵调到，石柱请赐调者至再，因谓之曰："所不调者无他，以尔兵素无纪律也。"因又呈甘结来曰："如敢犯者，愿干斧钺之诛。"余乃调之，极为安静。土官马斗斛、土舍马邦文，各协力攻剿，如报私雠。天全兵亦系请调乃调。至于乌蒙、乌撒、播州、东川、监井等处及湖广施州㉔土兵，俱差把、目申请，愿效死。余语之曰："我兵已足用，尔等各守地方听调可也。"

二十八

调土兵固难，散土兵尤难。故谚云："土兵过，狠如梳。土兵去，狠如箆。"方九丝未破之先，余为此虑。除永宁、镇雄与九丝接界，宁越、天全兵数不多，俱无足虑，惟酉阳等数处，俱由川东经过三千余里，而兵又独多，及搢绅先生亦每每惧以为言。余乃檄各道，分扎要路弹压之，仍散遣执旗牌镇各津渡，及将打造运粮船只尽数攒集江安，令通判师道立、知县单汝光编定号数，量船大小，定兵多寡，度可容数处之兵，宁使有余。比有西阳兵到江安，抢船杀死船户一人，师道立即将凶首姚大宾枭示，队目割耳，各土兵股栗。又每土官遣一旗牌官押送，并檄上、下川东道，待土兵过尽果不动一草一木者，土官赏银三十两，并奖励字扁一面，令有司差官送与土官。有犯者勿给，即行拿究，仍露封与各土官得见。因转相告戒，无一兵敢复犯者。及颁赐银、扁到船，各于旗牌下叩头望谢。且其船俱自江安起，径送至土司近界上岸，但饬各津渡预备牛酒，俟将过驾舟中流送付土官，不许一兵上岸。于是川东一带，若不知土兵之回。此李宪副江、范宪副燧㉚、沈少参伯龙、田金宪子坚㉛、张知府希召㉜各与有综理调停之力。

二十九

成化元年（1465）大征都蛮，周文安洪谟㉝上疏力言："唐虞之时，外薄四海，咸建五长，宜立土官以掌都蛮土人。"相传以为不易之论，独恨往日不立土官耳。余初亦信其然，既而深思，殊有不可者：缘我大明开国以来，改土为流则有之，未有改流为土者。改土为流，若马湖、龙安之属是已。今都蛮所据巢穴既汉之土地，而其人又隶籍戎县，若立土官，非改流为土乎？故曰不可。况九丝天险，素闻土酋觊觎，此要害所系，非细故也。若委之土官，与借兵资寇何异！目前大体既所不安，日后隐忧又所难测，余是以荡平之后但请立镇城以控制汉土。余初为此议，莫与余同者。过眉州，质之乡先生张中丞，渠所见乃大合。然余至叙州，犹宣言建土官以安蛮心而诱之降，声实之间有微权，固不可同日而论也。

三十

土著之兵，必所当募者。向来募之有弊，不募亦有弊。募之有弊者，将官行私徇情，惟势力是听，率以耕佣奴舍挂名充数，任意冒粮，养患蠹民，最为可恨。不募亦有弊者，邻近百姓以都蛮积威所劫，恐事不成而害益甚，反窜入蛮砦共敌官军。余初主招募，刘师极言无用，彼鉴冒粮之弊也，其意亦佳。余晓之曰："此不可执一。在平时防守，招募委为无用，然亦存乎其人。若在今日，各县百姓岂无报雠雪怨之心，特持两端观望耳。我今决策大征，而以忠愤激之，当必得其死力，故不可不招募。"会元相张公幄筹符合，遂下令招募，不数日，得精壮万余人。即平日不得已而交通者，亦攘臂赴敌，蛮势益孤。而所给粮饷，又足以济其穷苦，故其气益奋然。此就临阵论之。若防御之时，果得忠廉将官就近招募，严为训练，即多多益善，何至远调土兵，费无限驾驭之力也。

三十一

蜀兵之有鸟铳也，自今大司马谭公始。公抚蜀，取浙匠制而练之，故始终胜蛮，鸟铳之功为最。盖蛮闻铳声，不见其中，药弹内溃乃始觉之，以故铳响即胆丧。其次，若火砖、火箭、煏筒、芟刀、絮被、挨牌、铁锄、锹、斧、大铳、佛朗机㉞、铁苓角、发贡铁弹、百子铳、九子铳、火药、铅弹、绵纱等件，皆军中不可缺一者。但以十余万军兵之用，各营呈讨急如星火，岂能一时卒办。余行沿江州县，分投制造以应之，乃不误事。又如找七稍炮架㉟、云梯、将军铳，俱仰攻器具，而云梯竟得其用。其鸟铳初制，匠既习熟而价又足，以故铁精耐久。其后匠不得人，又递减其价，故放多暴裂不堪用，临阵误事非小。以后制鸟铳，第毋使冒破可也。若一切减价，所惜者小，所损者大。又此乃我兵长技，用后收置宜慎，经造之人亦宜关防。

三十二

犒兵牛只，所用甚多。先时收买，则牧养无人而畜易病，临时又难卒办。余行议定每只约重斤数、价值，先动饷银分发州县买备，候大兵将至，取赴就近县分喂养给散。及姜、蒜、盐斤各皆几万，亦分定去处买办，乃俱调停次第挨解，卒能无误。蜀中偶乏干（gān）鱼，沈少参即议以牛脯代之。其易制易饱，为军士所乐，不啻干鱼，而价又甚省。窃谓一切行军，与其用干鱼，似不如牛脯便。盖干鱼作渴，又不能饱；牛脯既饱，又不作渴。但蜀中牛价颇贱，恐不可以概论。且多屠牛，或病农也，又当斟酌。至于烘炒㊱，亦能作渴，一二月之外即不可食矣，故此番用兵未用之。

三十三

都蛮既平，所有降者共老幼妇女千余，亦既变姓名、易冠服，列为编户矣。土人有为斩草除根之说者，以为不然，祸将厝（cuò）火㊲。余晓之曰："都蛮亦人耳。所为掠杀无厌者，非独天性，亦恃九丝险窟与凌霄为门户，都寨、鸡岭为左右臂耳。今诸险已尽夺据，军民商贾辐辏如归。所谓我众彼寡、我主彼客，不久降者将化为百姓，何叛之敢为！且即借斩草除根为喻：有地于此，并草根斩除矣，若不由之成路，居之成聚，能使来年不复草乎？若成路成聚，即傍有生者，所谓窗前草，不除与自家意思一般，无忧滋蔓矣。今日降蛮亦然。倘不张官置吏，建城设堡，分亩授民，即蛮无遗种，尽募汉人实塞，当未几亦化为蛮。何则？地势使然也。且古今仁义之兵，闻有尽杀者乎？况更杀降耶。"

或曰：万一有御人于山箐者，奈何？余曰："若腹里郡县能保无盗贼，则此言得矣。如不能保，而欲使千百年凶狠阻绝之区，一旦人人有君子之行，虽以周、孔临之，其将能乎？且接壤参杂羿、僰、芒部土酋，尽犬豕豺狼也，此类可尽杀乎，不则能使不为盗于境内乎？恐未可独虑降蛮也。"二百年间屡征不服，杀人如麻，亦恬不怪。虽余始事，或犹以罔功为言者。及既平，所余游魂，又恐恐若不保旦暮。嗟乎，人情岂独难虑始哉！

余业已配发降蛮于各卫所，约不用命者诛之。诚不敢执初见为是，但此后慎选文武将吏，听民得尽力于农亩而征派不加，听兵得尽力于团操而虚冒必革。渐以礼义，宽以文法，不但终与内地同俗，以临土酋，且有虎豹在山之势矣。余困病乞归，不遑及此，是存之后之君子耳。

①史聃：老子。名聃。

②张、吕二相公：指张居正、吕调阳。

③谭公：指谭纶。

④当涂孙侍御：孙济远，当涂（今属安徽）人，进士。隆庆五年（1571）巡按四川。

⑤扶风孙侍御：孙代，万历元年（1573）继孙继远为四川巡按。详见卷一《破凌霄城报捷疏》注。

⑥天水郭侍御：郭庄，万历九年《四川总志》卷三：徽州（今甘肃徽县）人，进士，万历三年继孙代巡按四川。

⑦七县：指时属叙州府管辖的庆符、高县、筠连、珙县、长宁、戎县和时属泸州管辖的江安县等七县。

⑧潼川：今四川三台。

⑨交代：与前任巡抚办理交割事宜。

⑩改元奉诏：明神宗皇帝即位，颁诏改元万历。

⑪辟：同"譬"。

⑫按：据文意当作"疆埸"。

⑬景泰元年，夷贼并起：光绪《珙县志·平蛮始末》载："景泰元年正月，高、珙、筠、戎四县夷人并起，声言汉人每年公差下砦征粮害我，我当出报。遂缚公差于树，乱射杀之，各攻其本县，屠长宁，劫庆符、江安、纳溪，烧庐舍，恣杀掠，江南诸县为之一赤。"

⑭"成化元年"句：成化元年九月，四川巡抚汪浩诱杀都掌首领二百七十余人。十月，都掌人赴贵州总兵官处诈降，都指挥丁寰等出营迎之，夷伏

兵四起，官军五千余众皆没。以上并见嘉靖《四川总志》卷一六。

⑮仰尘：天棚。俗呼天花板。

⑯平横江、平白草地：正德十二年（1517）马昊击破夷人普法恶于宜宾县横江石城山；嘉靖二十三年（1544），何卿平定茂州白草羌动乱。

⑰倭兵：此谓郭成移镇四川时从广东带来之兵。据广东博罗县《韩氏族谱》记载，其族人韩用卿曾组织乡勇，投郭成帐下抗倭作战，并随成入川。

⑱按：胡大锡，本书《破凌霄城报捷疏》《荡平都蛮叙功疏》并作"胡天锡"，据改。

⑲斗级：主管官仓、务场、局院的役吏。斗谓斗子，级谓节级。

⑳按："余"字，据文意改。

㉑葫豆：学名蚕豆。传写多作"胡豆"。

㉒西阳土兵扎营：今九丝城山下建武河上有西阳沱，民间呼柳阳沱。光绪《兴文县志》卷一："西阳沱，在建（武）东十里犀牛沱之上。其上即西阳关。"即当年西阳土兵扎营之所。

㉓黑冒尖山：即黑帽尖山。

㉔首鼠：迟疑、踌躇。《三国志·诸葛恪传》："缓则首鼠，急则狼顾。"

㉕土桥：疑即今宜宾市区北 15 公里的土桥子村。

㉖南广洞：今宜宾市叙州区南广镇陈塘关社区。

㉗簟、草：簟，用竹篾编制的席子；草，稻草。

㉘整兵听调：整顿好兵马，随时听候入川会剿的命令。

㉙施州：治今湖北恩施。

㉚范宪副燧：四川按察副使范燧，陕西合阳人，进士。见雍正《四川通志》。

㉛田金宪子坚：四川按察司金事田子坚，中州永宁人（今河南洛宁），进士。见雍正《四川通志》。

㉜张知府希召：重庆府知府张希召，山东青州府人。进士。

㉝周文安洪谟：明宪宗朝太子少保、礼部尚书周洪谟，字尧弼，长宁人，正统十年（1445）进士。卒谥文安。《明史》卷一八四有传。

㉞佛朗机：海外佛朗机人制造的一种火炮。明军学得其法而制造使用。

明黄训编《名臣经济录》卷四三："强番佛朗机驾船在海为患，其船置铳三十余管，每船二百人，各铳举发，弹落如雨，所向无敌。其铳管用铜铸造，大者一千余斤，中者五百斤，小者一百五十斤。每铳一管，用提铳四把，大小量铳管以铁为之，铳弹内用铁、外用铅，大者八斤。其火药制法与中国异。其铳举放，远可去百余丈，木石犯之皆碎。"

㉟七稍炮：一种可以抛发百斤重石至五十步（每步六尺），给敌人以重大杀伤的石炮（抛石机）。宋徐梦莘《三朝北盟会编》卷六八：靖康元年，"金人攻（汴京）城，城下列炮石座二百余所，七稍炮可施五十斤之石。又以强弓弩千余助之。城下矢石如雨，使守御者不能存立"。"七稍炮，法用二百五十人拽稍，长三丈，炮放百斤，力可至五十步。"

㊱烘炒：此谓炒面。

㊲厝火：厝薪于火。比喻潜伏的危机。《汉书·贾谊传》："夫抱火厝之积薪之下而寝其上，火未及燃，因谓之安。方今之势，何以异此。"

祭江神文

维神导源西极，万折朝东。流润停蓄，长育蚕丛①。遭兹戎寇，叛毒南裔。提兵往征，方舟而济。神独炳灵，鱼龙不惊。翼送平定，归洗甲兵。

①蚕丛：远古蜀王名。

告诸葛忠武侯文

维大明万历元年八月丙寅日，钦差巡抚四川等处地方、都察院右金都御史曾省吾，诹以吉辰，告征蛮之事于汉忠武侯孔明诸葛老先生之灵曰：

窃念我侯天笃其忠，力扶炎社，誓欲扫欃抢①于魏、吴也。经营蜀徼，不惮擒纵之劳于南蛮，固深乎根本之图也。散青羌②于芒、僰，并置此五斗之墟③，何威灵之赫殊也。惟遗孽日久，日滋负固，天朝不胜荼毒于叙泸也。省吾奉皇帝命，提兵十万徂征，自春徂秋，尚迟献乎九丝之俘也。侯之精忠，贯乎日月，弥乎宇宙，矧兹鞠躬尽瘁之都也。其将霆奋厥威，风动厥灵，助我兵以平蛮若拉朽而摧枯也。用夏变夷，出赤子于疮痍，而免西顾之虞也。散甲兵为耕农，使父老子弟安枕而卧，无复困苦于征输也。侯之功德永永无极，岂独三分割据，许汉室以驰驱也。

敬陈牲牢，稽首谒侯。庶格兹丹忱，而立听夫凯歌之在途也。尚飨！

①扫欃抢：为百姓扫除兵患，永致太平。欃抢，星名，今谓之哈雷慧星。不常见。古代以为"欃抢现，主大兵"，有大兵之灾。

②青羌：古代西南地区羌族的一支，服饰尚青色（青黑色），故称。常璩《华阳国志·南中志》：诸葛亮平定南中，遂"移南中劲卒青羌万余家于蜀，为五部"。

③置此五斗之墟：把部分青羌安置在五斗之墟。五斗，即五斗坝，地在凌霄城东南五里，旧为"五斗蛮"之所居。

告真武神文①

嗟戎蛮之肆虐，奉帝命以徂征。幸通诚于梦寐，睹尊神于太清。有人告之曰真武，云彩觉而晶莹。适黠蛮出其不意，果离穴而劫营。忽白衣将军之挺立，致鼠吓而狼惊。纷回践之交藉，信草木之皆兵。获堕镖与丧斧，感幽赞乎师贞。乃者，苦恒雨之下注，蹊谷潦而湍横。介胄零沐以环叹，转输浮沈而阻行。天泱潖而靡测，惧耿衷之未诚。缘斋戒于夙夜，敬躬叩以祈晴。冀尊神之昭格，勤恤茕独之氓。假烛龙②之回照，将一举而荡平。荷灵德于罔极，修永报于大明。尚飨！

①告真武神文：曾省吾撰为此文的由来，详见卷五《檄文一百二十》并本卷《征蛮杂录十七》。

②烛龙：《山海经》里记载的神，张目（亦有谓其驾日、衔烛或珠）能照耀天下。此处借指太阳。

附：祭黄陵庙①神文

茫茫穹宇，岷江赫称。西极倒流，喷薄奔腾。

高山亘天，横绝楚峤。孰其荒之。爰凿斯窍。

长波东注，奠此坤隅。直走西陵②，凤舞龙趋。

美哉禹功，平成罔极。昊天有命，神相其力。

力匪自神，岂曰伊人？万古梯航，永庇兆民。

历代庙祀，以崇厥报。皇皇大明，特隆封号。

以余不类，奉帝宠灵。镇抚巴蜀，挽舟是经。

竭此精虔，瞻神仰酬。匪独身家，有来斯祐。

禹功配天，神与俱焉。血食中土，亿兆斯年。

①黄陵庙：古称黄牛庙、黄牛祠，在湖北宜昌长江北岸。诸葛亮《黄牛庙记》云："古传所载，黄牛助禹开江治水，九载而功成，信不诬也。惜乎庙

貌废去，使人太息。神有功，助禹开江，不事凿斧，顺济舟航，当庙食兹土。仆复而兴之，再建其庙号，目之曰黄牛庙。"

　②西陵：西陵峡。

卷之十一　翰牍营中尺牍

论曰：盖自周襄王告鲁①以来，而尺牍遂为文章家所尚，以输旨合暌，写惊通螯（｜｜），数语布心，万里如面，惟斯之为委致也。至扬麾单外，捶厄疆场，而使吾之情不与庙廊之上相酬往，鲜不以文法见绳于能以效功。不也，则营中之翰牍其可以已也哉！今读公之尺牍笔筹，真所谓娴婉可餐者乎，宜当时庙廊之上有味其言之也。叙翰牍第四。

①周襄王告鲁：《左传·鲁僖公二十四年》："周襄王出居于郑。王使来（晋）告难曰："不谷不德，得罪于母弟之宠子带，鄙在郑地氾，敢告叔父。"晋文公遂起兵攻王子带，襄王得以复位。

报内阁揭本兵同

九丝城都蛮为患长久，近蒙庙堂、本兵筹划，调用总兵刘显镇守地方。本官①少年尝立功于此，阅历十有八年，都蛮闻风畏服。加以分兵扎隘，各得要领，自五六月以来，都蛮不敢出寨，地方稍稍苏息。但此蛮玩肆已久，戎、珙、高、筠等六县，久遭荼毒。即今不一大惩创，后来益无忌惮。且全蜀边镇，土司星罗棋布，先年不时称警，今皆观望此蛮，良非细故。除相机兼行抚剿，次第查理粮饷，另行具报外，职以为此举宜出万全，非可旦夕尝试。今所最要者，惟久任刘显，庶可以责成功。不然，如郭成倏来倏罢，未展一筹，而蛮害滋甚。以今较昔，厉害悬殊。今显将自陈之时，乞曲加劝勉，以作忠勇，地方幸甚。

　　职初入境，未遑他务，不敢泛陈。

　　①本官：指刘显。

报内阁揭

　　叙南蛮贼，自五月以来未敢出犯城堡，止昨十月初八日流贼方三哥引蛮窥伺，被镇守总兵刘显领兵直追捣九丝城下，用鸟铳、火器打死百余，斩获首级十七颗，生擒四名，六县生灵稍稍生气。但闻此贼日夜望刘显之他往，每畜不逞之心。该职会同该镇决议大剿，以图久安。兵除见今防守一万外，其余惟取之土兵、多备钱粮为急耳。该镇亦慷慨担承，誓了此贼。但地方缺官为甚，如下川南道参议一员，今已被论，一应兵粮须其勘报。又进表者四员，新任未到者五员。地方阔远，改委非便。目今严为防守，且彼中雨雪，急难举事。来年机会，实有可图。除应奏请者，职一面计议停妥，另行具奏及另请钧裁。

报内阁揭

戎县山都六乡叛蛮恃险负固，毒害六县生灵甚惨。向来御之之说有三：一曰抚，二曰守，三曰剿。蛮性犬羊，未尝遭创，随抚随叛，自古而然。抚之说不可恃也明矣，惟有守、剿二者。今日设大将，屯兵一万，称守矣。而地远兵寡，分布不前，日久玩生，乘间窃发，仍无忌惮。且每年转饷十三四万，未有了期。既未可全恃于守。或者见其如此，欲调兵十万，四面攻围，为久困计，斯剿矣。然兴师十万，日费千金，千里馈粮，士有饥色。即未免骚动全省。是未必得志于蛮而民且重困，老师费财，识者忧之。又未可全恃于剿。夫三者皆未可恃，彼蕞尔之蛮，宁容坐视凭陵，更无他策可御者！

职以为帝王之兵，贵谋而贱战，攻心为上，攻城次之。除一切悬重赏、购首恶、散胁从、绝乡导、施间谍、鼓忠勇，与总兵刘显次第计议施行，未敢赘陈外，惟有调土兵一节如疏所请者，系紧要事机。疏中但言大概，敢复密申其委曲：都蛮切近土官，惟永宁宣抚司奢效忠一处。往年曾调效忠兵，倏来倏去，中怀观望，迄无成功，则以驾驭莫得其道耳。今属有天幸，效忠与贵州土舍安国亨构怨，而国亨兵力十倍效忠，其饮恨于效忠最深。效忠惟恐四川调国亨之兵，一旦而假道肆虐①，其祸叵测。今颇思愿为剿贼，以绝国亨。但土官狡诈，彼未见可惧之实迹，当未肯效命。是以敢疏请许刘显节制安国亨，且行听调②，庶益坚奢效忠避祸之心，必慨然效命剿贼，深为自全之计。彼其与都蛮相近也，粮饷既易处办，而去来之权在我而不在彼，即可责之成功。若国亨之兵调而不调，此所谓可乘之时也。假如调效忠之兵三万，合我兵成守者一万，再选练一万，即共得五万兵，取一万兵五年之费供五万兵一年之费，庶几图度营为于岁月之间，或守或剿，而蛮命可制，民痛可消，其于地方或有小补。不然，蛮得日耕获于其中，而又勤杀掠于外，六县百姓，以为莫我救也，其不胥而为蛮者几希，所以昔年蛮少而今日蛮多，其故可想矣。失今不计，数年之后必有隐忧。职愚不自量，夙夜所念，未达机宜，伏候庙谟胜算，以凭遵奉。

①假道肆虐：安国亨地在水西（今贵州大方），奢效忠地在永宁（今叙永县）。如果安国亨奉调赴戎县会剿，便需路过永宁。奢效忠害怕安国亨之兵经过永宁时，加害自己。

②且行听调：随时准备接受征调命令。

寄内阁张老先生书①

一

山都六乡之蛮，在国初已为编户，隶戎县羁縻矣，而山险林深，易与为乱，渐生叛逆，屡动大剿，讫无成功。其最大者，成化元年（1465）用兵，敕兵书程信、襄城伯李瑾、太监刘恒、纪功御史方汉、督饷郎中俞钦、主事陈渤，越四年而后罢兵。虽间有斩获，而士卒损伤数万，且竟无补于后来。其难如此。

省吾知富顺县②时，蛮正猖獗，盖尝冒险两过其界，比以采木③事重，难复兴兵，当事者姑置不问。至于今，尾大不掉矣，顾其势决不可再玩。盖以环都蛮之前后左右，非汉官则土官，而独此都蛮陆梁于中，久之不问，不惟土官慢易，已包藏祸心，而汉官所治之民，其不化而为蛮者无几矣。然后从而征之，恐其力不特如成化之难而已。

属领今役，朝廷业已有"征剿尽绝"之旨，立大将，屯重兵，此当何所究竟。因于入境之初，即筹划机宜，料理粮饷，思效铅刀一割之用，以报国家。

而大将刘显者，少年立功九丝，蛮之谣曰："偷营劫寨刘武举。"诚畏之也。是以显一到而蛮即敛手，间有窃发，则在兵寡不备之处。至于长驱大掠，如去年春夏间事，绝无矣。顾蛮心未尝一日不望显去，此乡士大夫、父老子弟尽能言之。省吾前揭请留，尚恐朝廷别有驱遣，或中蛮计，不谓科臣疏劾之重乃尔。彼马芳④者，止于罢斥，犹为末减，而显乃得议留以责后效。即此一事，旋转之功岂易言哉。请以近事明之，郭成自广西调入四川，所领倭兵千余，壁垒未定，而劾罢之旨下矣。蛮既乘势杀出，死伤无算，被掳男女千百成群，而倭兵无归，几至内哄。幸前孙御史驻叙州，便宜给粮以助其行，不然祸且不测，然竟沿江剽夺而去，其势使然也。倘显复报罢，祸乃更烈。何则？蛮习见其然，何惮不逞！而所领兵又多闽、浙、江、广间人，一时何以散之。岂独尽弃前功，必至更贻后害，四川无息肩之日矣。省吾一夫之罪无所逃，奈三军、万姓何哉！以此思恩，恩何大也。

显在闽之事，有无不可知，然在蜀实不然。今六县复业之民，书其官、姓，家颂而户祝之，即有寸朽⑤，古来为将之常也。荷翁主张，得从使过，无论官民士庶、汉土之人莫不鼓掌欢呼，至有深山穷谷庞眉皓发之老，拥本院之门而称庆。此差官所睹记也。不觉胜气顿增百倍。显既感再生之恩，欲救已往之失，即未及半月，擒阿苟、破凌霄，此后九丝势乘破竹，翁一运钧⑥，而四川无余事矣。

兵齐在七月，完事可在八月。又郭成尽可用。昨凌霄之功，实其奋臂先登，以倡士卒。彼原系叙南卫官⑦，因得未待报而用之。且彼父既被蛮杀，其坟墓亦被掘，所谓不共戴天之仇也。余情未暇缕缕，仰惟尊鉴。

二

兵部差官至，奉手札，深念都蛮一事，欲省吾为地方熟计而定刘显之去留，幸甚幸甚。

窃稍谓国家何患无将才，一刘显去，当复有一刘显来，宜无所难。独地方事有未可一切论者，显贪纵于闽，其有无不可得而知，乃于蜀则大不然。虽有贪纵之心，亦无所施，而六县百姓则甚赖之矣。差官固尝至九丝界上，亲见复业之民，荒田尽复耕种，家家尸祝显，焚香供之。此非可袭而取也。近且感朝廷使过之恩，奋勇克破凌霄城，夺而据之，以图九丝。此亦差官所亲见。

俟与孙道长⑧会勘明白，即早晚驰疏具奏矣。省吾偶中暑湿，聊此附慰台念，余情续具。临楮无任驰神。

三

报捷人去，适省吾抱狗马病⑨，潦略不能罄所欲陈，日惟耿耿都蛮一事。荷翁为地方生灵计，日夕廑（jǐn）念。

兹勘明刘显功罪，具疏会题，中间略及都蛮所由，以见今日问罪之师系万不容已，任将不得不专。去年郭成之罢，殆与儿戏，于广东既无益，于四川甚有损。即犹之刘显若罢，无救于闽，而徒害于蜀也。事理明甚。疏中不能宣鬯（chàng），亦惟仰恃运钧洪力耳。

大抵省吾不量虿⑩负，敢萌平贼之念，挟必然之画者，若非遭遇知爱之深，主张庙谟而恻然以民胞物与为念，即强有力者亦不敢轻易任此，而况不肖至孱弱者哉！此不特省吾自知之，即此中百执事以及于士民莫不知。周、召⑪在位，不忍一物失所。而不佞固奉猷念而宣力焉者，此在地方幸甚，在省吾尤为幸甚。盖得展采错事而无顾忌阻挠，古今豪杰梦想此景界而不获遇，至于窃叹流涕者，载籍中曷可胜道！省吾么么[12]，何足以当斯世取舍而其遇如此，故尤为幸甚。是以夙夜策其驽钝，虽病弱而有不敢以一夕宁处者，诚感遇而惧其孤负也。

目前凌霄破矣，蛮胆俱丧，已乘机多方使之多降。事期万全，不欲多杀伤而独以平定为主。而显颇益加愤发，以图报效。七月二十后，兵力可齐。八九月间，决可完事。若机会早就，则当有不俟八九月者亦未可知，特不敢预决耳。即若刘显罢去，明年亦难，事相万[13]矣。

安酋之兵断然不调，但得令贵州严禁之，不致掣奢酋之肘耳。前疏未能尽发此意，想幄中坐筹，已先指踪矣。

四

两次差人到，恭承慈翰，及审知钧候万福，军旅中无任忻慰。乃若明主圣德日新，眷倚上臣[14]，迥越万古。生斯世而为之臣者，但有鼓舞歌咏其盛，以展采错事而已。复何言哉，复何言哉！

都蛮一节，荷我翁默授庙谟，渐成荡定。顷者凌霄之捷，即蒙温旨策励后功，及札中详示机宜："驾驭将帅，恩威并著。"此所谓决胜万里矣，奚论千里哉！自有青史赞勋，苍生颂德，非省吾之所能称述也。

近又有都都寨之捷，了此寨与凌霄，九丝之左右臂俱断矣。是以此时方得连营围定九丝，无腹背受敌之虞，计成功只在旦夕。恐破城之后，尚不免会同具本耽延，特此先报，以仰舒西顾。省吾亦振旅进营躬督，恐将士骄惰，不识翁所谓"巧迟不如拙速"[15]之道。又土兵颇用命，一到即成破竹矣。至于建昌之捷，颇亦出奇。先此，人无固志，而杨宪副芏一到，即成此功，从此可以无虑。又松潘一巨恶番僧唤"空心喇嘛"者，数年间索粮截路，渐不可测，近日亦已授首，按堵如故。以功止七级，不敢报。而副使林应节⑯曲突徙薪⑰之谋，则亦不细。诸如此类，何者非仰仗安攘至计，而兵备诸臣得努力自效也。

五

九丝逆蛮稔恶极矣。幸仗翁茂周、召之业，洪安攘之猷，扶日月于中天，运雷霆于极地，已于九月九日大破九丝。西南诸夷，俱自兹震詟恐惧，而叙泸各邑孑遗之民，亦自兹安枕而卧矣。此事若不遭时奉庙算于上，千百年来何俟今日而后底定哉！省吾竖儒，躬逢其事，不胜忻戴。但城上之贼，虽已擒斩功多，尚未得的数，而我兵乘胜四搜林箐，须其完，乃敢报也。此疏止具大略，以宽君相之怀，详俟后羽⑱。至于善后事宜，更乞指示。幸甚。

六

都蛮一事，仰荷运筹决胜，遂称荡平矣。拓地环数百里，田尽膏腴，可称上上。而茶树成园，楠木成林，自成都沃野之外，此可称小益州。独其不远邦域之中，山势险恶，风气隔绝，遂自为一区，而九丝城者，又嵬然独耸，峙于中央。蛮既不当差纳粮，又不能有其园林，安土乐业，而日以杀戮为事，譬之虎豹，不以食之有余而不搏噬，亦其天性、地势使之然矣。蜀中亡命大盗，又悉逋逃其中，虎而翼之，其去戎、连、高、珙各不一日，去叙州不三日，即内郡危如累卵矣。盖自诸葛擒孟获后，散青羌于五斗，此蛮所自始，前破凌霄城夺据五斗坝是已。今所获铜鼓皆诸葛鼓，而有剥蚀又响亮者为上。上者，每一面值牛千头，或八百头，次亦不下五百头。有此数面者，即得称王。其制，视今之铜鼓差薄而深。诸葛制此，高其值以穷蛮。据蛮言，深箐中尚有埋藏未出者。而阿大王又有铜锅壹口，制甚奇古，识者以为类商彝周鼎，定是千年以上物，今人所不能制。省吾以为地不爱宝，既得沃野，又得此器，俱令制架盛之，以献天子。窃比于楛（hù）矢白雉⑲之瑞，以彰圣治，以明辅相之功。

方省吾之始兴是役也，不惟中朝缙绅以为诸葛能散处之而未能绝，自后无得志于此蛮者，恐老师费财必在今日。至乎仕于蜀者与蜀之仕人，莫不尽以为难。而翁乃独主持指授于上，断自万里之外，许其必有成功而无所疑，此岂独众人所不知，虽省吾亦自不能知。然所可恃者，主上明圣，纯心用贤。翁之忠诚格天，神人协应。自辅相以来，何奸不拔，何难不夷，而况此区区弹丸黑子之蛮哉！且奉扬忠诚，鼓舞文武将吏以及汉、土兵卒，真见法行如流，人百其勇，而省吾疏中所陈，固有形容不能尽者。

往年本上有名渠魁，无一人得脱。盖自九丝既破之后，即束手次第就擒。兵威所振，信无异于摧枯拉朽。调到土兵，莫不相顾股栗。此邦缙绅、父老、走卒、儿童，欢舞歌咏之情，不可殚述。此人所共睹见，非敢谩也。

前者报捷，后因搜捕未尽，尚恐有不妥者，且缓叙功之本，及逾此两月，而九丝已与内地相同，五尺童子可徒手而入。是以方敢具疏。乃省吾窃复思之：前此疆场之臣，岂无雄材大略十倍省吾者乎，而付此狂贼于无可奈何者，彼不遇时，惧文法之牵制、议论之阻挠耳。今以省吾之不肖，一旦得专力一志于平蛮，幸尔竣事。所从来，岂纸笔能尽感谢哉！临楮不任瞻荷悚恳之至。

七

省吾于冬月初八日发报功疏，十三日自叙州府起马还锦官，至本月初四日承役回。伏领慈翰，知十月十四日捷（昔）［音］⑳到翁，喜甚，畅溢眉宇。喜一隅之平定者，固所为四海计至深远也。此可想见于密勿矣。

慈翰谓此地险要，宜屯兵设官以镇之。即省吾等商榷千万言不足者，宁能出二语之外哉？今所奏十事是已。任将一事，翁自有鼓舞之妙，愿得早奉此责成之。其余经略，或拘于识见，未及详妥，或迫于冗病，尚俟讲求。所恃翁怜其才不逮志，一割之余铅刀已钝，特出讦谟以极化裁，永贻西土千百世之安，则幸甚幸甚矣！

前进二鼎六十四鼓，计当后此方到，因未敢别有尘览。开岁发春，遥祝万福！

①内阁张老先生：时任内阁首辅大学士张居正。

②省吾知富顺县：事在嘉靖三十六年（1557），见清同治《富顺县志》。

③采木：嘉靖三十六年，三殿灾，诏采木湖广、四川，专官督办，急如星火。

④马芳：以行伍至左都督，为帅十余年，大小百余战，未尝不大捷。万历初阅视，侍郎吴百朋发芳行贿事，请提问严办。神宗皇帝曲赐优容，只是免职闲住。寻仍起金书前军都督府，继续领兵。见《明史》本传。

⑤寸朽：些少的瑕疵。语出《子思子全书》，子思曰："圣人之官人，犹大匠之用木也。取其所长，弃其所短。故杞梓连抱而有数尺之朽，良工不弃。"

⑥运钧：运转鸿均。喻指运筹规划。《管子·七法》："不明于则，而欲出号令，犹立朝夕于运均之上，檐竿而欲定其末。"尹知章注："均，陶者之轮（制作陶瓷器时所用的转轮）也。"

⑦按："彼原系叙南卫官"，不确。郭成，叙南卫人，官四川总兵，以劾罢，回籍闲住。然原文如此，此盖作者笔误，因不改。

⑧孙道长：此指四川按察使孙代。

⑨狗马病：对自己的疾病的谦称。

⑩蚤：通"早"。

⑪周、召在位：周、召，西周初年贤相周公、召公。此称颂张居正统筹措置国政得宜。

⑫么么：微小，小东西。

⑬相万：相差万倍。

⑭上臣：贤臣。此指张居正。

⑮巧迟不如拙速：兵贵神速。《孙子兵法》："兵闻拙速，未睹巧之久也。"

⑯林应节：字时卿，福建莆田人，嘉靖三十八年（1559）进士。隆庆五年（1571）十一月迁四川按察司副使，分巡松潘。

⑰曲突徙薪之谋：事先采取措施，以防患于未然。

⑱羽：羽书。

⑲楛矢白雉：周成王时天下太平，远夷来朝。肃慎国献楛矢，越裳国敬献白雉。

⑳按："昔"字，据文意改。

寄内阁吕老先生书①

一

省吾戴罪蜀西，值地方有都蛮之役。彼其初亦编户民也，而久之叛逆负固，莫可谁何。屡经招抚，只益甚耳。所残害虽六县生灵，而实不止于六县，失今不治，蔓必难图。故省吾不量浅薄，仰恃天威，远凭庙算，挞伐而临之。今方先为雕剿，即于半月之内擒获元凶，及捣破凌霄城险寨，渐图九丝，当势如破竹矣。此实朝廷宥大将之罪而责其成功，故能使之感奋，竭力图报，省吾等安能与万一之力哉！驰疏报捷，以宽西顾之忧，并慰轸念。不悉愿言，伏惟尊鉴。

二

蜀中都蛮之役，省吾不量而任之。独以寇不可玩，向来之弊极矣，久之，当必为地方大患。蔓而后图，为力十倍。及此主圣时亨，皋、夔在位，不为一劳永逸之计，更何待乎！以此思效铅刀一割之用，而不知其力之不能也。

大将刘显，闽中之罪所不得知，若在蜀，则但见其功，不见其罪，且百姓惟恐其去而都蛮惟恐其留，是以去留之间不敢不审也。幸赖帷幄之谋，曲行赐勘，省吾因得仰体朝廷使过之恩，具疏以覆，乃直为地方计，于刘显不计也。事体冒昧，伏惟垂念遐方，特赐主持下情，无任瞻荷！

三

承役回，恭承慈翰，及审知台候万福，不胜忻慰。

都蛮一事，仰辱留神，默授庙谟，其所云“土寇不同啸聚，治之异宜”，此千古不易之论。不然根株犹存，后患固在也。省吾窃用，奉以周旋。

此时周遭各寨，已尽行攻夺据之，蛮俱奔上九丝拒敌，约二万有零。四面围定，直俟天晴设伏出奇，并力齐上矣。缘西蜀漏天，独八九月多雨。蜀犬吠日②，有以也。然蛮势已蹙，计旦夕可慰西顾之怀。先此驰报，伏惟慈鉴。

四

九丝都蛮，仰荷垂念要荒，俯授胜算，已于九月九日克成大捷矣。五营所获功次，一时遽难清楚，欲候查明，未免延滞，而君相西顾盛心，不宜久负，以此先具梗概驰报。且余党窜匿尚多，正乘势草薙而禽狝之，然后可总查具奏也。善后事宜，惟钧慈不惜指南，地方幸甚，省吾幸甚。无任瞻荷悚踊之至。

五

都蛮自国朝编隶戎县，汉、土罗列于外，而此蛮独横行其中。

二百年来，六县生灵虏③且杀者不知其几千万矣，而近益恣长驱之势，即叙州、泸州、江安朝不保暮。间岁一至江安，所掠男女千七百余名，一望室庐煨烬，乃有司莫以闻也。蜀地三面濒夷，而此蛮竟不一问罪，将来地方之患，曷可胜言！兹者仰仗运筹密勿，决胜疆场，而前者又特赐指踪，谓此夷与啸聚者不同，必尽绝乃无后患。省吾不肖，窃奉以从事，而文武将吏，又一时效命争先，今遂幸而荡平矣。所余投降者仍当散而置之，稍恶者付刘帅陆续审处。今六县百姓，穷者俱愿往耕其地，尚俟请裁而后经略之耳。

省吾因感激，不遇明时，周、召协心主持国是于内，虽有百省吾，亦安能得志于都蛮哉！不然，前此疆场之臣，岂无雄才大略十倍不肖者，而相顾窃叹，不敢轻动，惧文法之牵制、议论之阻挠，虽心切恫瘝④，亦徒付之无可奈何矣。

省吾狗马病躯，以积泻之后，近益病困，不能宣所欲陈，聊此布谢。

六

承役回，伏奉慈翰，谓"九丝善后事宜经画，必须详密，庶余孽不致复滋，而一劳真可永逸"。省吾不胜佩荷。窃谓前此岂不大征都蛮，然竟贻今日之举者，无他，正以当时欠经略耳。何幸辱提撕⑤而教之，即以播示文武将吏，务不负密勿论思。

刘显已驻武宁山得胜营⑥内，随宜修建城堡。省吾又已檄令守、巡二道共驻营内，图度各能，毅然担承。比据揭称渐有端绪。其田地，则愿受一廛者甚众，第欲审的当堪保障者乃收之耳。所有条奏数事，缘识见所拘，殊涉谫陋。冗病相迫，尚俟讲求。更望怜其才不逮志，特出讦谟，曲赐裁成，必贻西土千百世之安，则幸甚幸甚矣。

①吕老先生：吕调阳。万历元年（1573），以礼部尚书吕调阳兼文渊阁大学士，预机务。

②蜀犬吠日：四川多云雾，偶而太阳破云而出，不常见到太阳的蜀犬，竟受惊吓而向日狂吠。唐岑参《招北客文》：蜀地"终年霖霪，时复日出，猖猖诸犬，向天吠日"。

③虏：此同"掳"。

④恫瘝：民生疾苦。《尚书·康诰》："王曰：呜呼，小子封，恫瘝乃身，敬哉。"《传》："恫，痛；瘝，病。治民务除恶政，当如痛病在汝身欲去之。"

⑤提撕：提醒。

⑥武宁山得胜营：即内官寨，在今九丝城镇建武村。

寄大司马二华谭公①书

一

冗琐常谈，不敢渎听，都蛮一事，翁旧日所最关心者，乡士大夫与军吏能一一诵之。今幸奢、安二土官构隙，正可借此以为剿贼之计，如疏揭中所云。惟翁终始为蜀川造福，倘得如愿覆请，使操纵之权有归，即蛮必遭创。蜀人戴翁，与武侯千载一堂矣。不敢一字为佞。不胜瞻望恳切之至。

二

刘显为将，其在他处仆所不知，若欲了都蛮，恐非显不可。一年之间，蛮虽未平而民皆复业，荒弃之田尽种，伊谁之力？民方比屋尸而祝之，即闽罪可恨，而蜀功不可诬也。今已感朝廷使过之仁，擒阿苟，破凌霄。凌霄岂易破哉！蛮之谣曰："若要凌霄破，星往月中过。"翁所昔闻也。而今破于三日之中，亦奇矣。

疏宜早来，而仆适抱暑湿之病，吐泻交作，不能执笔，今勉成之，翁可览揭而知其概。师期已定于八月，若夫会勘之疏，早晚即来。仆前所请者，想荷题覆，得一一如愿矣。草草，伏惟台鉴。

三

报捷人去，附有械②候，计尘③台览矣。兹勘过刘显事情，会疏具留。非为显，为地方计也。师期决于八月，兵食俱足，以主上宠灵与本兵胜算，都蛮平定似有贤于梦卜者。第前请禁安酋及起郭成、安大朝，尚未奉明示，想旦夕至矣。

病暑不能一一，伏惟裁照，不宣。

四

都蛮一节，非遇翁本兵主张，仆亦不敢任其事，而又非遇翁旧尝镇蜀，力欲芟除，经略犹在，则虽任其事亦未有能知其不易者。此仆之厚幸，亦文武将吏之厚幸也。

昨者凌霄之捷，仰承覆疏过赐奖许，大振三军之气。而尊牍所示一切机宜，正乃决胜于万里之外，岂论千里哉！自凌霄既破之后，与九丝城相联者，惟都都寨最险。若此寨不破，必难近九丝。因与刘将军计议先剿灭之，幸已如愿。此寨一破之后，余寨零星者乘势瓦解，蛮俱奔命扎上九丝，而我兵计十四万有零，周遭连珠扎营，且守且攻。蛮旧谷将没，新谷不收，此时穷蹙已甚，但计众尚有二万，梭标、木石尚多，稍稍以计尽之，乃一鼓而上。又漏天积雨，不便仰攻，亦谨俟晴明耳。刘将军颇思自奋，料不出九月必可成功，先此驰报。

倥偬万不及一，统惟慈照。使旋并领指南，无任瞻荷之至！

五

都蛮为巴蜀患，二百年于此矣，前此无议大征者。而练兵集饷，矢以荡平为计，独自翁始。方两粤请命移营，蜀人谓天未亡蛮，岂知待翁本兵之日④，发踪指示而亡之耶？省吾竖儒，不知兵革。因缘际会，朝廷有"征剿尽绝"之旨，刘将军又能力任其事，不佞因访翁已行之迹、已练之兵、已造之火器，与今所奉石画⑤而申明调度之。乃始事以来方五月，进兵甫四月，而九丝遂空其巢穴矣。此其功，翁主之。自省吾以下，皆只受成算，然莫知其速之所由，意者诚亦有天意，非人力所能与耶！但各营擒斩数目一时查验不及，谨先具破城大略，飞报朝廷。余俟功次明白，专本具奏。至于善后事宜，尤属长久之计，亦惟翁始终为蜀民造千万年安宁之福耳。不胜翘首候教之至。

六

征蛮大役，既循旧日之石画，复奉今日之壮猷，遂幸而成功，功德蜀人者愈远而愈盛。省吾不肖，因缘附骥尾而千里矣。

比以搜索未尽，不敢辄具功疏。不意仗庇，渠魁无一人得脱者。而山都之地为之一空，虽童子可徒手而行。其膏腴之田，不止十万亩，但未经丈量，且难多报，穷民愿受一廛者纷纷具告，而刘帅又能力任为善后之图。当时若以被劾罢去，安得此功而称之？以此见秋毫皆担荷所及，非佞也。

不肖窃以西南夷每称汉兵其如我何，而今者都蛮一平，诸夷胆丧。刘帅虽百胜于平日，恐此功非平日可拟，惟破格鼓舞之，使益加奋发，图惟善后，庶塞垣诸将观感而兴者当益众矣。不肖白面书生，徒藉而免瘝旷⑥之罪，万万无足言，而其它文武将吏，如疏中所陈者，则愿各加之意，不肖有余荣矣。

弱躯向为羽书惊恐，今成骨立，不能吐感谢之怀，统惟尊亮⑦。

七

善后事宜，初欲设府。但以焚烧杀戮之后，止存荒山茂箐，即选官来，民不成聚，于体统非便。今司、道会议，且先建镇城于内官寨，添设同知一员驻扎其中，悉心经理，并议设一兵备道弹压之。而刘帅者又能力任其事，且云取家眷同驻镇城，必待分田受土，建堡设墩，可以为郡县张本而后其心始尽。斯其志壮哉！使功不如使过，信然矣！小疏俟详议停妥，乃敢发行，并请裁夺。恐轸念之切，因先露梗概如此。

大抵此功以都蛮所畏者刘帅与鸟铳。刘帅，翁所曲全；鸟铳，翁所训练。所谓弓矢者器也，执之者人也，是以吉无不利矣，岂幸致哉，岂幸致哉！余容嗣布。不一。

八

承役回，领教善后之图，必于就近卫分迁二千户所，据而镇之，乃无后患。此其最要最要者。省吾何幸，有所凭依，具以为请。但叙南卫当调而军数不多，又旧奉石画，已调去马湖一所，今独调泸州卫二所，佥议以为便耳。

久任大将一节，系合省士民与六县老幼同情⑧，愿破格假以事权，使得展布。其人往日不可知，若此番真可谓忠勇勤慎之将，且日用之费皆其自办，甚至出所有以佐军。据司、道皆怜之，计必从优叙以酬之矣。责成此人，地方数年之后必与中土无异，更无可虞。即镇雄、永宁、乌蒙，皆可坐制。若他将，则仆不敢保也。

条奏十事，既恨识见固陋，又苦病冗缠绵，伏惟察其铅刀之材一割已钝，黔驴之技亦止于斯，必费猷念大赐裁成，督过⑨其所不逮。斯地方千百世之福，岂独仆一人附青云而施后世哉！

①大司马二华谭公：兵部尚书谭纶，字子理，号二华。尝官四川巡抚。《明史》卷二二二有传。

②械：古同"缄"。此谓附有信函问候。

③尘：辱蒙。

④本兵之日：掌管兵部之日。

⑤石画：大计。石，通“硕”。

⑥瘝旷：耽误荒废。

⑦亮：通“谅”。《孟子》：“孟子曰：君子不亮，恶乎执？”

⑧同情：心愿相同。

⑨督过：催促补救。

寄冢宰元洲张公书①

一

省吾方羁役叙戎之南，忽接邸报，知荣晋台衡②，仪刑百辟，冠带之伦，宜无不抵掌称庆，而省吾忻忭之私，则独倍恒品矣。正当朝野观听之际，不敢以套礼渎贺，敬以言代并报平蛮之捷，具在揭中。伏惟明时，茂无前之大业，留意人才，使贤不肖各得其所。更于边方郡邑，毋以处阘茸之人，则安内攘外之绩，即成于进贤退不肖之中矣。省吾辱国士之遇，乃敢以此言进，惟主记者不罪其狂。

二

九丝虽平，所重得兵备与有司官弹压安集，各分善后之任，是急不揣逾越，辄循众论，拟议二官具请，用备采择。缘蜀西僻阻，陛除远官，动经一载半载不至，伏惟垂念新造边隅，并他所更调州县俱系繁难，均乞裁允定夺。地方幸甚，省吾幸甚。

至于本处人才，翁昔过化，臧否莫逃。省吾于春间应诏，妄有荐论八人，虽自惭浅见多谬，而中间自多贤者。岁月易迈，人才可惜。愿新政广为体察，或有寸长可录，示不遐遗，即太公③之中，私荷光宠无量矣。

狗马多病，词不宣心。

①冢宰元洲张公：吏部尚书张瀚，字子文，号元洲。《明史》二二六有传。冢宰，吏部尚书的别称。

②荣晋台衡：万历元年（1573），张瀚以南京工部尚书改任吏部尚书。台衡，喻宰辅大臣。

③太公：大公、至公。"太"，同"大"。

寄大司农疏庵王公书①

省吾谫劣，徒以仰仗国家威灵，致兹平蛮之役，乃不敢以为喜，而有深虑焉。缘蜀中耕稼，本不足以自给，边邑及有事地方，疮痍未起，虽幸今岁薄收，而所由来靡弊久矣。既无能抚绥善后，是用徼惠②于翁，欲求蠲恤，以少慰云霓之望。至于冒昧不识时务，则省吾所不敢辞也。惟垂亮而裁夺焉。

①疏庵王公：户部尚书王国光，字汝观，号疏庵。《明史》卷二二五有传。大司农，户部尚书的别称。

②徼惠：乞取恩惠。

寄贵州蔡中丞书①

向日渎冒，辱不以为罪而犹然体而慰之，甚感。顾地方事两利为便，知其有妨而欲夺之来，仆焉敢若是悖也，知已坐照之矣。兹者师期迫矣，虚一营以待安将军，辄假便宜请发，惟辕门幸然命之。不胜荷赖，余冀原照。不宣。

①贵州蔡中丞：巡抚贵州等处兼提督军务蔡文。中丞，明清时巡抚的别称。

寄何来翁京兆书①

京使来，获奉华牍，慰籍不可言。乃过承待以非分，深自抑损，不佞何能自安，所愿改玉②而交之，使得仍展其扳附之情，幸甚。不然，当不敢奉闻问矣。

都蛮一节，门下③切桑梓之深忧，创疏请讨。今日之功，谁之力也！而不佞因缘，得苟免瘝旷之罪，受赐无量。顾善后之事尤为不易，更望终始教之。

专此奉慰惓惓，病困之余，词不宣畅。

①何来翁京兆：何来翁其人未详。"京兆"者，京城之尹（主官）。书言"乡梓"，知其为蜀人。
②改玉：改步改玉。此谓何来翁降低身份，接待曾省吾派去的使者。
③门下：尊称。有如"阁下"。

与兵科张都谏书①

顷赍奏人去附候，值仆病未详也。兹覆勘刘显事，敢再赘言：

显少年故亡赖，椎击自喜②，即从徒步中历阶大将，富贵极矣。然实自立功九丝始，以故九丝蛮畏其来，未尝不幸其去也。显一入蜀，蛮故不出。间出，辄不利而还。往流移迁徙之民归业者，十九尸而祝之，固自彼一方宿缘也。昨奉旨查勘，若据闽中之迹，奚止罢黜，罪不赦矣。而蜀中则似有所惩未敢者，且当挞伐九丝时，七八月之间可冀底绩，因得假便宜留之，为地方，不为显也。即若罔效，固将疏劾之以谢蜀人，宁独闽哉！其委悉具疏中，惟赐照裁。幸甚。

①兵科张都谏：都谏盖明代都察院下六科都给事中（主官，正七品）的别称。弹劾不法官吏，是六科的职掌之一。兵科给事中（从七品）李熙论劾总兵刘显在闽贪纵不职，曾省吾因为此书达张，恳请准许刘显留任。张都谏，其人未详。

②显少年故亡赖，椎击自喜：《明史·刘显传》：刘显"膂力绝伦，稍通文义，家贫落魄"。

寄孙肯堂侍御书①

一

昨据解到凌霄擒斩各贼，大抵蛮居其半，余多亡命强盗。及审幼男女子，多系每年掳进南六县及江安、泸州之民，有口称一次而掳至七八百名者。第向所报案册不如是之多，此旧来壅蔽隐匿之常套，殊可痛心。此辈长大，尽化为蛮，将来之祸，何可言也！

我兵今已扎定凌霄城，此后并力九丝，为力易矣。而蛮亦多悔祸者，可因以散其胁从。勘合内所谓师期、成算，亟宜具覆。若刘帅入蜀之功，与闽罪如两截人，彼亦所谓救东隅之失者，今渠以荡平九丝自任矣。纪功一官，想司、道呈行，此须得的确宪臣，而后可免妄、冒、买、借之弊。至于鼓舞文武将吏之心，以期底绩，为地方除千百年之害，则尤区区所鼎借于台下者。

二

昨偶传旌节欲南，曷胜忻愿。第屈指锁院②佳期，良已迫也。适奉华牍，深领惓惓，感刻感刻。

九丝将士云集，营垒既连，乃始并力进矣，旦夕可冀捷音，更假霜威传檄，以鼓敌忾是望。廉外所贵得人，军前二三子者，仆固预拟之矣。事本一体，何劳过虑。

近来郡县吏，颇多不中绳墨者。顷台下一出，稍警惕之，吏治民情所益无量。仆羁役一隅，方重有藉赖，而台下顾以为歉耶？

三

九丝蛮势蹙矣，独苦积雨重雾，难措手足，此仆之寝食俱废者也。

闻台下校文之际，每念不忘同舟之情，岂胜感刻。承示试录，窃以文章公器，试录以呈御览，播之万方，尤公之公者也。即屡易数削，归于正当，乃盛典之光，不问出于谁作也。

昨见鄙序尚仍旧贯，正不能安，而来教仅指"民氓"二字，犹乃过存谦抑，岂所敢闻？

四

九日寅时已大破九丝城矣。此实仗台下同忧共虑、振纪宣猷，用是文武将吏争先效命，以致此捷，岂不佞谫劣所独能任哉！计始事以来仅半年，进兵才一月耳。乃向来前件似可苟完，但善后之事尤属不易。意者，霜旌③可拉仆共登九丝，以震詟诸夷，并画长久乎？此亦千百年奇会，何其幸也。专此奉报，并以为请。

五

顷方驰使奉报，忽辱云函，忻赏激切，总之恫瘝切身，破忧为欢，一体之至情也。更承荡定之教，不胜叹服。盖党恶未除，目前固非全策，日后乃是覆车。是以机之所系为更要，业已严行，今再为申令。适报鸡冠岭等寨已尽破矣，又闻台下促右使④来，感甚感甚。缘功次一时未及查验，且大略一疏具奏，并附闻。

①孙肯堂侍御：四川按察使孙代。

②锁院：此谓乡试秋闱锁院。

③霜旌：孙代系按察使（巡按），职司纠察风纪，政尚威严，如秋霜肃杀，因得称其旌节为"霜旌"而指代其人。

④促右使来：派遣按察司右副使前至军前。

寄孙合溪侍御书①

蜀中承教。受益之情，与别后遐想，未暇殚述。兹者征蛮一事，鼎借猷念相同，力主剿伐。幸而数月之间，已空其巢穴而据之，即可耕且守乎其中矣。门下闻之，其为地方生灵喜动颜色，岂俟相见而后知。乃不佞荷庇而苟免瘝旷，感激何如！顾此役诚仰仗国家威灵与文武将吏忠愤所致，乃亦有天意存焉，非独人力也。善后事宜，更希终始赐教。幸甚。

病困之余，词不宣畅，谅辱鉴原。

①孙合溪侍御：前任四川按察使孙济远，时已奉调改官。

答松谷陈老先生书①

　　向以戎事鞅掌，久缺起居之问，乃私心未尝不瞻望为劳。属者征蛮大役，非谫劣所敢庶几，徒以窃闻绪论，谓蛮罪宜征，第恐旦夕不办耳。不肖盖已取决于謦欬②中，盖不以为不宜，所虑不慎。于是省吾竭不肖之才力，致慎而勉为之，乃亦安敢计利钝！属有天幸，仰藉国家威灵、庙堂筹算，与二三文武将士之力，遂已险寨尽破，酋首历擒。历三时而举之，亦足为六县人鬼复不世之雠矣。若乃惊惧父老，劳苦子弟，艰难万状，斯鄙心所回首转增战惕者，安得辱公之鼎翰而过赐誉焉！至谓遗蔓不无可虞，取汉家酒泉、张掖、燉煌及五代定西戎为教，此之发踪指示，即蜀中万年之安，宁能外之。顷搴旗芟敌者，一时功耳。省吾虽不敏，能无始终奉扬大惠，以慰此西土之民！所喜厥田上上，环以汉夷，四塞其中，内地民争欲得而耕之。将搜索区画既备，数年间或当成聚，可变夷为夏，斯翁赐矣，尚容次第请裁焉。

　　①松谷陈老先生：隆庆朝礼部尚书兼文渊阁大学士陈以勤，号松谷，四川南充人。《明史》卷一九三有传。撰有《西蜀平蛮碑》，载本书卷之十四。当年立石建武崇报祠，今碑存字灭。
　　②謦欬：咳嗽声，引申为言笑。

答大洲赵老先生书①

间者缺候，每从吏民中问起居，足慰也。二举子过我，因得辱情函，更出《刈稻和陶》篇并读之，如奉杖屦。古大臣明农，其适如此，柴桑翁②可并论哉！

省吾不量，有事于都蛮，以震惊父老子弟，甚歉。顾恐滋蔓难图，后乃益甚，狠寻斧柯，犹未效一割。诚不欲苟旦夕塞责云尔，倘竟能泄民庶之怨如翁指乎？何幸徼厚庇焉。

①大洲赵老先生：隆庆朝文渊阁大学士赵贞吉，号大洲，四川内江人。《明史》卷一九三有传。时已致仕还乡，曾省吾因得以"明农"称之。撰有《戎平行》，载本书卷之十四。当年立石建武崇报祠，今碑存字灭。

②柴桑翁：指陶渊明。

寄良弼赵中丞书①

一

蜀中六月间大雨如注，累昼夜不休，江水涨甚。又闻关中雨亦大，如此则汉水亦必涨。江、汉并涨而入楚，楚为壑矣，民何以堪之！天未肯弃呰窳（yǔ）之民，预以全楚付门下，幸甚幸甚。奈楚水国也，有常患而无常策，司命者每每议赈。赈之诚善矣，顾多不能遍，又受灾者未必赈，受赈者未必灾。诚遇往日赵荆州其人乎，即何患焉！外此独有请蠲租为急耳。

汉水大，则敝郡必灾。丙寅（嘉靖四十五年，1566）秋，敝庐几至漂瓦，家君架梁而处者匝旬，母氏早渡木罂而出，弟今固甚念之也。家君叨封②，咨已至矣。虽挂冠而隐，乃远荷朝廷褒宠，近荷公祖③旌扬，即复九迁五鼎，讵足比荣哉！

弟征蛮事，勉为勾当，稍稍有次第，两月中已尽撤其藩篱，此时竟捣巢穴，或秋尽可望荡平矣。所幸被掳逃出者无虑数千百人，其势已不能自固，仰仗洪庇，似属天亡之秋，但目下亦苦山险雨大，不便措手耳。知厪尊念，因及之。

至于贱体，骨瘦甚矣，颠毛益少。昨五月病廿余日，以忧劳中中以暑湿，脾泻不止，今虽痊可，而元气未复。少年志气谓何，今遂有此态乎？回首枉用精神，徒悒悒增恨耳。

二

从军沈相去，粗露耿耿。数日来诵所专遣腊月间书，回环把玩，不能去手。其语平蛮，旨妙而词雄，不啻自口出。传诸其人，弟所藉不朽者，不在是耶？乃其事安敢比鬼方、淮蔡④，而为力不易，诚有如厪尊虑者矣。顾天下事，成功非难，遭时难。设非新天子神明，与相君断国是而授之策，又二三文武将吏感时奋发，戮力而同心，如弟者空无能渺小丈夫耳，乃能劘（mó）九丝之垒哉！故曰："非其时，圣哲驰骛而不足。遇其时，庸夫高枕而有余。"今时固易，然所尤幸甚者，福星照楚，弟既恃以宽望云之思⑤，而二十年来自以辱知鲍叔，凛凛然常惧其负之也。即今日偶侥天幸，敢忘所自！第蜀之父老子弟，屡遭兵役，当此糜弊之余，方极图安集而莫得其道，顷疏求蠲恤，未审得如愿否。牛酒大馈门下，用意款笃，亦至是哉。以颁赐服役有功者，莫不知不肖弟蒙一体之爱而惊顾感叹，以为今世希有也。此当何以为报？

①良弼赵中丞：湖广巡抚赵贤，字良弼。嘉靖四十四年官荆州（今湖北江陵）府时，正逢洪灾，瘟疫流行，赵贤妥为赈济，有爱在民，曾省吾因得以"往日赵荆州"称之。省吾作此书，意在为楚民求蠲免当年租赋，且谢赵贤循例奏请封赠其亲。省吾，楚人也，

②封：朝廷封赠。省吾为官，朝廷例得封赠其亲。

③公祖：对知府以上地方官的尊称。此指赵贤。

④鬼方、淮蔡：殷伐鬼方，裴度平淮蔡。二者皆不次之功。

⑤望云之思：为官在外，望云遥望，思念父母的心情。

答肖甫张中丞书①

一

祗役后两奉藻翰，前有《三子通义》，后有《于鳞集》，集中叙出大手；及草书《齐山》《九华》诗二篇、《投赠》四篇，并希世奇物，东壁②所珍者。弟何从取数如此其多，岷山锦水之灵，时露光怪，如骇如妒，如让如争，是长公贻我非分之获也。虽然，非我几不能当。时下不量，妄有事于都蛮，长公不云乎："多少刀州作梦者，独君堪续武侯碑。"虽不能续，心切向往焉。顾平定似有机要，使不复反为贵耳，尚赖长公教之。

戎事劳苦之余，间取诗若书，抱而读之，当其得意，辄引觞浮白、按剑大呼以为快，何异助我数万甲兵者。使旋，潦略命纸，词不宣心。

二

山都之役，非地所堪，独以此方之民涂炭极矣。事因循既久，有司遂相蒙蔽以养患，积案大盗悉逋逃其中，设一大将而犹横行无

忌，所杀虏无算，将来如何！弟以是不量而为一劳永逸之计，顾未免为父老子弟忧。兄以为当耶，不当耶？

三

弟羁在叙南四月矣，蛮不悔祸，近已破其所谓凌霄城者，而余寨以渐成破竹之势，此方之民庶几其有瘳乎。此非弟之能，刘帅收桑榆之力也。

弟此役在长公当之，即可谈笑底定，而弟则艰苦万状矣。旧日皮骨可知，复重以此，益消瘦病困。稍稍有次第，便当抗疏待报③，鼓楫东归矣。

少年狂心，颇欲为国家树尺寸以自见，今精力若此，每以为叹。若长公飘飘然若神仙中人，功成而后身退不晚也。今非其时，幸且见让。

①肖甫张中丞：时任应天巡抚张佳胤，字肖甫，四川铜梁人，文学之士，为"明七子"之一，累官至兵部尚书。《明史》卷一一〇有传。

②东壁：星名。北方七宿之一，壁宿的别名。主文章，为天下图书之秘府。

③抗疏待报：此谓上疏请求辞职，等候皇帝批准。

答刘（重）［正］言宪长书①

仆不量，有事叙南。不直为目前计也，妄意一劳永逸，姑未敢论千百年或数十年可无事耳。奈何斯事体大，议者不一，大都袭故常、喜因循，以苟幸旦夕无过。要之，不可以计久长。此非独蛮之罪也。业已征兵集饷，冒众议而为之，即成败利钝未可知，自分甘心矣。近者赖天之灵，抵叙未数日，已擒元凶阿苟。又未数旬，以破凌霄险寨。假以日月，或扫荡有期，然亦未敢必也。

刘帅调兵之议，徒以天庆父子兵②耳，其究欠妥，仆无所取裁，薄乎云尔。既贵阳多事，不发为当。蔡人即吾人③，未可分彼此也。假令调后如丹平④者流，一不逞⑤，蜀何辞以解焉！此未必有益，而彼有损，故其感甚于发也。幸为我谢蔡翁⑥，本无固必，无劳过念。

①按："重"为"正"字之讹。宪长，前代监察机关首长的别称。据文意，知该"刘重言"万历元年时官贵州按察使。按雍正《贵州通志》卷一七，其时，贵州按察使为刘侃，字正言，湖广京山人。据改。

②天庆父子兵：贵州坝阳（今属紫云县）守备刘天庆父子之兵。刘显欲调其兵入川助剿都掌，而贵州巡抚蔡文迟疑不发。

③蔡人即吾人：裴度既破蔡州，以蔡卒为牙兵。或以为反侧之子，其心未安，不可自去其备。度笑而答曰："吾受命为彰义军节度使，元恶（吴元济）就擒，蔡人即吾人也。"见《旧唐书·裴度传》。此借用裴度语句。蔡人，此指谓贵州之人。

④丹平：贵州新添卫辖下的丹平长官司（土司），其时动乱。刘显征调贵州刘天庆之兵助剿都掌，贵州方面担心刘部入川后贵州兵力不足，丹平动乱难以收拾。

⑤一不逞：泛指为非作歹。《左传·隐公十一年》："天祸许国，鬼神实不逞于许君，而假手于我寡人。"曾省吾此谓如果刘天庆部入川会剿，贵州兵力空虚，丹平动乱或将扩大，对刘正言说，川贵一体，"蔡人即吾人"，不调了。

⑥蔡翁：贵州巡抚蔡文。

答梓谷黄光禄书①

叙泸间罹都蛮荼毒久矣，然一隅病耳，去仙邑②远甚。今举大众临之，有道者得无鄙咤多事乎？何从知赤子假息③待命，谓将出诸水火耶？此仁人之言哉。苟可忍一物失所，即痛痒何关。矧其病病矣不止一隅，幸不入肠胃，虽非仓公④，犹得按症治之。此仆之所为不自量，非敢如来教遽希迹昔贤也。且惊惧父老，劳苦子弟，此心可得已哉！

坐是，久不获申候，忽奉佳牍，浣慰如何！占报不悉，临发驰神。

①梓谷黄光禄：光禄寺卿黄华，遂宁人，字秀卿，号梓谷。
②仙邑：尊称对方故乡，此指遂宁。
③假息：苟延残喘，暂时休息。
④仓公：汉代名医。

卷之十二　翰牍 闻外笔筹

与刘将军①

一

昔岛夷②构乱，吴、越、闽、广之间骚然不宁，得一名将东征南伐，江海波澄，屹若长城之倚者，称将军之功盈耳也。不谓厚幸忝巴蜀之役，蠢兹蛮民，业已借戈旄而弹压之，当得共事，比力以报主上，鄙人有重赖焉。虽然，将军奚有于蛮民哉！辟之干将、莫邪③，以辱试豺豕，必不劳余力。第未知蛮民能早自为计以逭天诛否也。以将军威名震叠戎心，非在今日其必毕谋殚虑，求以平定安辑之，且恐朝廷别有推毂（gǔ）④，于将军能无了此而后朝食乎？

军务劳苦，又远念鄙人，感慰感慰。面晤有期，词不多及。

二

贵州移文亦先事之备，中间机宜，谅将军自得之。若疏，则日下行矣。

顷得螺蛳之捷，良慰良慰。非将军先机分兵助守，恐必致失事。

悬赏一节，本院断然行之。如有食言，天日可鉴。宁罢官长往，不肯负有功之人也。愿将军以此意宣布之。

三

蛮近觉窃肆，殊可怪恨。

大渡河之兵，已于二十四日往调矣。戎、长、江安之间，委是兵少。前将军所开郭总兵须及时用之，防剿彼处，一则报君恩，二则雪父恨，三则酬将军前后推荐之情，此一大机会也。详在公移中。将军更须激劝鼓舞之，渠若能以君父为重，自承任一隅，相机剿杀，何必身为大将而后可哉！况有将军为之统领，何忧功不成！

奢效忠兵已先调五千，须及布种之时⑤使蛮奔命，得剿则剿，以分将来之力，时不可失也。其余土司兵当调者，幸早知会，惟令裹粮给折色甚好，留神留神。

四

将军前所列大征事宜，行议久矣而未有复者，缘众论知征之为征，而不知征之为抚也。又人各有见，此区区日夜所焦思者。因思朝廷之上，原许会同调度土、汉官兵，速将蛮贼尽行剿灭，以靖地方，又未尽事宜悉听本院从长计处。今将军忠勇任事，而又奉有前项明旨，即不必再题。今所题只调安国亨、安智、刘天庆一事耳，其它固可径处矣。至于破格重赏、破格超升，本院俱以一身担承，万万不肯失信，然须将军多方鼓舞，以全取胜为妙。

今百万银两已备，而五十万粮米难集，非假一年调度，决未易言。区区之意，一面处粮，一面悬赏，即早费二三十万银两充赏，度可以成功，则粮米且无所用矣。将军三思之。

大渡河兵五百名已行调矣，惟宁番、越嶲兵方有事于邛部，俟另调。今所调奢效忠兵五千，以将军雕剿兵少为虑，因速行此，以便就近施行。余不能一一，俟面布。

何钰进内作何动静，阿大、阿二如无立功报效之心，作何区处？亟欲闻之。

五

两获手字，慰甚。

大征之议久定，岂俟今日。惟是粮不预集，运粮之策不预定，即得请亦莫敢动。帝王之兵以全取胜，又贵谋贱战，将军所熟者。出巡叙州，正欲计此，非纸笔所能悉，余具公移中。

六

天气渐暄，将军经营于深箐茂林中，殊劳苦。都下诸老书来，有谓此事只用将军可了者，有谓未宜骚动一省者。今调兵疏已行矣，其言颇婉婉，则庙堂始从之，不然则骇矣。新主即位，海内宴然，他无议大征者，而独此议之，故宜斟酌。

昨先调奢效忠兵五千，如到，将军可以全力攻凌霄城，而令郭总兵、张参将相为犄角，将军又应援之，即无不破者。破此城，即各寨胆寒，可次第图之矣。

大渡河兵五百名月尽可到，幸预定地方。今马湖事宁，又行调宁越兵五百名，以新任守备沈茂统之。其人起自布衣，尽似可用，在将军用之耳。

初夏可到叙南，庶得面相计议，以图胜算。各隘提督官俱能尽心、无欺玩侵剥者否？须赏罚一二人，乃可以肃军令。赏劝之需，有当用者据实移文，以凭议发。成大事者不计小费，将军虽巧妇，岂能煮无米之粥哉！

天日在上，若得荡定此蛮，除六县生灵之害，何必更避嫌疑。亮之亮之。

七

将军闽中之事，余所不知，惟是镇守叙南以来，扎隘练兵，惓惓以大征为念，蛮既稍知敛迹，而六县之民尽倚为重。余一入蜀，得之缙绅先生、父老子弟，众口一词，因未抵会城，即揭报政府⑥及本兵，若曰："都蛮之患极矣，罪在不赦，而不佞入境以来谘采舆论，金谓不可一日无刘将军。今例当自陈，愿假朝廷一字奖留，以作其勇敢任事之气。"此余为地方愚虑，非能预见为将军地也。乃者，李谏议⑦举将军闽事，疏劾之甚重，具在咨中。而政府、本兵乃徒据余前揭以留将军，致蒙朝廷俯从，曲贷往过，责以新功，恩德甚厚。不知将军当何以报朝廷，令政府、本兵有词于议留，而为余逃妄言之罪也。

今日四川疲敝，百姓凋残，非独都蛮故也，实向来诸将玩寇养乱，徒张大其虚声，而绝无痛痒切身之实念，日夜图维，多方以制蛮命者。今将军固能解此意，余重有赖焉。而又所遇若此，奈何！若将军不即思改图，取左右今昔误事者重绳绝之，以自暴白⑧，因乃誓血诚旦夕平蛮，以救东隅之失，恐机会难再得也。余实不能为将军后日计，惟奋然三思。

八

昨远劳殊慢，然得一细论机（且）［宜］⑨以便剿贼，良为慰也。

昨见武生李之实所持将军计诱阿苟朱票⑩，可谓良工独苦，乃将军若有而不居者，岂谓更有奇计后着乎？甚喜甚喜。

冒雨遄征，想已达珙县。每事从长商议，鄙人乐观厥成耳。何幸何幸！

翰札取天全兵，此调遣大事也，非移文用印不可。昨已恳切面告，岂将军辄忘之乎？留意留意。

部下各色员役，须宽其旧过，责以新功。自朝廷待臣下，莫不皆然，所以人人思奋。惟将军多方鼓舞之，即雠亦可用，要在利国家、安民庶耳。

漫及不备。

九

闻奢效忠兵将到，须预授方略，先扎营而后相机夹剿。区画既定有着落，乃可劳干旌⑪出而议大举之事。

今日有人自京来，相公⑫甚为地方留意。又谓本院必知刘将军之深，乃保之，盖翘首望捷音也。

不尽不尽。

十

将军气吞九丝，何有于凌霄？想旦夕破矣。且连日天雨，恐不便攻击，我众彼寡，我强彼弱，用间设奇，蛮当自溃矣。既破之后，当即图九丝。仍须分付奢效忠，不破九丝城不算彼功也。

天全兵已遣官同原差往调，惟安智兵须少⑬候明旨耳。

将军屡立战功，平日忠勇甚著，即近日一镇叙南，逃亡尽复，田野尽辟，百姓尸而祝之，何等大功！此功成后，保为将军阐扬。虽不能文，不敢辞也。岂似周将军⑭身后始有闻哉！

出入起居之间，宜用有知识、伶俐之人多置左右，未可以单骑自恃。蜂虿有毒，惟将军念之。

十一

差官李献忠到，见蔡中丞⑮书，知刘天庆不得来矣。皆是朝廷地方，皆是大家责任，若调后贵州万一有事，彼将有词以借口，故鄙意亦不欲其来。既有名将在此，文武齐心，调兵四集，何必拘拘于天庆之三百兵哉！

又安智兵万万不可调，前差人可作速追回。缘将军向日传牌，贵州尚以为言，若不奉明旨先调，即贵州指此说话，不徒无益，而反有损矣。幸三思之。

四乡中闻尽有不同反者，切须招来⑯，指其生路。惟留意。

十二

兵无定形。大举在秋，一定之策也。此时青黄不接，蛮无抢掠，若围困之久，必有绝粮之寨。粮既绝，必并食于有粮者。不久，必有内变。而又昼夜设疑设伏，募敢死之士数十人，或放火，或劫寨，或放铳，或鸣锣，使之神惊魂乱，此胜于十万之兵也。切不可失此机会。

又作速召募土兵为至紧。缘六县生灵莫不愤恨，欲食蛮之肉而椎其髓者，与调到土兵痛痒无关者不同，不可不乘其愤恨收用之，计旬日间必可募万余人。以原兵一万守隘，以募兵一万出奇。将军以为如何？恐愚言不可不听也。若一月之内成一奇功，我且先具一疏，为将军报功。

本院伏枕而思，临食而虑：今日之事，非将军决无可成功之理。非本院谁能知将军，所谓两不可负。第不容一日放过，使蛮得安宁也。千万熟念。至祝⑰至祝。

十三

干旄已驻长宁，即日计破凌霄，暂且凯歌而出，鄙人已治蒲酒⑱，俟之江干⑲。佳节且临，山间岑寂，聊往薄意，以劳左右，惟笑而留之。

十四

闻将军匹马走长宁，壮哉！即凌霄旦夕破，不俟占卜矣。始以片纸擒阿苟，今以匹马破凌霄，孰谓刘将军勇而少谋哉！此功成，幸星驰见报，即思第二妙着付奢兵。跂足以俟。

十五

此时只以用人为急，以招兵为急，无他务也。若粮饷，则本院任之矣，将军可不必虑。来翰中三可虑者固是，以愚见论之，似不然。若凌霄余党散漫，正好夺其空城，扎兵据之，以图进取，一不必虑也。兵若进攻，委为下策，只须昼围夜惊，左埋右伏，不出十日，余党疲困，必寻走路，伏起或杀或擒，彼命在我，二不必虑也。连日雷雨，溪水泛涨，我兵虽不能前，却亦可乘其不备，若募敢死之人趁水大冲劫，放火举铳，彼怕自救不暇，三不必虑也。至于发疑兵使蛮各自顾，甚妙。要之，机宜在彼中，想高明自有成算，难遥度也。募兵定以五万为率，不得五必得三，练而精之，何坚不破！惟将军留神。

事少定，方劳出来一会。余不能一一。

火器最要紧，议造为祝。

十六

近日又有人自京中赍报来，谓闽人恨将军太甚也。昨见部议行勘，科中哄然不平，又要上疏约见阁下⑳，阁下止之曰："且待四川信来如何，再劾未晚。"然则将军其危哉！有书可证，他日当览之。将军且不必出来相见，趁京中委官在此㉑，多设方略，鼓舞人心，出奇制胜，或擒或斩，若得首恶及负固者数十人，破得数大寨来报，扎兵为隘守之，庶本院有所凭据，特疏奏报。此将军转罪为功、去危即安之要策也。

大抵用谋为上，用兵次之；以蛮攻蛮为上，以兵攻蛮次之。若徒愤激于血气，不审事机，不量彼己，侥幸一战之间而或有损失，则将军宁可无功，不可复有此罪矣。

前次赏功银，今径解将军用之，庶不掣肘。重赏之下，必有勇夫。仍须将军亲赏，不可落左右之手，或有侵克，怨在将军矣。尔我一体，因吐肝胆告之。

名色把总黄希忠颇谙蛮情，其言凿凿可用。昨遣为将军用，宜委心任之。此人十倍何钰，盖钰乃柔奸诡诈小人，言多反覆，心多闪灼。如云彼"欲请兵攻某寨，刘将军不用其言"，此对本院及该府言者；如云彼"要擒斩数蛮来献，恐本院遽以为功而中止，贻彼后患"，此对该道及该府言者。本院面诘之曰："你本不能画一计、得一蛮，却且怕我中止，何欺心之甚！"彼方闭口羞惭。如云"可请一牌管领何恩及阿熊幺等"，本院诘之曰："你前领我一牌，竟无下落，今又要领我一牌乎？"彼又闭口羞惭。昨本院且含容，仍重赏银牌十两，买红布、手帕银二十两。今住府五日矣，该府问他何以不进去干事，答云"刘将军带阿熊幺等出来见过即去"，又云"阿熊幺等有信与他，叫待熊幺出来一齐进去"。如此支吾搪塞，全如捕风捉影。其人似可杀也，劝将军不可再为所惑。且如阿熊幺属蛮也，每每交通勾引，其罪甚于叛蛮。一妻一妾，皆阿花之妹，彼若真降，何不协同阿花等攻打数大寨，擒斩百数十有名真蛮来献，本院岂吝千金之赏乎？今不能为此，只口说来降，以为缓兵之计，此愚弄本院与将军，乃向来熟套故态。兵退之后，彼之劫害生民犹昔也。是本院与将军皆堕此狗酋蠢计，而何钰恰似为熊幺等作说客，暗为蛮党矣，可叹可恨！

吴继祖、葛琼如何？此将军所举用人也，何不于此时令之出力，分投剿贼，孰非将军之功乎？此外有可用者，须倾心用之，兵可助者助之。犹本院之倾心于将军，人未劾而先具揭帖，请以决留；人既劾而速调兵饷，助之赎过。将军岂以我为不然乎？人有谓将军功名已极，正要劾回了事。本院知将军决无此心。何也？若劾回果得了事，可也，恐未能了事。或国典森严，一旦惊恐，骨肉之间，后悔何及㉒！故知决无此心。此忌将军不欲成功者之言也。即相见，其言不过如此。

此外，有奢效忠兵于十五日起程。如到，须操纵之，使有实济乃可。若粮饷，则已陆续处分，可足八万兵一年之费矣。

千万将军以余言在意。

十七

连日病泻，甚弱，闭门调养，未免戎务惊心。所恃老将当此立功之秋，计必出万全以为慰耳。

覆勘之疏㉓附览。中间词语抑扬，对君之体当然，其在将军，亦可因之而自效矣。

今日之事，因凌霄之胜而招降，策之善者也。但以愚见论之，不必费讲，只阿大、阿二、阿花三蛮肯领妻子出来投降，将妻子安置别县，此即二乡之生路，无一毫可疑矣。如三蛮不出，尚在鸡冠岭扎寨，只用小蛮虚降，此便是阳顺阴逆，即当明白与他说破。只招安四乡，专诛二乡㉔，尤易为力。此乃悬断，却不知彼中事势、机会如何。此不可不早决策，勿徒为狡贼延哄也。何钰亦当以此示知。病中日夜以为念者。

十八

都都寨之难，不特凌霄。将军躬冒矢石，奋勇先登，以倡士卒，摧坚拔锐于积雨郁蒸之天，可不谓谋勇具备、矫矫虎臣哉！即日破九丝，当势无全牛，惟所排割矣。来使道将军意气甚盛，部曲无不感动。为人臣子，报君父正当若此矣。鄙人何幸，因得借手以塞责乎。将军勉哉！

掘井九仞而不及泉，犹为弃并也。稍稍饮食自劳苦，日夜图后着以求全胜，并戒军士不可骄、不可懈。蛮窜入林箐者多，早晚不可不备。更得真降者千数百人，给以免死印票㉕，庶他日好报朝廷也。至祝至祝。

十九

今日之事，兵力未齐，委当持重，所虑陇兵㉖不能耐久耳，可以大功大利激之。所谓大功者，叫他屯兵稍待，就了九丝之事，此大功也。平了九丝，复官重赏，在各土兵之上，此大利也。其胡藻等，俱宜以此谕之。此外仍以时给粮，间行赏犒。若陇兵再住得一月，各兵必齐矣，然后可放心举事也。前日将大功解去，不知竟作何处，他果知感激否？欲闻之。

酉阳兵五月二十八方起身，此月初六日已有三百六十名到巴县，陆路难走，俱从水路，旬日之间当陆续可到。天全兵此月十一日起身，各州县俱备有船簰等候，顺流而下，即数日间亦可到。惟是奢兵（安闻亨智）［闻安国亨、智］㉗二酋相构，又去助之㉘，却甚可恨也。此信还不的，今恐讹传，已解牛酒、行粮共五千两去，又遣官程希闵于今日早赍令旗、令牌同曹希彬催调。不知希彬已去否？须速遣之。

其陇兵如果能扎定，却缓缓收实来降之心，以俟兵齐大举，此方得策。

贱体近日全好了，想天地鬼神亦默佑也。

新召兵六千有余，须要分布明白，务有实用方是。

至祝至祝。

二十

来翰，此心稍慰。略分为数条以相商确，中有可便宜行者即速行之，惟留神是祝。兵道揭来，具答如左，将军可留意览之：

一、投降一节，乃是用兵本意，原无尽杀之理。但只要实心降，后日就收做良百姓，何苦杀他，叫蛮莫疑。

一、蛮果实心投降，便差的当官一员，用通老随去寨上住着，叫他绑有名蛮贼出献，并送牛米赴镇享㉔军，一面立功报效。

一、都都寨蛮称说：九户口有五户口已投镇雄府去了，此当跟究下落，果通同党护而容其投乎？抑诈容其投而别有深意乎？又或非实有此事也？如诈容之，便是。不然，陇兵安可用而不早为之所也。

一、观陇兵保猡等攻寨，又似无他意。其五户口既投，见在何处安置？且如容都都寨投降，陇兵又作何调度？

一、今日之事，须待兵齐，外面扎定连珠营，又用偏师精锐占扎九丝城上。大势既定，蛮之生死在我，然后降者降，杀者杀，方可惟意所向。此时兵寡，断不可执一，不思后着也。

一、都都寨明说某寨某蛮杀人无厌，若机会可乘，何不就下手杀人无厌之蛮乎？

二十一

监军道云都都寨有情愿投降之语，又要黎朝佩进寨而深怨金罗。此中正有机会可图，将军何以处之？兵固不可轻，亦不可老。

闻调奢兵及到在半月外矣。又奢兵能久住以了九丝城乎？若不久住，能不待各兵调齐而自了之乎？幸熟思审处之。事须预定乃可，此大关节也。今差程希闵同曹希彬去调，并牛酒、行粮速发矣。

兵无定形。虽谋勇俱备可无虑，止恐陇兵难耐久耳。奈何？

二十二

连日大雨如注，即外间蒸湿不可言，况营中乎！此心甚悬念。闻将军此举持重，不肯轻发，甚是甚是。

兵力委少，酉阳兵旬日内方到，已累次星火催促矣。待其到时，以镇雄兵敌其前，以酉阳兵间道掣其后，仍令张参将并沈茂二枝分设疑兵。虽四乡并力，无能为也。不然，以孤军专敌四乡，万万不可。且四乡既敢抗官兵如此，即不必再去招降，惟取便宜行事可也。

军中下情，须多方延访，多方探听。前闻何恩说只要三千兵就可破都都寨，太说得易了。试一问之，更有何计？择而用之。如不可用，亦不必怪彼也。

今除守隘兵一万之外，实有新旧兵若干？荣县僧兵八百，可即调用否？闻陇清兵无甚纪律，奈何？余惟求万全。是祝。

二十三

军中之事，一惟将军是赖，无可虑者。都都寨想已成功，连日梦兆甚吉。

招降一节，若用阿大等去招四乡，尤为妙计。招得些来甚好。如不肯来，然后大兵攻之，彼既无辞，我心亦安矣。

何恩等须重用之，想不俟言。

贱体已平复，此时惟静以摄之。

差官调乌撒⑧兵，闻此兵自镇雄地方出为近，又恐陇清以为不便。今命李献忠来，可唤陇清理谕之，许他差一重职官到镇雄坐镇。将军官有可差者，就便差之，本院当给旗牌也。此要紧者。又调效忠兵系三万，本院门下无可差之官，将军亦为我择一人来，如何？今取泸州掌印指挥滕光国，不知可否？可连夜发原役来，立候立候。

二十四

都都寨之破，可谓鏖战。闻周于德等舍命直前，非将军忠勇所激、恩惠所结，岂能如此？又闻标下旧日得力之人多被损伤，殊可伤悼。可将冲锋并损伤者速开名知会监、纪二道呈来，以凭赏恤。

各蛮如尚聚各寨，似且不必惊他，只差黎朝佩等招降以安之，待兵齐另作计较。若逼急，远散逃躲，后日又费力。思之思之。

天全兵今日已到叙州，酉阳兵明日可到泸州，其奢效忠兵又经催发矣。

外，邸报驰览，圣旨责成院、镇，更复何辞？但有灭贼而已。

所获都都寨各谷米、牛畜、器甲及田地、茶园若干，不可不查实开报。至祝至祝。余不一一。

二十五

守备吴宪送到营中二十七日书，知得居十二蛮畏死出降，内阿料有义气，欲立他作寨主，攒扎吊猴山一处，仍给冠裳，要得差官速送，以便行事。本院闻之色喜。天地好生，朝廷肆赦，蛮来降，适获我心，此将军威灵所及也。甚好甚好！

除呕行赉送冠裳外，更有可商量者，惟将军听之。前者若不许降，终是缺典，今丁宁㉚晓谕，历三四月之久，不见来降，本院已决意尽诛之矣，不意又来投降，此非势穷力蹙而后降乎？此十二蛮者，且不论真伪，俱当容之，但不知肯送妻子质当否？须质当，乃有凭据。此一件要紧者。又不知愿献首恶，首恶的系何蛮，须先承认开递姓名、甘结，乃许之。此二件要紧者。杀贼报功，系何寨之贼，先断过，不许将掳去汉人欺抵。此三件要紧者。依此三件，即容之矣。但云此一乡有寨主，四乡俱来效顺，此当斟酌。若四乡俱来效顺，即九丝无叛蛮矣，又何以云破之不难？且如四乡俱降矣，能保兵退之后不复反乎？封齐王[32]云云，知将军有成算，不必虑者。但愚见投降者即时容之，不降者即时诛之，岂不善恶分明？兵难遥度，此在将军临机应变，以求万全耳。

又吊猴山一处地势若何？若系险要，还不可许之。余不能一一。

二十六

昨草草具报未尽，今再申之：吊猴山既四达之地，容降蛮扎寨，此善策也。又令拿本上有名贼首，尤中肯綮（qìng）[33]。惟招四乡之说，则有先后不同。当兵粮未集之时，宜招之以散其党；今兵粮既集，不必招矣。但畏死来降者受之，不畏死不来降者诛之，不得便则围而困之，只有此三件耳。今以将军勇冠三军，又拥十万之众，蛮之生死在其掌握中，或正或奇，惟所用耳，岂复有所虑乎？今所虑者，恐别有逃走之路、网漏巨贼耳！

区区引领企足而望，毋能为助也。以数月之间建千古之业，群力群策俱已举用，惟将军勉之。

二十七

尹从寿差往平夷二司[34]魏宗旸取来验发，俱如来字矣。奢效忠兵，已报初四日起身，其志颇锐。酉阳兵五千，初一日过江安，同天全兵想陆续到。

蛮非人类，急则投降，缓则出劫，请思长久之计。今日大征，非往前可比，因有将军名将，所以庙堂委心，若他人为将，本院决不敢担承此事。所以不可草草了事，惟将军孰计之。

受降旗不肯轻发，有理有理。缘他前不肯降，今始来降，又不质当妻子，如何信得过？

所苦连日大雨如注，军士辛苦，当奈何？寝食念之。计旬日之间兵力可齐，有不遵约束者，将军径以军法从事。

麦易营用张参将，得策得策。

二十八

近见各将官甚不晓事，本院心切怪之，无惑于将军之不平也。又闻指挥邓三锡称本院委官，不迎将军，此大可笑。三锡乃将军原定委者，手本可查，本院因将军所定而遣之，非径委也，如何这等胆大！即是径委，岂该如此？何不遂捆打以快我心，而乃含忍不究耶？虽然，此皆本院号令未分明之过也。若体统、名分，已陆续为将军正之矣。幸夙夜努力灭贼。

二十九

效忠兵已议定麦易，今彼自称又扎毛坝，其故何也？如此，则谁当麦易？殊可怪也。此等军机岂容那动㉟。此必将军另有指授，或他人不知，但鄙心切切欲闻也。

安帅自带有兵一营，三五日间可到。郭帅兵已添拨否？各营想此时安排已定，幸一寄之，是祝。余惟鼓舞三军，刻期平定是望。

三十

不移时间，两得来字为慰。鄙人入山之行早晚未定，亦待将军商量停当乃进也。

各棍徒、各通老之搅乱，委可痛恨，今牌行严禁矣。何子宸尤为可恨，容处之。

招募新兵委当查点，今后众兵既到，将军还须出一军令详悉晓谕，违者重处方是。

酉阳兵七千名今日四百名来见，其余俱从江安径进矣。天全兵一千二百名，亦于今日起身进山。各赏犒等项即今解进，委难为将军措处，知之知之。

本院所虑者，蛮或远去逃避，若只在九丝左近，可无虑矣。母猪寨之举且缓些，如何？待永宁兵到，围住九丝而后了此，庶不致再漏网，如何？

三十一

近日如单骑下营，分定天全、酉阳之兵；有属夷入九丝者，诈以遣使内应携其志⑯；有黠蛮假何钰书者，发誓大怒以安其心。此皆古名将之所难者，而将军能临机应变于仓卒之间，谁谓刘将军勇而少谋哉！敬服敬服。

兵力齐矣，所忧天不晴耳。昨日雨，即竭诚祈祷，今早忽已开霁，乃知天欲灭此蛮矣。都司徐仁威虽西北将，入虏地将二十年，乃枭将也。所领家丁二十余名，亦勇悍。今恐不习地利，不便于攻而便于守，令其补扎毛坝营，而以资阳、万县兵一千名使领之，专防蛮卫突⑰而出，未知是否？若沈茂、吴宪，还当留为左右翼，以便夹攻，不可令之孤远。惟在商量，亦不可执一。闻江安扞子手⑱不堪，已将五百名换守隘壮兵，甚善。此外尚有不堪者，即当派令运粮。兵即夫，夫即兵，此用兵之常也。其余鼓舞土官，预行劝赏，各解有钱粮在营，惟与监军、督粮就便议而行之，以图早早扫荡。又如可受降不可招降，四面连营扎定，然后可用间出奇，方保无奔散之弊，俱望留心。闻此时已有远避而去者，此急宜踪迹查访之。黎朝佩如不可用，即便以数字付他来回话。

至祝至祝。

三十二

宋震来，承手教，具悉。降蛮既有端的，元戎已进黑帽尖山，但当刻期进剿耳。大抵今日之事，万全之势在我。天人协应，无往不利，似不必拘拘于时日，盖日日时时俱利也。

奢兵不耐久，而酉阳各兵已住多时。颇闻思奋之心甚亟，宜因其奋而用之。

阿大、罗万良果能报效，生擒阿二、方三等不服之蛮，定将各蛮田地分赏他，方见叛与不叛之报。

近卜一卦，有猴尾鸡头大利之说，正指七八月之交，迟则老师费财矣。洗耳翘足以俟捷音。不尽不尽。

三十三

此后着着叫将军麾下，其勿忘此言乎？陇清何日到，兵当作何用，用后更作何处，愿闻愿闻。所云四乡求降，就计用计，甚妙。若四乡能擒贼立功赎罪，此是第一着矣。然非何钰之力，亦不能激四乡如此。惟四乡来降，先一着方下得有力，此时方见将军为名将，服之服之。若四乡立功，我兵不可不助之。此又要紧。

所云贵州悭吝一节，有理有理，鄙心良慰。外，陇清称廖金已死，真否？密一查之，如何？不尽不尽。

三十四

有自山中来者，道将军勇猛奋发，气欲吞蛮，各汉土官兵帖然听令，毋敢哗者，于此乃见雄略矣。今日之事，先收各寨之心以散其势，惟专力九丝以取全功，甚有次第。

黎朝佩尚未引罗万良出来。若引出，决重赏而用之，不肯失信于降蛮。即不来，或县官亦知此意，不肯遽擒也。临阵之时，所重多获首恶。欲使后日不复反，全在今日着力。惟将军图之。

昨分石柱兵，乃出遥度，幸勿相拘，再从便分拨可也。闻奢效忠志甚锐，果否？可奖励之。仍丁祝㉝张参将用心驾驭，及防范都蛮暗买把目，此要紧者。又闻冉维屏亦有志，可喜。毛坝不用扎兵，想自有见。

区区惟洗耳以听凯歌。

三十五

承来字，已悉妙算。此所谓持重之兵万无一失者。甚好！

陇酋⑩请官坐镇，此诈也。彼与奢酋不同，奢所忌在安酋，以其属贵州也。乌撒即我兵⑪，方在被调，敢为掣肘乎？将军差官镇之不妨。黄希忠述默处二乡者甚悉，殊为放心。若早令二乡与四乡先且雠杀，策之上者也。

粮饷二事便宜行之，此中星火催发（搪）［塘］发搪马⑫如来意矣。

不一不一。

三十六

昨解到老、小蛮十一名，且多被掳者，未见首恶，委为缓兵之计。其阿大既真心降，便当真心托之，决不杀他，今已行给免死牌并重赏矣。此可以观何钰之功，叫他益要用心。若阿大能将九丝城恶蛮一一设法拿了献功，土官就与他做，功大罪小了，再莫要听人哄他，自失此好机会。

将军议处都都寨赏功，甚合天理，当人心。陇清蠢酋乃敢胡说，捆打差人，极有道理。

其罗万良等，若肯到府出降，亦俱饶了他，还与重赏。朝廷用兵只杀不服的，不杀服的，我等要体此意。

连日在府求晴，屡屡梦见真武神当空出现，祥云环拥，占者谓大胜之兆也。彼中事有将军，鄙人无所虑焉。

绵袄、绵被等催发矣。

三十七

效忠初志甚勇可佳，升官重赏已题奉明旨，本院所不吝也。比以麦易营付伊，亦能自任。今兵到若干时矣，尚不扎麦易营，统兵三万尚尔犹豫，岂非怪事？今所续添之兵，据道议准其一万，是矣，但待到益迟，不反为蛮笑乎？如今扎兵不动，任蛮抢官及公行逃避，效忠平日志气何在？诸将行事如彼，本院所不敢知。

今将入营，行粮已行守道催发，临阵悬赏银牌已行催解。若再迟延，或事难就绪，幸明言见报，以俟处分。余不能一一。

三十八

董思明之事甚为可恨可恼，此时外虽不必张皇，内不可不多方处置。或差通老晓谕急早送出，免其死罪，此上策也；或即厚赏通老，令其换出，此中策也；或令降蛮罗万良引之出降，并令思明就近坐寨而徐为之处，此下策也。但今不知思明下落，料无别事，只恐抢上九丝城，计安所出？未运粮之先，自当分布防护，今粮未运，城未攻，先抢一官去，奈何？张参将块然㊸无为，罪之魁也。

今日只当早早进兵，以成神速之捷，不得迟疑生变，徒费钱粮，惟将军图之。

三十九

闻安总帅到矣，决当分在毛坝，一以防贼奔溃，一以护送粮运，就将所带兵领之。如别有分派，则吴宪、沈茂之类决要专遣一员，或马湖或石柱兵五百领之，以护送麦易，方可善后。目前运夫已惊散，尚可不深虑乎！

四十

闻叛贼方三以献董思明为计，而将军叱拒之，甚为有见，甚为有见。不然，岂为此一官而落其奸计乎？非老将谁能及此，服之服之。

连日零雨㉘，度日如年，想将军同之。今幸大晴霁矣，必已渡河㊺而营。其奢兵已另处，冲锋悬赏解去，令其进扎麦易。添兵一面调到，别用不可，专待进攻也，想有严令促之。但今所虑者，麦易、得挖一带甚为空旷险阻，止张参将一人领土兵一枝，果足以当之乎？决不可不深虑也。除已行安帅，到即扎得挖，领奢兵一万。然闻安勇将也，必用副将一员，若徐、赵、侯㊻不熟地理，不放心用之，良是。至于韩似甫，自小为泸州人，又旧掌泸州卫印，今当立功时，其伶俐任事又尽可用，以此将副之，岂不放心？且他人献一策，将军尚用之，区区一得之愚，当此紧急之际，俯而从之，奚不可乎？若有失，本院自当，不以累将军也。可留此为证。

此外，再拨的当指挥如朱顾等四员，协同知县陈嘉言、杨汝楠支粮散赏，且得相倚在营，料必无失事，必无不放心者。此至祝也，此至祝也！

余不能一一，惟刻期奋勇，一鼓登城。不胜痗瘵翘首企足，不多谈。

四十一

九丝以前之营，有主将布置，虽鸡冠岭、母猪寨当防，已将石柱续到之兵行监军道留扎，以为外卫，可无虑矣。惟是九丝以后如张参将、奢酋一带，甚有可虑。且如奢酋独为一营，更无别将协同，却令一二文官在营收放，及至进兵之际，谁为护守？万一有失，如董思明事，非主将之所当急为审处者乎？将军前屡言毛坝不必扎营，又画图来看，以明其无害，今张参将却扎在毛坝不动，又何说乎？安帅若来，以愚见当付之得挖，而以韩似甫副之。昨将军又言安帅扎麦易，如此则竟以谁扎得挖，又非主将之所当急为审处者乎？大抵此一带布置，恐将军还当留一片心，方保全胜。不然，顾前不顾后，虽罪张参将，无益也。

即今委官不敢入营，钱粮全无交割，一任奢兵头目支领。纵无文职，岂可无武职一人乎？此等事要不挂心，如何做得？况成功期在旦夕，而疏漏如此，恐此功似难成也。容同知、罗知州亦不进营，何也？果营中不必用，便当出来。不然，岂容在外！

四十二

连日天色大晴，此鬼神助将军成大功也。昨日夜地震五六次，二次颇大，占者谓必胜之兆，但防蛮惊恐，而主将左右尤宜谨备，特以奉告。奢效忠差人禀，略晴就扎麦易，已遣官奖谕之矣，惟留心览之。

四十三

昨见吴继祖差人报生擒一蛮，因知是日攻城。如奢效忠等并不见一人，不发一矢。如此，蛮得登城。蛮若逃走，亦无人拦阻矣，所系岂是细事！又恐将军另有密计，不可遥度。

今写牌一面，封着与将军商量，如轮日攻为便，则此牌不必发。如不便，可传示此牌，仍旧合攻。惟以助将军一臂耳。余则来官具道，不一。

四十四

破城后用功次第，想将军自有成算，必为长久之计，且乘此破竹之势，疾雷不及掩耳，必再收全功以绝永患。但千百年方有此一次，今日若再丢下前件，孤负大举，孤负此心，必贻后悔。惟再三审度，急切施行。若过数日，军心难复忍耐矣。至祝，至祝。

①刘将军：刘显。

②岛夷：海上倭寇。

③干将、莫邪：古宝剑名。辟，同"譬"。

④别有推毂：别有任命。《史记·张释之冯唐列传》："臣闻上古王者之遣将也，跪而推毂，曰：'阃以内者，寡人制之；阃以外者，将军制之。'"

⑤布种之时：春耕播种，农事正忙之时。

⑥政府：此谓包括本兵（兵部）在内的中央政府（朝廷）。

⑦李谏议：兵科给事中李熙。参见卷一《破凌霄城报捷疏》李熙注。

⑧暴白：表白。

⑨按："且"字，据文意改。

⑩朱票：旧时官府用朱笔写的传票。

⑪干旄：以旄牛尾装饰旗竿的旌旗。此指代刘显的仪仗。北周庾信《代人乞致仕表》："出拥干旄，入参衡镜。"

⑫相公：此指张居正。明代自胡惟庸后不设丞相，而以内阁首辅实行其事。习因称首辅学士为相公。

⑬少：同"稍"。

⑭周将军：东晋人周处。年少时凶强侠气，为乡里所患。仕晋，为御史中丞多所弹纠。乃折节改行，为国力战而没。诏赠平西将军，谥曰"孝"，终为忠臣孝子，人并多之。见《晋书》卷五八本传并《世说新语》。

⑮蔡中丞：贵州巡抚蔡文。

⑯来：此同"徕"。

⑰祝：同"嘱"。

⑱蒲酒：菖蒲酒。旧俗，五月端午饮蒲酒。端午节近，将破凌霄，因置蒲酒以候其成功。

⑲江干：江岸，江边。此谓大江岸头的叙州府。

⑳阁下：指谓内阁辅政大臣。

㉑京中委官在此：兵科给事中李熙论劾刘显在闽贪纵不职，因委官入蜀，赴军前查勘。

㉒国典森严句：万一被劾取回朝廷，遭受斧钺之诛。

㉓覆勘之疏：即卷一所载《覆勘将官疏》。

㉔四乡、二乡：山都凡六乡，乡名已不详。此言"四乡""二乡"，亦莫能明也。

㉕印票：加盖官印的票纸。

㉖陇兵：镇雄土兵。镇雄土司头人汉姓姓"陇"，因以"陇兵"呼之。

㉗按："安闻亨智二酋相构"不可读，据安国亨与安智历来相讦改。

㉘又去助之：谓奢效忠之兵竟然擅自开赴水西，助安智攻打安国亨去了。

㉙飨：同"飱"。

㉚乌撒：宣抚司，治今贵州威宁县。

㉛丁宁：同"叮咛"。

㉜封齐王：借用刘邦封韩信为齐王典故，意即先假以名号，稳住投降的都掌人之心。

㉝肯綮：事物的关键。

㉞平夷二司：马湖府平夷长官司，治今屏山县新安镇；蛮夷长官司，治今屏山县新市镇。二司相距仅六十里。

㉟那动：挪移，移动。元无名氏《小尉迟》第一折："穿上这皂罗袍将虎腰来那动，分明是活脱下一个单鞭夺槊的尉迟恭。"

㊱携其志：离异其志，使有二心。《玉篇·手部》："携，贰也。"《集韵·齐韵》："携，离也。"《史记·吴太伯世家》："近而不逼，远而不携。"裴骃集解引杜预注曰："携，贰也。"

㊲按："卫突"不可读，因疑"卫"字或为"冲"字之讹。兹不妄改。

㊳扦子手：意即自卫队之类。

㊴丁祝：同"叮嘱"。

㊵陇酋：镇雄土司头人，汉姓姓"陇"。奢酋，谓永宁土司头人奢效忠。

㊶乌撒即我兵：乌撒土司时属四川。

㊷塘马：塘汛配设之马，专供传送文书。

㊸块然：木然无知，麻痹大意。

㊹零雨：小雨。《诗·东山》："我来自东，零雨其蒙。"

㊺河：指今毓秀河。

㊻徐、赵、侯：徐，佥书署都指挥佥事徐仁威；赵，疑指邛州知州赵方立；侯，四川行都司佥书署都指挥佥事侯一位。

卷之十三　翰牍 闻外笔筹

与刘将军

四十五

闻将军止容同知、罗知州不进营，有之乎？今颇有借口者谓（王）［主］①帅且不敢担当，如此委官，如何敢进营？因而各生惊畏。此甚可笑可怪也。若果钱粮不致错乱，收支不致遗漏，委官不进营，有何不可，但恐土官处无管钱粮者，给散不均，所系不小。然文官进营，若无得力武官分领二三百汉兵相伴，亦无怪其不敢进矣。此一节已三祝将军矣。我两人俱是船上把舵者，不得不常常叫号，耐心听之，留心处之。

蛮子觉得困急否，何日可攻上城？悬望，悬望。

四十六

连日闻临城督战，营垒相连，蛮命在掌握中矣。我兵多，彼蛮少，又闻每日出一枝挑战，或设伏或出奇，使疲于奔命。甚好，甚好。彼之标梭、滚木、擂石既尽，便可合围成擒矣。将军劳苦哉！

又闻有放一角走镇雄之说，此虽围师必缺，却不可拘泥。一容其走，必难再寻，况镇雄兵软弱，岂能一一擒获？后日追要不得，徒贻悔耳！

四十七

观奸细之言，向来用力俱中肯綮矣。良工心独苦，岂特此一事为然。今日既示以诚心，当必无窃肆之虑，即或有之，外卫之兵如石柱续到及零星凑到者，亦足以遏其初心矣。陇酉兵幸未阻回，且与将军计之耳，不然果中其奸，可见一己之知识有限也。感感。到，则须分派紧要处，俾有责成。

近日闻将军事无大小皆身先为之，形体颇减，岂可不加樽节？况破城之后还有许多经略，幸加将息可也。李兵道亦如此言，皆同功一体之心。且专功运筹，毋亲细事为祝。其余汉、土官兵，亦多劳苦疾病，及有打阵被伤者，传令厚加优恤。但设法多哄下梭杆、长标、擂石、滚木，即可并力登城矣。望之，望之。

四十八

九丝城之蛮虽极多，不过一万。我兵十万，扎围久而不动，虽是困法，但恐人心或懈，天气不齐，致有疏虞及生疾病，不可不深虑也。今日之事，当以冲上九丝为第一功，重加悬赏。其余虽斩获功级，不能上城，只照常论赏。须以此意宣示军中，务令知悉，庶免推挨不进，俟隙夺功，反误大事。此最要紧一节。若说破各营小心肠、旧病痛，省力十倍。

四十九

陇酉可恨之甚，说来不来，致我兵坐待，以靡粮饷，全似替都蛮设计，可恨也。又闻郭帅专待酉到方移营，误事误事。将军于此等处着实主张，或可以不待陇酉径自行事，如何？安帅又到矣，天又晴霁，望之，望之。

闻阿二要出降，令绑送方三来方准之，如何？

五十

闻戎县尽有路可通九丝城上，更无妨碍。此路，蛮既可下，兵亦可上，纵未可上，不可不加堤防。

陇酉至今不到，虚闪我兵，前日不用他还是，今必欲待之，恐误事多矣。奈何，奈何！酉阳兵打柴如何不先设备，其被伤之多，宜矣。闻城上有瘦牛二三千只，蛮以此诱兵，再须申令。

五十一

征蛮之事，区区与将军共肩重担，人言不得而间之也。或因人言而有所闻于将军者，则以人言亦有当从处，故曰："狂夫之言，圣人择焉。"非遽以人言为是也，在我等善用之耳。

闻将军昼夜劳心焦思、往来营垒间，甚苦，恨不能躬为问慰。其每每催迫者，则亦甚不得已也。今提兵十余万，所费钱粮无限，围城一月，不见动静，本上贼首尚未得获一人，诚恐雷大雨小，难报朝廷耳。以十余万之兵尚不敢动手，必如何而后动手乎？兵有正有奇，今连珠扎营合攻，乃正兵矣，不知将军何以为可，岂果无奇可用乎？

今闻阿二又入阿大之寨矣，官兵围守何处，容此贼往来若无人乎？殊可笑可叹矣。似此举动，将军能保其必成乎？可保，则速图之；如不可保，则亦请早早声说，另作处分。毋使老师费财，反贻蛮祸，后日彼此之罪大矣。本院日夜思一进营，又恐轻亵事体，欲不进，心急无聊。使到，即决词为我告焉。

天雨必有晴时，一晴便可了事。不多祝，不多祝。

五十二

今日之事，何等重大担子，其焦劳辛苦万状，不待问人而可知者，是以心常念念。虽屡屡催迫，乃朝廷公义，不得不然。其实非有恶意，及听他人谗言乱说也。

所苦天气不晴，有此逗留，奈何奈何。蛮之滚木、擂石甚多，此须设计募敢死土人重赏之，令其乘夜或割断绳索，或虚生惊扰，然后可图。若只待其放尽，恐蛮复有路搬运木石，将何日可了？从来两兵对垒，必要设间、设疑、设探。间之则其心离，疑之则其心懈，探之则某处有备、某处无备，某处可攻、某处不可攻然后可知。未有舍此而直以正兵攻上，攻不上又退，是蛮逸而我劳矣。奈何奈何！

各营俱有悬赏银，乃赏冲锋者，何不见有冲锋之兵？前奢效忠来禀，选定五千冲锋，但要银牌悬赏，已经解银牌五千面到张参将处矣。将军出一令叫效忠，若能先上，便许他为第一功，即以牌赏五千人，仍另给重赏，彼岂有不用命者乎？效忠一上，众兵继之，将军之功莫大于此矣。岂外此再有神算乎？锐气久挫，蛮心益逞，甚为将军不取也。

五十三

今大兵围定，蛮必死矣。若蛮知其死而以死守之，宜其难破。莫若差惯事通老五六人，分投执招降牌上城明说，只要阿二、方三及某某首贼，其余许擒斩首贼献功，或许分投早降，免遭一概屠戮。如此，必人心摇惑不定，或可乘机用计。是在大将密思而迅发，虽鬼神亦不能测可也。却不可先露干系，但与监军计议，勿令左右见之。至祝至祝。

五十四

接来揭，收功只在旦夕，喜不可支。但有能攻上九丝城者，即是主将之功，不必问其出于何人也。

奢兵愿轮日上攻，亦是。但既攻上城，各兵须要以次随上。但有先后之分，未有全不上之理。此时一刻千金，不可错过。

以后天气渐凉，人心又是一样。不可不虑，不可不虑！连日翘首企足，无任悬悬。

羿兵翻过鸡冠岭扰害戎县百姓，将军闻否？

五十五

将军之功成矣。始由叙南发迹，终由叙南全名，古来名将罕有，将军其勉之。必尽擒首恶，必四面搜山，必计处诈降。此百世之功也，万万不可歇手。至祝至祝！

捷报一到，本院即起身以践登城之约，磨崖勒石而后班师，更无多祝。

五十六

郭帅既扎尖锋②，蛮已丧胆，各兵宜乘势齐上矣。而今犹迟迟，可怪也。所虑我兵昼攻，夜必困乏，蛮知危迫，乘夜逃走，又如都都寨故事。岂不废时失事，堕蛮诡计乎？可每营轮兵一二枝，昼则坚卧，夜则伏路，犹庶几少有所获，不为蛮欺。

又安总兵、张参将、奢效忠岂得袖手旁观乎，何不闻奋勇攻上？此时将令不可不严，士气不可不震，万勿怠缓。至祝，至祝。

五十七

初一、初二日将军奋勇，士卒用命，可期必胜矣，又迟迟至今者，其故何也？蛮若狗彘，乃能抗敌如此，可恨。为今之计，必须出奇乃可破。前欲令通老执牌上城，一面招降，随后密以兵上，即通老不令知之，此亦一策也。不知行否？再迟，则师益老、气益挫，非区区之愚所能保也，将军能保之哉！

钱粮在营者及在各县者，有当重赏及悬赏者，将军须与该道径自动支，以鼓舞士气。若此时不赏，更待何时？长疼不如短疼，巧迟不如拙速。兵家事，甚可虑也。

连日不及通书，恐乱将军视听，奈久无捷音，令人坐卧焦躁。据道云方起敌台，甚好。便须起坚固敌台，可以攻亦可以守。其运竹木土石人役、工匠，须重赏之。

天气渐寒，无奈无奈。有不用命者，亦须枭示一二。将军不饮酒，早晚强饭自爱。一心向前，不必多怒。拟初九日起马前进矣。先此。不备③。

五十八

连日以天雨难措手足，想且养威畜锐以待之。营中传言不一，本院一切不听，且不足听也。将军有传言者亦不必听之，只一心干大事、成大功便是。外，覆本旨意报驰览。天气颇寒，早晚珍重。不一。

五十九

捷报至，不胜忻慰。非将军忠勇沉毅，安成能功如此之大且速。朝廷任将，正宜得人如此矣。

所祝兵胜之后，戒令将士勿骄，速将鸡冠岭、母猪寨及水都平素惯恶与诸帅密切仔细商量，一举而尽得其要领，此莫大建立，莫大阴骘，而区区因人成事，亦分荣剖光不朽矣！老者、幼者及妇女，万分传谕勿杀，至祝至祝。外开原奏有名首恶及虽非奏闻亦系首恶者，俱当逐一搜索。

六十

将军初安阿大、阿二之心以通粮道，众人以为疑，而将军独力任之，今果通粮道而破九丝，其策善矣。除阿二已叛，想已就擒外，至于阿大不擒，鸡冠岭不破，则九丝之祸犹在也，将军今复何以了之？朝廷所以待有功者不薄，惟慎终如始，必出万全，方保全名，垂光不朽矣。惟此至祝。他不尽言。

六十一

阿大，九丝第一渠魁也，今犹雄据鸡冠岭上，说降不降。譬如下棋，后一着极要紧者，还不曾下，如何放得手？今日不许他再说降了，只有剿而已。如是真降，叫他出来投见。其次，则水都收藏逃匿必要献出来。其次，则母猪寨诈降助阵，必要正罪。惟此三节，系千百年平定张本，必不可已。其余则相机处治，密议速行。至祝至祝。

六十二

九丝之破，目前之功也；处置诈降，百世之功也。有百世之功，方有目前之功。无百世之功，则目前之功尽弃。想将军长顾却虑，自持胜算而默运之，外人俱不能知，然翘首以待又五日于此，诚以乘胜之兵尤利于速，不利于缓，其中难尽言，惟将军急图之。

六十三

闻鸡冠岭又破，此心慰矣。但不知阿大已擒否？至于阿二、方三不获，可但已乎？又待何时方获，一了百了，不得复贻后悔矣。其他开去首恶获者有几，是必留心。又如落（五）［武］④、落拗等处，当作何处，逃入水都者又作何处？

二十六日决起马进山，一登九丝，庶得面议前后事宜。若报捷事，已大略具一疏驰奏矣。功次之疏，姑少缓之。大功已到，此千万耐心。至祝至祝。

六十四

向以将军约，荡平九丝之后，请区区登城，张宴二日，是以有今日之来。又善后事宜最为紧要，处置不善，负今日之奇功，贻将来之后患。且二三年间必留将军经略停当，乃得脱身。是以设立衙门、开通道路、控扼险要、招种田地，非将军趁时详议，其谁之责也？若此等皆有下落，区区进营与否，又何所关系哉！承差官远接，感感。附此言谢，尚候报音。

六十五

九丝荡平，将军百世之奇功也。再得阿大等俱获，即称全美。此外，惟处置善后事宜为紧要耳。区区此来，原与将军约克破之后登城，张宴大饮、班师，此亦古今快事。今且驻庆符，待将军净扫的信而后进。至于处置善后事宜，则老成长虑而却顾，无过将军矣。十五岁立功名于此，至六十岁而酬其志，无余恨焉，可谓奇男子。此中一定妙计，又何用访他人乎？幸留心详度而熟计，区区将斟酌请行，勿曰："我已破九丝，此外不干我事也。"大家俱朝廷臣子，受恩深厚，难分彼此。

天雨连绵，安得有数日之晴乎？天蓬、水都之举，已见公移中，不多及，独梦想登九丝耳。已备山轿，颇便。即乘马，何妨？将军久劳苦，意亦欲少分之耳。且使后来知荡平之后，将军为九丝主人，他日刘将军传中，此为第一义矣。

六十六

昨悉各将分剿之情，及奢酋巧为应援之计，果得事成，亦姑不论矣，第恐类画饼耳。各酋首所得已多，但近日出名者惟阿大、阿二、方三为最，此三人不获，徒多何用？不可不深虑也。贼势已穷，若悬重赏，必有能搜得者。

差官道雅意，欲慎重九丝之行，良为有见。但鄙见欲一登九丝，既各寒各夷之胆，又得面计善后事宜，庶不负此奇功，而将军之苦心极力，未必不以此行而益成其始终之美。若道路之险巇（xī），非余所计也。十数万官军既可进，而本院所随从者仅二三百人，或不当惜此一行。其为我熟思之。天雨途泥，且驻庆符以俟。

六十七

快手来，接手字，具知苦心，此将军与本院所同也。从古用兵，委无尽杀之理，譬如地上之草，连根挖了，来年还生，只盖了房屋在上（谗）［才］⑤不得生就，傍边生些也不妨，今日之事正类此。若处置不得宜，就杀绝了，后日不免生出人来，依旧是叛蛮。若处置得宜，如九丝城上、凌霄、都都、鸡冠岭等所在，作何设立衙门，务相照应，或设一府控治，外割四县，内将何恩等立为土千、百户等所，即种蛮田，俱属于府，仍设一参将统之。庶可永绝后患，虽有余党不足虑矣。此区区愚见，幸与诸将速议，务求万全，不负万民尸祝之意。

本院且到珙县驻马，以便会同。大功已成，只在后面处置一节。勿忽勿忽，至祝至祝。

六十八

恭喜阿大已获，周于德之功大矣，可嘉可嘉。今赍银牌十两赏之。于此见将军善用人而能得其死力矣。其随行者，亦皆当叙录。此外，惟阿二、方三杀人太多，必不可纵，再须设法搜捕之。不在兵多，只在计妙。如周于德获阿大，费几多兵来。"得来全不费工夫"，正此之谓。要人用心耳。

母猪等寨须及早下之，土兵太半已散，尚存虚名冒粮，将军加意节省者，于此岂可不先行分别？

大抵九丝荡平，将军平生事业此为大结局矣。昔黔国公⑥破云南，郡县其地，至今赖之。其次如何总兵镇松潘，经略甚备，亦至今赖之。何不乘此好机会始终担当，或立所、或立堡、或立隘，或修道路，或伐山林，再费半年工夫，地方安如磐石，将军然后优哉游哉，或入总五府⑦，或告归锦游，策名天朝，垂光不朽，大丈夫分愿足矣。是必以鄙言为据，第一等事，不可让别人也。诸将可鼓舞者，鼓舞共成其事，尤便且速。舍此更无多祝。不尽不尽。

六十九

承教，入山且缓外，具公移，惟留神阿二的在鸡冠岭，方三、阿享、阿富、阿厚、阿花的在母猪寨。将军欲尽擒首恶并承认善后事，此地方生灵之福。国家得大将如将军，不枉用人。贤子贤孙世世封侯，天必不负苦心人矣。区区何幸何幸！此是将军平生大结局，尽力干得完全，何必说赵充国、郭子仪？且此事必是将军方干得，他人必难承认。本院若是潦草了事之人，亦不肯以此惓惓付将军也。相亮相体，共成不朽之名，更无多祝。

七十

周于德到，又见详悉，甚慰。但正在攻母猪寨，又妨他来也。

贼首期于尽获，甚是。而阿二、方三平日杀人独多，又方三当偿董驿丞之命也。

善后事须待众议停当，乃可施行。原无在内设有司之说，盖欲建府于长、珙之间，以便控制，而内设总镇衙门及守御所也。

贼体已全好，数日间又坐卧不宁，饮食甚少，奈何奈何！善医我之病者，非将军其谁？一场大功，未可以此一寨损威名也。日夜悬望，日夜悬望。有当悬赏，与道议径行。土兵早散一日，节省多矣。

周于德决当优叙升官。刘天庆不来，如何也成此大功，可叹可叹！前欲加周于德等以冠带，渠等皆应曰"已有了"。今随将军冲锋破敌，劳苦俱多，今当何以优之，不妨慨然见教。

七十一

母猪寨既破，各山箐逃匿之蛮，或搜剿，或因计招抚，将军与该道熟计速行。外面人心说将军以成功自满，不似初意之锐，不肯虑久远，我知不然，必能为地方千百年计也。

母猪寨不可再迟，至祝至祝。

七十二

坑蛮寨或招或剿，随将军处置，不必固执。若系良善，非惟不可杀，亦不必动兵。若系叛蛮，留在后日果否有患无患，此将军之责矣。

叙功一节易处，知将军有不得已处，从来用兵或亦如此。余不能一一。

阿二获否？亟欲闻之。

七十三

将军成此大功，非特灭寇，又为朝廷开拓边土，得膏腴之地万余顷，比之松潘尤不同也。

此时所系心者，方三、阿二不获，一也。落武、落拗乃奢酋自行招降，如阿苟首恶妻子皆在其内，竟无下落，恐贻后害，二也。降蛮未有处分，或先立一头目管辖，或分发各处以渐解散，俱未见议来，三也。了此三件，将军之功近世所未有也，惟留神。

早以信来。至祝。

七十四

据道揭，将军以后日之事尽付在身，决保无虞。区区不胜忻跃。

所谓漫散余蛮，急之则无获，缓之则有处，在将军必有一定之见，如往日所以处阿大者，方肯如此担当。

其议定应撤应留官军，本院又安得遥制之也。但有四款与将军决断者，幸留神毋忽：

一、撤兵之后，虽有留戍万余，所谓万兵不如一将，况蛮所素畏服者，刘将军也。若但留戍兵，而将军不驻扎于内，万一有失，本院决参论将军。功自功，罪自罪，不敢顾惜。此一款也。

一、黄土、内官等处，既称可建衙门，若不趁此时先建总镇府，以定汉夷观望，后日决然费力。非惟百姓无主，即我辈众口生疑。旧隘已无兵或官兵戍守不定，为害匪细。若能遂建衙门，有“匈奴未灭，无以家为”之志，余蛮自当丧胆。因而分田任土，以为来岁住种根本，岂不甚妙！此二款也。

一、各处剿贼虚费钱粮，无处补报。今蛮田膏腴，所收子粒，数倍于腹里，何不作速招人认种，寓兵于农，且耕且守，以免外面转输，以偿近日供亿。此赵充国所不能得之于汉，李德裕所不能得之于唐者，而刘将军一旦成无前之美事，纵使年命有尽，芳名岂有穷乎！极大好事，不可错过。此三款也。

一、破寨百数十所，擒斩蛮在四千之外，仅得诸葛鼓数十面，

铜锅一口，将何以复朝廷？计其器物，除标弩刀甲外，须古器重货
多得件数奏报，方见此功着落。须不吝重赏购之，献之朝廷，藏之
天府，征蛮之功，万世不磨矣。此四款也。

七十五

元老⑧一则恳留将军，不恤众议；二则书来示以当募死士从间
道，以捣其虚；三则示以用奇乃胜；四则示以六县之人雠恨既深，
可因其机而使之；五则示之布置虽多，成功一路，不当以岁月取
困。凡此五策，将军皆一一遵依，致有今日成功，诚同为国家戮
力，而元老运筹帷幄之苦心，至不可诬。破贼之后，将军可有字⑨
托本兵一转乎？

七十六

九丝之功百世不磨，非将军谁能办之！近日有书去京，称羡不
已，岂能一一道。总之，为国家也。昨书乃甚其词以责成将军善
后，其言虽直，其意非不善，亦为国家计也。闻将军大哭，反失区
区本意。且千言之美，一言之直，独不能相亮乎？我两人担当此
事，今日幸而完全，岂肯更听谗言？勿过疑也，久后当自见之。如
信谗言，天日可鉴。

处置落武降蛮停当，即出一见，慰劳辛苦。

七十七

前差官后，再与司、道商量经略地方各款，系与将军面议者。
本为久远之计，即已奏报朝廷，不得轻为改易，前后矛盾，相去之
远。若只图省费速成，不免见小欲速，恐非将军任事之初心也。须
要从长担当，毋致后悔。其余应干者，一面会二道速干。区区因条
陈各疏，薄体成病，不能多言。特此奉告。

七十八

山中雪大，将军独任经营，良劳苦矣。昨小疏中言之已备，不再赘。

武宁城图，颇停当。将军所虑三件俱是，但虑查盘一节未是耳。大家为地方干长久之事，岂是私家用度乎？人心不死，岂得妄加议论？不知此城之外，四角相近处可另议设四堡，便军民栖止，与镇城相照应否？盖堡小易完，而又不失建大城之初议。惟将军图之。

马草坡起演武厅，亦须高厚其墙，多盖房屋于内。区区此等思虑，虽为地方，亦为将军，使后世知将军经略远大，不肯潦草了事如此也。况善后之疏，乃两院三司会议而题，如出题之人，将军乃作文章之人也。如出题本大而文章做小了，责将谁委乎？后有执此问将军何不依原题做，其何以应？恐不在查盘也。如何如何？

周于德等何故擅离？可谓孤负人心矣。昨疏内已优叙其功，更有何说？就彼有罪，成此大功，亦当相准，奈何舍将军而去？大抵小人只图抽身自便，不顾地方，岂惟负我，其负将军甚矣。如果要拿他，就走入天涯海角，岂能得脱？可叹可叹！

一切军匠，地险工大，全要犒赏鼓舞人心，已行该道就近便宜行矣。隘军刁泼，即禁谕之。黄希忠已催赴将军矣。

百惟耐心，务为千万年计，同报朝廷，以垂不朽。

①按："王"字显误，据文意改。
②尖锋：九丝山第二层凤头尖山。
③不备：不细说。
④按："武"字，据地名实际改。
⑤按："谗"字显为"才"字之讹，以形近而误。据文意改。
⑥黔国公：沐英。

⑦五府：朝廷五军都督府。

⑧元老：此指张居正。

⑨字：此指书信。

与郭总兵①

一

两得来字，此心稍慰。今日之事，惟两将军是托，而将军有必报之雠，尤不必待人催逼，须尽力杀贼而后无恨于心也。不许杀降，此一念，天地鬼神鉴之矣。即已严行禁谕。

但天气大晴已五日，寂然无信，甚为可虑。奈何，奈何！

二

昨闻轮日攻打之说，甚为不便。既分彼此，即袖手旁观，任其成败，蛮得专心一面拒我矣，是何谋略？毕竟要四面齐攻，先上者为第一，而将军与刘将军为至亲②，又有必报之雠，岂得不明言利害，以期速成大捷，而徒秦越相视也。今日之事，以两将军合而为一，尚犹艰难，若此，天下事岂复可言乎？久不见将军一字相通，未知何意，特此奉劝同心共济。成功之后，本院登九丝城叙功以为快焉。功成，二将军俱享富贵。如少有差错，彼此无能免者，不可不深思也。至祝至祝。

三

勇哉！郭将军。夺据尖峰，已得地利，狐鼠就烹，将军之功伟矣。破城之后，以精兵守之，即乘势四面搜山，尽行擒馘，将军为臣报君，为子报亲，两全忠孝矣。勉之勉之。勿以此自足，勿以此自怠。

大捷报到，本院即起马，必登城躬劳将士而后班师宴太平。诸惟将军悉心竭力，以图不朽。朝廷有负将军，自有本院在也。无多谈。

四

将军奋勇先登，闻之不胜喜跃，计此时四面并力齐上，蛮已就擒。所祝益鼓将士尽数芟锄，勿使逃遁。九丝既破，分投搜山，所谓破竹之势也。今日之事，不得一毫姑息、一毫怠缓，若有不了前件，亦将军后日之苦。若能了之，他日作太平总兵，岂不美哉！无多祝，无多祝。

五

将军不先登尖峰，恐各兵未及遽奋此（其）［奇］③功，本院自知也。将军可以雪前人之恨矣。忠哉，孝哉！斩草除根之说，良是。然贵在神速，若复延迟，便不济事，不见全美矣。大家鼓舞玉成之。毋忽。

六

将军之功，本院自知之，本院未尝肯亏负一人也，再不必言。

但今日用十二三万兵，费四五十万钱粮，而阿大、阿二、方三贼首俱杳无踪迹，诸将何颜面见本院乎？朝廷④少年英明，不可轻犯。诸将不思设计擒斩首恶，且来妒功争功，本院深为诸将惧也。霜降之后，天气益寒，军与夫恐难久待。自破九丝之后，于今十日矣，不知所干何事？将军拥兵不少，何不大奋忠勇，早早决策乎？陇酉妄肆揭辩，甚为可怪，假如把目与他争功，他心下如何？且把目之功，即首长之功，但在论功者有斟酌耳。今人人来争，成何体统。大事已到九分九厘，于此时不求全美，岂有人心者乎！特此激励将军，朝廷若负用力之人，本院宁罢官不做。记之记之。速驰来信。

七

悬赏之银纵分给未公，本院自有补赏之处。为大将者，不宜先起忿争以惑土兵，仍以好言晓谕土兵方是。日后还要用人，不肯使失均也。但当以扫除洁静为志，方为忠孝。将军深念之。

八

阿二、方三之功已行道、镇，为将军查审矣。吊猴等寨，不可不及早用计攻破。此外，善后事宜要紧，将军为桑梓计，是必尽力以求万全，总待朝廷酬报，不肯负也，不肯负也。

有当相闻者，陆续字来。

九

将军全忠孝、立功名，惟在今日。尖峰之拔何其勇，而母猪寨之迟延何其怯也！大抵九丝地方，乃将军他日担子，本乡本土，虽欲逃之而不可得。是必用心。至祝至祝！

十

将军为乡土立奇功，朝廷报功之典以渐至矣，不虚不虚。

罗万良决当留之。所谓世代流传凶狠者，另当有处，一切机宜，趁三道在里，可悉心商议外，据府言将军旧兵无处着落，正好分种田地，就作百姓。但此须道中议来，将军不必沾惹，庶无后议。

①郭总兵：郭成。

②将军与刘将军为至亲：刘显之妻乃郭成之妹。

③按："奇"字，据文意改。

④朝廷：此谓万历（明神宗）皇帝。

与安总兵^①

一

将军勇略，本院所夙闻也，九丝又系镇守旧地，蛮恶已极，特请明旨，劳将军远来协同扫荡，以图永安，非为一时计也。闻募死士千余相随，甚善甚善。即此见实心任事矣。但师期甚迫，惟兼程前进，乃可济事。径须入营，凯旋相会不远也。

二

得渡泸^②之信，喜不可支，缘数日间企足以待将军至而后举事也。器械、被甲等项，已预运入营付委官相候。有不足者，令该府办送。有都司韩似甫颇伶俐自奋，旧役麾下，想所知也，今委备羽翼。

此时，惟麦易一路最为紧要，刘将军欲得将军连营此路，已相约否？别轻先年之弊及今行奢效忠尽蓻云云，当次第计而行之，俱万全策也。只见将军为地方久远虑，忻服忻服。但酉阳等兵扎营已定，难复那移^③，且（比）［此］番效忠尽心竭力，号令羿兵颇严，必能依命行事，可无手下回护事。所祝星夜督兵进至麦易，旦夕望捷报，洒酒为将军贺焉。

三

闻将军犒师卫上，即趋得挖扎营，兵俱枭健。可喜。据刘将军字来，恐惊动降蛮，渠曾以此意相闻否？在将军，还当一遣问分明，应作何布置，庶免后言。或专扎得挖，或并力麦易，不可不预定也。近已攻打九丝，想将军营已移近，必成犄角。九丝既破之后，除一营扎定外，其分投搜山砍箐之功尽多，不可不在意。奢效忠赤心报效，此土官中出色者，将军旧常临之，可鼓舞用命。余惟慎重，以图万全。

四

蛮虽多，男妇不过二万；守虽坚，地宽必有空处。梭镖木石虽狠，从古未有不持器之兵，且我兵非空手搏战者。前奢效忠说有五千先锋，何不见出力？若能先上，便以三万两赏之，凭将军持此为证。

来字立栅竖楼，可攻可守，便当速为。闻刘、郭二营已为之，将军请先立先竖，自当相效。其应该赏劝动支银两，可就近与该道径行委官酌支。

降夷阳顺阴叛，此必不免。但能拿着送粮、助器械者，便斩一人枭示亦足示警，何故不闻？为今之计，四面必须齐攻，使蛮奔忙无措。但有先攻上者，即领重赏。若效忠先上，甚好。或地形不便，但能应援齐上，破城之后他能搜山除害尽绝，与先锋之赏一般。将军可密示他知，要他体本院之心，决不肯负，亦以此为证。其余昼夜设计，务在使蛮疲困不支。其第一节，在约期四面齐攻。不许先退，有退者即斩，则九丝无五日不破之理也。惟将军勿忽。

五

将军提兵一旅，曾不旬日遂建奇功，众人皆称服之。但将军初所言为久远计者，正在今日，决不可半途而废。可悉心与主将商量，乘胜速为，迟则挫锐气矣。连日更不闻动静，甚为悬心，惟将军勉之。

六

闻奢效忠要结落武等处蛮心，不肯用力处置。有此事否？将军必知之。况系原分信地，不可忽也。但恐效忠无此，他必待事完定有分明。此乃效忠子孙甘结，想自知之。将军若查访有闻，常常封报④可也。至祝至祝，勿露勿露。

七

将军忠勇，群下效力，本院尽知之，但得挖乃分定地，方今落武、落拗奢效忠原任处置者，及今无甘结到院，不知竟作何状？一场大事，只此地经略未定，恐贻后害，将军与效忠责任不小。张参将管辖，尤为紧要，可各示知，毋贻后悔。

八

都蛮，积世之强寇也。以将军素著威名，特疏借重，今果成此肤功，区区宜何以为朝廷、为地方谢也！拟宴劳府城。将军又念苗民无统，督之而回，奈何！善后数语，尤见深虑。若将军之功，应录者不敢隐蔽，但听朝廷处分耳。

①安总兵：安大朝。

②渡泸：谓安大朝已然领兵前来。诸葛南征，五月渡泸，深入不毛。此借用其意。

③那移：挪移。那，通"挪"。

④封报：密报。

札参将胡大宾①

一

各官俱似该参用心，本院省许多气力矣。王慎亦能任事者，运道无阻，运夫已足，俱可无虑。所可虑者，戎、长两县恐九丝城破后或有奔逸之贼，而戎县尤系贼之根本，即此时尚有交通，其弊全在通老，可乘机就计用之，以探虚实，但不可露。或查通老中少有天理者安置身边，亦有用处。此辈极奸巧会说，不可被他谩哄。后有天全兵到，当通发该参领用。

二

来揭句句切当有理，宜着实速行。但事机甚密，该参可密与诸将一言本院至意，并鼓舞军夫人等。务待搜山已毕，方许听令放回。

①胡大宾：松潘东路参将。

卷之十四　纪载

论曰：夫策府书绩，诗人歌功，尚矣。而征战之劳勩（yì），记之尤其所勤笃云。以故隆碣之建，界柱之施，岂惟增焕万宝，亦薄伐苴止，嗟嗞厥功之惟艰也。山都介川、贵间，其蹂躏为患非一日矣，公秉大征之议，受雄戟以往，严鼓未通，阿大泥首，显显令问，以光皇室之玄灵，岂不茂①哉！叙纪载第五。

①茂：同"懋"。

西蜀平（蜀）［蛮］①碑②

皇帝缵万年大历，服英明神武，高颖百王，亦越股肱之臣，内谟帷幄，翼宣丕烈。洪棱所暨，旃表羘发之雄，卉服雕题之长，莫不溯风仰流，摄耆请命。维是都蛮蟠蜀微上，冯负险塞，憍蹇自擅，时时猖猘，闯入内地，燔赭我室宇，屠剔我妇子，并边诸邑，数蒙其虐，恍痛入骨髓。

会大中丞曾公以文武俊望，被命填抚我全蜀。至之日，搤腕叹曰："今上初政，鸿明昭晰，四方万国罔不龔③，乃兹小丑，俾为蛮尾，以螫吾甿，时维疆臣之辜。且蜀三面濒夷，犷狯者弗诛，他且摇心，殆非威边辑圉计也。"时巡按御史孙公与公忠义悬合，计谟大同，遂以其事下藩臬诸大夫议，议成辄奏皇帝，若曰："信兹怙乱，其亟徂征之。"公乃符下诸将吏，刻期毕集，而简委左布政使罗君瑶计储偫（zhì），右布政使冯君成能赞谋划。治饷则参政王君宫用、参议沈君伯龙，护军则副使李君江，稽功则佥事周君思充。以万历元年（1573）春三月二十一日，公躬如叙州，秉旄钺誓于师曰："呜呼！皇帝所为推毂予者，亦维是蜀徼赤子委于毒焰，将拯之鼎沸之中而凉濯之。尔等懋哉，不则有常宪。"已，乃谓镇守总兵刘显："尔故尝挥戈从蛮中立功名，兹其益恢乃武，以谢上使过之恩，以无替尔初。"谓原任总兵郭成、安大朝，参将张泽等："尔毋析于专裨，其整乃徒，砺乃锐，以佐天讨。"谓永宁宣抚奢效忠等："尔世受国如天之福，其竭乃膂力，毋二心。"显等敬诺。时所籍诸府、卫兵，若麾下募卒，若所征诸土司兵，粹于和垒者十四万人，鸾旗熊旐，朗曜丘甸，欨（hē）喷垌野，天声所振，嘽嘽（tān tān）如也，洸洸（guāng guāng）如也。

公又进总兵显，计师所向。显谓："兵法当揣坚瑕。九丝城，贼劲兵所丛薮，难猝拔，而凌霄、都都乃其羽翼。愿奉幕府威略，先立帜此两砦之巅，然后并力九丝，贼无异圈牢中物也。"公曰："善。"会谍言凌霄城为酋阿苟所据，显间诱出，急缚之，因遣别将攻下落豹诸寨。五月初一日，悉众攻凌霄，拔之。公趣进军，焚平寨、高寨。六月十八日，攻都都寨，斩酋阿墨等于陈④，夜拔之。时我兵鼓行无前，蛮众死创，填槁崖谷。而所卤掠我竟⑤内氓自拔归命者，日以千数，由是贼大销沮。初，蛮中酋儌桀者窃号署曰王，而阿大、阿二、方三其最魁黠云。当是时，阿大阻鸡冠岭，阿二、方三集劲蛮守九丝，势甚獗。此两地雄跱相望，中间陇坂幽篠（tiǎo），虺蟠蜿引，必凿空⑥而后可度。而阿大阳欲就抚，与九丝贼阴相结为声援。侦我兵走峡中，两地将翼而击之。诸将讻（xiòng）⑦实，不敢进。公密谕显等，间持银牌、绮币招阿大，以阴携其党，复留马湖、天全土兵牵缀之，而别遣人散招内官、吊猴诸寨，又厚犒遗降酋罗万良等，以为贼饵。于是诸寨蛮咸跰蹰顾望，而我兵始得专事九丝矣。显乃分大军为五：显自将，由黑帽出入其西；成由印坝山入其南；大朝由得挖口入其东；泽由谷爆寨入其北；别遣将由西南入，与显会。以八月初九日，俱壁九丝城下。

　　九丝山形盘礴芾郁（fú yù），上修广，可容万灶，而四面峭厹，绝壁立，蛮中天险也。时公责战甚急，我兵尽锐仰攻，昼夜不休止，而城上酋亦殊死掌（chēng）距，环其山列栅九，环栅削堑，守以枭鸷，藏礌伏弩，俯瞰我垒雨击之，以是相持不下者两旬。前是，土司兵调发，习为贼哜以金帛，比临陈，乃逗挠不战，以误我师，师数衄。公知之，豫为檄戒，咸胁息亡敢玩者。又散万金，募敢死先登士，士踊跃思奋。九月初二日，效忠自简羿兵剽锐者，夜袭隘尝贼，贼力距，乃却。初七日，成统所部与酉阳宣抚冉维屏合，贾勇直上，逼凤头山，几至绝顶，贼据扼不能进，然遂掎夺其地为营。贼咸震骇，唶（zé）舌相告，以为官兵所未前见也。翌日，雨大注。蛮以日者扞御罢⑧极，会雨，又九日捣赛⑨，不虞我兵至，纵酒乐。显逆揣之，阴戒把总吴鲸、周于德、平茶官舍杨正崇，集汉、土冲锋兵千余人，夜半传发，乘雨衔枚，腰纽攀挽而上。未明，斩守关者，径薄蛮所。蛮醉，惊觉，起距战，会夜，蛮中相纷拿，又为我兵冲击之，自残杀蹈藉，死者无算。而成、大朝、泽等更合兵，噪而前，万旅沸渭，无不人人一当百。蛮不支，大溃，九丝遂破。阿二、方三狼狈逸出，诸蛮麋而入岩箐，我兵席胜疏捕殆尽。余复奔鸡冠距我师。二十二日，成攻破其寨，阿大逸出，显所部刘综擒获之。十月十二日，进破牡猪寨⑩，把总龚络手搏方三于陈。阿二穷蹙远遁，显麾诸军追至贵州大盘山⑪，擒获之。他遗孽亦皆根逐踵系，靡孑遗。都蛮悉平。是役也，下寨栅六十有奇，燔营舍七千所；擒斩俘获四千六百有奇，得酋王三十六人，招安三千三百人，拓地四百里，获铜鼓九十三面，为蜀汉时物，他器仗若牛畜不可枚数。

凯闻，上大嘉说，告庙荐勋，坐明堂受其捷，百官毕贺。已，乃降诏晋公右副都御史，荫一子太学生。总兵显而下论功爵赏有差。斩阿大等成都市。初，戎县以有都蛮得名，公以蛮既平，请于上，易曰"兴文"，并易九丝曰"平蛮"，凌霄曰"拱极"，都都曰"都定"，印坝曰"文印"，吊猴曰"降蛮"，鸡冠曰"金鸡"。内官寨地广衍，气候甚善，即其中列雉为城，上命之曰"建武"。而环四方埴壤，膏沃可耕，遂均田授氓，籍氓为伍，设总兵、金宪坐填之，隶以府同知⑫一，守御千户所⑬一，社学一。其他寨、栅、砦筑堡，堡设戍为守。于是文经武纬，牙错棋布，僰笮之间，岿然成雄镇焉。

余惟都蛮在本朝已入我提疆为编氓，而逆节竞于他夷，此诚天诛所不宥，然成化间，程司马信、李襄城瑾统武旅十八万，费金钱钜亿计，牵师历载，厪⑭乃克捷。久之，又绎骚如故。何成功之难，坏之之易耶！裔是用事者见谓难定，率于徐蠲，望藉口于抚，以幸无事。抚之不效，则仓皇兴击，而谋律无所当，迄以兵老财单，靡卒绪业。于是抚与剿俱顿，而贼滋鸷矣。公初至，即蒿目奋袂，必欲靡此而后朝食。当是时，蛮已在公彀中，比计定而发，所用兵视曩者大征，什减二三，费不及什一，然卒不淹时日而歼群丑若刲羊豕，举雄关若摧枯葂，一何神也！微夫精忠岳立，英略规运，以济斯勋，不亦艰乎？当蛮既平，或谓宜稍树其种落勿绝之，公曰：

"弦不易则音不调，根株不拔，拱蘖将复生。"遂决策扫更瑕㻰（yǔ）之习，一以中国郡县文法存定之。向者霾曀（máiyì）嶔崎（qīn qí）之域，一旦划为文明，廓为清夷，自此继继承承，于千万禩，亡⑮纤介之虑，又何谋之周而远也。语云："有非常之人，乃有非常之事。有非常之事，乃有非常之功。"公所谓其人哉！

余览史册，当唐元和间，淮夷（通）［逋］⑯诛，独裴晋公⑰力襄神断，克清凶憝；而诸葛武侯纲纪南中，以辑夷汉，至世世詟其天威。今以公之迹推校前古，其用师英断，法晋公；其规廓疆理无遗策，法武侯。千古英雄之识，何较然画一如此！而公以书抵余，则曰："兹非鄙人之能，乃天子神灵变化，庙堂石画所经营也。"《诗》不云乎："显允方叔，荆蛮来威。"又云："王命召虎，式辟四方。"歌武功也。然非宣王建中兴之业，任贤修政，即方虎欲展壮猷，奏肤功，其道无繇⑱，公之意盖在斯乎！盖在斯乎！会藩臬诸君来请余文以旌功伐，遂悉纪其颠末而摛（chī）为声诗，以附《采芑》《江汉》诸什，将令皇朝义征之烈铿訇霍耀，垂之来裔，匪徒系西人无穷之思尔。铭曰：

维蜀徼上，夷窟其中。山川隔阂，自汉始通。
犷彼都蛮，尤怙岩阻。狃为不谋，毒蔓我围。
迄兹酿虐，逆命骄天。狞噬狙攫，谕之罔悛。
我尚包荒，蓄武未究。彼昏鞠顽，踉跄而斗。
公之戾止，奉扬威灵。谋维金石，断则雷霆。
露檄上闻，以请薄伐。皇赫斯怒，锡之铁钺。
公拜受命，靡康厥居。卜日于迈，以殄凶渠。
乃誓于师，万旅毕奋。指授群材，如臂斯运。
铺敦义勇，虎贲鹰扬。朱鳌日丽，玄甲云翔。
天戈一麾，宄魄缩挫。拟险则夷，摧坚必破。
既翦凌霄，旋芟九丝。踣彼妖祅，树我灵旗。

二三逋孽，怙不詟怖。左跳右跋，逞其螳怒。

载扬我武，往搤其吭。或就徽纆，或膏刃铓。

载蒐载犁，如瓴斯下。难落萤巢，丹霄绛野。

乃究乃度，乃城乃隍。以控衿喉，屹我金汤。

乃辟丛榛，树之阆臬。狼烽既投，桑土斯彻。

乃辑遰盰，噢咻其瘝。尔安而栖，不逢不若。

厥壤之沃，而庐而田。昔也虎穴，今也龙编。

吉语四流，盰歌且舞。而今而后，橐弓卧鼓。

爰始宣兴，厥日靡多。僬起呻吟，化为清和。

维公胜算，雨风莫测。掀曀拨雾，功在漏刻。

捷飞凯布，贡厥蛮赆。高秩厚荫，以畴乃庸。

公拜稽首，天子圣武。臣奉庙谟，克宁兹宇。

帝曰忠哉，氓具尔思。孰是勋劳，而可拟之？

我求古人，维葛与裴。翦乱定荒，是曰雄才。

公功之烈，载在鼎彝。公泽之庞，浸于华夷。

朔有燕然，南则铜柱。我铭西垂，万年之固。

万历二年岁在甲戌，十二月望日，赐进士、光禄大夫、柱国、少傅兼太子太师、吏部尚书、武英殿大学士、知制诰、同知经筵、总裁国史致仕南充陈以勤撰⑲。

①按：光绪《兴文县志》卷五："西蜀平蛮碑，在建武旧崇报祠，碑文剥蚀，未录。顺庆府南充县大学士陈于陛撰。"据改。此碑作者实为陈以勤。说详后注。

②建武崇报祠前，平都掌后所树之碑，计有八通：（1）曾省吾《功宗小纪》；（2）四川按察司副使陈文烛《崇报祠碑记》；（3）翰林院国史编修李长春《平蛮碑》；（4）李长春《修建武所城碑记》；（5）翰林院编修国史、经筵讲官任瀚《平蛮碑》；（6）吏部尚书、武英殿大学士陈以勤《西蜀平蛮碑》；（7）礼部尚书、文渊阁大学士赵贞吉《戎平行碑》；（8）潼关兵备道周爻《平

蛮颂》。其中，李长春《平蛮碑》和周岌《平蛮颂》二碑毁于改建（文庙）。20世纪50年代尚存六通，并立庙前。时任建武区委书记某，擅毁其一。今只存五通，碑文剥蚀，唯曾省吾、赵贞吉、陈以勤碑额犹可辨认。

③龚：通"恭"。

④陈：古通"阵"。

⑤竟：古通"境"。

⑥凿空：开通道路。

⑦诇：侦察，探听。

⑧罢：同"疲"。

⑨赛：赛神。

⑩牡猪寨：即母猪寨。

⑪大盘山：在今六盘水市境。

⑫府同知：即"叙州府安边府同知"。

⑬守御千户所：即"建武守御千户所"，直隶于四川都指挥使司。

⑭廑：同"仅"。

⑮亡：古同"无"。

⑯按："遘"字，据文意改。

⑰裴晋公：裴度封爵"晋公"。

⑱繇：通"由"。

⑲按：关于《西蜀平蛮碑》的作者，光绪《兴文县志》以为是陈于陛。据《明史》卷一九三《陈以勤传》，陈以勤，字逸甫，南充人，嘉靖二十年进士，累官至武英殿大学士、太子太师、吏部尚书致仕，与文后题名相合。又《明史》卷二一七《陈于陛传》：于陛，字元忠，大学士以勤子也。隆庆二年进士。授翰林编修，擢詹事，掌翰林院。累官至东阁大学士，转文渊阁，晋太子太保，卒于官。与碑文所署作者履历不同。据是可知，此碑盖陈以勤所撰，曾省吾本书所记不误。

戎平行①

奉贺抚蜀（间）［开］府②大中丞确庵曾老先生平蛮旋凯之作。

序曰：圣人作而西戎叙③，乃自古记之矣。夜郎、牂牁、犍为、越巂诸郡，沅、涪、泸、江、青衣之所包络，戎杂居之，率服荒忽，虽同覆育之中，未正宾臣之分。而最猘豸（zhì chài）顽梗，烦有司之锲刖，则都蛮其尤矣。按地志，都蛮在叙郡六县之界，卵育藩久，喜杀雠我民，恶稔不宥，语具蜀臣奏疏。顷都御史曾公奉旨讨罪，平之，以其地为治。于是诸戎警戢，北逮羌狄，南联僰僮，无不震慑，非所谓圣人作而西戎叙者乎？客有谓予曰："平蛮之功，岂不壮哉！夫自汉檄开犍之谕，逮宋，亦著誓蛮之作④。千余年间，伤警未宁，岂不由此丑类未尽之故哉！闻之宣德时，合六县众一大创，又而平宁者数十岁。嘉靖以来耳目睹记，师行指垒而返，以安辑报者，又两举矣。在综核家俱当负失利之罚，而邑井骚削，廪虚伍缺，卒无任其责者，岂不可憾哉！皇上承御，冲睿凝命，方隅之臣皆颙颙精白，仰答成命，而西川之功尤为表著者，由公知道又复知兵也。夫是役也，以围克书，乃兵家劳师之忌，而动不喻⑤时，役不再举，境内宁谧，师中暇整，宣捷普恩，欢动朝野，皆盛德事。叟⑥，旧臣也，宜为之颂。"予应曰："颂乃以功德告于神明，此有位者事，非予可代。"客又曰："叟当为碑。"应曰："碑或出上与？又复庶尹官正，下逮童叟联俪属意，乃俾中郎、北海之伦执简抒辞，亦非予可独任也。无已，则予史官也，采诗，史职也，其为风人之辞乎？"乃作《戎平行》六百余言，小序曰："夫戎平行者，赋开府曾公靖我邦土也。音辞跌宕，文进尔雅，参军供奉之驾虽未遽方，而任华刘义之鞭可驱祇役间。序富顺令途中制蛮之计⑦，事出实录，文不加点，可谓奇之又奇。公之成功，兆决于斯乎？三川葩藻洪苹之士，欲歌赞公美，有不与予同声者乎？"客读诗罢，喜谢曰："壮哉，叟之为诗也。夫颂，在斯矣夫；碑，在斯矣夫。"

圣治昌，征戎羌。戎底平，四海宁。万历改元未逾年，西戎乱者曰都蛮。明年授钺都御史，曾公楚材生帝里⑧。风棱霜颧额岳岳，徂暑专征类诸葛。九谋五间一日作，都蛮闻之胆先落。胆已落，犹聚谋：九丝凌霄坚莫愁，粮糗只备三年求。他山之石皆貔貅，刘郭之旅溪淫雾毒难淹留。言未毕，大兵至，山下火响于霹雳。夺险烧积网罗迷，空中忽起九云梯。天兵真从天上来，乌云龙虎何雄哉！雁阳秋，蛮人忧。月之望，凌霄上。月之晦，九丝溃。扫除铁城如拉枯，戈取双阿如匹雏。提挟二将同平吴，捷书飞报端门庐。皇情悦豫两宫愉，宣捷庙告群卿趋。皇帝万寿同尧符，克国五十先渠胥。臣劳君逸为唐虞，赍恩自天公伛躯，微臣报国敢此需。垦田拓地千里租，棘荆搥成毡氍毹。万家烟火坤之隅，蛮平待公来何迟。噫嘻！蛮平待公来何迟。

再说英豪出有时，上客为予立斯须。己未大工，索材旁午⑨。公令富顺，受约大府。率卒数百，深入山阻。遇蛮劫县，咆哮如堵。杀人剖肝，（折）［拆］⑩屋以煮。公曰且止，予以计取。令卒垂手，各偃其斧。乍出乍没，散入屺岵。贼疑兵压，又恐伏拒。仓皇乞降，断头于篓。花剑未怒，关马未舞。二竖之首，已落如杵。公笑哑哑，弃至草莽。天人合发，杀机先露。去十五稔，来垦其土。前已周郎，今更尚父。公来讨蛮，灭不待卜。不待卜，神告亡。围中有物凭枯杨，美要眇兮称云郎。自云祖是诸葛遗青羌，迩来千五百岁，击葛之鼓临疆场。诸侯竹立者，敢窥垣一方，奈何不戒乌能禳。尔不开，今之开府奇才十倍卧龙矞凤谁能当。三千幕客皆干将，佩干将，骑骎耳，彼都人士何方子。一身五用，穿云度水，袖中三式吞予垒。枯杨忽倒神已逝，神既逝兮贼如殪，贼如殪兮石不厉。石不厉，鼓声死。腥风飘萧吹杨起，夜半无人问山鬼。呜呼！天生天杀圣无知，英豪树立信有期。赋公以才安所施，特劳勇智来率师。恭承我皇三无私，动合天道真男儿。谁作颂德陈功诗，老夫但采风人遗，要与三川史祝、竹枝、巴俚世世同歌思。

万历二年春，赐进士出身、荣禄大夫、太子太保、礼部尚书、文渊阁大学士、知制诰、同知经筵、实录总裁兼掌都察院事致仕内江赵贞吉拜书。

①戎平行：此碑犹存。光绪《兴文县志》卷五："戎平行碑，在建武旧崇报祠，颂曾确庵克平九丝作也。文多剥落。"唯颜额碑名依稀可辨。

②间府：间府不可读。曾省吾开府四川，且下文有"开府曾公"，知"间"盖"开"字之讹，据改。

③圣人作而西戎叙：语见《尚书·禹贡》。

④誓蛮之作：范百禄作誓蛮文，载在《宋史·泸州蛮传》。

⑤喻：同"逾"。

⑥叟：客对赵贞吉的敬称。

⑦富顺令：谓曾省吾。嘉靖三十六年（1557），省吾尝官其地。其制蛮之计见下文。

⑧帝里：嘉靖皇帝生父兴献王封藩安陆。正德帝崩，无子，嘉靖以藩王世子立，因改安陆州为承天府。曾省吾，承天（今湖北钟祥）人，故作者以"生帝里"称之。

⑨己未大工，索材旁午：嘉靖三十六年三殿灾。五月癸亥，采木于四川、湖广。

⑩按："折"字，据文意改。

御史大夫大抚台确庵曾公平南夷颂碑

万历元载冬十一月，南夷平，江阳遁史茹曰：余考论裴中立平淮（兴）［西］①事，盖乐嘉南绩云。

南夷，古泸戎也。自汉遣唐蒙通巴莋，开犍为郡，治道置吏后，诸葛孔明复荡靖之，嗣是扰驯弗一，毋论晋唐。我明兴，绥、剿殊策，亦毋论，暨周文安公经略，至嘉靖中数反侧，仅羁驭，无全筹。乃隆庆壬申（六年，1572）刘掠②衅内，万剧前③矣。今皇赫震，命大中丞郓中④曾公持节拊之。

公星驾莅蜀，坐阅酋状，乃上疏，若曰："臣始至境，侦知夷态叵测，乌合蚁聚，凫起兽骇，穷幻极诡，无时无乡⑤，非北虏可城戍，非南倭可洋御。蜂虿之毒，酷于豺虎；腹心之疾，烈于肘腋，习然也。矧倮、僰实繁，奈何舍近塞生灵供蚕食哉！臣仗天子德威，先开诚抚之，不则以单师尝之，俟其憬悛，又不则奉行天戈，誓不以贼贻君父付托。不效，请治臣罔诞罪。"疏入，制曰："可。阃以外弗遥制。"公闻命，以二月移叙观兵，即檄众曰："南蛮拒降，我知有战。今战贵先，先能夺人；又贵断，断乃弗肘掣挛拘，而先克有终。故武王问大公⑥曰：'吾欲未战先知敌强弱，豫见胜负征。'尉缭⑦亦云：'除害在于敢断，方犹壮而蛮荆威，声先也。縈带徇而偪阳灭，断主也。'余往令富邑，适殿工需材，芒檄督材丁千人，深入高州⑧。时铁石甫宁，高夷啸獗，疑余假道兵之，其协从虑弗免，遂礫二魁恶以献。余因行役，谙悉险厄。昔以材，非诘戎也；以令，非专阃也。况今仗庙谟，合诸将吏力，必侥天幸焉。已征粟百万钟，其秆称之；修辒辒，除器械，集土汉主客兵不下十数万，貔虎有将，帷幄有谞。躬所誓师近万言，又地辨六形，势规六如，军趋四利，火分五攻，审三气，戒八勿，间谍必周，购赏必重，屠翦必渐。棘时艰，虽渡泸以五月非黩；肩除雪，虽鬼方以二年非淹。天日临之，毋忽。"闻者皆泣下，股栗。或欲缓师旋省，或欲避疫延秋，公曰："业已先，罔后已，断罔二也。"将吏知公不可夺，遂攘臂鞠旅，以七月压境，围绕百匝，刁斗声警数百里。顷之，下凌霄城，摧篱也；顷之，下九丝城，扤阢也；又顷之，捣其腹心，诸障砦屯栅，咸竹破瓦解。犁扫延袤数千里，俘获男妇不可毛举；牛羊、辎重，委填山谷。

公下令集群策善后，始班师。捷飞天子，将告成于庙，戮魁于社，赍勋于朝。而蜀人士称公不在孔明斩雍擒孟下。余独睍（jiàn）公方淮蔡勋。始，裴中立为中丞，吴元济在淮右，不轨。唐以中立曾谕魏博，为田弘正所惮，遂遣阅蔡，宣。还，奏行营曲折，及诸将才品与攻取策。时王、李驳议，朝执烦饷休师，中立躬请督战，誓死不易，卒建生擒元济功。夫震曰视蔡者先，誓死灭寇者断。公昔声先于高州，则胆落都酋；今断王于节镇，则盟播华裔，岂不与中立同科哉！彼淮西拒命，仅四十年，又中原大陆，利用武。兹蛮荒虬盘千百年，其深山林丛，率皆魋域羊肠，非长戟短兵可刀游也，视下蔡，讵不称艰且趦乎。然中立遭值季造，谗讟（dú）鸱张，犹能以蔡功膴巷遇、系安危。寻复招讨河北、留守东都，骎登相业，完名纯瑕，为唐宗臣。我公四十登坛，逢偶明良泰阶，其所建树、所宠受较中立称隆矣。

时赋凯按部，官师父老及荐绅士谓公制锦旧区，惧衮留莫再也，属茹揪庆词。茹惟平淮之役独昌黎为行军司马，被命纪功以文献，柳河东为刺史以雅献。茹草莽臣，素乏载笔技，爰私颂焉。其征南特传，俟诸信史。颂曰：

于皇衍阼兮圣明君，四夷来宾兮聿修文。蠢南夷兮阻庸蜀，治不治兮泛羁束。襟六诏兮带牂牁，负僰道兮廛天戈。昔诸葛兮不复反，视华运兮为舒卷。历有宋之祥符，遇寇瑊⑨兮盟以诅，继熊本兮泯其图⑩。迨赵遹之专讨⑪，既猱附兮窥其岛，随火攻兮摧厥槁。当熙洽之累朝，清沙漠之天骄。虽海波兮久不扬，刘金方兮更陆梁。帝临轩兮重推毂，肆戎丑兮恣翻复。爰畴咨兮眷太仆，秉斧钺兮莫要服。中丞拜手兮畏此简书，夜步乾象兮挽抢将除。念臣为令兮先声薄虏，今仗威灵兮非断莫武。炎风扫褫兮颈系旒裘，朔雪入蔡兮异暌同仇。厥壤旷兮张军吏，厥人黠兮教养畀。帝勒伐兮永鼎常，茹作颂兮俚无当。

赐进士、进阶中议大夫、赞治尹、山东提刑按察司副使富顺甘茹⑫撰。

①按：裴度所平乃淮西，据改。"中立"，裴度的表字。

②刘掠：杀人抢劫。

③万剧前：剧烈万倍于前。

④郢中：郢，战国时楚都。曾省吾，楚人也。

⑤乡：同"向"。

⑥大公：姜尚。大，通"太"。

⑦尉缭：战国时魏人。此语见《尉缭子》。

⑧高州：今高县。

⑨寇瑊：宋大中祥符六年（1013），定晏州夷人斗望行牌占淯井监。梓州转运使寇瑊讨平之。

⑩熊本兮氓其图：宋熙宁六年（1073），都官员外郎熊本经制泸夷。

⑪赵遹之专讨：宋政和五年（1115），晏州夷人卜漏袭破梅岭寨，梓州路转运使赵遹讨平之。

⑫甘茹：字征甫，四川富顺人，嘉靖二十六年（1547）进士，历官至副使。

卷之十五 纪载

新修建武所城记①

　　建武故山都地，僰人屯聚，寇钞葆此，盖巢穴云。异时戈矛所指，往往搏景②而还，故僰人盘互自坚，若虎豹咆哮于九关，谁其揕胸而剚（zì）之刵也。当元年之役，都御史确庵曾公提大军临之，誓诸将吏曰："师不摩九丝之垒，虽穿甲朽镞，不休也。"卒之高墉摧而坚壁碎。乡者武夫健儿盱睮悼慄，不敢窥足之域，今五尺竖子可徒手行焉。公乃巡省指顾，谓藩臬诸大夫曰："嘻，天地不蛮夷隔哉！然山川何雄且都也，矧厥壤沃，厥谷蕃，楩楠合抱之材，大者足笢（pí）兕（sì）象。舛（chuǎn）之生，茸茸弥山也，是徼外之陆海哉。"其议城事已，又曰："夫山都，不城则不戍，不田则不屯，必留骁将弹压之，顿兵置校，庶几哉据危而固险也。"其议缮莫府、司署、墩堡事已，又曰："僰人由汉通道来，雠结休离。嗜屠裂，甚于饥鸟之攫食，彼其腥风鼓扇，疆土固污蔑焉，欲祓濯之，非素王③弗化也。"其议建学事已，又曰："此巨镇中，将校列矣，营垒布矣，坛埠置矣。藉令填抚、观察之使与宪大夫行部至，节钺奚止也？其议饰传舍事。"于是诸大夫睹公经措，井井缅缅（ｌí ｌí），犁然当心也。因庀财鸠工，程能计日，择郡邑长贰之干局者分任之，而总帅刘君显、参戎张君泽，亦各率其众，操版筑以从。訾④匪赋增，役匪农占。经始逾年，而功成矣。

城周四百八十二丈。上羊桥四百四十间，下水洞二座，三门各楼。中为两院行台、为兵备道、为总帅府、为安边同知署、为坐营守备厅、为建武所、为仓储、为学舍、为城隍、旗纛庙。外堡十五，墩二十二。升而望之，长堞巉巉，穹楼岩岩，坞壁棋置，铃柝昼衔。环而览之，阪田岁旎，膏腴渗漓，阛阓（huán huì）若织，周庐若帷。盖抗重阻而扼要害也。

史法：城成必书。又所名出自上命，宜特书。故诸大夫李公、杨公、罗公、陈公于不佞受简焉。长春按图叹曰：

兹地辱在蛮荒，自剖判则然也。魑魅之与族，獶猱之与邻，日月犹羞烛之，何论人群也。是役也，通县道为版图，易编发为冠带。高城浚隍之间，得以春秋耀吾军士，而令跳呼之徒化为弦诵。邛笮、冉駹、牂牁、夜郎诸君长，胥振怖顿颡，各愿葆寨。即有骄蹇犷黠之谋，亦卷首结舌而不敢动。蜀中兵之日少，惟此称腹心之疢，今乃得当俞跗湔浣漱涤，霍然病已矣。夫破卤⑤擒王，歼巨寇若拉朽，大勋也；刷耻摅愤，救赤子于阽危，大造也；箸筹石画，使来者拱手而受成，大计也。视武侯擒获散尪，威邑山徼，不尤辉赫慴伏哉！它若后将军规金城之守，新丰侯抋西凉之众，所称善后诸册，何能及公什一也。乃诸大夫协虑则蒿目，柄事则鞅掌，咸无愧娓娓之劳臣云。

公名省吾，承天人。城成之岁，入拜兵部右侍郎。李公名江，武定人。杨公名一桂，豫章人。罗公名向辰，桂林人。陈公名大壮，广陵人。

大明万历三年（1575），岁次乙亥，嘉平月⑥朔，赐进士出身、翰林院国史修撰、儒林郎富顺李长春⑦撰。

①新修建武所城记：光绪《兴文县志》卷五："修建建武所城记碑，在建武旧崇报祠，富顺李长春撰。"

②景：通"影"。

③素王：孔子。

④訾：通"赀"。

⑤卤：同"虏"。

⑥嘉平月：农历十二月（腊月）。

⑦李长春：字棠轩，四川富顺人，明隆庆二年（1568）进士，历官至礼部尚书。

崇报祠记①

崇报祠者，像都御史曾公而思报者也。按《祭法》曰："以劳定国则祀之，能御大灾则祀之。"乃生祠，非古也，其因功而系之思乎？斯民也，三代之所以直道而行也，此何可已焉。

都蛮盖古西南夷，危巢鬼谷，丘陵曼衍，素患中土而于今犹甚，往往焚我宫室，剔我士女，掠我厖倪。高、珙、庆、筠、长、兴之民，日不堪命，将胥衣冠之俗而附雕题之长矣。昔天顺成化时，十八万征之而不克，嘉靖隆庆间，数十年抚之而未宁，安所决策哉。

万历改元，曾公抚蜀，上书，其略曰："圣明御极，殊方绝域，重译纳贡，喁喁然向风慕义，无如蛮之负固者，臣愚以为剿之便。总兵刘显善用兵，横被口语，愿明主彰使过之仁。"书奏，上俞允之。公奋然秉钺，岁癸酉（1573）三月如叙，誓师曰："天子以蛮敷虐于尔百姓，剿绝其命，余恭行天罚。嗟，尔有众勖哉！"时土、汉兵十四万。公以意投显，显以身先士，如身之使臂，臂之使指也。遂诱缚酋阿苟等，五月一日至凌霄寨，拔之。六月十八日夜，斩酋阿墨等，至都都寨，拔之。时阿二、方三守九丝，又阿大阻鸡冠岭。九月九日，乘蛮被酒，斩关而入，至九丝寨，拔之。其小寨以百数，斩首以万数，拓地四百里，获蜀汉铜鼓九十三面。凯闻，上悦而告庙，百官称贺。晋公右副都御史，荫一子太学生。总兵显而下论功行赏。始张官设学，列雉为城，上命曰"建武所"，详在大学士南充陈公碑②中。

嗟乎！汉通西南夷，蜀父老不便也。司马长卿诘难之，其言至今不废。云彼称六合之内、八方之外，有不浸润于泽者，圣君耻之，而况蛮为大患如今日者乎！即夜郎一绵，三年未竟，今功成，数月耳。人多言征蛮不便者，假令拘文牵俗如向来抚议，真以汤止沸、抱薪救火耳，乌成能功哉！公昔尹富顺，往来叙南，蛮在目中矣。又元辅荆州张公素知公才，主上问公何如人，推心委任，置显谤书不问，公倚之如长城，操之如婴儿，得其死力以报国。兵法曰："有必胜之将，无必胜之民。"今观之，尤信。读公宗功一纪，不自有其功，意深远矣！

越三年，召公兵部侍郎，蜀人建祠于新城若干楹，颜曰"崇报"。深山穷谷庞眉皓发之夫，感泣不能去，以为拯己于水火之中也。三代之兵若时雨，公宜永祀兹土哉！参政李君江③、陈君大壮、参议杨君一桂、金事罗君向辰，命烛伐石纪焉。烛谓公之功无论，太常所书④，即百世口碑焉。又四君皆佐公有劳者，不具论，独论其大者如此。公名省吾，字三甫，郓中人，嘉靖丙辰（1556）进士。

明万历四年（1576）岁在丙子、夏六月朔日，赐进士第、中宪大夫、四川等处提刑按察司副使、奉敕提督学校沔阳陈文烛⑤顿首拜撰。

①崇报祠记：崇报祠，在建武城南，是地方人士为曾省吾建造的生祠。后圮。清乾隆三十六年（1771）改建为学宫（文庙）。20世纪80年代再改为革命烈士陵园。

②大学士南充陈公碑：武英殿大学士南充陈以勤《西蜀平蛮碑》。文载本书卷一四。

③参政李君江：都掌平定，李江升任四川布政司右参政。

④太常所书：即赵贞吉《戎平行》。太常，礼部尚书的别称。

⑤陈文烛：字玉叔，沔阳（今属湖北）人，嘉靖四十四年（1565）进士，历四川按察使、江西左布政，终南京大理寺卿。

平蛮颂

於戏，夷狄窃发，自古患之。在英君睿主，每注意守御。臣寮动集师转饷，嗷嗷若焦没，而克奏厥绩者，鲜矣。乃者，我蜀都夷顽犷，燔毒黔黎，至厪皇上西顾之忧。末大必折，尾大不掉，今日势也。反其势而上卫社稷、下泽生民，几何人哉？幸而明公以文武之才、智勇之德，而主之以忠君爱民之心，奉命诛讨，婴犯险隘而不辞，措置分画而先之，征蛮谕檄，以鼓军帅之心志，一兵卒之耳目。贾不去肆，农不离野，十不易位而坐执枭獍于掌上，山（菁）［箐①］溪峒，雉窜鼠伏。真若迅雷不及掩耳，疾电不及瞑目。书之史册，足以垂耀千古矣。

尝闻之扬子曰："御得其道，天下狙诈咸作使；御失其道，天下狙诈咸作敌。"公以君之心为心，若股肱之翊元首。将以公之心为心，若一家之保室庐。兵以将之心为心，若四支②之卫头目，此忠义感应之机。得道之兵，必胜之本也。本具而天下无劲敌矣。虽然，理合君亲忠孝一体，公盖所以绳祖武也。昔先公令吾邑③，寇至而捐身以御，寇却而民赖以安。精忠贯于金石，大义光于日月。祖孙相继，心事相述，忠也而亦孝也，孝也而实忠也。自是而铭太常、祭大烝，山川土田之锡，圭瓒秬鬯之厘，皆所必至者，顾不休哉，顾不休哉。选乐太平之盛际，慕世德之芳烈，敢为之颂，以彰厥美。颂曰：

于赫圣明，痌我蜀患。爰命硕辅，来讯来奸。

事非云偶，任亦孔艰。以志为的，以忠为干。

振尘而往，销烽而旋。功成百捷，动出万全。

使智使勇，使愚使贪。有劳有赏，有经有权。

攻之以道，取之无难。卓哉召虎，名与之班。

帝曰嘉止，维汝之能。匡济王室，庆流生民。

端委几席，垂绅庙廷。何敌不靖，何远不琛。

君实为柜，边吏有敕。傅皋为辅，起居有问。

拱手耶津，潞望宿成。画象夷虏，略名素熏。

郑崇诚履，匪劳特色。钟意赐缣，无事美歆。

乃作喉唇，魋玠之柄。乃作铨衡，晋涛之令。

钧国者谁，东庄嗣胤。民之仰之，先公是承。

克承克显，永笃忠贞。世世燮契，生此德门。

天子有诏，世懋尔勋。庸厘以社，大侈以文。

载笔之臣，听兹凯音。宜体君意，丕扬休声。

绣川敖选④进士

①按：据文意，"菁"盖"箐"字之讹，以形近而误。

②支：通"肢"。

③先公令吾邑：曾省吾的曾祖父曾逊，正德十六年（1521）任金堂县令。

④敖选：字用卿，一字粉谷，成都府金堂县人，万历二年（1574）进士。明代著名循吏，与海瑞、郑元韶齐名。绣川，金堂县的别称。

平蛮赋有序

大明岁在壬申，我天王出震继离，登大宝位，改明年万历元年，凡有血气者罔不尊戴。维戎夷梗逆王化，颠越诸邑。我大中丞确翁曾公昔视釜篆①，仆悉夷毒，思遏乱略而未之逮，乃今仗节钺开府成都，下车汛扫，不期年而克平，不世之奇功也。今当旋轸蜀藩，进相天子，蜀人瞻仰殊勋，方将磨崖立庙以报公德。继禹也安养门庭，忧释梓里，效颦屈宋，为赋一章，明知我公春富郢阳，调高磬雅，而已歌芦曲不足以奏竽。门第感恩私，有不容于喑默者。昔政和乙未（1115），晏州夷反，以赵遹为招讨使平之，续纲②大书，馨香史册。公尽剿逆戎，功高千古，又出于遹万万矣。秉文笔者大书特书，光辉信史，当与天地相为终始矣。敢摅愚悃，庸写懋功。其辞曰：

翳西南之戎夷兮，为六诏诸蛮之奥渊。襄服化之无恒兮，殆兽心而鸟言。卓坤兑之膏腴兮，淮南纪滔土之原田。出蜀山之苗裔兮，又人皇支庶之别延。胡不安于黄壤兮，乃猖獗而频年。累征讨而未克兮，历汉唐而已然。仅威武之一快兮，竿夜郎而首传。迄武侯之南征兮，彼畏威而敛焰息肩。肆嘉祐之斩捕淯井兮，赐斗盖之锦袍银钱③。暨庆历之晏强大兮，赖熊本之经略精研。当赵遹之转运梓泸兮，适笼漏肆毒于场监。用三得而收五斗④兮，列忠孝以进

秩坊团。惟胡元之冒有诸夏兮，彼归顺而不事锤钳。入国初而守御
千兵兮，尚出没以垂涎。继纠乌、芒而大肆妖喧兮，凭汪芮之制
牵。惟招讨之靡定兮，延祸及（子）［于］文安⑤。匪大军之覆压
兮，胡招安而使平。奈既息而复作兮，谁敢执其笞鞭。又失信于
（隆）［降］⑥酋兮，彼执夫报仇以为言。历四朝而抚剿兮，兵连八十
余年。

　　我圣天子之嗣登大宝兮，周、召协辅而将领精专。时如有待而
功不浪垂兮，荷大中丞之功德无前。会开府而大行其道兮，爰发轫
于釜川。灼招安之无益兮，维剿绝而万全。由是简将而厉兵兮，调
发主、客于腹边。峙糇粮于山岳兮，鼓士气以冲天。抗一疏于九重
兮，得两帅之鹰鹯。破凌霄而绝往来之间谍兮，拔都都而黄壤继
捐。登翰音之岭头兮，取娄猪⑦如弹丸。乃九日之登高兮，簪黄花
于九丝之绝巅。倾巢穴而俯伏授首兮，方信鸦飞不到之危关⑧。被
一朝而直上兮，如履平地之无偏。执讯获丑而亿万计兮，何五斗之
囊搏。服神谋妙算之迅疾兮，若鲲鹏之垂于海骞。飞捷音于豸府
兮，喜动夫吉甫⑨之尊颜。即（税）［挽］⑩驾于蛮方兮，劳将士之威
严。击牛醅酒以赏大军兮，声振林麓而腾欢。蠢兹小丑之匪茹兮，
敢奋螳臂于轮团。矧豸府实圣门曾参之华胄兮，卓诸筹策于子贱之
冰弦⑪。出尺组而系群酋之颈兮，展槛车而收其渠魁之臭裔。累累
衔璧而攸馘无算兮，四郊鼾睡以成眠。奏肤功于圣皇兮，命太史以
书篇。勒威武于金石兮，铸伟绩以雄边。转参旗而尽搜山箐兮，始
扬钲而凯还。继马、窦之铭柱颂功兮，统护军之颈仰古犍。历万年
而精忠贯日兮，与天地相为周旋。

　　乱曰：铄王师兮征都豜（jiān）⑫，进神旅兮飞火砖。鸟衔铳兮
烟蔽天，筒喷石兮击云端。昭勋亿世兮，纪神功于幅员。

　　南溪阚继禹⑬知府

①视釜篆：任职富顺县知县。釜，釜川，富顺县的别称。篆，官印。

②续纲：商辂等纂修的《续资治通鉴纲目》。

③赐斗盖之锦袍银钱：宋嘉祐二年（1057），长宁州三里村夷人谋内寇，夷人斗盖告发之，诏补斗盖长宁州刺史，赐锦袍银钱。

④五斗：五斗坝，在今兴文五村镇一带。

⑤延祸及子文安：嘉庆《长宁县志》卷一二："成化元年，周文安公时为侍读，疏请设土官抚之，制允……歌舞而来。既而领军汪浩惑于人言，尽二百人杀之。酋长子弟以四千人复仇，围攻长宁，宣言诱杀父兄计自周侍读出，必尽屠乃止。"

⑥按："隆"字，据文意改。

⑦娄猪：即母猪寨。

⑧鸦飞不到之危关：杨慎《病中秋怀诗之四》："九丝城寨控诸蛮，旧是鸦飞不到山。"

⑨吉甫：周宣王时太师尹吉甫。此指张居正。

⑩按："稣驾"不可读，显为"挽驾"之讹，以形近而误，据文意改。

⑪子贱：孔子弟子，曾为单父（今山东单县）宰，弹琴而治。见《吕氏春秋》。冰弦，古代名琴。

⑫都豜：对都掌族的蔑称。豜，三岁的猪。

⑬阚继禹：字叔敬，四川南溪人，嘉靖四十一年（1562）进士，官陕西凤翔知府。见民国《南溪县志》。

平戎奏凯序

按蜀志，叙戎都蛮世居山险，素善剽掠，自昔以来惟以夷治之，迄今生聚日蕃，桀骜愈炽。抚之而旋叛，守之而窃发，高、戎诸县之民不胜其困矣。（肆）［肆］①惟我明天子圣神文武，欲犁庭扫穴以殄厥夷，乃慎简我确翁公祖抚循全蜀，综理军务。公不忍遽加以兵，先走檄蛮方，谕以德化，令其归顺。夫何负固，肆残弥剧。癸酉（1573），秉钺徂征，以公之祖先尹敝邑，德政在人，专祀有祠，灵应屡著，遂祇谒焉，以冀阴庇。即驻节叙南，集兵储饷，划议定谋，众志金同。至九月，诸校云翔，三军虎视，不逾旬削平大寇，如射隼焉。全蜀士民咸举手加额曰："我公天威也，吾人从此得安枕矣。"启蒙[②]等一闻兹捷，莫不稽首仰叹曰："公之斯举也，有五美焉。都蛮为患，当事者未尝振长策以制其命也，公肃将天威，一月三捷，露布上闻，帝心允豫，宰辅而下雀跃称贺，不其快哉！是公一战而纾九重数百年西顾之忧，可谓忠矣。且蛮夷肆毒，杀人父兄，虏人子弟，辱人妻孥，毁人庐舍，老稚之野哭巷号者不可胜数。今乃悬首于市，暴尸于途，凡孝子慈孙、孤嫠弱稚，咸目摄而手刃之，亦可以报恨于地下人矣。是公一战而解千万人幽明之愤，可谓仁矣。然夷性乐战，凡我兵之屯戍者，未尝得志于一逞。今一朝而擒厥渠魁以归，鸣钲击鼓，凯歌满道，不自公倡之哉。且使天下之人皆知夷不足畏，而猛气英风勃勃云起。是公一战而作中国昌大之气，可谓义矣。昔恃其悍以轻我兵，今则手缚其躯，刃碎其骨，使诸夷落魂，互相警戒曰：'方今圣主当阳，卧龙复出，不敢鸣弦抵掌于边鄙。'是我公一战而挫四夷猾夏之志，可谓武矣。且喜椿萱并茂，闻膺重寄，夙夜祇惧。今捷音便报，则阖门子姓捧觞称庆，不其愉哉。是公一战而慰二亲倚门之望，何其孝也。"

夫大兵一举，五美咸萃，以光先烈，以靖方来，视昔淮蔡之平，（度越）［越度］[③]远矣。我公之功，何其伟耶！公方退然不有其功，思求底靖于永久。行且入相天朝，翊景运于磐石，树奇勋于彝鼎，端自兹始矣。奚止我蜀之受其庇已乎，抑岂我蜀之所能专其庇已乎？顾予无似[④]，敬布芜词，以志忭忭云。

　　金堂何启（蒙）［勋］同知

①按："肆"字不可读，细察文意，盖为"肆"字之讹，以形近而误，用改。肆，《玉篇·聿部》："肆，劳也。"

②按："启蒙"，文后署名之作者"金堂何启蒙"。清嘉庆《金堂县志》作"何启勋"。

③按："度越"不可读，据文意改。越度，超过。

④无似：犹言不肖。

平蛮凯旋叙

皇帝御极之元年冬十有一月，实我大中丞公平蛮凯旋之日也。凡乡之大夫士，相与庆于国；商贾、都邑之民，相与庆于市；穷檐溪谷、黄童白叟之众，咸忻忻然举手加额，相与庆于野。翱等幸释桑梓之虞，快睹旷世之烈，佥图效一言以颂，因命小子鹤敬叙厥事。鹤乃拜手稽首，扬言曰：

窃闻奏非常之功者，抱非常之才者也。有非常之才者，必非常之人也。愚常执此，以上下古今，旁稽载籍，凡伐远之勋，炫赫宇宙者，非不伟且众也，然或前有可拟，后有可伦，能得远人之疑，而未必能致其众。能致其众，而未必能空其类。能廓清于一时，而未必能荡涤其数千百年之患。能宁谧于一世，而未必能贻数千百年之安。要之，可以言功之伟也，而未可以言非（当）［常］①之功也。惟兹丑虏，粤自汉唐宋元以来，为我西蜀东南之患，亦已久矣。其间英雄之主、智勇之臣，非不多也，未闻有深入其阻，铺敦其地，丕振薄伐之威，以收孔淑之绩者矣。迨我国朝景泰成化间，常两奋天讨矣，（常）［当］②时震惊之威，凛如秋霜，然仅致其稍驯而止。抚绥之仁，霭若春温，亦徒得其空名而罢。近年以来生齿日繁，而虏亦众矣；侵疆日辟，而地亦广矣；逋逃日聚，而党益植矣；知识日狁，而机益深矣；戈矛盾甲之器日已磨砺，而兵益利矣；林木箐寨之阻，日已凌云插汉，而地益险矣。以此方张之虏，大肆吞噬之害，凡兹戎、珙千里之间，被其屠毒，可忍言哉！则今之都蛮非昔之都蛮也。先皇帝厪西顾之忧，已常特遣重臣大将，授斧钺而征之，曾四年于兹矣，而非常之功固有所待也。我中丞公以名世之重望，被命西来，即躬诣其地，按图考索，周爰咨诹，奋然仗剑而作诞③，进诸将士而誓之曰："先皇帝之纶绋尚严，今上之简书方新，报先帝而忠于今上，此正吾与若等之职分也。吾殆与此虏不并立矣。"诸将士闻之，咸振励鼓舞，罔有疑贰。于是痛惩往事之失，尽排招抚之议，丕扬肆伐之武，指陈方略而探巢捣穴，势如破竹。运量机宜而执讯获丑，应若指掌。不数阅月，遂深入险阻而是绝是忽，俾靡有孑遗，仍经画其地，建以城府，联以官属以闻。

一代疆域之区，则自汉唐宋元以来，上下数千百年未易克之虏，一旦克之而无余也。上下数千百年西蜀未易靖之患，一旦靖之而无难也。其视卫青上谷之讨④亦烈矣，而胡终不可灭。充国先（陵）[零]⑤之御，亦勇矣，而羌终不可平。雪夜之入，敌人虽破胆矣，而蔡州之孽自若。汶山⑥之款，群丑虽已稽首矣，而阴平鬼分之寇⑦固在。拟之中丞公今日平蛮之绩，可同日语哉！是故溯之数千百年之既往，可谓无前；推之数千百年之将来，可谓无后。其殆天笃明祜，钟灵降神，挺生我公，以佐中兴之烈者与！《易》曰："师贞，丈人吉。"《诗》曰："文武吉甫，万邦为宪。"其公之谓与？行当跻台鼎、秉钧衡，以左右明天子，则鹰扬之勇震叠于九边，克壮之猷风动于百蛮。文武备于一身，而宗社赖以奠安，海宇恃以无恐，又岂但西蜀一隅之地永怙其休而已哉！

成都于鹤⑧知县

①按："当"字误，据文意改。

②按："当"字，据文意改。

③诞：大言。壮语。

④卫青上谷之讨：汉武帝元光五年，卫青为车骑将军击匈奴，出上谷，至龙城，斩首虏数百。

⑤按："先陵"，《汉书》作"先零"。据改。宣帝时，先零入寇，充国以老将帅兵御之，持重不妄击，期年，终获成功。

⑥汶山：今四川汶川、茂县一带。

⑦阴平鬼分之寇：阴平（今甘肃省文县、迭部及四川省九寨沟、平武等县）的少数民族。天文分野，阴平属舆鬼之分。

⑧于鹤：嘉靖二十五年（1546）举人。见天启《成都府志》。

先刻征蛮奏议序附

君子之有所为于天下也，皆其所不得已也。不得已者，生生之几①也。几发于天，而人不与焉。古之圣贤，视其身之为天，而不知其为人也。故其无事也，寂然虚而已矣。及其起而应天下之变，则若风雷然，有莫知其所以者。几之所通，视天［下］②之饥溺者、匹夫匹妇之不得其所者，咸取而加之吾身，曰"由己若此者"。岂圣人为之哉！天也。圣学本天，故其所不得已也。故虽穷知以思，屈力以图，以排决乎大难，覆露乎群生而不自虑也，不自为也。故曰"动以天"。此孔门求仁之旨，而觉者鲜矣。

读确庵曾公征蛮奏议，其事业、文章彰明较著者，人而知之也，知之而未能知者，其几乎？异时僰蛮称乱，暴戾恣睢，叙泸以南，老稚接踵而死于蛮者，数十世矣；士女群虏，胥衣冠之俗而夷之者，数百里矣。顾其危巢鬼谷，莽低昼昏，人力无可与焉。故兴击之议众难塞胸，莫有决者。公下车，则曰："予固蜀抚也，民之接踵而死于蛮者，予之辜也。版章之民胥为夷也，予则推而内之也。"毅然起而任之，上书阙下，振旅徂征，若剥肤之为伤而沃焦之孔亟也。一体精神，贯乎金石。是故筹之鬼神，运之将吏，霆击风驰，讯执丑获，西南以宁。则复条具便宜，上之天子，筑城列寨，置吏陈兵，则壤经赋建，永奠之长策，而劳来安集，以回兵后之春者，诸所注措，靡不周焉。公之大造于蜀也。经纶开济之业，炳炳然具奏牍中。

海内推公功业方掀揭宇宙，乃公则非以功名自命者，而其如是汲汲者，何以故耶？吾心即宇宙也，宇宙即吾心也。故一隅之闭，吾气不流；一夫之冤，吾神不贯。矧其为数百里之陷溺，且垂数千百年者耶！此深乎几①者之所不得已也。乃其圆机妙用，博大而神潜，刚柔协中，文武备具，又孰非此几之所自为乎。《易》曰："知几其神。"阳明先生定难攘夷，功盖天下，而曰"此时只有良知作用"。呜呼！其旨深矣。然则公之功，公之学也。成能既请公疏而刻之，使后之经略西土者有所式，而复表公之所以为是者之心，使天下后世不徒以功业视公也，遂僭为之序。

万历甲戌（1574）夏四月朔，四川等处承宣布政使司左布政使冯成能顿首谨序。

①几：通"机"。
②按："下"字，据文意补。

先刻征蛮杂录叙<small>附</small>

《征蛮杂录》，录中丞确庵曾公军中尝所经纶筹画之大略也。公受钺征徙、筦诸蛮部，期年讨平之，则既已馘酋王、歼部落，略其地于版图，胥荒服而衣冠臣妾之矣。此其盖世之勋，当必有天授神谋者以注措乎其中，而非《录》之所能该也。

王文成公平逆（壕）［濠］①、戡大难，尝自谓机宜之秘匿言所喻，即若孙子所谓间不能窥、智不能谋者。吾辈之请录是也，毋乃非要乎？夫雷霆之震，不可以藏其声。衡岳之见，不可以秘其形。诚有之矣夫，谁得而掩诸？语曰："前事之不忘，后事之师也。"今之士绅，有能神一采、效一策者，咸欲法而陈之，以表垂常式。医师妙诀脉之术，而起一人之生，则将争索其方，书而传之，为其验也。孔明之兴汉室，其至今存者，讵直《出师》二表云哉！教、令、章、檄，未尝不彰彰著明也。然则兹《录》也，与公之《奏议》并传无惑也。况乎拯六邑汤火之民，洗亿兆人积世衅边之恨，而振国家二百年旁畅之威，其尝试之效，盖俞跗之方书而武侯之篓策，皆有俾②于将来者也，虽欲不彰而传，得乎？要之，原公之烈者舍是不可，而专谓是焉，亦不可也。盖鞠恭靖献者，公之心；宁静淡泊者，公之学；而虚明果断者，公之才。有本者固如是已。至于龙起富水而云从，圣作历元而事起，兹又明良相逢，千载一会，所谓天授，所谓间气，将开济于无穷也。平蛮之迹，殆其绪余哉！

万历三年岁乙亥，秋七月之吉，四川等处承宣布政使司左布政使番阳邹光祚③顿首撰。

①王文成平逆壕：王文成，明兵部尚书、新建伯王守仁（阳明先生）的谥号。明正德十四年（1519）江西宁王朱宸濠叛，时任江西巡抚王守仁讨平之。见《明史·王守仁传》。"壕"字，《明史》作"濠"。据改。

②俾：同"裨"。

③邹光祚：鄱阳（今江西波阳）人，明嘉靖三十五年（1556）进士。

先刻西蜀平蛮录叙_附

自古受命帝王，曷尝不用事于四夷？盖有用之它方而功较著者矣，未有大得志于西南夷者也。山都者，当川、贵交郡县，若世官其土者。犬牙错，蛮独保聚，蹂躏其间。厥地阻深，其人恣睢，声教若不相及，是以得志用希，所从来远矣。

明兴二百年，盖十有一征云，而天顺、成化之际最大，至烦大司马在行间，合别部兵几二十万，历四年，仅克大坝①，距其巢九丝者不一舍，竟以厄塞弃归，浸淫至于嘉隆间，稔恶极矣。盖始未尝不欲一切姑息驯服之，而后稍陵夷桀骜也。昔人在事，岂不多贤，度不无善画者，莫能图，何哉？则臣主异指，文武不并用之效已。

今上初即位，乃睠顾西南陲，简命御史中丞曾公往填②抚之。公至，而境内日上变，乃请亟发兵诛山都蛮。当是时，群臣哗言"蛮即可征，岂至今？兹抚之便"。天子意不为动，而独仰成今元辅江陵相公③。相公故尝知曾公于监司时，谓足办贼，以抚蜀荐者也。会言者追论大将军显罪，相公使报曾公："临敌易将，于法必败。第令显不效，并坐之耳。前大将军成，有戴天之愤，宜以佐显。六县民心怨贼次骨，可因而使之。我征兵集饷，为坐困之形，而募敢死士，为奇兵捣其虚，姑翦灭此而后朝食，兹其时也。"曾公奉兹庙谟，不遗余力，宣布意指，虑无不动与机应者，故挟月者四而克凌霄、都都、九丝诸城，若大小垒以百数，俘馘及所焚灭者以万数，山都遂平。置官吏、缮城郭、兴学校、供赋役，比于诸郡县。自用兵以来，未始有成功若斯之亟也。

　　夫蕞尔僰蛮，易若举之股掌上，天子至为动色，咨之相公。相公坐而运筹策帷帐之中，决万里外胜算以授曾公。曾公程督诸将吏，以伸必然之画。又大将军显、若前大将军成者，相然信以死，计不反顾，然后功见而忠著。以庙堂谋断若此，阃以外其所相慕用之诚又如彼，盖用力若斯之难也。而说者曰：曾公在军中时，尝昼梦一神人披发仗剑，类今所崇祀玄武神①者，垂天而下。公由此破贼遂如振槁，盖若天所助焉。异哉所闻，乃今信之。天厌夷德之日久矣，主上奉天嗣历，存抚寓内，冠盖之伦莫不并包，单于稽颡，款关纳贡。藉令僰不变服而蛮不化俗，终岂非编列之户，与齐民异向哉！

　　夫非常之原，黎民惧焉。及臻厥成，而天下咸晏如也。曾公大征之请，实惟元老翼赞威断，动于九天之上而震之重渊之下，以臻殊绩。向如盈庭之议，无论六县，全蜀之黔首必无幸矣。由斯以谈，主上之信向元老，俾专一其志而推毂曾公，申其石画者，岂非天哉，岂非天哉！非大圣，孰能当此受命而成功得志者乎？曾公之门下士许侍御一德、高比部文炳、王民部完，次公先后所上疏若所著功宗纪，若文告、书牍之辞，并蜀荐绅先生颂公者列焉，以昭百世之伐，余为志其原如此。

　　万历己卯（1579）秋九月吉，赐进士出身、翰林院掌院事、侍读学士、奉直大夫、经筵日讲官、同修国史会典、知起居注、督理清黄信阳何洛文⑤顿首撰。

①大坝：今兴文县大坝镇一带。

②填：通"镇"。

③元辅江陵相公：张居正。居正，江陵人。

④玄武神：北方之神，即道教所信奉的真武帝君。

⑤何洛文：字启图，河南信阳人，进士。万历八年（1580）由詹事府少詹事兼翰林院侍读学士，掌院事，升礼部侍郎，仍兼侍读学士。

先刻平蛮录跋语_附

　　万历癸酉（1573），曾大中丞先生奉简书平蜀都蛮，檄文炳执役戏下，出入蛮瘴中，见蛮地延袤四百里，四面阻山，山形若剑，错且陡峻，蛮故依险，出劫叙、泸州县，所至焚戮殆尽。先生不忍斯民之阽危，决意剿除之。由上疏请兵以迄成功，才五阅月耳。遂荡平千百年凶残之寇，拯百姓于汤火。郊无亭隧，冠盖相靡于道。自汉唐以来称绝徼者，今为乐土。厥功懋哉！盖先生奉庙堂成算，因形设奇，全而取胜，诚有如功宗所纪与。吾师何太史先生①序，论之详矣，第文炳橐笔而履戎行终始，知先生所以克成于襄之烈，劳心焦虑，非偶尔也。

　　先生麾盖临叙南州县，告急日至：某所，蛮杀男妇若干矣；某所，被虏若干矣。先生即涕泪潸潸下，叹曰："我为天子抚全蜀，乃忍见蛮日傅刃吾赤子腹中，喋血涂地乎？"意气弥厉，恨不灭此而朝食也。会构疾，日不下撮米，而简师庀赋，檄将督战，虎符交驰，殆无虚晷。一念忠君恤民，凌遽鞅掌，勤殷恳笃，真可贯金石而格鬼神。至于开诚布公，延揽群策，即厮走下贱有言便计者，先生无不降体而受之，款款务毕其谋。谋而臧，则奖劳特至，用若转环；谋而不臧，先生亦未尝疵瑕之也。故人人自奋，争出其死力。虽椎结羁（靡）［縻］②之伦，非隶尺籍，胥擐甲负籣（lán）③，率众先驱。矧文武将吏，尤鼓舞。有素日见先生之忧惕，忍怀谖而解嫚耶？是故能使怯夫鼓勇，骄恣赴节，费省而绩巨，时浅而究弘。所以上（成）［承］④庙谟而树无前之伟烈，厥有以哉！藉令主国是者未必决万里外筹策，而握兵柄者未必以精诚感格乎天人，窃恐斯役也，亦顺、成间故事耳，则是功之建果易乎，抑不易乎？

文炳不文，聊述先生焦劳之心，与休休之度，附一言于简末，俾他日有事于西蜀者，得考而知之。若其石画征于《疏牍》，机略详于《檄文》，施为次第载于《杂录》，微亦威棱激发将士，备于《尺牍》《笔筹》。凡览是编者，咸得窥其神妙，文炳则何敢赘焉。

万历己卯（1579）冬十月吉旦，门生高文炳⑤顿首拜书。

①何太史先生：即何洛文。翰林院掌修撰国史，因得以"太史"称之。

②按："羁靡"不可读，显为"羁縻"之讹，以音近而误。用改。

③蕳：竹制的弓箭筒。

④按："成"字不可读，显系"承"字之讹，以音近而误。用改。

⑤高文炳：江南上海县人，隆庆五年（1571）进士，官庆远府（今广西宜州）知府。见汪森编《粤西文载》卷二九。

附录

明史稿曾省吾传①

　　曾省吾，钟祥人。嘉靖三十五年进士，除富（阳）［顺］②知县，历浙江右参政，入为太仆少卿。隆庆六年（1572）以右佥都御史巡抚四川。叙州九丝蛮作乱，督总兵官刘显等破平之，俘斩四干六百。帝大悦，进右副都御史，录一子官，诸将叙功有差。省吾复上善后十事，乃改戎县为兴文县，以蛮中内官砦为武宁山，即其地置建武所，筑城列戍，移总兵官、兵备副使镇之。已，省吾复督诸将荡平遗孽，俘斩千二百人。得所占民田三万八千亩，悉以还民，而以蛮田十四万八千余亩赋军民耕治，自是，民物熙熙比于内地矣。茂州刀农诸番惮省吾威名，率部落千余人愿内附输税。帝益嘉之，召拜兵部右侍郎。已，迁左，六年擢南京右都御史。明年，入为工部尚书。

　　省吾故出张居正门下，见居正威权震世，遂与吏部侍郎夷陵王篆为之心腹。居正没，张四维为政，两人谋所以自固。适四维以事忤冯保，两人及御史朱琏侦知之，谓四维必将甘心于居正而逐其党，因委身自昵于申时行③。又行数万金谒保，与交欢，因得从容言四维短。两人遂定计欲逐吏部尚书王国光、左都御史陈炌，而以省吾代国光，以篆代炌。会省吾以陵工骤加太子太保，而国光适为人劾罢，保欲代以梁梦龙，篆不敢违，廷推首列之。于是省吾以篆负约，怒而大诟至相搏，琏复交构其间，益不可解。而给事中王继光遂劾省吾十罪，罢归。未几，给事中唐尧钦复劾之，乃削籍。既而没居正产，其子敬修谓尝以白金三十万寄省吾、篆家。有诏并征④。于是两家亦破。久之，征卒不如额，而省吾亦死矣⑤。

①清万斯同《明史稿》卷三一二《曾省吾传》，宁波天一阁藏本。

②按："顺"字，据本书卷一一《寄内阁张老先生书》中曾省吾自谓"知富顺县"改。

③申时行：字汝默，长洲人，嘉靖四十一年（1562）状元，以文字受知于张居正，蕴藉不立崖异，居正安之。六年三月，以左侍郎兼东阁大学士入预机务，累进少傅兼太子太傅、吏部尚书、建极殿大学士。

④"尝以白金三十万寄省吾"句：关于张居正和曾省吾得罪的由来，《明史·张居正传》云：张居正既死，"张四维为政，而与居正所荐引王篆、曾省吾等交恶。初，帝所幸中官张诚见恶冯保斥于外，帝使密诇保及居正。至是，诚复入，悉以两人交结恣横状闻，且谓其宝藏逾天府。帝心动，左右亦浸言（冯）保过恶，而四维门人御史李植极论徐爵与保挟诈通奸诸罪，帝执保禁中，逮爵诏狱。谪保奉御居南京，尽籍其家金银珠宝巨万计。帝疑居正多蓄，益心艳之。言官劾篆、省吾，并劾居正。篆、省吾俱得罪。新进者益务攻居正，诏夺上柱国、太师，再夺谥。居正诸所引用者，斥削殆尽。御史羊可立复追论居正罪，指居正构辽庶人宪㸅狱。庶人妃因上疏辩冤，且曰：'庶人金宝万计，悉入居正。'帝命司礼（太监）张诚及侍郎邱橓偕锦衣指挥、给事中籍居正家。诚等将至，荆州守令先期录人口，锢其门，子女多遁避空室中，比门启，饿死者十余辈。诚等尽发其诸子兄弟藏，得黄金万两，白金十余万两。其长子礼部主事敬修不胜刑，自诬服寄三十万金于省吾、篆及傅作舟等，寻自缢死"。

⑤按：万历三年（1575），曾省吾以"平蛮"功，升任兵部右侍郎，提督三边防务，对巩固边防多有建树。五年十二月转左。八年，升工部尚书。十年，加太子太保。同年六月，张居正死，新任内阁首辅大学士张四维排挤居正党人。同年十二月，曾省吾被勒令致仕。十二年十月，削籍，旋病殁。

明实录第二

一、明太祖实录

1. 《明太祖实录》卷一百五十五

洪武十六年（1383）六月己亥，遣使赍敕谕征南将军、颍川侯傅友德，左副将军、永昌侯蓝玉，右副将军、西平侯沐英曰："近询知死可伐之地有三十六路，在故元时皆设官治之，其地后为蛮人所专已四十年，继又侵楚雄之西南，远干威、远二府。梁王力不能制，终为蛮夷所有。以此观之，云南不可不备，边事机密，自宜审度。若死可伐不必备，大军可回也。回时必经羿子九寨及戎县之地五村、大坝、上下等乡、落卜地等处，黄平罗木洞蛮、霭翠所属阿吕、雨宗、碎瓦、莫得、阿胡、阿遣等蛮，尝助乌撒杀害官军者，如其帖服，则敛兵而过；如尚观望怀疑，宜耀兵威，使其知惧。阃外事务，必在中节，卿等宜体朕意。"

2. 《明太祖实录》卷二百一十七

洪武二十五年（1392）五月庚戌，四川叙州府戎县山（贼）［都］①掌阿那等作乱，重庆卫指挥佥事左暹讨平之。

①按："贼"字显为"都"字之讹，径改。

二、明太宗实录

3.《太宗实录》卷一百六十六

永乐十三年（1415）秋七月乙巳，掌四川都司事、右军都督同知李敬等奏戎县蛮寇平。先是，叙州府戎县山都掌蛮人作耗，攻劫高、珙、筠连、庆符诸县，敕敬发兵剿捕，且敕贵州都司都指挥李政，以兵会敬等合攻之。遂围落卜、大坝等处山寨，擒捕蛮贼悉斩以徇，招抚良民复业，至是奏请罢兵归农。从之。

三、明宣宗实录

4.《明宣宗实录》卷三十四

宣德二年（1427）十二月庚申，贵州普定卫西堡长官司蛮贼阿骨、阿哈等为乱，底寨长官司蛮贼干炒聚众杀人劫财，都匀卫丰宁长官司蛮贼罗父荡烧毁廨宇，杀土官家属。平越卫谷旺苗贼甲农、甲恕，清平长官司平若等寨蛮贼阿夜，谷把寨苗贼革子裸，普安州蛮贼鲁革各聚众造乱，擅杀招抚百户张福等，附近四川筠连县诸处蛮贼群聚劫掠。巡按监察御史、贵州三司以闻。上敕都督萧授及三司、御史先遣人招抚，如其不从，则调军剿捕。

5.《明宣宗实录》卷七十一

宣德五年（1430）冬十月癸酉，免四川筠连县民纳茶。时筠连县知县蒋永亨言："宣德二年县民所纳课茶已收二万五十斤在官，为作耗蛮人烧毁，令茶户陪纳，尚欠二千三百余斤。今诉贫难，乞蠲免。"上谓行在户部曰："茶已纳在官，为贼所烧，岂可复征边民？宜加存恤，其悉免之。"

四、明英宗实录

6.《明英宗实录》卷七十四

正统五年（1440）十二月戊子，镇守湖广贵州副总兵、都督金事吴亮奏："四川山都掌等处蛮贼聚众劫掠，商旅不行。"上命亮及四川、贵州三司捕治之。

7.《明英宗实录》卷一百九十三《废帝郕戾王附录第十一》

景泰元年（1450）六月癸巳，四川叙州府言："筠连等县临边，皆无城，每遇贼发，民皆惊惧，请于旧有城者修理，无城者随宜建立，以便固守。"从之

8.《明英宗实录》卷一百九十五《废帝郕戾王附录第十三》

景泰元年（1450）八月辛卯，赏官军、民壮人等周守真等十三人各绢一匹、布一匹，以泸州江安县擒杀蛮贼功也。

9.《明英宗实录》卷三百三十七

天顺六年（1462）二月庚寅，敕镇守四川右少监阁礼："得尔奏戎县蛮贼聚众行劫邻县，烧毁场堡，尔宜躬亲驰往督同原委官抚治。如其势猖獗，所统官军不敷，许量调附近官军、民壮并力剿

捕，务除寇攘，以靖地方。"

10.《明英宗实录》卷三百三十九

天顺六年（1462）夏四月丁卯，兵部奏："叙南夷人聚众屡于永宁宣抚司地方劫掠，已敕都督同知许贵调兵剿捕。近日愈肆猖獗，而贵等兵犹未到，宜移文贵等督官军亟行，以靖地方。"从之

11.《明英宗实录》卷三百四十五

天顺六年（1462）冬十月壬戌朔，松潘副总兵、都督同知许贵等奏："臣等于本年五月初八日会兵于叙州府长宁县，进讨昔乖、件莫洞、都夜三寨。蛮贼分兵两哨，接战数合，贼众大败，我军全胜。前后克破硬寨四十余处，斩首一千一百余级，生擒并追获蛮贼八十四人。"

巡抚湖广左佥都御史王俭奏："会同贵州副总兵李安等统领官军，于本年七月二十一日直抵上落崖、而杯、落卜利一带蛮贼巢穴，攻围累日，前后生擒首贼阿同等九名，斩获贼首二百余级。"

五、明宪宗实录

12.《明宪宗实录》卷十四

成化元年（1465）二月辛丑，敕都督同知芮成充总兵官镇守四川。时四川贼首赵铎屯聚未散，而山都掌蛮寇复肆攻劫，本省属卫军三万七千余人可备调遣，惟都督何洪阵亡，尚缺主将，于是兵部请于京营诸将中推举可充总兵者一人、参将者二人督兵往捕。未几，闻赵铎已抚安，廷议谓铎等甫平，倘闻遣二大将，恐生反侧，

止宜择一人充总兵镇守其地，庶无惊扰。金举成可，故用之。

13.《明宪宗实录》卷十五

成化元年（1465）三月庚戌，四川、贵州守臣各奏山都掌大坝等寨蛮贼千百成群，分踪攻劫江安等县、永宁等卫地方，势甚猖獗，兵部以闻。上命两处巡抚都御史、副总兵等官会巡按监察御史并都、布、按三司官计议，严督原调官军克期会合剿捕。

壬子，国子监学录黄明善言：“叙州山都掌蛮贼屡为边患，而今日平之有三策：其一、窜徙邻境以离其党。欲将都掌蛮民分窜乌撒等四府，仍敕各府土官督令迁徙，安置抚恤，有不从者，许土官剿杀之，则兵不血刃而境土自安矣。其二、分属汉夷以别其类。都掌地与永宁、芒部犬牙交错，当因其地接永宁界者割隶永宁，接芒部者割隶芒部，而该县止管汉民，则汉夷两分，各有统属矣。其三、据险固守以待其毙。（部）[都]①掌北距马湖、叙州，无北走之路，今遣将领兵宜由纳溪舍舟登岸，可二日而至永宁；由永宁可二日而至芒部，断其后门，使无可逃之路。如贼未逃，据高恃险，捣其巢穴，熏其寨门，断其溪径，则彼不敢下山求食，半年之内皆为饿殍矣。”事下兵部议，谓：“明善所陈宜窜宜分宜剿三策固为有理，但未审何策最良，宜行镇守总兵、巡抚等官详议其出于万全、可以经久者，揆之事情，酌其可否，区处上闻，以凭覆奏举行。”从之。

戊午，翰林院侍读周洪谟言：“四川江安等县山都掌夷贼攻破县治，杀虏人民，既叛复平，平而复叛，其故何哉？由乎征之者苟图招抚之近功，养成玩寇之深患也。且都掌之地多不过二百寨，少不过百余寨，寨各有主，以统其众。乞敕该部转行四川总兵、巡抚、三司官亲临其地，择其寨主素有名望、为众所畏服者一人，立为长官司长官，统各寨夷民，仍隶本府管辖。其戎县流官则专管汉民，而各寨夷民则专付长官司管束。统属既定，自然顺服，不劳兵革而边境自宁矣。"上以其言有理，命兵部会议以闻。

14. 《明宪宗实录》卷十八

成化元年六月壬辰，赏四川叙州等处杀贼有功官军四百二十六人钞币有差。

15. 《明宪宗实录》卷十九

成化元年七月庚午，四川总兵官、都督同知芮成等奏："获大峰山等地剿戮余贼王婆孙等五十六人，及崇庆等州县强贼王铭等一百四十七人，见获者监后处治。"兵部臣言："婆孙、铭皆逆贼赵铎余党，当铎被剿之时，尚在他处劫掠，而成等遽言贼党尽获，地方遂宁，恐所奏多妄，宜加究治。然今用兵于山都掌，成等方各有事，请俟事平之日，核实其罪。"从之。

16. 《明宪宗实录》卷二十三

成化元年十一月乙巳朔，四川总兵官、都督同知芮成奏："臣与都御史汪浩等率四川兵由江安县进至戎县，攻箐前等寨；贵州副总兵李安等率贵州兵一路由青冈关进，一路由绖车青进，俱抵金鹅池驻扎，合攻大坝等寨；令都指挥周琥等分守上罗计等堡；指挥孙泰督芒部等府土兵截贼后路；永宁宣抚司土兵守落敖路口。贼计穷，潜引各寨蛮兵千余伏近山箐，令阿圭等三十七人诈来投顺，意欲偷劫营垒。阿圭等至谒臣，即擒之，圭果袖出小刀戳伤军士，官军乱砍杀之。臣遂发兵一万五千分四路围入山箐，各蛮起伏对敌，官军奋勇，斩获贼首五百八十七级，镖枪四百五十二事，弩二百三十五张。分兵攻烧其三十余寨，又斩首一百七十三级，擒男妇大小六十七人。"上命兵部移文成等，与安协谋并力，刻期灭贼，毋彼此推调，致师老粮匮，以贻后患。

17.《明宪宗实录》卷二十四

成化元年（1465）十二月乙亥，贵州右副总兵、都指挥佥事李安奏："请以原调京营汉达马军并云南官军二万、贵州官军一万五千、土兵五千、四川行都司官军三千、湖广官军一万五千、土兵一万俱调四川，乞敕镇守湖贵总兵官李震并巡抚右佥都御史王俭，同臣等躬前进与四川官军会合并势讨贼。"奏下兵部议，以安先被命调四川讨贼，累为贼所败，畏惧谴责，欲张大其事，故有是请，可勿许。上从之，但命王俭驰往，同安统原调贵州官军会芮成等并力剿贼。

丙子，四川总兵官、都督同知芮成等奏："近令都指挥宰用等统领官军、土兵进扎西乖等乡，贼据崄设伏，为梭竿、悬礌石以拒我师。用等架梁修路，又以木竹造爬山虎，分兵四路攻围。贼下镖枪如雨，用等御以竹笆，攻以火枪，贼坠崖死者甚众。土兵攀崖齐上，斩贼首二十三级，擒男妇五人。明日，攻阿哥硬等寨，破之，斩首三十六级，擒男妇八人。及军至卜昏等乡，贼起伏四处对敌，当令指挥陈瑄、土官陈宽等分兵四路攻之，贼败，又斩首三十九级。臣等益督兵与战，前后十余阵，斩贼首六百二十余级，获器械无算，仍移兵珙县进讨山都诸寨。"奏至，上命兵部移文成等，同贵州总兵官李安并力剿之。

戊寅，镇守四川总兵官芮成等与贵州副总李安等互相讦奏失机事情。上命兵科给事中秦崇等往勘，且督军讨贼。

丁酉，兵部尚书王复等奏："先因四川总兵官芮成、都御史汪浩及贵州镇守内官郑忠、副总兵李安等互奏失机，已遣给事中秦崇、御史吴瑞、锦衣卫镇抚赵璟往彼核实，且命璟星驰回奏，命崇等就会诸将议兵讨贼。今璟已回奏，而崇等亦有奏至。事下臣等看详，其芮成、李安所奏各有虚实，而成及汪浩又杀降要功，激变贻患，俱宜逮治。然自成等退军后，永宁等处又有贼情，欲行成等仍督诸将会兵讨贼，待事宁并勘回奏，以俟裁处。"从之。

18.《明宪宗实录》卷二十五

成化二年（1466）春正月己酉，命巡抚贵州右副都御史李浩、副总兵李安，率师会四川军马，征剿山都掌蛮贼。

19.《明宪宗实录》卷二十七

成化二年（1466）三月己未，命四川都指挥金事刘芳、李璋、刘端分守雅州、广安州、安县。先是，巡抚都御史汪浩奏二处俱当蛮贼要冲，宜设守备，因荐芳等可用。事下兵部看详："宜令芳守雅州及碉门、紫石关，璋守广安州及梁山、新宁县，端守安县及绵竹县。以芳与璋方遣征戎县蛮贼，待事宁各还分守。"从之。

20.《明宪宗实录》卷二十九

成化二年（1466）夏四月辛酉，四川总兵官、都督芮成等奏："近因蛮贼攻劫南溪县境，调兵击之，斩首五十二级，余贼远遁，随奉前降敕旨遣人抚谕，服则绥之，叛则讨之。"事下兵部议："宜移文给事中秦崇、御史吴瑞与都御史汪浩、李浩及成等协谋合势，务殄残贼以安军民。间有不为寇攘者，宜抚安之，亦勿纵恶，以贻后患。"诏可。

21.《明宪宗实录》卷三十

成化二年（1466）五月戊戌，户部奏拟贵州、四川开中（zhòng）盐课凡一十五万九千一百四十引有奇。贵州普市等所，中云南黑白、安宁、五井提举司天顺八年并成化元年分盐，共五万二千三百二十九引，每引纳米六斗五升；四川永宁仓，中本地上流等井成化元年分盐共十万六千八百十一引，上流、华池盐每引纳米八斗，通海、新罗、福兴盐引米六斗，富义、罗泉、广福、黄市、仙泉、□井、都山盐引米五斗，大宁、云安盐引米四斗，永通盐引米三斗。时二处方会兵讨山都掌贼，守臣以军饷不给，请召□中纳故也。

22.《明宪宗实录》卷三十二

成化二年（1466）秋七月庚寅，兵科给事中秦崇等奏："奉敕会同四川、贵州总兵等官芮成等议得纳溪、江门、永宁地方俱邻都掌蛮寨，而江门、芦延、三漕等处，又贼出没要冲，须两军会哨，遇便截捕。五月十七日，四川官军由纳溪进，贵州官军由永宁进，俱抵江门地界。二十五日，遇贼于小峰垭，两军合势，斩获贼首三百八十三级，生擒贼徒四人。次日，官军分哨至青岗坎、大峰山、旱峡口、宋江桥，复遇余贼，斩首一百九十二级。今贼徒为逆者既被痛剿，听抚者始知畏服，道路渐通，地方稍宁。"兵部覆奏："蛮贼为患已非一日，今虽被剿听抚，尚恐甫服旋叛。宜命总兵等官甄别真伪，随宜抚捕，务为经久之计，勿徇一时之安。"上是之。

镇守四川太监阎礼奏：泸州地方被蛮贼聚众杀掠民财。命总兵官芮成等发兵剿捕之。

甲午，国子监学录黄明善奏："四川山都掌蛮寇累岁出没，杀掠良民。景泰元年都御史李匡尝往招抚，不旋踵又复出没。天顺六年都督许贵再往招抚，甫及班师，愈加猖獗。近者，贵州总兵官李安又奏行委永宁宣抚奢贵赴大坝等处招抚，欲顺夷情就属本司管辖，旷日持久，招抚未效。臣窃料之，若照匡、贵招抚事例，则玩寇养患，有损无益；若照李安所奏事情，则奢贵平日所辖土獠、羿蛮尚不能钤束，以致近日攻烧屯堡，杀掠军民，况能钤抚都掌之众乎？借使招抚已从，亦难凭信，又恐佯为听抚，意在复雠，则边衅愈开，为祸不已。今宜因大军之众早为定计，庶几安民而除害，不至老师而费财。"命兵部下其议于总兵等官审处之。

23.《明宪宗实录》卷三十四

成化二年（1466）九月辛巳，四川戎县夷首阿见、九姓长官司夷首会来等来朝贡马，自称："我戎僚出没为恶者，已蒙大军剿杀。阿见等俱农民，蒙赐敕招抚，不胜畏威怀德，故贡马谢恩。"赐彩段、绢、钞有差。

24.《明宪宗实录》卷四十二

成化三年（1467）五月丁丑，录平四川戎县蛮功，升总兵官、都督同知芮成为右都督；巡抚、左金都御史汪浩右副都御史；纪功给事中秦崇、监察御史吴瑞俸二级；贵州巡抚、右副都御史李浩亦升俸一级；左监丞郑忠为右少监。官军升赏有差。

25.《明宪宗实录》卷四十三

成化三年（1467）六月辛酉，四川戎县山都掌蛮贼聚众作乱，制谕襄城伯李瑾佩征夷将军印，充总兵官；升兵部左侍郎程信为兵部尚书，提督军务；太监刘恒为监督。调四川、贵州官军剿捕之。

26.《明宪宗实录》卷四十四

成化三年（1467）秋七月甲子朔，兵部尚书白圭等，以朝廷遣将征四川山都掌蛮寇，谨条上《剿贼安民事宜》，乞降敕提督军务、兵部尚书程信，总兵官、襄城伯李瑾等遵行："一、四川、贵州官吏人等，有知破贼方略及能为乡道者，悉听举用，有功依例升赏；有自能集兵破贼者，先与冠带，事宁之日，具奏授职。一、军士破贼所得财物悉与之，将官不得侵夺。一、所调将士务严约束，不得生事扰民，违者治以军法。一、将士有功者先给赏劳，中有奇功出众者，即授职事，具实奏闻。若临阵畏缩及妄杀冒功者，以军法治之。一、土官有殃民致寇者，随宜处治。督饷官有怠职误事者，一体逮问。一、军前用马，宜酌量数目，令湖广、四川、贵州支官钱买用。一、彼处民夷有勇敢听募者，给饷随征，有功依例升赏。一、贼平之后，必须计议久安长治之策，明白具奏，乃许班师。"

命户部郎中李田往四川，主事刘杰往贵州区画粮储。

己巳，国子监学录黄明善陈《征剿夷寇事宜》："一、宋时多刚县夷为寇，用白苇子兵破之。白苇子者即今之民壮，多刚县者即今之都掌多刚寨也。前代用乡兵平夷既有明效，今宜选熟知道路、识达民隐官一员，驰驿赴彼招募民壮，协助官军，有功者依例升赏，无功者仍复为民，则壮士争奋矣。一、都掌所种水稻，至十月大熟，若夷人收谷上寨，则难于围困。今宜差官，督兵速赴江安等县取其田禾，则不过三月间，可使蛮贼为馁鬼矣。一、大军宜分三路：南路从金鹅池进攻大坝，中路从戎县进攻箐前，北路从高县进攻都掌。凡小寨易攻者先取之，则大寨亦从而破矣。一、大坝南百余里为芒部军民府界，西南二百余里为乌蒙军民府界。宜急颁敕二府土官，严守地方，毋党恶助奸，且量拨官军截其险要。一、夷人素无差徭，止纳税粮。今募民壮及差通事入寨，绝不宜用戎县一人在内，恐其漏泄军机，沮坏兵务。一、夷人所据高崖峭壁，虽有火器，难于施用。今宜用毒球、行烟、药矢以攻其寨。毒球所熏，口眼出血；行烟所向，咫尺莫辨，顺风而烧，自下而上，则寨门不守，大军可上矣；乌头药箭以射虎豹，中之即死，夔州、保宁等府皆善造之，今宜募工造用。一、播州、天全、永宁、芒部、乌蒙、乌撒、东川诸土官皆常调用，迩来总戎者处置失宜，多致推调减少。今宜赍敕奖谕，俾其加倍进兵，躬听调约。一、戎县附近高、珙、筠连、庆符、长宁五县俱有夷人，未尝出没。今五县民快既为乡导，而夷人有能效力助军者一体纪功，且宽赋役以致其力。"奏上，命行总兵等官参用之。

丙子，提督四川军务、兵部尚书程信言："都掌地方山势险恶，必得土兵乡导，请敕四川所辖东川、芒部、乌蒙、乌撒诸土官各集兵以听调度，仍令各守地方，毋容贼徒逃窜隐藏；其湖广永顺、保靖二处土官先拟调兵，请驰敕速之，毋致缓不及事；官军所用马拟于湖广等处买用，恐一时措置不敷，请于南京见存马内先拨一千匹应用。"上从之。

27.《明宪宗实录》卷四十五

成化三年（1467）八月己亥，免贵州屯粮一万二百余石。时山都掌蛮贼入境焚掠，军士屡被其害故也。

28.《明宪宗实录》卷四十六

成化三年（1467）九月丙戌，命减四川盐引纳米则例。时湖广、贵州、云南、四川官军日用粮草万计，兼以旱灾减免税粮，巡抚都御史汪浩请用四川上流等盐课司成化二年、三年应征一十七万九千五百一十二引量减则例，召商于叙州、戎、珙各县用粮仓分上纳，以给军饷。户部遂减定上流、华池盐引米八斗，通海、新罗、福兴六斗，富义、罗泉、广福、黄市、仙泉、□井、郁山五斗，大宁、云安四斗，永通三斗。从之。

29.《明宪宗实录》卷四十七

成化三年（1467）冬十月丙午，命四川户口食盐钞暂改收米，每口钞六贯为米一斗。以兵部尚书程信言兵饷不足故也。

己未，诏暂闭四川密勒山银场。时有旨闸办银课，巡抚都御史汪浩奏："官军征剿都掌未息，兹复役占矿夫六百七十余名，兼以

供亿之烦，民不堪命。乞暂封闭，以俟地方宁靖照旧采办。"从之

30.《明宪宗实录》卷四十八

成化三年（1467）十一月丁亥，镇守四川太监阎礼奏："大坝山都掌蛮贼复聚众为恶，攻烧九寨、上下罗计一十三寨，杀死人民，虏掠男妇甚众，蹂践田禾，抢杀粮夫，势甚猖獗。"兵部覆奏："宜行提督军务、尚书程信，总兵官、襄城伯李瑾督四川、贵州总兵、巡抚等官速为剿灭之。"

31.《明宪宗实录》卷四十九

成化三年（1467）十二月丁巳，巡抚四川右副都御史汪浩奏："四川重庆等府、泸州等州所属，水旱相仍，人民死徙，兵食不足，皆臣失职所致。伏乞罢归田里。"上谕以军需宜从减措置，所请罢归不允。

32.《明宪宗实录》卷五十一

成化四年（1468）二月癸卯，提督四川军务、兵部尚书程信等奏："奉命出师，以十二月至蜀之永宁卫，金议蜀自永宁抵江门、戎县一带，为川、贵、云南三处水陆喉襟之会；普市、芒部等处，为三处肘掖腹背之所。而都掌夷部蟠据其中，实为大患，宜速进兵以平之。乃决策，克期令都督芮成由戎县进；都御史陈宜、参将吴经由芒部进；都指挥崔旻由普市、水脑进；留参将郭贵护守城池；四川总兵官毛荣为左哨，由李子关进；都御史汪浩、参将宰用为右哨，由渡船铺进。臣与太监刘恒、总兵官李瑾居中节制；左、右游击将军罗秉忠、穆义由金鹅池进。是月二十三日，毛荣进至李子关，伐木开路，叠石成桥，遣将分攻勇播等寨。贼登高倚险，镖弩、礌石乱下如雨，我军各用神枪、弩箭仰射力攻，贼被杀伤，遁

入深箐中。我军乘风纵火，焚其屋庐、畜聚殆尽。其各路兵进攻龙背、豹尾等百余寨，一一皆克。自二十三日至二十八日，共焚毁贼寨七百五十六处，禾仓三千八百一十一所，斩首一千五百九十余级，生擒三百四十余人，俘获贼属八百余口，追还被虏男妇一百人，马、牛、羊、豕三千，钲鼓、镖弩等军器五千余事。"上命降敕奖谕，所遣（斋）[赍]②奏百户升副千户，舍人授所镇抚。

戊申，镇守四川太监阎礼等奏："松茂等卫所属白草坝等番，拥众屡寇安县辕门坝、石泉县大方关等处，焚庐舍，杀掠男妇二百余人，钱谷牛马无算。盖因各城军士俱调征都掌，松茂等处关隘多失巡守，而守安县指挥王璟备御不谨。"事下兵部，言王璟并各关巡守等官，宜行巡按御史逮问；仍移文副总兵卢能等，委参将一人率兵协同阎礼等御寇。从之。

33. 《明宪宗实录》卷五十三

成化四年（1468）夏四月辛卯，提督四川军务、兵部尚书程信，总兵官、襄城伯李瑾等奏："臣等奉命徂征，恪遵庙谟，亲至大坝，令南宁伯毛荣、游击将军罗秉忠、都御史陈宜、汪浩、参将宰用、吴经、都督芮成等分兵进攻山都等处洞寨，杀败贼众，既而合兵攻山都六乡，尽焚其诸寨，凡斩首三千一十七颗，生擒九百五十三名，焚寨一千四百五十七处，禾仓九百八十一所，获铜鼓六十三面，并牛马、猪羊、盔甲、镖弩、牌刀、旗号、弓箭无算。余贼奔遁山箐者，仍督兵搜剿并按问九姓土僚平昔为恶者，再行奏报。臣等伏惟数百载剧贼，一旦殄灭，良由皇上威震八荒，明见万里所致。臣等获睹大捷，不胜欣跃，谨具以闻。"上敕信等曰："比得奏报，具悉，此皆尔等画之良，故所向克捷，良用尔嘉。兹特奖谕，以慰勤劳。其未尽贼徒，尤须督兵设策剿捕，毋俾遗孽，复贻民患。其九姓土僚并内地所有剧贼，亦须乘机抚捕，毋容滋长。若贼果宁息，尔其与镇守总兵、巡抚等官集议长策，或于某处可设置衙门、关堡防御，或于某所宜存留官军操守，务在处置允当，保无他虞，然后具奏班师。其钦承之。"

甲午，免四川州县官朝觐，以征剿山都掌蛮故也。

己酉，提督四川军务、兵部尚书程信等奏："臣等奉命同总兵官毛荣等，率统官军深入贼巢，搜剿尽绝，地方宁靖，请令所统军马各还原卫。"上曰："贼寇既宁，其班师还京。"

癸丑，迁泸州卫于渡船铺，增置江门、水流崖、洞扫等处关堡，改大坝为太平川，设太平长官司。时提督军务、尚书程信，总兵官李瑾等以都掌蛮民素号难治，非瓜分其地、设官建治以控制之，殊非久安长治之策。事下兵部，覆奏以为宜。从之。

34.《明宪宗实录》卷五十四

成化四年（1468）五月辛酉，升四川按察司佥事颜正为本司副使，整饬泸叙边备。时山都掌初平，提督军务、兵部尚书程信等建议设卫所、增营堡及长官司衙门，故令正统领泸州等卫并戎、珙等县官军、民快，往来调度，修护城池，清理河道，整理屯种诸事。

癸亥，升京营把总、署都指挥使韩忠为右军都督佥事，充参将，统理四川永宁等卫所军马。从提督四川军务、兵部尚书程信等请也。

35.《明宪宗实录》卷五十六

成化四年（1468）秋七月丁亥，提督四川军务、兵部尚书程信等奏："分守贵州迤西参将、署都督佥事郭贵老耄无为，遣领兵开通河道，不能督军集事。乞革其参将，令闲住。永宁宣抚奢贵一介土官，乃能率兵开通运河，抵巢斩获贼首，乞特降玺书奖谕，量给赏赉。"从之。

36.《明宪宗实录》卷五十七

成化四年（1468）八月庚寅，襄城伯李瑾平四川山都掌还京，命仍领五军营军马。

己酉，论平山都掌蛮贼功，加太监刘恒米岁二十四石；升左少监赵永为太监，岁加米十二石；兵部尚书程信兼大理寺卿；进襄城伯李瑾为襄城侯、左都督；都督同知、金事罗秉忠等并有功将士，各升赏有差。

37.《明宪宗实录》卷五十八

成化四年（1468）九月甲戌，宥巡抚四川都御史汪浩等、守备永宁都指挥林晟罪。先是，晟讦奏浩以计杀都掌夷人听抚官，激变地方，而又妄报军功，希求升赏，及诬陷贵州副总兵李安，逼死经历胡铎诸不法事。给事中张铎等往按之，多不实。铎等劾浩罔上殃民，有乖宪体；晟恣肆奸贪，诬奏风宪，请各治其罪。上以浩任巡抚重寄，晟讦其罪，难以反坐，俱宥之。

戊寅，升锦衣卫带俸都指挥使白全为右军都督府金事，武成后卫带俸都指挥使白玘为右军都督金事，金吾右卫带俸都指挥使王受、湖广都指挥使汪泽俱为全军都督金事，以全等克平都掌蛮贼功也。

庚午，监察御史胡深等六人言："迩者天出彗星，昭示鉴戒，皇上夙夜兢惕，不惶宁处。臣等亦皆忧畏，寝食不宁。既已略陈愚衷，上尘天听。皇上不以所言为妄，诏议行之，仍慰臣等勉尽言职，以称圣意，此皆成汤罪己、宣王惧灾之心也。臣等敢不披肝沥胆，用副圣意。窃惟应天以实不以文，今日虽云上下协修，君臣交省，亦徒为虚文而已，似未得弭灾之实。夫上天垂戒，意者乾纲下移，奸恶未去故耶？且乾纲，人君驭世之大柄也。近日以来，无功者或因请托权贵而蒙非分之赏，有罪者或因攀附左右而脱垂死之刑。人心愤怒，众论喧腾，是以恩归臣下，怨在朝廷。伏望皇上重自奋励，总揽乾纲。凡大赏罚、大机务，必面召内阁大臣之贤者，与之商决可否，然后断自宸衷，毋令左右之臣窃之以市恩，则威权总于一人而天灾可弭矣。若夫奸恶，国家酖毒也。酖毒不去而能安者，万无是理……兵部尚书兼大理寺卿程信，顷承朝命，督师四川，听嘱权豪之子弟多分首级以报功……"疏入，上曰："如今全才难得，取其所长，皆有可用。况急切用人之际，岂宜求备？所言不允。"

38.《明宪宗实录》卷六十一

成化四年（1468）十二月己酉，升武成后卫带俸都指挥佥事马鉴为都指挥同知，府军前卫指挥使吴瓒为都指挥佥事，南京兴武卫指挥同知张鉴、金吾左卫带俸指挥同知宋玺、神武左卫指挥同知张雄、燕山右卫指挥同知刘旺俱为指挥使，燕山右卫指挥佥事张永为指挥同知，以征山都掌功也。

赠四川夔州府通判王祯、广东雷州府通判王麒各为本府同知，四川叙州府戎县知县李旺为本府通判，赐诰敕。三人皆死于贼，故褒赠之。

命四川都指挥佥事邹瑄复职。瑄以都掌蛮贼作乱坐失机，戴罪捕贼，至是有功，故复其职。

39.《明宪宗实录》卷六十四

成化五年（1469）闰二月庚申，襄城侯李瑾③奏言："京营都指挥等官白全等十四人俱以骁勇选征山都掌，擒斩有功，凯旋论功，止得给赏。乞准荆襄、建州事例，一人获功三名颗者，量与加升。"章下，兵部驳议以都掌功次已有例，四功以上方升一级，瑾违例妄陈，乞加究治。诏宥之。

40.《明宪宗实录》卷六十九

成化五年（1469）秋七月壬寅，赏从征四川、贵州官二千七百五十九员名钞币有差。钞二十八万七千八百贯，绢二千六百九十余匹，布一千八百余匹。

戊申，四川总兵官、右都督芮成奏巡抚都御史汪浩专权贪暴及巡按御史冯斐受赂害人共三十三事。命给事中虞瑶、刑部郎中何衷、锦衣卫千户金璋往按之。成继上二奏，皆讦浩，浩遂奏成贪淫不法四十四事。下刑部，覆奏：会都察院议，请推选廷臣代回二人听理。诏锦衣卫差官逮之。

41.《明宪宗实录》卷七十二

成化五年（1469）冬十月丙辰，湖广都指挥使汪泽奏："臣以征山都掌有功，升前府都督佥事，愿辞新命，仍守旧官，以图补报。"不允。时取泽来京带俸听用，泽不欲行，故上此奏。

42.《明宪宗实录》卷七十五

成化六年（1470）春正月癸卯，刑科给事中虞瑶等勘报巡抚四川右副都御史汪浩、镇守都督芮成讦奏事。上命三法司会多官重鞫得实：浩坐因公杖死二十人，任情滥赏官军银布，且伐楠木载回私家。成纵子为非，索取部内金银诸物甚多，俱赎杖。浩为民，成还职带俸。内事连先巡按御史冯斐，别行巡按御史逮问。上以浩酷暴，杖死人命数多，免赎，谪成独石卫。成贪财无厌，降一级，带俸差操。

43.《明宪宗实录》卷一百三十

成化十年（1474）闰六月甲申朔，兵科右给事中章镒等劾奏：

"都督同知芮成，往年镇守四川，与巡抚都御史汪浩专尚私忿，不与协谋，一有警报，浩则设计追捕，而成则束手无为。既而交恶互奏，俱逮至京，浩坐酷刑谪成，成坐贪利降官。故时议谓前日建功浩多于成，今日抵法成轻于浩，为之不平。况浩竟死于边而成复得任事，人情天理其可容乎？伏望以沈煜、颜彪、芮成悉依白玉、董冕事例革其职任，则幸门塞而舆论快矣。"得旨："姑已之。"

44.《明宪宗实录》卷一百三十三

成化十年（1474）九月丙辰，户部奏："四川泸州卫新迁于大坝都掌，所设仓宜径属布政司管辖，不许该卫干预，年终布政司以粮数造册缴部。"从之。

45.《明宪宗实录》卷一百五十二

成化十二年（1476）夏四月庚子，后军都督同知芮成卒。成之先大同金山人，父字罗初事文皇，为燕山护卫正千户，成以遗腹子嗣其官。正统九年，从征房酋哈兰歹，升金吾左卫指挥佥事，十二年，使瓦剌还，进指挥同知，明年再往，又明年随驾北狩。景泰间还京师，诏系狱，未几见释，进指挥使。五年，征铜鼓，累功至都指挥使。天顺初升后军都督佥事，分统效武营带刀侍卫，曹钦作乱，以功进同知。成化初出镇四川，以征山都掌功转右都督。与巡抚都御史汪浩相构，械至京，坐贪黩，左迁都督同知。久之，复得领禁兵入卫，又三年乃卒。赐祭葬如例，子昂袭为金吾左卫指挥使。

46.《明宪宗实录》卷一百九十四

成化十五年（1479）九月戊寅，南京致仕兵部尚书兼大理寺卿程信卒。信字彦实，直隶休宁县人，先世谪戍河间，遂居焉。登正统壬戌进士，授吏科给事中。虏犯京师，信奉敕协守西城，上言兵备五事，多见采纳。迁左给事中，因灾异言固本十事。时英庙在南宫，信首劝景皇帝隆孝友之实以答天心之仁爱，其余亦切时务。升山东右参政，以忧去，更任四川。天顺初奉表入贺，留为太仆寺卿，明年转左佥都御史巡抚辽东。都御史寇深劾信轻听佥事胡鼎，按都指挥夏霖事失实，调南京太仆寺少卿，逾年召升刑部右侍郎，居母丧，上初即位，起复为兵部左侍郎。成化三年进兵部尚书，提督四川、贵州军务，征山都掌蛮及九姓土獠。事平，加兼大理寺卿。六年敕往南京参赞机务，十一年以疾乞归，居休宁者四年。至是卒，年六十三。讣闻，赠太子少保，谥襄毅，赐祭葬。信性豪放，历官中外三十余年，多有劳效，然强愎好胜，所至与人不合，每为言者所论，而功过自不相掩云。

47.《明宪宗实录》卷一百九十八

成化十五年（1479）十二月丁卯，四川叙州府奏：白罗罗、羿子与都掌大坝夷相攻。礼部右侍郎周洪谟言：“臣叙人也，叙之夷情，臣固知之。戎、珙、筠、高四县，在宋元时皆立土官，以夷治夷，羁縻而已。国朝代以流官，不通夷语，不谙夷情，其下因得肆行苛刻，激变其党。洪武、永乐、宣德、正统年间四命大将徂征，随服随叛。景泰初年势益滋蔓，得汉人缚之于树乱射之，曰：‘尔害我亦已久矣！’天顺、成化间累出为恶，臣于是时，尝言剿之不能，抚之不从，唯立土官治之为久远之利。诸夷忻然悦服。都御史汪浩徼幸边功，诬杀所保土官及寨主二百七十余人。诸夷怨入骨髓，以为官军诱杀之，转肆虏掠。后兵部尚书程信统大兵，仅能克之。臣谓虽不能如前代设总管府、长官司，亦合设冠带把事，分抚各寨，令夷人自推公平宽厚者一人为大寨主，许以世袭。其有不任，别选贤者代之。如此，则汉不扰夷，夷不仇汉，可相安于永久矣。"

又言："白罗罗者，相传为广西流夷，有寨数十，有众数千，无所统属。景泰初，纠戎、珙夷人攻破长宁等九县，今又侵扰都掌。其所居，崖壁峭险，林箐深密，既难剪灭，亦宜（亦）［以］长官司治之。其地与芒部相近，宜改隶芒部。羿子者，永宁宣抚所辖，而永宁乃云南、贵州之要冲，南跨赤水、毕节六七百里，以一柔弱妇人，制数万强梁之众，故每肆劫夺。臣以为宣抚土僚，仍用宣抚奢资治之；其南境夷寨近赤水、毕节要路者，宜立二长官司，仍隶永宁宣抚。夫土官有职无俸，无损乎国储而有益于边备。大小相维，纲目相系，数年之后，不假卫堡备御，而诸夷自靖矣。"

兵部具议其便，从之。

48.《明宪宗实录》卷二百三十

成化十八年（1482）秋八月庚戌，四川守臣言："大坝，山、水都掌蛮夷猥多，叙泸属县与之接壤。指挥使韩雄今任提督，名位稍轻，难以约束僚属，宜令守备莅事如都指挥为便。"事下兵部，覆请，从之。

49.《明宪宗实录》卷二百五十一

成化二十年（1484）夏四月丙午，右副都御史李田卒。田字舜耕，湖广嘉鱼县人，景泰甲戌进士，授户部主事，升郎中。成化丁亥征四川山都掌夷寇，以田督馈饷，寇平，升广东右参议，进浙江左参政，升右布政使，转福建左布政使，未几升右副都御史，整饬蓟州、山海等处边备，兼巡抚顺天、永平等府。居数年以病乞免，未允，至是卒。赐祭葬如例。田为人有操执，为政不苛刻，然亦无卓然可称述者。

50.《明宪宗实录》卷二百五十五

成化二十年（1484）八月壬午，兵部左侍郎俞钦卒。钦字振恭，浙江新昌县人，景泰辛未进士，选为翰林庶吉士，授礼部仪制主事。天顺初升郎中，癸未会试场火，左迁松江府同知。成化改元，召还，改兵部武选司郎中。乙酉征山都掌蛮寇有功，升太常少卿，壬辰升礼部右侍郎，丁外艰，起复为兵部左侍郎，制终始就任。九载秩满，加正二品俸，至是卒于官，年五十四。讣闻，赐祭葬如例。钦通敏有才干，处事善思虑而不失正，所历皆号称职能臣也。将时以重任界之而钦忽报卒，闻者多为悯惜云。

①按："部"字显为"都"字之讹，迳改。
②按："斋"字，据文意改。
③按：其时，襄城伯李瑾已以征都掌功，荣晋侯爵。

六、明孝宗实录

51.《明孝宗实录》卷四十八

弘治四年（1491）二月己巳，致仕太子少保、礼部尚书周洪谟卒。洪谟字尧弼，四川长宁县人，正统十年进士及第，授翰林院编修，景泰三年选为东宫官，升左春坊左赞善仍兼编修，修《寰宇通志》成，升侍读仍兼赞善。天顺二年改南京翰林院署院事，八年召修《英宗实录》。时戎、珙蛮入寇，上备御方略，多见采纳。成化元年以秩满升侍读学士，寻升南京国子监祭酒，日与诸生讲说经义。母丧服阕，改国子监祭酒。尝奏孔子冕十二旒、衣十二章，惟舞佾、笾豆不称，于是命加舞佾为八，笾豆为十二，孔庙纯用天子礼乐自此始。十二年升礼部右侍郎，转左侍郎。上疏请造璇玑玉衡，宪宗即命洪谟自制，众谓必不可成，旬日间乃制成以进，赐赉有加。十七年升本部尚书，随事建明，多所裨益，加太子少保，乞致仕，许之，至是卒，年七十二。谥文安，赐祭葬如例。洪谟矜庄寡合，博览强记，著《疑辩录》，其所论述多出新意。为文亦富赡，尤善谈兵论事，每执己见，鲜适于用云。

庚午。先是，致仕太子少保、礼部尚书周洪谟上《安中国定四夷十事》。其安中国者三：一、积民食。谓国家旧有预备仓以积谷，但有司率为文具，宜立定规，通行天下。凡积粟以一万石为率，遇大丰年官积谷十之三，中丰年十之二，下丰年十之一，积之之久，十里小县可至十万石，百里大县可至百万石。凡府、州、县官考满，以积谷盈欠为殿最。不幸而遇灾，验口赈给，凶年既散，候大丰年悉令还官，不取息，中丰年还三之二，下丰年三之一。凡民所还及官所积，须使满小县十万、大县百万之数，则有备而无患矣。一、抚流民。谓西汉时召信臣守南阳，流民自附八万余口；东晋时，雍州旧在陕西西安府，因流民来聚襄阳，乃侨置南雍州于襄水之侧。松滋县旧在直隶庐州府，因流民来聚荆州，乃侨置松滋县于荆江之南。其后，南雍遂并于襄阳，松滋遂隶于荆州。此往事之可法者也。成化七年，从检讨张宽之奏，流民聚此处者械归故里。适值溽暑，因饥渴而死，妻女被掠，瘟疫盛行，船夫递解者惧其相染，故覆舟于江，后令都御史原杰招抚，计死者九十余万人。故当时四川、陕西地震五百余次，灾伤遍于天下。此今事之宜鉴者也。今宜著令，流民与各郡县相邻者仿召信臣故事，听其附籍，仍复九年，待其安定然后征之；远而不可附籍者，仿晋南雍州、松滋县故事，设州县、置官吏、编里甲、建庠序以治教之。今流民在在有之，四川、湖广尤多。凡流民所在，宜令附籍，量为赈给，宽徭省刑。承绝户田地者，使纳其粮，刀耕火种者免之，则流民即良民矣。一、弭强寇。谓东汉时广陵贼张婴寇扬、徐，太守张纲单车造婴垒，申示国恩，婴即降。今强寇时常有之，谓宜先令人以张婴故事备录本末，开谕招抚。如其听从，散归农亩，否则征剿未晚也。其御四夷者七：一、备胡虏。谓东汉大将军耿恭为匈奴所围，恭遣人持药矢射之，其肉如沸而死。今西一一带，守边者俱宜用药矢，或用之弩箭、边箭、神臂弓，但贼近边墙即毙其马，则敌人畏惧，永不敢窥伺边境矣。一、剿广寇。谓汉顺帝时日南、象林蛮反，乃募蛮夷使自相攻，岭外悉平；唐明皇时西原蛮黄干耀等叛，诏募环古酋领方子弹、甘令辉等讨之，遂斩干耀。今广西左、右两江知府土兵不下四五千万，若夷人出没，不调中国军马，止募土兵征剿，转输金帛，以资粮饷。如通、把事有功者升为官带通、把事，又有功许子孙世袭，又有功升为随司长官，又有功许子孙世袭；若土官知县有功升知州，知州升知府，知府升宣慰，又累有功则历升而上，以至都指挥、都督，则人皆尽心，无不可破之贼矣。一、征剿西南夷及吐蕃。谓汉昭帝时西南夷姑缯、叶榆杀蓝州太守，乃召钩町侯亡波击之；唐德宗时吐蕃入寇，乃召〔云〕南异牟寻击之。今贵州苗贼即古西南夷，如其出没则调贵州、四川各宣慰司土兵以征之；松潘番人即古之吐蕃，山路极险，百姓运粮常被夷人抢劫，此四川之大害也。乞将松潘官军留一半守卫，移一半于山麓之下，庶省一半运粮之苦。仍召松潘所辖四宣抚司长官与之约：能剿捕羌夷者，升赏皆出常格，则四川大害可去矣。一、征剿云南边境。谓云南、老挝等处，其地瘴气甚毒，进者必死。若不得已而征之，必须调各处土兵，资以馈饷，约以升赏，如唐之调云南异牟寻以征吐蕃，远在境外，尚成大功，况近在云南者也？一、经制云南境外地方。谓云南临安县南有野人一区，内不属云南，外不属交趾，宜善谕其酋长，与之建立衙门，使自推寨主堪任知府等官者奏请定夺，止许三年贡马，免其一应差发，则内可以屏障云南，外可以捍蔽交趾。一、经制湖广溪峒诸蛮。谓宋太祖时辰州夷人秦再雄武略勇健，擢辰州刺史，终太祖世边境无患。今辰州苗贼地方宜因克平之后如宋太祖故事，使各洞酋长自择某溪峒可立宣抚、长官司并土官知府等官，则可使如宋之无边患矣。一、经制四川都掌大坝。谓太祖高皇帝经制云南、贵州及四夷边境，设立土官宣慰、宣抚、知府、知州、知县等官，独广西蛮蜑县分、湖广苗蛮溪峒、四川都掌大坝三处未尽设立，所以三处每有夷人出没之患。乞如祖宗成宪，设立土官为便。至是疏闻，上命所司议处，时洪谟已卒于家矣。

52.《明孝宗实录》卷六十九

弘治五年（1492）十一月癸酉，户科给事中王玺奏四川事宜：一、备储蓄。谓四川累遭荒旱，逃亡者众，乞将各府、州、县赋税及官库存留银两十留其一，以为籴本，仍令里社各立义仓贮散。一、输边储。谓转输军储宜量地里远近，如重庆、保、顺等府去松潘为远，宜征价银，每石二两二钱；成都、叙、马等府去松潘为近，宜征本色。其军士支米者仍旧每月一石，支银者每石支银一两五钱，内减七钱以备别用。一、省冗员。谓松潘、大坝边境要害，堪设兵备官各一员整饬兵备，余如绵州、达县等处兵备、水利、管粮、捕盗等官乞俱裁革，以惜民费。一、更备御。谓广安守御千户所宜令兼备达县地方，而州县民兵通行停止，其松潘守御别于附近卫所量拨。一、褒忠节。谓宋季合州守王坚、张珏先后捍御北虏有功，宜令血食兹土，以为忠于所事者之劝。一、革贪暴。谓顺庆府北津渡巡检司实为要津，为巡检者假公规利，以困商人，乞行裁革。仍查天下关隘凡有此弊者通行禁约。上命所司看详以闻。

53.《明孝宗实录》卷一百四十九

弘治十二年（1499）四月辛卯，工部郎中童瑮奏："四川之地诸夷杂处，今松潘、茂州、建昌、大坝等处军疲于守御，民困于转输，加以不时灾伤，财力俱耗，公私两困。朝廷以盖造王府重事委任臣等，又委三司共任其劳，三司又分委府、州、县等官各专其事，又立总委官二三员以统摄之。但各工所委官多以吏目、驿丞，总委官以经历、知事，官卑职微，众心不服，以故受制于所官人等，听其渔猎，莫敢谁何，甚至阿从依附，互相容隐。今后各工所委官专用府通判、推官、州同知、知县，总委官用府同知、知州，俱选出自清流、公廉有风力者为之。一则职任颇重，可以畏服人心；一则能砥砺名检，不肯苟同以图近利。"命所司知之。

54.《明孝宗实录》卷一百五十二

弘治十二年（1499）七月戊寅，致仕南京大理寺卿宋钦卒。钦字克敬，陕西乾州人，正统十年进士，授大理寺评事，历升福建按察司佥事、四川副使，征大坝贼有功，受金织衣、银牌之赐，转河南按察司使，寻擢都察院右佥都御史巡抚贵州，升南京大理寺卿，累疏乞致仕，许之，加资政大夫，至是卒。赠刑部尚书，赐祭葬如例。钦居官以廉慎称，精于法比，其乞休疏凡十余上，始终之际有可观者。

七、明武宗实录

55.《明武宗实录》卷十三

正德元年（1506）五月辛卯，巡抚四川右副都御史刘洪奏松潘、叠溪御夷八事：一、平险阻。松潘至茂州三百里山嘴险恶，一蛮掷石，百人不能过也，且其路随河曲折，蛮下山抢掠为易。前副总兵姚彧尝削其坡陀为陡坎以制之，而今渐平夷矣。又小东路一带偏桥陡峻，人马时坠而没焉，宜凿其未通山觜，如彧法划削其坡，辟路令广，立桥令固。险阻既去，夷无所恃矣。一、查袭土官。祈命族等八长官司所摄番夷多者至三十寨，少亦二十余寨，环布松、叠两河。其土官已故，子孙自相承管，未尝请袭，宜命查勘。有原降印信者必请而袭，自相承管者别为处置，以尽羁縻之道。一、修关堡。松、叠、茂所辖关堡城垣多卑坏，营房多倾圮，宜委官查勘，循次修理，务坚实可久，以壮边方之观。一、肃纪纲。凡遇官军上班，无令包揽州县人民粮米，及严敕通事不许通番借钱及伪立军人借番银两文约，无主名者不许代还。如番据险横索，究该管通事交通之情，如律重治。一、修东路。松潘天寒地瘠，物产不多，负贩者皆以险远难。其东路自江油县入山口至彼七百余里，如猪儿觜、野猪山等处甚险，然俱可开通偏桥；如七里阁、黑漩窝、泥儿湾等处甚危，然有可改河移之彼岸者，有可用石叠为堤者。又松潘新开一路至水草坪与旧路接，当立一墩，宜相度修改。非惟粮运便益，而物价亦稍减矣。一、恤舍余。松潘、茂州二卫，叠溪、小河二所舍余已简其精者练习，其简退者多遏于各州县屯所，每年各出银一两五钱，宜征银输之兵备发各卫所，将见操舍余无人供送者量给之。一、重仓储。安绵兵备宜如松茂兵备兼管仓粮，又叠溪仓奸弊尤甚，乞委官收放。一、据形胜。泸州卫原设于泸州，成化初调于渡船铺，以御大坝蛮夷。然泸州当长江之中，资江、永宁之口，滇蜀之冲，乞取卫回州城守，渡船铺量留五百户所官军及抽选余丁守之。一、定体式。副、参、游击公会、出入、坐次、行移，乞定与体式，游击将军宜听副总兵节制。"章下兵部覆议："宜行四川镇、巡会官查奏。其游击将军、参将俱听副总兵节制，侍坐由傍门出入，其行移如例。"从之。

56.《明武宗实录》卷一百十七

正德九年（1514）冬十月戊申，先是，四川叙州府夷民阿伏、贵敬炒等二百九十三人哨聚为患，守备都指挥李永定率兵追捕，招降炒等五百余人。

57.《明武宗实录》卷一百四十

正德十一年（1516）八月庚戌朔，僰蛮聚众于落亥堡等处为乱。事闻，兵部议令四川守臣抚处，不听即合诸路兵讨之，以巡按御史纪功。奏可。

58.《明武宗实录》卷一百四十九

正德十二年（1517）五月乙亥朔，四川叙州僰人子普法恶等作乱，平之。乌蒙、芒部二府葛魁等寨，地与筠连、珙县诸寨接境，周遭千里，山箐深阻，各种蛮夷僰人子、羿子、仲家子、猫子、猓猡等杂处其中。普法恶身长七尺，通汉语，晓符篆，以此自负，潜怀异志。尝与夷妇米浪通，遂以米浪为王母孙弥勒佛出世；自称蛮王，扇诱诸夷，从者日众，略傍近居民，肆其荼毒。巡抚都御史马昊先后抚谕之，不从，乃调兵征之。进攻青山下峰崖小寨，普法恶率众来援，单骑冲阵，中箭坠马，歼焉，诸蛮大奔，凡斩首一千五百余颗。昊及总兵官吴坤以捷闻，各赐敕奖励，赍奏者升赏如例，有功人员令兵部议处以闻。

59.《明武宗实录》卷一百五十八

正德十三年（1518）春正月癸卯，升赏征剿四川僰蛮普法恶等有功官军、舍、土兵一千三百三十四人有差。

60.《明武宗实录》卷一百六十一

正德十三年（1518）夏四月丙戌，改四（州）〔川〕高县为州，移治中坝，领筠、珙二县，增设白水渡、热坝沙坝、牛鼻三巡检司。以僰蛮初平，从镇、巡请也。

61.《明武宗实录》卷一百六十九

正德十三年（1518）十二月辛卯，四川僰蛮攻破高县、庆符县。巡按御史卢雍劾守备都指挥杜琼启衅失机，指挥黄应文等不行策应，俱宜治罪；巡抚都御史马昊、镇守太监王保、总兵吴坤及守巡参议崔旻、佥事王芳、田荆亦宜查究。且言致衅之由，谓昊上年既平僰蛮普法恶等，不留兵将以镇压之，而珙县知县步梁承昊风旨，诱杀阿尚，遂失招抚大信；又委指挥魏武等丈量田地，将降贼旧业别给军民，使之失所；又将高、珙、筠连三县额粮加增一千八百余石，及升州立县。民夷愤怨，今复作乱，皆昊之罪。先朝名臣周洪谟习知夷俗，尝言流官治夷之非，惟宜设长官司，以夷治夷为久安计。今州县之立，正与洪谟所言相戾。乞罢所立州县，其增添税粮亦亟停止，以丈量田土给还降夷，使之复业。

兵部议覆，得旨："琼及应文等俱逮问。荆、芳、旻姑宥之，俟事宁通查功过定夺。昊等降敕切责，令勉图后功赎罪。"余俱如议。

62.《明武宗实录》卷一百七十五

正德十四年（1519）六月辛巳，初，巡抚四川都御史马昊、副总兵张杰、兵备副使胡澧率兵征松潘南北二路番寨，官兵损折者三千余人，昊匿不以闻，及都指挥杜琼击筠、高贼首谢文义于平蛮堡，兵败，死伤者又七百余人。时总兵官吴坤、佥事王芳驻兵筠连，金事田荆驻泸州，皆不赴救。至是巡按御史黎龙劾奏其罪，诏推有才望者代昊巡抚，而逮昊至京治之，坤等姑令杀赎罪，仍令龙具查前后失事并所隐匿以闻。

63.《明武宗实录》卷一百八十五

正德十五年（1520）夏四月丙戌，巡抚四川都御史盛应期奏：僰蛮之乱既久，请调土汉官军并泸叙嘉眉兵勇及时征进，以芒部、乌蒙二府兵截其后路。兵部议，从之。仍令贵州镇、巡官协议防剿。

64.《明武宗实录》卷一百八十八

正德十五年（1520）秋七月丁酉，议赏平僰蛮功。初，四川芒部府土舍陇政、陇寿与妇支禄争印雠杀，其所部僰蛮阿又磜、者唾、者鸠等乘机流劫，命给事中、刑部、锦衣卫官各一人会抚按等官议处。至是，贵州参政傅习、金事徐海、都指挥许诏督率永宁宣抚司女土官奢爵等，擒获阿又磜、者唾、者鸠等四十三人，斩首一百一十九级，余党悉平。巡按御史周廷用以闻，因言习、海、诏及指挥张仁、土官金洪等各有抚剿之功，宜量加赏劳；奢爵宣威效顺，宜赐敕奖励；四川参议崔旻、金事王芳临事推避，诿祸于人，皆当惩戒。且请假贵州迤西守备事权，止设一人，不必更增。令四川叙泸守备、兵备兼制芒、永、东、乌等处，有警协力抚捕，勿自分彼此。兵部议覆，诏："者鸠等俱诛之，习等以礼旌奖，奢爵等量赏，有功官军及失事者仍令巡按御史核奏，余俟川贵所遣郎中报至并议以闻。"

甲寅，先是，巡抚四川都御史盛应期议征僰蛮，兵部既从之，会巡按御史黎龙劾应期才非所宜，镇守太监王润亦言春深江涨，师未可进，而应期适以丧去位。于是兵部尚书王琼复议，谓应期谋事未合舆论，宜移守臣详议可否，毋得妄动，致有后艰。诏如琼议，仍令应期候代离任。

65.《明武宗实录》卷一百九十三

正德十五年（1520）十一月己巳，巡按四川御史黎龙奏："松潘西革寨番蛮屡肆抢掠，副总兵等官秩任偏小，乞令巡抚都御史盛应期以春夏驻松潘，秋冬巡腹里，庶事有责成。"兵部议覆："应期已会总兵官吴坤征剿僰蛮，况天全六番亦当有事，宜量加副总兵张杰职级，改为镇守，令其相机战守；兵备副使胡澧改别用，推有才力者代之。应期俟征僰蛮事毕常往松潘，有事出巡腹里。"诏升杰为都督佥事，仍充副总兵镇守，余如议。

66.《明武宗实录》卷一百九十七

正德十六年（1521）三月庚申，初，四川流民谢文礼、谢文义犯罪亡命，聚党千余，纠合诸种僰蛮据白水江以叛。巡抚都御史盛应期、总兵吴坤率指挥何卿等并乌蒙、芒部土兵讨之，贼屡败，土巡检安宇刺文礼于阵，死焉。寻以江涨罢兵，贼势复振。至是应期等复督兵进，卿败贼于滴水崖，乘胜渡江，捣其巢，斩文义，又诸酋助恶者百余人，群蛮乃皆听抚，余党悉平。应期以捷闻，赐敕奖励，赏赉奏人如例，卿等功次下兵部看详。

八、明世宗实录

67.《明世宗实录》卷八

正德十六年（1521）十一月壬子，添设芒部军民府白水江簸酬坝长官司，白哈坝、晏家坪、么姑坝、孔雀溪四巡检司，以土舍郤坐署长官事，夷民郭鸾、李浩、阿卯味、苏钦各试土巡检。白水江去芒部数百里，势难遥制，僰蛮每啸聚为患，筠连、高、珙诸县居之，正德十年土舍陇寿奏请立长官司于簸酬坝以断贼路，立巡检司于白哈坝等处以扼要害。下镇、巡等官勘议称便，至是兵部上其事，从之。

乙丑，逮四川巡抚都御史马昊至京下狱，泸州卫指挥佥事黄应文、成都右卫指挥同知常策、叙南卫指挥同知王齐、金正、廖永各纳赎还职。先是，白水江僰蛮普法恶等以妖言蛊乱，富顺人谢文义、文礼阴助之，数寇掠为患。都指挥杜（宗）［琮］①与战败绩，文义夺其胄以去，千户胡翱、百户潘辅死焉。于是巡抚都御史马昊督指挥曹昱、张麟等讨之，获首功一千五百余级，蛮遂请降。其后议为之置吏增赋，蛮不安思变，杜（宗）［琮］又憾文义、文礼，募人潜杀之，文义等惧，嗾诸蛮复叛。众议咎（宗）［琮］，（宗）［琮］遂以重贿讲于诸蛮，然自是旋复旋叛，筠连、高、珙之间无宁岁。陷高、庆符二县，（宗）［琮］按兵不敢援，战数失利。应文尝遇贼即弃仗奔，策、齐、正、永战败，冒部下士首功。及巡抚都御史盛应期至，乃用守备指挥佥事何卿剿贼。贼三出，卿辄率兵败之，直捣其巢，前后擒斩甚众，追歼文义于头发山，抚其余党。事平，追究其初启衅偾事者。时（宗）［琮］已死狱中，昊及应文等遂就逮，总兵吴坤及兵备、守、巡等官皆以先免官或调任，不问。

68.《明世宗实录》卷二十四

嘉靖二年（1523）三月己巳，四川太平长官司土官黄道言："都掌蛮出没近地为患，猡罗猖獗。本司在万山险峻蛮寨之中，乞修城堡为备。"诏下所部知之。

69.《明世宗实录》卷一百七十五

嘉靖十四年（1535）五月癸亥，致仕都察院右都御史邹昊卒，诏赐祭葬如例。昊初姓马，后复邹，陕西宁夏人，弘治己未进士，除行选，授监察御史，升山东佥事，以忤逆瑾，降真定推官。瑾败，升四川佥事，督兵剿蓝、廖等贼于大哑山，以功累升都察院右副御史、巡抚四川。达贼犯松潘，昊击走之，加俸一级，又以讨平僰蛮普法恶反、松潘端竹白等功升右都御史，荫一子锦衣卫百户。

70.《明世宗实录》卷三百二十九

嘉靖二十六年（1547）十月壬戌，四川戎县都蛮聚众劫掠，守臣以闻，并论都指挥丁勇等罪。上命所司分兵防守而逮问勇等。

71.《明世宗实录》卷三百五十一

嘉靖二十八年（1549）八月庚申，兵部奏："四川叙州府戎、珙等六乡都蛮为害已十年，原任巡抚张时彻、应大猷、今巡抚严时泰相继运筹，乃克底平。计前后克寨一百八，毁营二百四十，俘馘首虏四百八十余，落卜等四乡余孽悉从抚定，请录诸臣劳绩。"诏时泰升俸一级，并时彻各赏银三十两、纻丝二表里；大猷获功既多，才亦堪用，命吏部查议以闻；参将龚锐、指挥刘锴、王岫云，参政翁溥，佥事杨逢春、王三聘等赏有差；游击曹克新等，准以功赎罪。

72.《明世宗实录》卷四百二十四

嘉靖三十四年（1555）七月癸巳，初，四川叙州府宜宾县肆囤夷民阿康返等恃险为乱，有司虑得罪，不闻。久之，贼势益炽，众至数千人，焚屠村镇。巡抚张臬督佥事焦希程集土汉兵二万余讨平之，擒康返，诸巢皆破。武生刘显、安得禄战甚力，显所生擒（省）［首］恶三人，斩首五十余级，以是遂知名于时。臬以其事闻，诏赐臬银三十两、纻丝二表里，升俸一级；巡按御史段锦银十两、纻丝一表里。升希程秩二级，授显秩二级，给得禄冠带。余颁赏、准赎、恤录有差。

①按："宗"字，据《明武宗实录》卷一百六十九改。

九、明穆宗实录

73.《明穆宗实录》卷二十四

隆庆二年（1568）九月壬戌，四川巡抚都御史陈价奏珙县青冈、巴焦等隘蛮寇猖獗，请加永宁参将安大朝副总兵职衔，移驻歇马坝地方，以据其要害。兵部覆："如其言，但大朝已升贵州总兵，当更推堪任者往。"报可。

74.《明穆宗实录》卷三十九

隆庆三年（1569）十一月乙酉，吏部议覆四川抚按官严清等奏请以四川按察司屯盐水利、茶法二道合为一道，建昌兵备道改为兵粮道，叙泸兵备道改为下川南兵备道，俱兼管分巡。上川南分巡道当移驻雅州，分守道当移驻嘉定州。从之。

75.《明穆宗实录》卷四十二

隆庆四年（1570）二月己亥朔，四川戎县都蛮阿大等寇掠高、筠等县，掳百户张汝昆等，势张甚。巡抚都御史严清、巡按御史王廷瞻各奏请大发兵讨之，清又举贵州总兵安大朝可任讨贼之事，而劾叙泸参将卢梁、守备吴启东皆懦不堪用，宜以游击周宗代梁，守备谢崇爵代启东。兵部为请。上命清会同大朝督率各该守、巡将领等官克期征剿，务令靖寇，以安地方，卢梁等俱依拟。

76.《明穆宗实录》卷四十四

隆庆四年（1570）四月丙午，陕西平利盗汪贰等遁入四川太平、大宁等处劫掠，四川巡按御史王廷瞻劾奏巡抚都御史严清纵寇殃民，当罢。大学士赵贞吉上疏言："逋寇窟穴万山，蔓延三省，当坐各地方分守、守备官之罪，不当罪巡抚。巡抚兼辖全省，如番蛮攻围于北，都蛮猖獗于南，一时调度日不暇给，而遽欲小挫去之，不已亏乎？清约己爱民，于蜀人为父母，于国家为任事之臣。臣窃见近日任事之臣甚难，论事之臣甚易，众见难齐，众口难调，忧谗畏讥，故常苦其行之难也。不设身以处其地，不原情以待其成，深文求备，故不觉其言之易也。顷海瑞既去，而清复继之，是任事之臣皆不能免，而士皆以全躯保位为得计矣。"疏入，诏以清调用。

77.《明穆宗实录》卷五十三

隆庆五年（1571）正月庚寅，四川抚按官以蛮贼攻掠高县等处，势益猖獗，请推择谋勇主将一员委以剿灭，因劾叙泸参将周宗、游击谢崇爵、守巡参议包汴、佥事田应弼等罪状。得旨："宗、崇爵姑令戴罪杀贼，汴、应弼各夺俸二月。"遂调广东总兵官署都督同知郭成于四川。

78.《明穆宗实录》卷六十六

隆庆六年（1572）二月丙申，革镇守四川总兵官郭成任，……

回卫闲住，以各抚按官劾其不职也。

壬寅，改镇守贵州总兵官署都督佥事刘显镇守四川。

79.《明穆宗实录》卷六十九

隆庆六年（1572）四月戊辰，升太仆寺少卿曾省吾为都察院右佥都御史巡抚四川。

十、明神宗实录

80.《明神宗实录》卷四

隆庆六年（1572）八月乙亥，兵部奏："四川总兵官刘显称立功悉（伏）［仗］① 火铳，欲令原任常镇参将田应山选募铳手三百五十名，亲统来蜀训练。查应山被参，提问未结，遽难委用。九丝都蛮据巢恃险，出没无常，但以见在之兵分布防守，相机剿杀，自足为用。且闻总兵郭成所带广兵一千颇为蜀中之患，若复招铳手，益增多事。但命显将土著之兵加意练集，不必借兵别省。仍查郭成广兵作何处置，或招致军中充用，或设法区处散归，勿致滋蔓，扰害地万。"上是之。

81.《明神宗实录》卷十

万历元年（1573）二月甲戌，兵部覆给事中李熙劾四川总兵官刘显疏，因言："四川总兵专为剿都蛮设，事平即宜裁革。今以数千都蛮之故专设一总兵官，频年株守，老师费财，甚非长策，请行抚按一并查处。"从之。

82.《明神宗实录》卷十三

万历元年（1573）五月己丑，兵部覆四川抚臣曾省吾奏："都蛮叛逆，毒害生灵，今发兵征剿，土司奢效忠首在调用之列。贵州土司安国亨与效忠互有雠隙，请将国亨等俱暂听总兵官刘显节制，令不得借口复雠，妄有骚动。又请借用坝阳守备所领鸟铳手及原任总兵官郭成、安大朝取充为事官，各领兵协剿。"上从其请，而因责成于省吾、显。

83.《明神宗实录》卷十五

万历元年（1573）七月戊子，兵部覆四川擒斩凌霄贼首阿苟等言："六乡都蛮久为叙南之害，盖因据有九丝岩险，又据凌霄城相为犄角。凌霄可上，则九丝在吾目中。险隘既分，则都蛮犹指掌上，其功诚有足嘉。但丝蛮众有徒尚繁，计穷势迫必至死斗，请行抚镇官多方筹算，一举荡平。"诏："蛮寨既破，着曾省吾、刘显督率文武将士，乘势运谋，奋勇进剿，务扫除尽绝，以靖地方。"

丁未，留四川总兵官刘显戴罪进剿都蛮，从抚臣曾省吾请也。

84.《明神宗实录》卷十六

万历元年（1573）八月戊申朔，以四川征剿都蛮，免叙州、嘉定、宜宾、江安、富顺府、州、县正官明年朝觐。

庚戌，兵部议剿都蛮赏格：各路分为三锋，头锋冲锋陷阵，不得斩级，二锋、三锋相率继进，兼取首级，大捷后通计首功，先以十二分头锋，然后合三锋共分之。零斩小捷，赏照旧格。一人擒斩三名颗者升一级，不愿者每名颗给银十两，幼男妇女亦一体分给。阵亡者给赏十两，重伤一两，轻五钱。

85.《明神宗实录》卷二十

万历元年（1573）十二月戊辰，兵部奏四川征剿都蛮捷报：五月朔克凌霄城，六月丁卯克都都塞。八月上旬进兵，总兵官刘显同监军道副使李江督同前总兵郭成、参将张泽、守备沈茂、吴宪等分布汉土官兵为五大营，并力齐攻。九月丙戌夜，先锋一千乘雨露衔枚扪萝，密取一路，以飞梯连接上九丝城。黎明，各营兵上下夹攻，自子至午，贼始披靡。我兵□胜焚寨房数千所，烧死恶蛮无算。显复同三道督□□□□州大盘山生擒蛮王阿二。是役也，克寨六十余处，擒斩俘获共四千六百一十五名口颗，内称王酋首阿大、阿二等三十六名，招安二千三百八十一名，拓地四百余里。又得获诸葛铜鼓九十三面，古文铜、铁锅各一口，及梭标、弩、皮鼓、牛羊犬、谷穗等项甚多。都蛮负固称乱历二百余年，今始荡平，计出万全，功收一举，诚为大捷云。

86.《明神宗实录》卷二十一

万历二年（1574）正月辛卯，上御皇极门，鸿胪寺官宣奏四川克平都蛮捷音。

甲午，录四川荡平都蛮功。升巡抚右佥都御史曾省吾为右副都御史，荫一子，照旧巡抚；总兵官刘显为都督同知；左布政使罗瑶等各升赏有差。

87.《明神宗实录》卷二十二

万历二年（1574）二月壬子，兵部覆四川抚按曾省吾、孙代题《经略平蛮六事》："一、建城垣。旧寨恶名悉宜更改：九丝城为平蛮城，凌霄城为拱极城，印靶山为文印山，吊猴山为降蛮山，鸡冠岭为金鸡岭，内官寨为武宁山，都都寨为定都寨。而武宁山地土宽平处就可建城，设总兵、兵备衙门。其戎县县名，亦应钦定更换。一、移守御。泸州卫中、前二所官军割并守御千户一所，移守新定镇城内。即查叙南卫有屯田附近九丝者，听改拨新所差操。其所名恭候钦定。一、扼要害。巢穴虽空，犹虑逃匿并土夷人等构衅，即将险要地方建筑墩堡，分兵防守。一、起民兵。蛮方险远，应有戍兵。一面督兵谨守，一面招集居民授田耕种，每粮二石起壮丁一名，即便更替募兵。一、通道路。平蛮地方东、西、北可通陆路，南广一道可通水路，合严督官兵将道路作速开辟。该县编抽夫马、司兵建设公馆、铺舍。一、设社学。新所设立社学一处，大书圣祖《教民榜文》，选年高有德者二名为教读塾师，令新集之地朔望听讲。"奉旨："县名改做兴文，所名与做建武。"余俱如议。

命四川总兵官刘显仍留镇守，悉心经理善后事宜。从巡抚曾省吾请也。

甲寅，户部覆四川抚按曾省吾、孙代条陈十事，内隶本部者二事："一、理疆土。都蛮田土分别肥瘠三等招集军民佃种，至二年后各照定额征收，为本镇官吏俸给、军兵月粮之用。其茶场属官佃每亩征银一钱，戍守官员量给田亩以供薪菜、马料。一、恤民困。高、筠、戎、珙、庆、长六县被都蛮荼毒最深，凡钱粮特从蠲免，仍动军前支剩米豆四万石赈济。其余水次州县皆有转运办理之累，各应量免。"诏可。

癸亥，四川都督刘显等荡平九丝城等寨，得铜鼓有声者六十四面，铜、铁锅各一口。锅两耳如山，制类鼎，可函牛，蛮甚宝之。鼓有声者最上，易千牛，次易七八百，皆刻鹭雕螭，奇文异状，相传谓诸葛制以镇蛮之物，鼓去则蛮运终，巡抚特表以进，礼部覆："进内府。"从之。

88.《明神宗实录》卷二十三

万历二年（1574）三月丙戌，四川按臣孙代以都蛮既平，请复设按察司兵备佥事一员，叙州府添设安边同知。

89.《明神宗实录》卷二十四

万历二年（1574）四月戊午，兵部覆兵科给事中蔡汝贤、巡按四川御史孙代题："九丝都蛮遗匿山箐尚多，及谷（炮）［爆］②寨、小落明等处残蛮与苗兵争竞撕杀，及今不剪，滋蔓难图。合行总兵官刘显严督官兵尽行剿绝，如或玩寇老师，致贻后患，国法具在。"报可。

90.《明神宗实录》卷三十四

万历三年（1575）正月辛亥，四川总兵官郭成先年镇守广东，以征剿都蛮故改任四川，成所带广东兵千人入蜀，颇多逃散。巡按广东御史赵焞发其冒匿广东兵粮及所经过行粮状，奉旨革任，行四川查追该银九百余，而成亦荡平都蛮，更奉旨复职矣。于是巡按四川御史孙代疏："成冒领广粮虽有状，而所自募健儿三百人原未开支，意其所冒，实为此曹犒赏之资，不尽干没也。且新功业至千级，而追完亦且及半，其余未完似可以情完功准者也。"上乃免成追夺。

甲寅，四川巡抚曾省吾奏（请）移洞门巡检司改置建武，盐水坝巡检司改置歇马坝，都宁驿改置上罗堡，俱得旨。

91.《明神宗实录》卷四十一

万历三年（1575）八月戊寅，四川抚臣曾省吾疏："奉节县儒学宜复，建武守御千户所儒学宜创。"礼部覆："奉节人（林）［材］③未甚盛于昔，而建武原系荒秽，就新荡平设学造士，诚用夏变夷之良法，建武当创而奉节可无复也。"从之。

92. 《明神宗实录》卷四十五

万历三年（1575）十二月庚辰，兵部覆："四川巡抚曾省吾荡平都蛮余孽，擒斩一千一百七十二名口，清出原占民田给主三万六千八百余亩，丈出蛮田并地一十四万八千余亩，拨给州县军民领种。"钦赏曾省吾银三十两、纻丝二表里，总兵刘显二十两、一表里，参政李江等银各十五两，守备吴鲸等各八两。

93. 《明神宗实录》卷六十五

万历五年（1577）八月己卯，先是，隆庆五年因四川（判）〔叛〕蛮狤獀议设总兵，贼平之日另议裁革，至是总兵刘显剿平九丝，引疾求去，且言本镇新设，事无成规，州县动经阻挠，缓急恐有误事。部覆："该省镇臣定为额设，有司阻挠致误者，会同巡抚指名参究。"得旨："刘显照旧供职。祖宗朝委任总兵官，体统原重，近来有司往往不服节制，非礼抗违，殊非政体。有仍前违玩者，许令径自参奏处治。"

①按："伏"字，据文意改。
②按："炮"字，据曾省吾《西蜀平蛮全录》卷一改。
③按："林"字，据文意改。

史乘第三

旧唐书

泸州都督十州，皆招抚夷僚置，无户口道里，羁縻州。

纳州，仪凤二年（677）开山洞置，天宝元年（742）改为都宁郡，乾元元年（758）复为纳州，领县八，并与州同置：罗围、播罗、施阳、都宁、罗当、罗蓝、都阙①、胡茂。卷四一《地理志四》

①都阙：谓"都"字下阙一字。据《新唐书》，此字就是"掌"字。

新唐书

上元①末，纳州獠叛，寇故茂②、都掌二县，杀吏民，焚廨舍。诏黔州都督发兵击之。卷二百二十二下《南蛮传》

①上元：唐肃宗年号，时当公元760—761年。言"上元末"，应是公元761年。

②按：故茂，《旧唐书》作"胡茂"。

涌幢小品①

诸葛擒孟获，散青羌于五斗坝②，此凌霄都蛮之自来。宋元丰

（1078－1085）中征之，国朝成化中征之，万历再征，皆因大雨而克。

①明·朱国祯《涌幢小品》卷三〇《西南夷》，《四库全书存目丛书》第106册，齐鲁书社，1995年，第717页。

②五斗坝：今兴文县僰王山镇凌霄村境。

续资治通鉴长编①

宋神宗元丰四年（1082）八月丙子，诏中书降敕榜曰："西南蕃罗氏鬼主下蛮首领沙取；省都大经制泸州蛮贼公事林广奏：'沙取令赵二以状来言，今落莫部已与沙取议乞弟投降事。其有都掌已遣人往谕，降人称：我止依十州例与我税赋，更不以兵随乞弟。及沙取令蒲成等密来言，若乞弟不降，即领都掌等往掩杀。'今沙取若能谕乞弟早降，朝廷当厚加爵赏。如有未肯降，沙取能掩杀赴官，即赏真金五百两，银五千两，锦帛五百匹，彩绢五千匹，更当优加官爵。其下得力蛮兵，赏盐万斤，牛百头。如杀到乞弟以下蛮兵，每级赏绢二十匹；夷兵十五匹；小首领三十匹；大首领六十匹。其逐处部族都大头领，亦重赏。委沙取抚谕都掌等部族头领，早出投降，即依十州例令输税赋，及厚赏锦袍、银彩等。卷三一五

①宋·李焘《续资治通鉴长编》卷三一五，中华书局，1995年，第7630—7631页。

皇宋通鉴长编纪事本末①

[宋政和五年（1115）正月，晏州夷人卜漏起事，朝命梓州路转运使赵遹领兵讨伐，]十一月庚辰，赵遹攻破轮缚大囤②，夷贼卜漏遁去，斩首三千一百，焚荡屋舍数千间，获孳生、粮斛甚众。辛卯，都掌族首领特苗、罗始党族首领失胃皆诣赵遹献所获夷（首）级。特苗自言："强壮者悉已斩献，余老小乞留作奴婢。"遹许之。壬午，都掌首领特苗以晏州族轮便囤夷首领十人诣赵遹降。卷一四一《讨卜漏》

①宋·杨仲良编著、欧阳守道校正《皇宋通鉴长编纪事本末》，江苏古籍出版社影印欧阳守道宋宝祐五年（1257）本，1988 年，第 4417—4418 页。
②按：轮缚大囤，传写又作"轮抟大囤"。

民国江安县志①

安济庙，在北城垣，即五龙庙，俗名土主庙，宋端拱（988—989）间建坊，今圮。端平（1234—1236）初县令张文省率民兵御九丝蛮，祷于神，有功，理宗赐额曰安济庙，宝祐元年（1253）进封赐敕文曰："敕泸州江安县安济庙土主五龙神嘉泽侯等：汝号五龙神，岂其兄弟耶？泸江在天西南隅万里外，比苦虏扰②，朕念其民，顾而忧之，故乐得忠义之家相与保护。此土神也有灵，克助佑焉，朕之愿也，进汝侯封，登于四字，尚服享哉！"

......

按旧志，五龙当宋时崇祀，沿袭皆以王称，曰嘉泽昭惠西宁广利，曰嘉润孚惠感西感□利，曰嘉应广惠西康润利，曰嘉贶普惠西丰孚利，曰嘉助显惠西成贶利，并称五龙大王，实未详为何神。据敕文及旧志，似宋以后始沿袭称王者。近出土一碑，纵约四尺，横约六尺，有百余字可识，曰"始鸥蛮所封土主"③，曰"九丝夷入寇"，曰"潼川东路④转运，其沿袭皆以王称"，曰"嘉泽云云，至西成贶利"，五十二字，与志同，后有"端平三年三月日"，一行"同知枢密院事兼枢签知政事郑"（原注：考之《宋史》，盖郑清之），一行"参知政事"，一行姓泐⑤"右丞相"，一行姓泐"特进左丞相"，一行姓泐……，凡五行，均大字。据此则宋以前沿袭称王久矣，当是蛮酋所僭封者，郑等盖因转运使上言祷神有功，故宝（佑）[祐]元年议赐敕正名，封为侯爵，惟沿袭称王旧系八字，今曰"登于四字"，不知果何四字，未敢武断。至五龙，或曰金姓，通志谓即窦禹钧⑥，均臆说。考《宋史·礼志》，诸神祠不载，大约五方土神耳。庙前殿有六喊神⑦，跣足袒臂，椎髻珥耳⑧，各执刀椎，气象威猛，类古蛮酋；有一神衔刀，双手持剖胸处，露心以示人。前志不载，不知所起。同治二年（1863），李短鞑之乱⑨，贼见数巨人坐城垣濯足江中，骇愕退。庙灵迹甚多，而六喊尤著，匾额堆砌。民国建塑像，毁弃五龙，六喊仅存。卷十四《庙祀》

①据泸州图书馆藏民国十二年《江安县志》。
②虏扰：指蒙古军队侵蜀。
③始鸥蛮所封土主：鸥蛮，不详。土主，泥塑的偶像。
④潼川东路：宋徽宗重和元年（1118）升梓州（今三台县）为潼川府。宋孝宗乾道六年（1170），升泸南沿边安抚使为潼川府路安抚使，梓州路更名为潼川府路。东西路划分不详。
⑤泐：同"勒"，刻也。

⑥窦禹钧：即《三字经》里提到的窦燕山，五代后周时期蓟州渔阳人。五代后周时期大臣、藏书家。详见《宋史》卷二百六十三《窦仪传》。

⑦六喊神：不详。

⑧珥耳：戴着用珠子或玉石做的耳环

⑨李短辫之乱：指清咸丰九年至同治四年（1859—1865）由云南昭通大关人李永和、蓝朝鼎、蓝朝柱等人领导的反清农民起义，活动范围遍及滇、川、鄂、陕、甘 5 省，客观上支援了太平天国起义。李蓝队伍割掉发辫，以示与清决裂，故称"李短辫"。由于没有一整套规章制度，缺乏管理，起义也造成打砸、抢劫、烧杀地方百姓的混乱局面，史称"李乱"或"李逆乱"。

元史①　九则

一、都掌归元

至元十四年（1277）六月乙巳，签书东西川行枢密院事昝顺言："比遣同知隆州事赵孟烯赍诏招谕南平军②、都掌蛮、罗计蛮③及凤凰、中垅、罗韦、高崖等四砦皆降。田、杨二家，豕鹅④夷民，亦各遣使纳款。"卷九《世祖纪六》

二、得兰纽任都掌蛮安抚使

至元十五年（1278）十二月己卯朔，签书四川行枢密院昝顺招诱都掌蛮夷及其属百一十人⑤内附，以其长阿永为西南番蛮夷安抚使，得兰纽⑥为都掌蛮安抚使，赐虎符。余授宣敕、金银符有差。卷十《世祖纪七》

三、也速带儿讨都掌

至元十九年（1282）夏四月庚戌，右丞也速带儿招抚筠连州、

定州、阿永、都掌等处蛮，独山都掌蛮不降，进军讨之，生擒酋长得兰纽，遂班师⑦。卷十二《世祖纪九》

四、建置戎州

马湖路戎州，下。本夜郎国西南蛮种，号大坝都掌，分族十有九，前代以化外，置而弗论。唐武后时，恢拓蛮徼，设十四州、五团、二十九县。于本部置晏州⑧。元至元十三年（1276），以昝顺为蛮夷部宣抚司，遣官招谕。十七年（1280），本部官得兰纽来见，授以大坝都总管。二十二年（1285），升为戎州。叛服不常，州治在箐前。所领俱村囤，无县邑乡镇。卷六〇《地理志三》

五、也速带儿传⑨

西南夷雄挫⑩、都掌蛮得兰纽叛，诏以兵讨降之，改四川等处行枢密副使。冬，乌蒙蛮阴连都掌蛮以叛，诏以兵会云南行院拜达力进讨。卷一二九《也速带儿传》

六、塔海帖木儿传

塔海帖木儿袭父职升宣武将军，管军总管。（至元十九年，1282）从也速答儿征亦奚不薛⑪，又从征都掌蛮，皆以为前锋，杀获甚众。卷一三五《塔海帖木儿传》

七、张孝忠传

孝忠少从父军中好攻战。至元二十二年（1285），从讨乌蒙蛮。复击降大坝都掌、蚁子诸蛮，加明威将军。二十七年金书四川等处行枢密院事。院罢，以本军万户镇成都。卷一六五《张万家奴传附张孝忠》

八、石抹狗狗传

行省也速带儿讨都掌、乌蒙、蚁子⑫诸蛮，战于鸭楼关，狗狗最有功。卷一六六《石抹狗狗传》

九、张庭瑞传

张庭瑞，字天表。（至元十五年，1278）蜀平，升诸蛮夷部宣慰使。都掌蛮叛，蛮善飞枪，联松枝为牌自蔽，行省命庭瑞讨之。庭瑞所射矢，出其牌半簳，蛮惊曰："何物弓矢如此之力！"即请服。惟斩其酋（兰德）［德兰］酉等十余人，而招复其余民。授叙州等处蛮夷部宣抚使。卷一六七《张庭珍传附张庭瑞》

①据《元史》，中华书局，1976年。
②南平军：今重庆市南川县。
③罗计蛮：今珙县境。
④豕鹅：即思峨，在今江安县五矿镇境。
⑤此所谓"一百一十人"，是110个大大小小的都掌蛮和乌蛮阿永部首领，亦即这些首领管控的11村寨、聚落和则溪。阿永和德兰纽，分别是乌蛮与都掌蛮的大头人。阿永部即乌蛮扯勒部，世居蔺州一带，入元，为永宁路总管（土司），明代为永宁宣抚司（土司），治永宁（今叙永县）。
⑥得兰纽：传写或作"得兰右"。得，传写又或作"德"。
⑦按：据《四库全书》文渊阁本，中华书局标点本无此文。
⑧晏州：治今兴文县僰王山镇境。
⑨也速带儿：传写或作"也速答儿"。
⑩雄挫：传写或作"雄左"。
⑪亦奚不薛：乌蛮彝族默部土司，治今贵州大方县。《元史》卷一二《世祖纪九》："至元十九年六月丁巳，征亦奚不薛，尽平其地，立三路达鲁花赤，留军镇守，命药剌海总之，以也速带儿为都元帅宣慰使。"

⑫蚁子：即羿子，传写不同。

招捕总录①

四川。至元十四年（1277）五月，降旨付西川诸蛮夷部宣慰使昝顺，使招思州田景贤、泸州西南番蛮王阿永、叙州、筠连、誉串、豕鹅、昔霞等处诸族蛮夷。十九年（1282），发都掌、阿永等民为兵，征答马剌②。都掌等上言：“宋时未尝佥军，乞以马牛助军需。”从之。未几，征亦奚卜薛，起军，酋长阿峻等亦不从命。

① 《招捕总录》，不著撰人姓名，不分卷，江苏古籍出版社影印清阮元藏本，1988年，第72—73页。

② 答马剌：今缅甸。

明史 共十六则

一、本纪 四则

1. 永乐十三年（1415）春正月乙巳，四川戎县山都掌蛮平。卷七《成祖纪三》

2. 成化元年（1465）三月庚戌，四川山都掌蛮乱。卷一三《宪宗纪一》

3. 成化三年（1467）六月辛酉，命襄城伯李瑾为征夷将军，充总兵官；兵部尚书程信提督军务，太监刘恒监军，讨山都掌蛮。是月，程信破山都掌蛮，平之。卷一三《宪宗纪一》

4. 万历元年九月丙戌，四川都掌蛮平。卷二○《神宗纪一》

二、人物传八篇

5. 程信

程信，字彦实，其先休宁人，洪武中戍河间，因家焉。信举正统七年（1442）进士。授吏科给事中，出为山东右参政，督饷辽东，巡抚。以忧去，服阕起四川参政，理松潘饷，偕侍郎罗绮破黑虎诸寨。天顺元年（1457），特擢信太仆卿。明年，改左佥都御史、巡抚辽东。五年，诏为刑部右侍郎，母忧归。成化元年（1465），起兵部，寻转左。

四川戎县山都掌蛮数叛，陷合江等九县。廷议发大军讨之，以襄城伯李瑾充总兵官，太监刘恒为监督，进信尚书，提督军务。至永宁，分道进：都督芮成由戎县，巡抚贵州都御史陈宜、参将吴经由芒部，都指挥崔旻由普市水脑，南宁伯毛荣由李子关，巡抚四川都御史汪浩、参将宰用由渡船铺，左、右游击将军罗秉忠、穆义由金鹅池，而信与瑾居中节制。转战六日，破龙背、豹尾诸寨七百五十余。明年，至大坝，焚寨千四百五十，前后斩首四千五百有奇，俘获无算。按诸九姓不奉化者，还泸州卫于渡船铺，增置关堡。改大坝为太平川长官司，分山都掌地设官建治控制之。帝降玺书嘉劳，录功，进兼大理寺卿。卷一七二《程信传》

6. 李瑾

成化三年（1467），四川都掌蛮叛，命佩征夷将军印，充总兵官往讨，兵部尚书程信督之。师至永宁，分六路进，瑾与信居中节制，尽破诸蛮寨，前后斩首四千五百有奇，获铠仗、牲畜无算。分都掌地，设官建治控制之。师还，进侯，累加太保。卷一四六《李浚传附李瑾》

7. 罗秉忠

罗秉忠，初名科尔罗，积战功至左都督，天顺初始赐姓名。成化初，尚书程信讨山都掌蛮，秉忠以游击将军从，既抵永宁，分兵六道，秉忠由金鹅池进，大破之。论功，封顺义伯。卷一五六《罗秉忠传》

8. 吴亮

吴亮，来安人。佩征南副将军印，镇湖广、贵州，讨平四川都掌蛮。卷一六六《肖授传附吴亮》

9. 许贵

许贵，字用和，江都人，永新伯成子也。松潘地杂番、苗，密迩董卜韩胡，旧设参将一人。天顺五年（1461），守臣告警。廷议设副总兵，以贵镇守。未抵镇而山都掌蛮叛，诏便道先剿之。贵分两哨，直抵其巢，连破四十余砦，斩首千一百级，生擒八百余人，余贼远遁。贵亦感岚气，未至松潘，卒。卷一七四《许贵传》

10. 周洪谟

周洪谟，字尧弼，长宁人，正统十年（1445）进士。成化改元，廷议讨四川山都掌蛮，洪谟上方略六事，诏付军帅行之。洪谟尝言，都掌蛮及白罗罗、羿子数叛，宜特设长官司，就择其人任之，庶无后患。卷一八四《周洪谟传》

11. 刘显

刘显，南昌人。生而膂力绝伦，稍通文义。家贫落魄，之丛祠欲自经，神护之不死。间行入蜀，为童子师。已，冒籍为武生。

　　嘉靖三十四年（1555），宜宾苗乱，巡抚张臬讨之。显从军陷阵，手格杀五十余人，禽首恶三人，诸军继进，贼尽平。显由是知名。官副千户，输赀为指挥佥事。

　　南京振武营初设，用兵部尚书张鏊荐，召令训练。擢署都指挥佥事，佥书浙江都司。迁参将，分守苏、松。倭犯江北，逼泗州，鏊檄显防浦口。显测贼将遁，追击至安东。方暑，披单衣，率四骑诱贼，伏精甲冈下。贼出，斩一人。所乘马中矢，下拔其镞，射杀追者。诱至冈下，大败之去。贼出所俘女子蛊将士，显悉送有司。明日伺贼出，潜毁其舟。贼败走舟，舟已焚，死者无算。显进秩三等，寻迁副总兵，协守江、浙。

　　三沙倭复劫江北，被围于刘家庄。显以锐卒数千至，巡抚李遂令尽护江北军。显率所部直入，诸营继之，自辰迄酉。贼巢破，逐北至白驹场、茅花墩，斩首六百有奇，贼尽殄。而遂谓贼由三沙来，实卢镗及显罪。显坐停俸。已，应天巡抚翁大立荐显骁勇，请久任，帝可之。振武营兵变后，诸将务姑息，兵益骄。给事中魏元吉荐显署都督佥事，节制其军。显挈蜀卒五百人往，一军帖然。闽贼流入江西，大掠石城、临川、东乡、金溪，杀吏民万计。诏显赴剿，击败之阳湖，贼乃遁。

　　四十一年五月，广东贼大起。诏显充总兵官镇守。会福建倭患棘，显赴援。与参将戚继光连破贼，贼略尽。而新倭大至，攻陷兴化城。显以兵少，逼城未敢战，被劾，戴罪。贼以间攻据平海卫。他倭劫福清，谋与平海倭合。显及俞大猷合于遮浪，尽歼之。平海倭欲遁，为把总许朝光所邀败。乃尽焚其舟，退还旧屯。戚继光亦至，显与大猷共助击之，遂复兴化。录功，进先所荫世职二秩。江北倭未平，廷议设总兵官于狼山，统制大江南北，改显任之。显行部通州，以敕书许节制知府以下，而同知王汝言不为礼，劾奏，镌其秩。已，移镇浙江。

显有将略，居官不守法度。巡按御史劾之，革任候勘。用巡抚刘畿荐，命充为事官，镇守如故。隆庆改元，以军政拾遗被劾，贬秩视事。用巡抚谷中虚荐，还故官，移镇贵州。广西侬贼者念父子僭称王，攻剽安顺。巡抚阮文中檄显剿，俘斩五百余人。四川巡抚曾省吾议征都掌蛮，令显移镇其地。复被劾罢①，省吾奏留之。

都掌蛮者，居叙州戎县，介高、珙、筠连、长宁、江安、纳溪六县间，古泸戎也。成化初为乱，程信讨平之。正德中，普法恶复为乱，马昊讨平之。至是，其酋阿大、阿二、方三等据九丝山，剽远近。其山修广，而四隅峭仄。东北则鸡冠岭、都都寨、凌霄峰三冈，峻壁数千仞。有阿苟者，居凌霄峰，为贼耳目，威仪出入如王者。省吾议讨之，属显军事。起故将郭成、安大朝为佐，调诸土兵，合官军凡十四万人。万历改元（1573）三月，毕集叙州，诱执阿苟，攻拔凌霄，进逼都都寨。三酋遣其党阿墨固守。官军顿匝月，凿滩以通漕，击斩阿墨，拔其寨。阿大自守鸡冠。显令人诱以官，而分五哨尽壁九丝城下。乘无备，夜半腰绠上，斩关入，迟明，诸将毕至。阿二、方三走保牡猪寨。郭成破鸡冠，获阿大。诸军攻牡猪，禽方三。阿二走，追获于贵州大盘山。克寨六十余，获贼魁三十六，俘斩四千六百，拓地四百余里，得诸葛铜鼓九十三，铜铁锅各一。阿大泣曰："鼓声宏者为上，可易千牛，次者七八百。得鼓二三，便可僭号称王。鼓山颠，群蛮毕集，今已矣。"锅状如鼎，大可函牛，刻画有文彩。相传诸葛亮以鼓镇蛮。鼓失，则蛮运终矣。录功，进显都督同知。已而剿余孽，复俘斩千一百有奇。

都掌蛮既灭，显引疾求去，而以有司阻挠为言。诏听显节制，显益行其志。击西川番没舌、丢骨、人荒诸砦，斩其首恶，抚余众而还，建昌傀厦、洗马诸番，咸献首恶。西陲以宁。九年冬卒官。子綎，自有传。卷二一二《刘显传》

12. 郭成

郭成，四川叙南卫人。由世职历官苏松参将，进副总兵。倭犯通州，为守将李锡所败，转掠崇明三沙，成击沉其舟，斩首百三十余级。隆庆元年（1567）冬，擢署都督佥事，为广东总兵官。渡海追曾一本，大获，进署都督同知。叛将周云翔等杀参将耿宗元，亡入贼中。屯平山大安峒，将寇海丰。成偕南赣军夹击之，斩首千三百余级，获被掠通判潘槐而下六百余人，生絷云翔。潮州诸属邑，贼巢以百数。郭明据林樟，胡一化据北山洋，陈一义据马湖，剽劫二十载。成督诸军击杀明等，俘斩千三百有奇。四川都掌蛮为乱，诏成移镇。寻被劾，罢归。

万历改元，命刘显大征，诏成充为事官，为之副。先登九丝山，生絷阿大。初成父为蛮杀，乃以所斩首级及生禽诸蛮置父墓前，剖心致祭，乡人壮之。寻金书南京后府[②]，出为贵州总兵官，镇守铜仁。成有胆智，每苗出掠，潜遣壮士入其砦，斩馘而出。尝挺身入林箐察贼，苗一日数惊，曰："郭将军至矣。"相戒莫敢犯。复被劾，罢归。起四川总兵官。永宁宣抚奢效忠卒，其妻奢世统无子，妾奢世续子崇周幼。前总兵刘显因命世续署宣抚印。世统怒，攻夺其落红寨[③]。世续奔永宁。成遣义儿郭天心偕指挥禹嘉绩按问。天心遂据世续永宁私第，罄取其资，而成亦入落红，尽掠奢氏九世之积。效忠弟沙卜遂拒杀裨将三人，执天心等。抚、按交章劾成，下吏，遣成云南。会有松茂之役，荐从军。成乃将七千人，直抵黄沙，屡破贼，与总兵官李应祥尽平河东西诸巢，以功授参将。复偕应祥大破腻乃诸贼，增世职二级。腻乃党杨九乍复出为乱，成讨平之。火落赤扰西宁，四川巡抚李尚思以地近松潘，檄成军松林，游击万鏊军漳腊，寇不敢逼，西陲获安。杨应龙叛，成进讨，无功，戴罪办理。寻卒于官。卷二一二《郭成传》

三、相关土司四条

13. 永顺军民宣慰使司④

成化三年（1467），兵部尚书程信请调永顺兵征都掌蛮。卷三一〇《湖广土司传》

14. 保靖宣慰使司⑤

成化三年，复调保靖兵征都掌蛮。卷三一〇《湖广土司传》

15. 松潘

成化二年（1466）镇守太监阎礼奏："松茂迭溪所辖白草坝等寨番羌，聚众五百人，越龙州境剽掠。"白草番者，唐吐蕃赞普遗种，上、下凡十八寨，部曲素强，恃其险阻，往往剽夺为患。四年，礼复奏："白草诸番拥众寇安县、石泉诸处，因各军俱调征山都掌蛮，致指挥王璟备御不谨。"命副总兵卢能剿之。卷三一一《四川土司传一·松潘卫》

16. 永宁宣抚司

永宁，唐蔺州地，宋为泸州江安、合江二县境，元置永宁路，领筠连州及腾川县，后改为永宁宣抚司。成化元年（1465），山都掌、大坝等寨蛮贼，分劫江安等县。兵部以闻。二年，国子学录黄明善奏："四川山都掌蛮屡岁出没，杀掠良民。景泰元年招之，复叛。天顺六年抚之，又反。近总兵李安令永宁宣抚奢贵赴大坝招抚，亦未效，恐开衅无已。宜及大兵之集，早为定计，毋酿边患。"三年，明善复言："宋时多刚县蛮为寇，用白芳子兵破之。白芳子者，即今之民壮。多刚县者，即今之都掌多刚寨也。前代用乡兵有明效，宜急募民壮以助官军。都掌水稻十月熟，宜督兵先时取其田

禾，则三月之内蛮必馁矣。军宜分三路：南从金鹅池攻大坝，中从
戎县攻箐前，北从高县攻都掌，小寨破，大寨自拔。又大坝南百余
里为芒部，西南二百里为乌蒙，令二府土官截其险要，更用火器自
下而上，顺风延爇，寨必可攻。且征调土兵须处置得宜，招募民壮
须赏罚必信。"诏总兵官参用之。时总督尚书程信亦奏："都掌地势
险要，必得土兵向道，请敕东川、芒部、乌蒙、乌撒诸府兵，并速
调湖广永顺、保靖兵以备征遣；又请南京战马一千应用。"皆报可。
四年，信奏永宁宣抚奢贵开通运道，禽获贼首，宜降玺书奖赉。从
之。十六年（1480），白倮倮、羿子与都掌大坝蛮相攻，礼部侍郎
周洪谟言："臣叙人也，知叙蛮情。戎、珙、筠、高诸县，在前代
皆土官，国朝始代以流，言语性情不相习，用激变。洪、永、宣、
正四朝，四命将徂征，随服随叛。景泰初益滋蔓，至今为梗。臣向
尝言仍立土官治之，为久远计。而都御史汪浩傲幸边功，诬杀所保
土官及寨主二百余人，诸蛮怨入骨髓，转肆劫掠。及尚书程信统大
兵，仅能克之。臣以谓及今顺蛮人之情，择其众所推服者，许为大
寨主，俾世袭。庶可相安。"又言："白倮倮者，相传为广西流蛮，
有众数千，无统属。景泰中纠戎、珙苗攻破长宁九县，今又侵扰都
掌。其所居崖险箐深，既难剪灭，亦宜立长官司治之。地近芒部，
宜即隶之。羿子者，永宁宣抚所辖，而永宁乃云贵要冲，南跨赤
水、毕节六七百里，以一柔妇人，制数万强梁之众，故每肆劫掠。
臣以为宣抚土僚，仍令宣抚奢贵治之。其南境，寨蛮近赤水、毕节
要路者，宜立二长官司，仍隶永宁宣抚。夫土官有职无俸，无损国
储，有益边备。"从之。二十五年（1546），永宁宣抚司女土官奢禄
献大木，给诰如例。万历元年（1573），四川巡抚曾省吾奏都蛮叛
逆，发兵征讨。土官奢效忠首在调，但与贵州土官安国亨有雠，请
并令总兵官刘显节制，使不得籍口复雠，妄有骚动。从之。卷三一一
《四川土司传二·永宁》

①复被劾罢：刘显尝三度被劾，第一次以不守法度革职候勘，然得留任。第二次以军政拾遗被劾，贬秩视事，还故官后称镇贵州。第三次是在四川总兵官任上受劾，曾省吾奏留之。其在四川，盖未尝被劾罢。详卷二《覆勘将官疏》。

②南京后府：后都督府。

③落红寨：今四川古蔺县城。

④永顺军民宣慰使司：治今湖南永顺县老司城。

⑤保靖宣慰使司：治今湖南保靖县。

嘉靖四川总志

叙泸夷情

皇明洪武二十七年（1394），戎县夷贼出没，奏调叙南卫左千户所于本县守御。

永乐间，遣总官兵梁福征讨。夷窜深箐，不能追，乃招安之。十三年（1415），遣都督李敬率师擒其渠魁而抚其余党。

宣德二年（1427），夷复寇筠连，都指挥徐谅抚安之，抚其余党。未几，又劫高、珙、长宁、庆符、江安等县。监察御史杨灿诣戎县招抚，捕获昔乖、昧漏、大坝等砦夷首械送京师。九年，夷贼又叛，申调都指挥李荣督戎县官吏擒斩三十九名。

正统四年（1439），又烧劫各县。都指挥王杲集戎县汉夷乡老招出五村夷首，谕以祸福，令回各砦，擒贼二十四名酋首到营，其余埋石为誓。

景泰元年（1450）正月，高、珙、筠、戎四县夷人并起，声言"汉人每年公差下砦征粮害我，我当出报"，遂缚公差于树，乱射杀之。各攻其本县，屠长宁，劫庆符、江安、纳溪，烧庐舍，恣杀

掠，江南诸县为之一赤。有司飞奏，遣金都御史李匡、监察御史刘
瀚经制其事。适时盛暑，地多疫痢，士卒死者甚众，匡、瀚俱婴
疾，瀚卒而匡寻愈，遣都指挥周贵等破箐前、昔乖等砦，俘斩数
百。贼舍米粟，负财物入深箐，大军围之，削木皮以食，饿死几
半，乃乞降。

天顺元年（1457），芒部、筠连夷妖言惑众，号天师神，围筠
连凡九日。叙南卫指挥丁信、李英等力战歼之。五年，戎县夷人连
年流劫，奏遣总兵官许贵讨平之。

成化元年（1465），戎县都掌夷频岁入寇，遣金都御史汪浩、
都督芮成征之。侍读周洪谟上疏请于都掌照九姓设长官司，使砦主
自择素所信服者命为长官。命兵部议行汪浩、芮成。时浩在成都捕
反贼赵铎，成在叙州，知戎县汉民不欲夷人割置土官而利其钤辖，
乃不用本县勘报，惟召其邻县夷酋导参议王礼等诣都掌诸砦，谕以
设官之意。诸夷大悦，首二百人诣叙州见成，自具马二十七匹为赴
阙谢恩计。成犒之而赏以布，令还戎县以俟。寻遣人报浩会奏，谓
都掌、箐前、大坝三处宜设三长官司，诸夷自择大首领三人堪任长
官，次首领三十四人堪为冠带把事，协赞土官分统各砦。疏入，方
议铸印。

九月，汪浩至自成都，戎县汉民不欲置土官者以甘言唉浩，谓
成所招诸酋虽授以官，终不能禁其劫掠，此皆枭雄，一可当百，乘
机除之，则余孽皆庸劣不足虑，数十年可无虞也。浩不知其诈，遂
决意杀之。至戎县，诸酋迎谒，浩谕之曰："降蛮太少，与官太多，
可回砦招三千蛮民来，我即与若奏。"翼日，遣人招诸酋入，即闭
营门，而五百壮士皆露刃环列。时诸酋自纳款之后，久释金革，俯
跽听命，浩厉声责之，诸蛮叩首请罪，露刃者皆前，杀二百七十余
人，内一人跃出，夺卫士刀，刺杀二人而后死。浩使人报成，成怒
曰："是成所招者，已与公会奏矣，奈何杀之。"犹豫数日，乃又与

浩合奏："夷始虽归降，终怀异志，且欲伏兵敌杀官军，不得已调大军剿之，斩首若干，破砦若干。"

既而诸砦余党聚议报仇，十月乃赴贵州总兵官处诈降，都指挥丁寔等出营迎之，夷伏兵四起，官军五千余众皆没。十一月初，欲寇四川，浩等闻之，夜奔长宁，分军实各县，径还成都。时官军夜行迷道，人马坠溪谷死者甚众。贼追浩等，声言欲脔其肉，不及，乃攻长宁三日，于城下言曰："是尔长宁周侍读使都御史诱杀吾父兄，今不拘五年十年，务将一城人杀绝。"适贼闻戎县人劫其剿穴，乃解围去。时夷恨既深，锋不可当，贵州兵屯金鹅池，四川军屯戎县，两军坚壁不出，而夷人由其间循江之南直抵江安、纳溪、合江，如履无人之境，诸县官民士庶皆迁江北露次，浩往来江上，不敢南泊。江安贾家砦为贼所屠，杀五百五十余口，县官走白浩，浩怒曰："吾方报捷去，岂又有贼耶？"捶之几死，乃遣人钳各县欲诉夷情者。一夕，夷驱合江等县妇女一百七十，水牛三百次长宁石笋山下，都指挥宰用等率军逐之，贼皆遁，尽获所虏人畜。时三司以成、浩既奏贼宜剿不宜抚，故劳饷以供两军。二年，既不能剿，又不敢抚，会长宁县具夷人城下之言以闻，朝命如可抚乃抚之。于是遣人招抚夷人，遂听命。使夷首十二人赴京贡马十二、铜鼓一，且告乞仍设土官，但惧浩等势，不敢言枉杀父兄事。浩等欲实前奏，终不与设官，夷人益恨，复抄掠。上闻乃敕总兵官襄城伯李瑾、兵部尚书程信等率兵来讨，纪功则方御史，综理军饷则俞郎中、陈主事。

三年（1467）十二月，大军至，芮成由戎县进，都御史陈宜、参将吴经由芒部进，都指挥韩忠由普、水脑进，贵州总兵毛荣为左哨由李子关进，汪浩督参将宰用为右哨由渡船铺进。二十三日，毛荣及韩忠烧落崖、落魏等砦。二十四日，毛荣、韩忠及都督罗秉忠、都指挥白玘烧上下落婆用、小铁炉、勇播等砦。二十五日，汪浩、宰用、都指挥周海、柳英等烧洞扫、海纳、龙背、豹尾等砦。二十六日，芮成等进攻大穴塘等处。二十七日，烧昔乖、昧漏等砦。四年五月十四日，都指挥唐闻等攻天井洞。二月二十八日，叙南卫指挥同知李矿破凌霄城。城三面峭壁，不可登，贼于其前縆藤为梯，架木为棚而巢其上，南侧深菁连亘数十里，皆荒险无人迹。矿率官军三千从其南循崖而北，梯岩架壑，又大雨雪，凡两宿而后至。贼见官军□□而不知矿蹑其后，后山益高，自高攻下，贼堕崖死者不可计，俘斩三百六十。矿亲斩五级，而当道者削其二级，及行赏，凡功在矿下者皆升，独矿不进秩。大军前后斩首千余级，俘贼（蜀）[属]①四百口，还所据掠男妇百余，获铜鼓十七，牛马器械无算，烧贼巢二百余砦。始诸夷闻大军至，留老弱守砦，壮者皆遁深菁，削木皮为食，有饿死者。若再围之一月，则死殆尽。然自昔攻围者皆以他故而退，殆天不欲绝其类欤。

诸贼既平，程信等奏改大坝为太平，置长官司，举永宁士人黄镇为长官，于渡船铺置泸州卫②。寻举杀贼有功按察司佥事严正为副使，都指挥韩忠为都督佥事充参将守川贵地方。六年之间，赖以靖谧。

七年（1471），大坝夷酋阿告杀把事阿尚，黄镇拜诸卫，言："告擅杀在官把事，请加兵诛。"告言："尚本逃民，宠于其长，毒众已甚，我为众除害，何为请兵诛我。"欲胁诸砦以反。忠、正以告词直，乃遣人谕告：依夷例酬偿骨价则免兵诛。告从之，遂以银八镒酬尚妻子，夷党乃安。

正德九年（1514），葛魁③夷人普法恶与夷女米浪通，生子，假称浪为王母，子为弥勒佛，恶为天官，潜刻符印，造旗剑，集僰、羿、苗、倮等夷烧香，各印符一张给之使佩，谓兵不能伤。又谓剑出人头自落，旗动军马自溃。作诸幻妄，谋为不轨。夷人愚惑，倾心事之。十年（1515）十二月，夷部与筠连县流民苏衡等争田有隙，屡诉不能直。恶乘众忿诱之复仇，屠数百人，于是诸夷寨俱叛，众几万人，攻城堡，劫财杀人，焚庐舍，登王号。事闻，上命巡抚都宪马昊、总兵吴坤调成都等卫官军二千，酉阳、天全土军五千，马湖㑩㑩五百，巴通新达营渠等县乡勇一万征之。七月，马公令土巡检安宇招抚黄、白水江四十八寨来降。十月，督令都司张麟、杜琮西从筠路，吴公督司曹昱、知县步梁等东从珙路，又命通判赵文振监乌蒙、东川军南从本路，刻期夹攻，取党宋、老虎、母猪、岩底及田保、白牛、落木祥、落木柔寨。十九日，西军围石头大寨，恃胜无备，贼乘机袭杀千户朱辅、胡敖、百户鲍宣等三百余人，诸军夺气。马公自高县兼程至上罗计堡。时巡按熊相代江良贵摄纪功，亦星驰至叙，互相淬砺。诸将复破落崖、山川洞、猫儿崖洞、鸡爪山、卜火龙、响黄沟等寨，又并攻青山寨不下，乃视旁近之碓丘坡高峻略与寨比，营以逼贼。二十一日，取峰崖寨，普法恶败走涪州，乡勇皮邦兴斩其首，自胸至足有毛，长寸余。余党推阿尚为主拒守。

十二年（1517）正月，取磨底等寨。五月，赵文振破大井坝，擒首恶羿子阿设、者过，贼党悉平。各军通俘斩三千余，其坠崖、溺水与民之死于贼者不可胜计。二月，师回。五月，阿尚等来降，乡兵邀功杀之。量田官复增额粮，夺降者之田以授他人。众心□愤，流民谢文义乘机扇贼二千余人。九月，围筠连县，守御官望风奔溃，署印训导李韶竭力战守，贼乃还，焚劫千余家，杀掳五百余人。御史卢雍令知府陆芸遣人招抚贼党来降。十一月，贼复攻筠连，兵备田荆□兵适至，贼降者殆尽，寻平之。卷一六

①按："蜀"字，据文意改。

②泸州卫：泸州卫置于洪武二十年（1387），驻泸州。此盖迁驻渡船铺，非新置也。

③葛魁：今云南彝良县角奎镇。

雍正四川通志

山都掌蛮在叙州西偏，介川、贵间，与永宁、芒部、乌撒相接，诸峰盘亘，大坝为门户。其东，则进为凌霄，又进，为九丝，旁峙都都寨。旧称"九姓"。后以蛮族繁杂，改"九丝"，所在结寨无虑千百族。

宋熙宁间，蛮叛，用白芳子兵破之，因作《誓蛮文》，称民壮为"白芳子"。

明初，诸蛮皆出降，入籍输赋，分山都六乡、水都四乡，皆隶之戎县。而水都平衍，逋逃无所匿，独山都突奥不可穷诘，故但称"山都掌蛮"。宣德初蛮叛，官军讨平之。正统中复叛，时西北用兵，不暇及。至景泰元年（1450），都御史李匡、御史刘瀚始议讨，以疫作不前。天顺中，都督许贵再讨，不能胜，抚谕而返。

至成化改元，川贵抚臣各奏蛮分劫州县，遂命川抚汪浩、贵抚李浩、总兵官芮成、副总兵李安，征原调官军，刻期会剿。时翰林侍读周洪谟谓："蛮各有主，请择蛮人有望者立为长官司，隶之本府，统各寨夷民；而汉民则统之戎县流官。使各有分属，则夷情自定。"而副总兵李安，复请委永宁宣慰奢贵赴大坝，令诸夷就宣慰管辖。议莫能决。国子学录黄明善独昌言曰："夷汉分属，不无近理。信如安奏，则奢贵平日所辖土僚、羿蛮尚不能钤束，以致攻烧屯堡，杀掠军士，其能抚都掌之众哉。"命下总兵官审处。而芮成等已先进兵，扎西华等乡分道击杀，遂破贼寨，斩六百余级。会贵州兵至，并集金鹅池合攻大坝，并遣指挥孙泰，督芒部土兵截贼后路；永宁土兵守落敖山口。贼不能支，乃遣阿圭等三十七人诈降军门，思仓卒生变，以图内应。成骤擒之，阿圭袖小刀，左右击刺，卒就执。乃烧贼三十七寨，斩贼首五百八十七级。报捷。甫还师，贼复出掠。值给事中秦崇、御史吴瑞勘军，即遣崇等会川、贵兵，败贼小峰垭、青冈坎诸处，斩贼首四百七十余级，复还师。叙功，芮成、李浩、秦崇等皆次第升赏。

　　而贼以次年召诸蛮阻山，大寇。乃决计大征，襄城伯李瑾为总兵官，程信为兵部尚书，督军往讨。信至永宁，分大军三道：四川军由戎县，贵州军由芒部，云南军由普市、水脑并入，期共会大坝，而自督兵入金鹅池。时南宁伯毛宁亦至，为左哨，败贼李子关，伐木开道，官军发神枪、劲弩，乘风纵火，焚龙背、豹尾七百五十一寨，米仓三千八百一十一所，斩首一千六百余级，生擒三百四十人。进至大坝，攻山都六乡，焚一千四百五十七寨，米仓九百八十一所，斩首三千十七级，生擒九百五十三人，获铜鼓六十三面，牛马猪羊、盔甲、标弩牌刀、旗帜弓箭无算。余贼遁山箐者，皆搜剿无剩。愿降者听。有匿天井、水磨诸洞者，下令遍塞诸洞门而环以兵，月余，死洞中，臭达十余里。官军为谣曰："洞无关，有臭蛮。"乃并平九姓、土僚之附贼者，迁泸州卫于渡船铺，增置江门、水流崖、洞扫等处关堡，改大坝为太平川，设长官司。分故都掌地，隶永宁、芒部。加信兼大理卿，进瑾为侯。余人颁赏有差。卷三四

光绪珙县志

军政志

珙县处戎夷地，连芒部，汉武帝时始通中国。隋时尝没于蛮，唐时恢复，仅羁縻之。宋时斗望、柯阴、乌蛮、罗苟、卜漏等数扰害。有明一代，九丝都掌蛮频岁入寇，大为叙南六县之患，继以奢崇明、张献忠猖狂肆恶，邑之残破不可言矣。本朝设营汛隶永宁协，镇建武游府。足为声援，可致宁谧。然保障民生，贵绸缪于未雨，珙之捍卫，又乌可不讲耶。

平蛮始末（原注：明代以前无考）

明洪武二十七年（1394），戎县夷出没不常，奉旨调叙南卫移于珙县之下罗计①，以备守御。永乐间，遣总兵官梁福率师征讨，夷窜深箐，不能穷追，乃招安之。十三年（1415），遣都督李敬率师擒其渠魁而抚其余党。宣德二年（1427）夷复寇筠连，指挥徐谅抚安之。未几，又劫高、珙、长宁、庆、江等县，监察御史杨灿诣戎县，招抚大坝等寨，捕获夷首，械送京师。九年（1434），夷贼又叛，调都指挥李荣督戎县官兵擒斩二十九名。正统四年（1439），又烧劫各县，都指挥王杲集戎县溪蛮乡老，招出五村夷，喻以祸福，令回各寨，擒贼三十四名，其余埋石为誓。景泰元年（1450）正月，高、珙、筠、戎，夷人并起，声言汉人每年公差下寨征粮害我，我当出报。遂缚公差于树，杀之。各攻本县，屠长宁，劫庆符、江安、纳溪，烧庐舍，恣杀掠，诸县为之一赤。有司飞奏，遣金都御史李匡、监察御史刘瀚经制其事，适时盛暑，地多疫厉，士卒死者甚众，匡、瀚俱婴疾，瀚卒，匡寻愈，遣都指挥周贵等破箐前、昔乖等寨，俘斩数百，贼舍米粟，负财物入深箐，大军围之，剪木皮以食，饿死几半，乃乞降。天顺元年（1457），芒部诸夷妖言惑众，号"天师"，围筠连凡九日，叙南指挥丁信、李英等力战，歼之。

五年（1461），以戎县夷人连年流劫，遣总兵官许贵讨之。成化元年（1465），都掌大坝等寨蛮贼分劫江安等县，兵部以闻。二年（1466），国子学录黄明善奏："四川山都掌蛮屡岁出没，杀掠良民。景泰元年招之，复叛。天顺六年（1462）抚之，又反。近总兵官李安令永宁宣抚赴大坝招抚，亦未效。恐开衅无已，宜及大兵之集，早为定计，毋酿边患。"三年（1467），明善复言："宋时多刚县②蛮为寇，尝用白芴子兵破之矣。白芴子者，即今之民壮。多刚县者，即今之都掌多刚寨，水稻十月熟。宜督兵行取其田禾，则三月之内蛮必馁矣。军宜分三路，南从金鹅池攻大坝，中从戎县攻箐前，北从高县攻都掌，小寨破，大寨自拔。又大坝南百余里为芒部，西南二百里为乌蒙，令二府土官截其险要，更用火器，自上而下，顺风延爇，寨必可破。且征调土兵，须处置得宜。招募民壮，须赏罚必信。"诏总兵官参用之。

成化元年（1465），以戎县都掌蛮频岁入寇，诏巡抚汪浩、都督芮成讨之。侍读周洪谟请照九姓司设长官，部议，以其事付浩等。时成军驻叙州，浩以事留成都，成遣官谕诸寨以设官意，诸夷大悦，赴辕待命。成遣人报浩，会疏入，且议铸印，浩忽至自成都，用戎县民谗说，掩杀首领二百七十余人。成犹豫数日，复与浩合奏，诬以异志。诸寨余党聚议报仇，遂赴贵州总兵官处诈降，都指挥丁实等出迎，夷伏兵四起，官军五千余众皆没。浩等闻之，夜奔，官军迷道，人马堕溪谷死者无算。时夷恨既深，声言欲脔浩等肉，锋不可当。贵州兵屯金鹅池，四川兵屯戎县，坚壁不敢出。夷人循江而南，直抵江安、纳溪、合江，如入无人之境。诸县官民皆露次江北。浩往来上下，不敢南泊。夷人屠江安贾家寨，杀五百五十余口。县官走白浩，浩方报捷，捶之几死。乃遣人钳各县欲诉夷情者。一夕，夷人驱掳合江等县妇女资畜至长宁石笋山下，都指挥宰用等率军逐之，夷遁走，乃返所掠人畜。已而长宁县具夷情以闻，朝命遣人招抚，诸夷遂听命，赴京师贡马十二、铜鼓一，仍申前请，而畏浩等势，终不敢言父兄冤。浩等欲实前奏，亦坚不与设官。于是夷人益肆抄掠。

成化三年（1467），廷议发大兵讨之，以襄城伯李瑾充总兵官，太监刘恒为监督，进兵部侍郎程信为尚书，提督军务。至永宁，分道进：都督芮成由戎县，巡抚贵州都御史陈宜、参将吴经由芒部，都指挥崔旻由普市、水脑（原注：旧《通志》作韩忠），南宁伯毛荣由李子关（原注：旧《通志》作总兵吴荣），巡抚四川都御史汪浩、参将宰用由渡船铺，左、右游击将军罗秉忠、穆义由金鹅池，而信与瑾居中节制。转战六日，破龙背、豹尾诸寨七百五十余。明年，至大坝，焚寨一千四百五十。前后斩首四千五百有奇，俘获无算。按诛九姓不奉化者，迁泸州卫于渡船铺，增置关堡。改大坝为太平川长官司，分山都掌地设官建治以控制之。卷一三

①下罗计：今珙县珙泉镇老堡寨。
②多刚县：在今兴文县棘王山镇境，地名多刚漕。

薛文清公文集①

赠佥都御史李公平蛮序

叙之筠、高、戎、珙四县，民杂华戎，僻居山谷。景泰元年（1450）春，其编户之蛮民与永宁诸蛮，闻讨贵州叛苗，川蜀之精兵悉发以往，乃潜相诱结，乘势为乱，远和迩应，蜂屯蚁聚，不可爬梳。既焚劫山谷诸县，遂散其丑类东掠江安、纳溪，南攻永宁，官民庐舍、男女、财畜多被其焚毁抢虏，近贼城郭皆闭门警守，军民率徙家奔窜，全蜀为之骚然不宁。于时四川三司调集民兵，自叙以达纳溪，沿江列营垒，为防守之计。涉春及夏，屯戍既久，无能

决策进兵者。

上乃遣使赍玺书，命都察院左佥都御史李公督军讨之，且听以便宜从事。时公方董播州之役，闻命即驰至江门②，敛诸屯戍民兵为一。以其未闲教也，亟命诸将练习之。逾月，知其可用，乃先遣知乡导者入蛮境，以观地势。咸以下罗计扼贼冲要，且粮道便利，可以驻兵，公即率诸军进据其地。公观地图，乌蒙、芒部二府当诸蛮寨之后，且其与叛蛮为类，不有以结之，蛮贼急，走其地，将连谋为我敌矣。乃遗二府土官重锦各一纯，使拒贼后，实解散其谋也。又遣一军屯江门，为下罗计之声援，戎、筇皆分兵为犄角之势。

部分已定，乃集将佐议攻取之计。皆谓公规画审密如此，贼已在术中矣，以兵击之，易若摧枯拉朽耳。公曰："不然。讨蛮寇当用长谋远算，先布威信以招徕之，尚有不服，诛之未晚，且蛮贼比之禽兽，胜之不为武。惟不战而使之来降，计之上者也。方今天子圣神仁明，且玺书许以便宜从事，虽曰督军致讨，实欲以德怀柔之也。"遂揭榜出令曰："诸叛蛮有能自拔来降者，贳其罪。负固不悛者，兵诛无贷。"时未几，蛮首闻令来降者踵至，公复劳以酒食，遣转告诸蛮之未闻令者。三月之间，蛮首悉诣军门请降，尽还其虏掠之老小。公乃陈兵集诸蛮谕之曰："天朝总统万国，威令所加，无强不服。尔蛮乃无故相率为乱，以王法言之，必诛不赦。惟圣天子神武慈仁，以尔蛮冥顽无知，故不忍即加诛灭，略尔既往之愆，开尔自生之路。自此以往，当谨守约束，共飨太平。若仍怀反侧，即诛无遗种群。"蛮皆惶汗伏地曰："愿永遵条教，不敢再萌前恶。"公即散遣群蛮，使各还其居。罢黜诸县官之贪暴无状者，选贤能为令佐，以招徕抚摩流散疮痍之民。

蛮寇既平，远迩之心遂以宁辑。师还，四川军民父老填郭溢郛，欢呼前后，迎公以入。藩臬、都阃文武大吏，咸贺公之成功。

公曰："是役也，皆圣天子之威德，将士之用命，某何功之有！"藩臬、都阃诸公既相与言曰："惟此叙功，实佥都公之成，公又推而弗居，其贤愈不可及，不可无文以张其事。"乃相率来求余辞以赠之。

予谓佥都公伐叙蛮，兵不刃刃而坐致一方之宁息，是虽圣天子之明，能委任公以便宜之柄，然非公深知怀柔为上策，其孰能宣布圣天子丕休显德哉！及群公贺其成功，又推让而不居，诚得大《易》"劳而不伐，有功而不德"之义矣。且佥都公之美绩如此，将见朝廷升赍之命不日而下，宠冠方隅，名光史策，虽欲辞之不可得也。卷一六

①明·薛瑄《薛文清公文集》，《四库全书》文渊阁本。
②江门：今叙永县江门镇。

程氏贻范集① 七则

一、兵部尚书程信四川贵州提督军务敕书②

皇帝敕谕兵部尚书程信：近因贵州镇守总兵等官奏称山都掌蛮贼结构九姓土獠③，流劫乡屯，杀掳人财，十分猖獗，特命总兵官襄城伯李瑾统率在京汉、达官军④往彼征剿，命尔信提督军务。至日，即便督同四川、贵州总兵、参将、巡抚等官，调集彼处并云南官军、土兵人等及湖广土兵，直抵贼寇出没去处，相机设法，或彼此夹攻，或合势剿杀，务使根株悉拔，种类不遗。凡一应军情，须与监督军务太监刘恒、左少监赵永并李瑾等，从长计议而行，不许偏执己见，乖方误事。仍严加禁约军官人等，所过之处，不许侵扰

平人。尔为大臣，受兹简任，必输忠竭虑以图成功，务俾地方宁静，人民安妥，庶副委任之重。所有合行事宜条列于后，尔其如敕奉行。故谕。

一、军中行事，贵在用人。其四川、贵州地方官吏、军民、舍余⑤人等，若有知识贼人乡道并熟晓破贼方略，可以裨益军务者，悉听尔等公同询访举用，有功一体升赏。其有自能招集土人杀败蛮贼及克平一寨一巢者，尔等先行给与冠带以荣其身，事宁之日另行具奏，升授职事。

一、官军土兵人等，凡遇杀败贼众、攻破贼营，所得头畜财物等项，就听所获之人收用，不许管军头目侵夺。

一、遣将调兵，务在号令严明。其所调汉土官军人等并各官跟随亲信之人，及赍执旗牌官员，尔等务在严加禁约，不许生事骚扰，敢有违者，照依军法处置。

一、用兵之道，赏罚为先。官军、土兵人等杀贼有奇功者，尔等公同于军前量给银牌、银碗，奖劳激劝，仍将各人功次明白开报，以凭升赏。其有十分功绩显著、众所不及者，就于军前先行升授职事，明白具奏，以励其余。其杀贼军官人等若有临阵畏缩，失误军机，及妄杀平人掩为己功者，自都指挥以下悉听尔照依军法斩首示众，然后奏闻。

一、四川、贵州地方不宁，皆因彼处守土官员或贪图货利，或处置乖方所致。尔就询访前项官员，情轻者就彼拿问发落，若有激变因而致误地方大计者，明白奏闻区处。其三司⑥委官管理粮储等项，敢有违误者，一体拿问。

一、军前该用骑征马匹，尔等公同斟酌数目，着落⑦各该布政司支给官钱措置收买，送赴军前应用，候班师之日，将前项马匹就发彼处官军骑操。

一、彼处舍余、土民、熟夷人等，有勇敢堪以杀贼者，悉听尔等设法招募，随军杀贼，给与口粮。有功之日，照例舍人升所镇抚，余丁升小旗⑧，其余土民、熟夷人等一体升赏，事平放回宁家。

一、前项地方蛮贼克平之后，必须计议处置久安长治方略，明白具奏定夺，然后班师处置。

一、凡有除寇安民良策，悉听尔等从长计议，便宜处置，具实奏闻。

成化三年（1467）七月十九日。甲集卷六

二、制谕

皇帝制论：襄城伯李瑾挂征夷将军之印充总兵官，兵部尚书程信提督军务，统领汉、达官军前往四川、贵州征剿贼寇，所统官军并四川、贵州、云南调来官军、土兵人等及湖广土兵悉听节制，如制奉行。

成化三年（1467）七月十九日。甲集卷六

三、献捷奖谕敕书

敕提督军务兵部尚书程信：得尔等奏成化三年十二日期不等，分调各路军马进剿都掌蛮寇，深入贼境，杀败贼众，斩获贼级一千五百九十五颗，生擒贼人三百四十九名，俘获贼属男妇并牛马猪羊、铜鼓、盔甲、镖弩、旗牌、弓箭等物，及烧毁贼寨七百五十六处，其余未克贼寨并奔遁山箐贼众仍督各路军马攻剿等因，具悉。此皆尔等奇谋伟略，号令严明，官军用命，遂成剿贼之功，不负委托之重，朕甚嘉悦，兹特降敕奖谕尔等，益树后绩以图万全。凡彼逋播胁从之徒，有能输诚服罪，听尔等从宜抚治，或分隶有司，或设官统理，务在经久，毋贻后患。其游击、纪功并彼处镇守、巡抚等官协力一心，勤劳可尚，并兹奖励，表朕至怀。论功行赏俟开报至日定夺。尔等事毕之日具奏，然后回京，并谕尔等知之。故敕。

成化四年（1468）二月十七日。甲集卷六

四、再捷奖谕敕书

敕提督军务兵部尚书程信：得尔等奏报自剿平龙背、豹尾等洞蛮贼之后，随分各路军马剿平山箐余贼，令南宁伯毛荣自青岗关进攻大坝，游击将军罗秉忠、参将吴经自落个利⑨、十八寨进攻天蓬，都御史汪浩、参将宰用自绞车关进攻五村等寨及水磨、天井等洞⑩，都督芮成会合吴经自六乡⑪等寨进攻凌霄城，尔等仍自金鹅池亲至大坝扎营，居中调度。正月二十日以来，各路官军奋勇杀败贼众，节据总兵、巡抚等官毛荣、芮成、陈宜、汪浩等开报，斩获首级三千一十七颗，生擒九百五十三名，铜鼓二十三面，并牛马猪羊、盔甲、镖弩、牌刀等物，烧毁贼寨一千四百五十七处等项，具悉。此皆尔等筹画之善，故所向克捷，功能若此，良用尔嘉，兹降敕奖谕，以慰勤劳。其未尽贼徒尤须督调官军剿捕，毋俾遗孽复作，重贻民患。其九姓土獠并腹里所有剧贼，亦须乘势抚捕，勿容滋长。如果贼寇宁息，尔等仍公同彼处镇守总兵、巡抚内外官员从长计议，何处堪否设置衙门、关堡防御，应否存留官军操守，务在处置停当，保无他虞，然后具奏班师。尔等其钦承朕命。故敕。

成化四年（1468）四月初十日。甲集卷六

五、班师敕书

敕提督军务兵部尚书程信：得尔等奏贼寇宁息，地方平定，已将云南等处官军、土兵发遣去讫，其原带在京汉、达官军并神枪、神炮等器俱已用船装载至湖广荆州驻扎听候等因，具悉。敕至尔等既已事毕，即便回京，所统汉、达官军人等在途不许骚扰平人。如违，责有所归，尔等其钦承之。故敕。

成化四年（1468）四月二十四日。甲集卷六

六、平大坝都掌夷记

大坝都掌，叙州戎县所辖夷也，其地在唐为晏州罗阳郡，领思峨、柯阴、新宾、扶来、思、晏、多刚七县[12]。宋革罗阳郡，置州县如故。元置大坝总管府，以夷酋得兰纽为大坝都总管。自元以前，皆治以不治，羁縻而已。国初，盖戎县汉民有吞噬夷民之志，故图经[13]泯其旧置夷官之迹，而更置流官以知县事。然流官不谙夷语，何以（铃）〔钤〕制夷众？故百年之内，叛服靡常，而征之者以其山箐险恶，徒然招抚，随抚随叛。比年以来，屠掠边民，流毒千里。今上纪元之初，命将征讨。洪谟上疏言："剿抚无益，不如使诸夷自择首领，以长夷众，使汉夷两分，不相侵害。统属既定，自然归服。"

上明见万里之外，即允所请而下之有司。未几，边帅及方岳[14]奏报诸夷悦服，共举大酋领三人以为之长，次酋领三十四人以为之佐，欲设都掌、箐前、大坝三长官司。方印绶未降，而当路者杀之。于是诸夷咸谓诳杀其父兄，怨入骨髓，仇杀贵州官军凡数千人，而合江以上九县骚然，不胜凋劫。成化三年（1467）秋，百姓告急，国是既定，乃命兵部尚书程公督诸军往正其罪。公与征夷将军、襄城伯李公发四川、贵州两镇兵，五路并进，一由戎县，一由芒部，一由普市，一由李子关，一由渡舡铺。诸夷恃险拒敌，飞梭下礧，我军以神铳、劲弩却之，遂破其栅，攀崖而上，顺风举火以焚贼巢，贼皆奔窜。有龙背、豹尾二寨，崖壁万仞，最号难破。贼见官军四逼，告哀乞降，以其黠诈难信，纵火焚之及铁炉等四十五砦，烟焰涨天，俘斩甚众。明年（成化四年，1468）正月，进攻五村等砦。贼见势穷，退保得宋、水磨二洞[15]。官军攻破其门，而洞窍幽暗，不可深入，以土石窒其门甚固。诸夷既平，前后斩首数千，获铜鼓四十，人畜器械无算，乃移置泸州卫于渡舡铺要害之地，而更名大坝为太平川，即其地置长官司，其箐前、都掌故境永宁者割隶永宁，境芒布者割隶芒布。始公之往也，洪谟约以平贼之后，当序厥功以告后世。兹公班师过金陵，故述其梗概如此。

夫蕞尔丑夷，古今为患。在宋征之者若寇瑊、田况、熊本、赵遹辈皆有成绩，今公之功盖不在瑊辈之下，而保障之策如太平川之置官，各寨之裂附邻郡，则过瑊辈远矣。公有才猷，遇事刚果，举进士，历官给事中、参政、都宪、二司寇、少司马[16]以至今官，而是归崇阶懋赏不待祝云。

成化四年（1468）戊子夏六月之吉，赐进士及第、南京国子监祭酒、前翰林院侍读学士兼修国史蜀人周洪谟撰。乙集卷十八

七、南征凯歌赠大司马程公还朝

唐虞王化渐九有，玉帛梯航竞奔走。蕞尔山都一弹丸，讵敢兴戎萃群丑。谓山深峻险可凭，频年剽劫残民生。招之不来抚不服，圣主赫怒加天兵。戈船铁骑纷南下，已觉先声摧大坝。总戎特遣飞将军[17]，授钺还推大司马。司马才全文武资，筹边旧督辽阳师。胆气堂堂横宇宙，英威凛凛闻华夷。牙旗直指临泸叙，要害乘机辄先据。兵分三十六屯营，大举齐驱争捍御。蛮酋迎敌意尚骄，出没林箐如猿猱。材官猛将阚虓（kàn xiāo）[18]虎，奋勇追呼倾贼巢。箭飞白羽流星急，火炮神枪轰霹雳。洞胸馘首恣剿除，兽奔鸟窜惊号泣。僵尸蔽野腥血流，我师转战殊未休。赭山堙堑作平地，始知恃险非良谋。俘虏累累俱面缚，洞窟巢空境清廓。羽扇晴挥氛祲消，玄旌夜扫攙抢[19]落。阗阗振旅意气雄，捷书飞报明光宫。伏波铜柱武侯垒，今看复继征蛮功。嗟哉掌坝[20]诸狂孽，自速天诛取夷灭。萤火安能亢[21]太阳，螳臂何由抵车辙。武匪欲黩兵匪穷，载戢我戈櫜我弓。参旗井钺[22]奠封域，蜀江汉水仍朝宗。还朝饮至颁恩数，行赏疏封锡茆土[23]。臣拜稽首果何能？庙算钦承自神武。三辰顺范[24]

海寓宁，盛德成功（杨）［扬］颂声。身兼将相古无几，竹帛同垂千载名。

成［化］四年（1468）六月初吉，赐进士及第、嘉议大夫、礼部右侍郎致仕、前翰林学士兼修国史、直东阁㉕钱（唐）［塘］倪谦拜赠。乙集卷十八

①《程氏贻范集》，明程敏政编撰，成化十八年刻本，美国国会图书馆藏。程信去世三年后，其子程敏政将历代家族文献统编为《程氏贻范集》，共五集三十卷。程信既是程敏政的父亲，又是一代名臣，与之相关的文献在该书中占了相当大的比重。与成化征讨都掌之役相关的敕谕包括：成化三年（1467）七月十九日《兵部尚书程信四川贵州提督军务敕书》和《制谕》、九月二十八日《总督粮储敕书》、成化四年二月十七日《献捷奖谕敕书》、四月初十日《再捷奖谕敕书》、四月二十四日《班师敕书》。班师凯旋后，还有多道加官进爵的诰命。另外，书中收录的周洪谟《平大坝都掌夷记》等文献，从不同侧面反映了成化之役。程敏政是成化二年（1466）一甲进士第二名（榜眼），编纂该书时任左春坊左谕德、经筵官兼太子讲读官，有条件看到各类官方档案。程敏政还是当时的文坛领袖，以学问精核、博洽多闻著称，收录与他父亲有关的各类文献当然是经过精心挑选的。该书成书早于《明宪宗实录》近十年，资料来源可靠，因此，与成化之役有关的各类文献是可靠的第一手资料，揭示了明廷围剿"都掌蛮"的决策、部署和主要战役历程，价值甚高。

②敕书：皇帝慰谕公卿、诫约朝臣的文书。见《新唐书·百官志二》："六曰论事敕书，戒约臣下则用之。"

③九姓土僚：即宋元罗氏党，与都掌内部的僚人有密切关系，故而联合反明。

④汉、达官军：指由汉人和内附明朝的蒙古人组成的军队。达，即达达、鞑靼的简称，是明人对以蒙古为主的北方少数民族的称呼。

⑤舍余：是舍人和余丁的统称。舍人指卫所武官户内除武官以外其他人丁的统称；余丁指卫所军户之家内正军以外的其他人丁，亦称军余。

⑥三司：指布政使司、按察使司、都指挥使司三个省级衙门。

⑦着落：即着落，落实。

⑧镇抚：明代在千户所内设置的武职土官，从六品，以土兵精干者或头目充任，秩阶低于千户，副千户。百户缺，则代之。小旗，总旗和小旗官都是卫所制度之内的下级军官。明代卫所兵制百户统兵 120 人，正六品，下属分 2 总旗，正七品，各 50 人；10 小旗，从七品，旗各 10 人，隶属千户所。

⑨落个利：即落角利，在今云南威信县旧城一带。

⑩水磨、天井等洞：水磨洞不详。天井洞疑即天梁洞。光绪《兴文县志》卷一《舆地志·山川》："天梁洞，在县南四十里荟灵乡。洞口向天，深广可容万人。成化时破都蛮，余党窜伏洞中，俱饿死，官军谣曰：'洞无关，有臭蛮。'明季兵燹，民多避乱于此。大岩湾洞，县南五十里。四围绝壁，曲折而下，湾有深洞，与天梁洞相通。昔人避兵于此。"荟灵乡即今石海镇一带，五村在境内，今亦称兴堰场。县志记载与天梁洞（今称天泉洞）完全吻合。

⑪此六乡当指戎县山都六乡，即今兴文县九丝城镇一带，时都掌以大坝为中心。

⑫按：周洪谟此说有误，漏罗阳县。据中华书局 1962 年标点本《旧唐书》卷四十一《地理志四》，晏州有思峨、柯阴、新宾、扶来、思晏、多刚、罗阳七县。《新唐书》同。

⑬图经：以图为主或图文并重记述地方情况的专门著作，是中国方志发展过程中的一种编纂形式。

⑭方岳：称专任一方的重臣，出自《书·周官》。传说尧命羲和四子掌四岳，称四伯。至其死乃分岳事，置八伯，主八州之事。

⑮得宋、水磨二洞：地址不详。

⑯都宪、二司寇、少司马：分别指都察院左佥都御史、刑部右侍郎、兵部侍郎。

⑰飞将军：本西汉名将李广绰号，因李瑾姓李而借用此语，也含赞美之意。

⑱阚唬：吼叫。

⑲搀抢：亦作搀枪，彗星名，即天搀、天抢。古人以搀抢为妖星，主兵祸。

⑳掌坝：盖都掌大坝之省称。

㉑亢：通"抗"。

㉒参旗井钺：四者皆星宿名。参旗属毕宿，共九星，在参星西。又名"天旗""天弓"。《史记·天官书》："东井为水事，其西曲星曰钺。"古代星术中，参、井分别为蜀秦分野。这里借指四川。

㉓茅土：又作茅土，指王、侯的封爵。古天子分封王、侯时，用代表方位的五色土筑坛，按封地所在方向取一色土，包以白茅而授之，作为受封者得以有国建社的表征。

㉔三辰顺范：指日、月、星正常运行。

㉕直东阁：即值班于东阁。东阁大学士，明代殿阁大学士之一，洪武十五年（1382）始置。见《明史·职官志一》。

篁墩文集① 三则

一、资德大夫正治上卿南京兵部尚书兼大理寺卿赠太子少保谥襄毅程公事状

公讳信，字彦实，世为徽州休宁人……四川贵州山都掌蛮，据大坝山箐之险，叛服不常。两镇守将势不相下，朝议遣近侍、宪臣各一人往督战，而兵科给事中秦崇、御史吴瑜至军，不久还，言诸蛮已靖，诏各进禄二级。未几，诸蛮复出，破合江以上九县，势益猖獗。公覆奏，劾两镇守将，稍及崇、瑜。上虽宽宥，而两人者心衔之。丁亥六月，边报益急，上用廷议，进公兵部尚书，提督军务，与襄城伯李瑾，发川、广、云、贵番、汉兵讨之，赐白金、彩币、金织麒麟衣一袭以行。

公至永宁，分大军为三道，自督之以入金鹅池，而分四川军由戎县，贵州军由芒部，云南军由普市入，授以方略，期四路俱会大

坝。兵及李子关、渡船铺，贼恃险拒敌，飞梭下礧如雨，诸军以神铳劲弩却之，攀崖而上，顺风举火，焚其龙背、豹尾二寨。贼退保大坝，而贵州军已掎其后，四川云南军已攻其左右，惊顾四散不支。连破二十余寨，获铜鼓数十，斩获五千级，生禽二千人。余贼复走入天井、水磨二洞，洞窍幽暗，不可入。公命诸军以土石窒其门，围守月余，贼死洞中，臭闻十余里。公又阴察九姓土獠之附于贼者，还师扑之。不逾年，都掌悉平。捷闻，赐敕奖谕甚至。公复请移泸州卫于渡船铺以控诸蛮，分裂都掌故地，隶永宁、芒部，易大坝为太平川，立长官司，以辖熟夷。卷四一

二、明威将军沈阳中屯卫指挥佥事程公墓志铭

公讳佲，字彦彰，故赠兵部尚书兼大理寺卿讳晟府君之中子，太子少保襄毅公之弟……武略将军副千户。四川贵州山都掌之蛮屡叛，杀边吏，襄城侯李公奉诏往讨，而以公从。时襄毅公以尚书督诸军事，公不以自骄，愿分隶偏裨，下其豹尾箐及海纳诸寨，而五村峒号天险，公复与敢死士连破之，俘贼甚众，并获铜鼓十数。成化初凯旋，升明威将军、指挥佥事，加赐赍。卷四四

三、骠骑将军后军都督府都督佥事李公墓志铭

公讳铭，字自新，世居山东邹平之醴泉乡。川贵山都掌蛮乱，久不下。朝廷大发兵击之，军毕节，而蜀兵为贼沮于泸江，不克进。公冒险往迎之，军大振，复自率一军，入捣大穴塘，连破之，燔其寨数十，遂抵大坝。大坝者，贼巢在焉。由是诸蛮悉平。卷四四

①明·程敏政《篁墩文集》，《四库全书》文渊阁本。程敏政，字克勤，休宁人，兵部尚书程信之子，成化二年（1466）进士，才高，学问淹通，著

作具有根柢，非游谈无根者可比。累官至太常卿兼侍读学士，掌翰林院事，进礼部右侍郎，专典内阁诰敕。《明史》卷二八六有传。

弇山堂别集①

平四川山都掌蛮功

镇守太监刘恒，岁米二十四石。左少监赵永，为太监，岁米十二石。提督尚书程信，兼大理寺卿。襄城伯李瑾，进封侯。右都督罗秉忠，封顺义伯。都督佥事穆义，为都督同知。御史方汉，为南京通政司左参议。兵部郎中俞钦，为太常少卿。户部郎中李田，为广东左参议。兵部主事陈渤、户部主事刘杰，俱郎中。左少监郑忠、南宁伯毛荣、右副都御史陈宣，都督佥事。芮成，给赏。副都御史汪浩，准赎。又升锦衣等卫带俸都指挥使白金、白玘、王受俱都督佥事。余升赏有差。卷八〇

①明·王世贞《弇山堂别集》，《四库全书》文渊阁本。

礼部志稿①

俞钦字振恭，浙江新昌县人。景泰辛未（二年，1451）进士，选为翰林院庶吉士。授礼部仪制司主事，升郎中，以事左迁松江府同知。成化改元召还，改兵部武选司郎中。乙酉（元年，1465），以从征山都掌蛮寇有功，升太常寺少卿。卷五六《侍郎俞钦》

① 《礼部志稿》，明泰昌元年官修，《四库全书》文渊阁本。

全蜀艺文志 ①

周洪谟长宁重建县厅记

长宁，古梁州之域，天文东井柳鬼分野。《舆地广记》以为汉犍为郡汉阳县地，旧志以为犍为郡江阳县地，薛常州季宣《舆地丛考》以为汉牂柯郡之瞥县。三者之说不同。盖犍为今叙州，汉阳今庆符，江阳今江安，而瞥在泸州略外。自汉而下，县境所附虽变易不常，要之，实介三邑间也。县西、南、东皆邻乎夷，是以常有夷患。在宋祥符中，泸夷斗望烧淯井盐；政和中，五斗夷卜笼、卜漏剽掠村邑；元至元间，大坝山都掌夷及羿子蛮烧长宁军。国朝洪武以来，前诸夷种族，时屡出劫村落，而为害未甚，惟庚午（景泰元年，1450）春合兵共屠长宁，焚民庐舍千余区。县之厅宇既煨烬，后前尹朱公思通、今尹李公显，相继修复。巍乎其前者，为治事之厅；奥乎其后者，为退思之堂；翼乎其左右者，为分理案牍之所。以至谯门、廨舍、仓库，靡不毕具。县治自古南面，我朝洪武中，始易以东向，今因之。

既而李公遣人来求为记。呜呼！厅宇完且美矣，而齐民之奴虏，犹有未赎者也。疮痍，犹有未差者也。暴骸岩瘗，犹有未藏者也。托栖蓬荜，犹有未宁者也。可不为之太息而痛哭哉！为之计者，莫若益高其城，益深其堑，诘戎兵、练士卒，入以固守，出以克敌，则庶乎其可也夫。以宅诸夷之渊薮而狃于宴安，弛其武备，何异入虎穴而不操尺寸之兵者哉！将委其身以填虎腹，不亦悲乎！予故详县之形势，不能不受敌，与夫不可不用武之故，以告为民父

母者。卷三四

①明·杨慎编《全蜀艺文志》，《四库全书》文渊阁本。

晋溪本兵敷奏^①四件

一、为僰蛮聚众攻围城堡，阵亡兵勇，紧急调兵救援事

该巡抚四川都御史马昊奏称："会同镇守太监王保、总兵官吴坤议照：僰人虽边夷种类，其间如阿田、阿罗、阿尚等皆筠、高等县版籍编民，非化外远夷不通声教（不）可比。始与流民有隙，遂致纷扰，不忍加兵，既而安抚渐定，乃敢叛逆，攻围边堡，杀死戍军，劫掠烧毁，无所忌惮，原情论法，罪不容诛。但朝服暮叛，夷性之常，急于进剿，固无不可，然滥及无辜，必伤和气。况前项地方，实与戎珙都蛮、永宁羿苗、乌茫保保及云贵等处诸夷联络相望，兵连祸结，□无穷已，而兵粮不继，虽悔何追，安可轻举，自取损威？臣仍待叙泸兵备佥事赵履祥督同原委各官推审复叛情由，示以祸福利害，再加抚处。若果听从省谕，守分安生，悯念犬羊，不与见尽，随俗处分，俾无后艰，另行具奏。若执迷不返，仍前放肆，则是此贼罪恶贯盈，天褫其魂，我之词义严正，师出有名。一面行乌、芒二府，调集土兵，刻期前进。臣等量调成都等卫官军、酉阳土兵、新达等州县乡勇，分路夹攻，直捣巢穴。及照戎、珙所辖都蛮间与僰蛮夷人素有雠隙者，诱之以利，使之截杀于中，以破其协谋合势。务俾背腹受敌，胆落魂惊，家业荡空，渠魁授首，余党丧亡，无复啸聚。除地方之凶残，雪官军之耻辱，慑诸夷之黠鸷，致一隅之太平。计出万全，事在此举。若夫临敌应变，因事相

机，战守进止，又在将领调度运用，实非可以预言者。然征剿莫先于赏罚，赏罚莫要于纪功，如蒙乞敕兵部详臣所拟，别无异议，速行都察院转行巡按御史：如果甚不得已进兵征剿，获有首级，不妨本等职务亲临纪验，事宁拟奏升赏"等因。

该本部议得：合无赍文交与都御史马昊等，敕内事理先行设法抚处。如果前贼向化，各安生理，不必进征，劳民动众，必须安插停当，保无后虞。倘或执迷不服，应合进兵，相机进剿，务在计出万全，事无一失。仍咨都察院转行彼处巡按御史：不妨原差随军纪功，敢有妄杀平人等项，就听纪功官指实参奏。

正德十一年（1516）八月初一日具题。

奉圣旨："是。这地方抚处等项事宜都依拟行。钦此。"卷八

二、为十分紧急贼情事

看得巡按四川监察御史卢雍所奏"僰蛮攻劫高县、庆符县事情，及参叙南卫指挥王齐、金正、廖永畏敌退奔，冒功遮饰；守备都指挥杜琼买和招衅，妄称贼首谢文礼已就斩获；分守右参议崔旻、分巡佥事王芳、叙州府知府陆芸俱各凭杜琼虚报，妄称谢文礼已死，及称臣轻信各官之报转奏，乞要将王齐等提问，将臣罢黜"等因。查得杜琼先该御史卢雍参奏，已该本部前项议拟提问，及崔旻、王芳住俸，戴罪防贼外，合无本部移咨都察院行巡按四川监察御史将指挥王齐、金正、廖永俱提问，与杜琼一并议拟罪名，奏请定夺。如果有买和启衅、逗留失机等项重情，牢固锁肘，差人解京送都察院从重问拟，奏请发落。崔旻、王芳仍依原拟戴罪防贼，并知府陆芸通候贼情宁息之日参奏提问。其御史卢雍，先因奏报贼情止凭各官所报具奏，事出急迫，又自认罪，合无免究。伏乞圣裁。

及看得御史卢雍奏内又称"只今僰蛮、谢文义、谢文礼等见在上、中、下白水江寨聚扎，约有一千，纠合流民共约有三千，如若

结构葛魁、黄永等处②羿蛮，难以数约"一节。臣等窃闻僰蛮等贼为害四川，其来已久：洪武、永乐、宣德以来，屡调大军征剿。景泰元年（1450），贼劫长宁等处，佥都御史李匡招抚已平，明年复叛，杀死运粮官员。天顺六年（1462），烧劫长宁盐场，副总兵许贵招抚，明年又叛，攻破江、宁等县。成化元年（1465），都御史（许）[汪]③浩、都督芮成征讨，劳费无算。近年播州土官杨爱等争田，雠杀流民，蓝廷瑞、鄢本恕等乘之倡乱，全蜀骚动，吏民死者以数万计，军饷所费以亿万计，用兵首尾五六年，至调边兵往征，方底平定。今如御史卢雍所奏，贼首谢文义等聚集流民已至三千，构结诸种蛮夷又难以数计，臣等熟思深虑，乱蜀之祸恐又兆于此矣。今若不早预处，如火始燃，势必燎原。但用兵御侮，先宜内抚百姓。四川地方科差繁重，凋弊已极，见今松潘用兵，财力俱困，今又僰蛮内侵，难以再议用兵，必须从宜议处，整顿兵粮。责令新任守备都指挥并兵备、守巡等官设备固守，来则拒之，去则勿追，待候地方丰收事宁，另议处置，庶为稳当。合无请敕一道，差人马上赍送四川镇守太监、总兵官、巡抚都御史及巡按御史、三司官从长计议防御僰蛮事宜，一面严督叙泸守备、兵备及分守、分巡等官预备兵粮，相机战守，再有失事，罪不轻贷。一面将应行事宜星驰具奏，不许迟误。按察司分巡官不时巡历地方，抚安军民，禁止科害，以安人心，一应不急征科，俱暂停止。

臣等又闻，先差去乌思藏取佛太监刘允等尚在四川未去，即今四川地方番蛮作乱，地方不宁，道路阻隔，供给艰难。乞敕四川镇巡官会同太监刘允计议，如果可去，遵照原奉敕旨前去。若是道路不通，费用浩大，合无行令刘允等暂且回京，原赍去赏赐等物，交付镇巡官处如法收贮，待候四川地方贼情宁息之日另议差遣。庶内不失人心，外不启边衅，为民造福，莫大于此。

正德十三年（1518）十二月初六日具题。

奉圣旨："是。王齐、金正、廖永都提了，与杜琮并问明白奏来定夺。崔旻等都着（待）［戴］④罪防贼，待事宁之日与陆芸一并来说。卢雍既认罪罢，防御事情还写敕与镇、巡二司等官从长计议，务要停当。仍严督守备、兵备、守、巡等官各依拟预备兵粮，禁止科害，再有失事，都不轻贷。其公差太监刘允等不许在彼迟延，著镇、巡等官上紧打发催趱起程入番公干。钦此。"卷八

三、为十分紧急贼情事

看得巡按四川监察御史卢雍奏称："正德十三年八月二十二日，被僰蛮三枝约有一千余人将高县、庆符县俱各攻劫，放火烧毁官民房屋。"及称"守备都指挥杜琮督率官军追剿，将贼首谢文礼杀死砍首，谢文义被箭打伤逃命，各蛮丢弃原抢人口、财物、头畜并铜鼓、旗纛、火箭，尽被我兵夺回，砍获首级、生擒尽多，又往发兵追剿。先该兵备金事田荆解放江船，绝其归渡，候追兵回日另报等因。参奏守备都指挥杜琮启衅失机，泸州卫指挥黄应文临阵先退，成都右卫指挥常策不行策应，兵备金事田荆提督不谨，分巡金事王芳、分守右参议崔旻防备欠严，道合有罪。镇守总兵官、都督吴坤筹边方略未闻巡抚都御史马昊，轻视僰贼，不思患预防。镇守太监王保难辞地方之责。但今幸仗天威，首贼谢文礼已就斩戮，蛮众亦多奔散，所虏人畜、器械俱已夺获，各官之罪似应末减，乞要将杜琮、黄应文、常策提问，兵备等官田荆等合无一体提问，惟复量加罚治。镇巡等官吴坤等合无降敕切责，惟复别有定夺。"又奏："乞查照正统等年都御史寇深等提督松潘军务事例，将松潘边务责成马昊，务收全功以赎前罪，另选才德大臣一员代其巡抚。及停止立县增税，查给降夷田土令其复业，将设立长官司一事行镇巡三司会勘具奏"等因。

臣等查得杜琮，先该御史卢雍劾奏，已该本部议拟覆奏，行巡

按御史提问，及推举何卿等更替外，所据指挥黄应文、常策既于军法有违，合行巡按御史与杜琼一并提问，奏请发落。其兵备佥事田荆、分巡佥事王芳、分守参议崔旻，地方失事俱应提问，但贼首谢文礼已斩获，余贼擒斩数多，事未尽宁，紧关用人，合无将田荆、王芳、崔旻俱住俸，令其戴罪防御僰贼，待事宁之日通查功过，奏请定夺。及要将都御史马昊专一提督松茂军务，另设大臣一员巡抚，不为无见，但政出多门，人难遵守，用兵事宜尤忌牵制。近年四川地方既有都御史林俊巡抚，又添都御史高崇熙巡视，寻改高崇熙提督松茂军务，又令尚书洪钟总制，又令高崇熙暂住重受，令林俊、洪钟专剿蓝、鄢余党，委任不一，致难成功。合无请敕切责马昊、吴坤、王保，令其同心协力，遵照先奉敕内事理调集兵粮，征剿番贼，果收全功，准赎前罪。其僰蛮贼情严督新任守备指挥并兵备、守巡等官设法防御，相机战守，务使兵食出于四川者供调本省边备，两不妨误，应具奏者火速奏闻区处，再有夫事，罪不轻贷。其设立长官司一节，合无依其所拟备行四川镇巡三司官从长计议，具奏定夺。及停止设县、退还田土事情，俱合准拟施行。

正德十三年（1518）十二月二十六日具题。

奉圣旨："是。这僰蛮聚集人众攻劫两县，放火烧毁官民房屋，失事情重。杜琼已有别旨提问，黄应文、常策也都提了问，田荆、王芳、崔旻本当提问，但亦有斩获功次，又系紧关用人之际，且不提，都着戴罪防御，待事宁之日通查功过明白，奏来定夺。镇守、巡抚官都写敕切责，着同心协力，勉图后效，以赎前罪。其余事情都依拟行。钦此。"卷八

四、为飞报紧急贼情事

看得镇守四川总兵官署都督同知吴坤奏称："会同太监、三司等官计议，已于正德十三年九月初三日领率官军，兼程亲诣叙州府

督兵，斩获首恶谢文礼首级，诚恐大坝、戎、珙、永宁、乌、芒羿獠效尤骚动，卒难收拾，添差都指挥刘芳等守哨领军，又差指挥尹武等前去乌蒙、芒部督调土官、土舍、土兵人等会合原调汉土官兵捣穴剿杀，及行佥事王芳等催调乌芒土兵，纪验功次，缘无奉有敕旨，难以行事，乞要本部查议，准其于叙泸抚剿及行巡按御史纪验功次"等因。

查得先因给事中梁本茂建言，要行都御史马昊前来筠连处置夷情，及本部查得马昊与吴坤同奉敕谕征剿松潘番贼，吴坤系主将，又曾奏请敕书听委守巡、管粮等官随军供给，以此节次议奏令吴坤征松潘，马昊防御叙泸、筠连，今据吴坤前奏，马昊已在松潘，吴坤已到叙泸，难再改换。及督调汉土官军事情，为恐诸夷扇动，各官会议，事已施行，亦难别议。合无准其所奏，行令马昊专管征进松潘，另请敕一道，差人赍付吴坤钦遵照依各官原会议用兵事宜相机行事，务在慎重详审，处置停当，不可任情轻忽，致有失事。有功升赏不吝，（愤）［偾］⑤事罪有攸归。马昊、吴坤虽在两地，若遇事相关涉应会议者，仍须协和计议而行，不许偏执自用，致有阻误。其纪功一节，巡按御史既已奉敕松潘纪功，叙泸功次难以兼理。合无行令佥事王芳等随军纪验，毕日，经由巡按御史核实造册奏缴。

正德十四年（1519）正月十三日具题。

奉圣旨："是。吴坤既已到叙泸，还写敕与他，着照原议用兵事宜相机行事，务要处置停当以安地方。如或任情轻忽，再贻后患，罪有所归。钦此。"卷八

①明·王琼《晋溪本兵敷奏》，《续修四库全书》第476册，上海古籍出版社，2002年。王琼，字德华，号晋溪，山西太原人，明成化二十年进士，正德朝兵部尚书。《明史》卷一九八有传。

②葛魁、黄永等处：在今云南彝良县境。

③按："汪"字，据《明史》改。

④按："戴"字，据文意改。

⑤按："债"字，据文意改。

皇明经世文编①

王廷相《呈盛都宪公抚蜀七事》摘录

尝观周文安之疏曰："都掌之夷，从古至今不时出没，大军至则束手听抚，大军回随复劫掠，地方无二年宁息，其故何哉？臣以为山川险恶，剿不能尽，抚不足凭，当有以处之耳。圣朝四海八荒皆设土官以长夷人，惟都掌夷人未设，止属戎县流官，实难钤束。乞敕兵部计议，行四川巡抚、总兵、三司等官，亲临其地，使各砦主自择素有名望、众所畏服者一人，立为长官，统属各砦，仍隶本府，而该部铸降印信，开设衙门，照依邻境九姓长官司事例，奉修职贡，则统属既定，自然顺服，不动兵革而边境自清矣。"其疏之大略如此。夫文安公，长宁人也，所见必真矣。若能举而行之，则足以为中国之捍蔽，而川蜀南鄙之民庶几无虞矣。《传》曰："天子有道，守在四夷。"此之谓也。

① 《皇明经世文编》卷一四九，中华书局标点本，1962年。

杨升庵集 三首

一、江阳病中秋怀八首之四

九丝城寨控诸蛮，旧是鸦飞不到山。深菁篾笋何太毒，横江烽燧不曾闲。萝枫列哨谁传箭，高堞孤城只闭关。安得班超投笔起，戎州暂得破愁颜。明万历十年蜀刻《升庵先生文集》卷二八

二、九丝城行

九丝城畔都蛮哄，刘显擒贼姚梧纵。千户纽绶丧其元，六郡疲民哭之劢。远碉近哨烟尘昏，江阳戒严长宁奔。咫尺成都消息且拥蔽，何况虎豹九关金马门。明万历十年蜀刻《升庵先生遗集》卷五

三、高县义士行

山都水都蛮寨连，九丝之城如丝牵。鸦飞不到山势恶，篾笋剡戟生愁烟。沿村杀儿将女去，黄鸡白犬不得眠。主兵不救城郭远，含冤茹苦徒呼天。高县义士谭金钱，鸣俦啸侣排戈铤。众寡不敌吁可悯，捐躯舍生遭贾颠。至今里社传灵异，表厥坊宅荣陌阡。何当尸祝慰毅魄，以配《九歌·国殇》篇。我今感作义士行，他年贞石堪铭镌。明万历十年蜀刻《升庵先生文集》卷二四

张太岳集^① _{书牍七件}

一、与蜀抚曾确庵计剿都蛮之始

都蛮为害多年，不容不除。闻之谭司马云，蜀中兵饷，取之存留尽可措办。俟兵食已足，方略已定，可一鼓平之。但用兵之道，全在将得其人，前承教谓刘显足办此事。昨科中用闽事论之，鄙意以蜀征方始，不宜辄易大将，而司马又不敢独当，故咨之于公也。若其人果可用，不妨特疏留之，立功赎罪。如不可用，则当别授能者。公宜以此意明示刘显，俾鼓舞奋励。如玩寇无功，必将前罪并论诛之，不敢庇也。

地方大事，唯公熟计之。卷二五

二、与蜀抚曾确庵计剿都蛮

凌霄既破，我师据险，此天亡小丑之时也，宜乘破竹之势，早收荡定之功。计蛮众不过数千，我师当数倍之，无不克者。攻险之道，必以奇胜。今可征兵积饷，为坐困之形，而募死士从间道以捣其虚。先年破香炉、取洮岷，皆用此道。若不奋死出奇，欲以岁月取胜，此自困之计。兵闻拙速，非睹巧之久也，惟公熟计之。

刘帅功名著于西蜀，取功赎过，保全威名，在此一举。其一切攻围之计，宜听其自为便利，勿中制之，唯与之措处军前赏功募士之费，计军中一月之费几何。与其旷日持久，不若暂费速罢之为愈也。

凡此皆书生之见，谩寄以备采择。卷二五

三、答蜀抚曾确庵

十月十四日闻九丝捷音，不觉屦齿之折。殄此巨寇，不惟蜀民安枕，且国家神气藉此一振，四方有逆志干纪之人亦将破胆而不敢恣睢矣。喜甚喜甚！

此地险要，宜屯兵设官以镇之。其有功有罪人员及一切善后事宜，当次第俱奏区处。卷二五

四、与曾确庵计平都蛮善后事

都蛮自擅，不讨之日久矣。岂知王师动于九天，从衽席上攫而取之乎。自冲圣嗣位以来，方内乂安，四夷向风。旃裘之君，厥角稽首，献见恐后。海陬跋扈之俦，山徼陆梁之辈，天戈所向，歼殄无遗。此往籍所希闻，间代而一觏者也。仆以谫劣，谬司鼎轴，际兹盛会，窃为以荣，可不谓大幸欤！功高赏薄，尚当有待。

所示善后事宜，便属所司覆行，更无异议。卷二五

五、答蜀抚曾确庵

先后承翰示，俱一一具复。昨孙院有疏言"残蛮未靖"，不知其意所出。大剿之后，窜伏林谷者岂能尽歼，要在从容绥定之耳。譬之人，积病虽除，余毒尚在，良医当此时正宜消息。缓之则萌蘖复萌，急之则重伤元气，不可不慎也。卷二六

六、答蜀抚曾确庵计都蛮善后事

都蛮未平之先，蜀中士大夫求免其毒害而不可得，今既克复，遂欲窥其土田而有之，此私情之难狥者也！

众蛮残孽，当其降服之初，乘吾兵威，分北而散遣之，为力甚易，今已一年余矣。彼既恋其故土，又曾许以抚怀，乃一旦欲别处

之，祸萌当自此生矣。仍宜怀之以恩义，久任刘显以弹压之。数年之后，人情定帖，畏威怀惠，皆吾赤子矣。蜀人有倡为余党未尽之说者，皆欲利其土地耳。公宜熟计其便，毋徇人言，坐堕前功。卷二九

七、答四川总兵刘草塘②

辱华翰，深荷雅情，厚惠概不敢当，辄璧诸使者。

不谷素以荐贤为心，又见近日武气不振，故每每曲为保护奖率。然以为国，非以市德于左右也。顷向确庵公一言之，渠必以告，统惟鉴存。卷二九

①明·张居正《张太岳集》，《张太岳文集》，上海古籍出版社影印复旦大学图书馆藏明万历刻本，1984年。

②草塘：刘显的别号。

皇明大事记①

平都蛮

四川三面皆夷。夷依山出掠，中国驱逐，夷渐入渐深，山亦愈险，虽立县设兵，不能禁其不为祟也，而都掌为甚。

都掌地古属犍为郡，宋时为多冈县，即今之都掌多刚寨。地在叙州府西，偏介川、贵间，僻而且饶，与永宁、芒部、乌撒相接。诸峰盘亘，大坝为门户在东，进为凌霄，又进为九丝，旁峙都都寨。宋称九姓，蛮人夸大，改九丝，谓山深远梦杂如之也，所在结寨无虑千百。诸葛破孟获，徙青羌于五斗坝，即其地。宋熙宁蛮

叛，用白芳子兵破之，作誓蛮文。白芳子，即今之民壮。国初诣大军降，随地安插，入籍输赋，分山都六乡、水都四乡，皆隶戎县。水乡平衍，黠逆者犹难逃匿；山乡深阻，莫可穷诘，遂以蛮称。宣德初，始劫掠。合兵讨，大破之。正统中兵备稍弛，蛮始纵恣。景泰元年（1450），都御史李匡、御史刘（幹）［灘］②征之，疠疫大兴，贼走深箐，招抚旋师，寻出没益横。天顺六年（1462），都督许贵再讨再抚，愈加猖獗。

成化元年（1465）三月，川贵守臣各奏蛮分踪攻劫。上命四川抚臣（江）［汪］③浩、总兵芮成、贵州抚臣李浩、副总兵李安征原调官军刻期会剿。时国子监学录黄明善上三策：一曰窜徙邻境以离其党，二曰分属汉夷以别其类，三曰据险固守以待其毙。翰林侍读周洪谟奏："蛮各有主，请择素有名望、众所畏服者一人立为长官司统各寨夷民，隶本府，戎县流官管汉民。统属既定，边境自宁。"黄、周皆叙人，熟知利害，并下议行。于是，李安奏委永宁宣慰奢贵赴大坝，欲顺夷情，就属本司管辖。明善又言："若照许贵招抚事例，玩寇养患，有损无益。若照李安所奏事情，则奢贵平日所辖土僚、羿蛮尚不能钤束，以致近日攻烧屯堡，杀掠军民，况能抚都掌之众乎？借使招抚已从，亦难凭信，又恐佯为听抚，意在复仇，则边衅愈开，为祸不已。今宜因大军之众早为定计，庶几安民而除害，不至老师而费财。"命下总兵等官审处，而芮成等先已进兵扎西乖等乡，架梁修路，分兵攻围，蛮不能支，屡破其寨，斩六百余级。移兵珙县，进至戎县，攻箐前④等寨。贵州兵亦至，俱抵金鹅池⑤，合攻大坝。都指挥周禠分守上罗计⑥等堡，指挥孙泰督芒部等府土兵截贼后路，永宁宣抚司士兵守落敖山口。贼潜引各寨蛮千余伏近山箐，令阿圭等三十七人诈来降，意欲劫营，芮即擒之，圭果袖出小刀以抗。官军一万五千分四路围入，各蛮起伏对敌，官军奋斩获贼首五百八十七级，分兵攻烧其三十余寨，又斩首一百七十三级报捷，而黔先殁五千人，蜀且万人，不以奏。浩与成又互讦，遣给事中秦崇、御史吴瑞往核，兵部奏军还贼又出掠，即令崇等督兵讨之，事平勘奏。二年四月，贼出攻剽，芮击败之。崇等会兵，四川由纳溪进，贵州由永宁进。五月二十五日，遇贼于小峰垭，再遇青岗坎等处，皆捷，共斩首四百七十余级。崇上言："贼徒为逆者既被痛剿，听抚者始知畏服，道路渐通，地方稍宁。"部覆："蛮贼为患已非一日，今虽被剿听抚，尚恐甫服旋叛。宜命总兵等官甄别真伪，随宜抚捕，务为经久之计，勿徇一时之安。"然竟草草了事，报"屡捷，地方已宁"。乞还朝，许之。

三年（1467）五月叙功，芮成加右都督，汪浩右副都，李浩加俸一级，余升赏各有差。六月，贼复聚众出寇，先掠戎、珙四县，次屠长宁、江安、纳溪，所过赤地。议者谓非遣重臣大征不可，乃命襄城伯李瑾佩征夷将军印，总兵程信加兵部尚书，督军往讨。郎中李田、主事邓杰督饷。明善复陈征剿事宜，酌行之。信亦言山势险恶，必得土兵乡导，请敕东川诸土司集兵听调，仍各守境，勿纵贼逃窜，从之。而贼已攻烧上、下罗计十三寨，杀掠无数。十二月，信至永宁，克期都督芮成由戎县脑进，留都御史陈宜、参将吴经由芒部进，都指挥崔旻由（晋）［普］市[⑦]、水脑[⑧]进，留参将郭贵护守城池，总兵、南宁伯毛荣为左哨由李子关进，都御史汪浩、参将（辛）［宰］[⑨]用为右哨由渡船铺[⑩]进，信与太监刘恒、总兵李瑾居中节制，左、右游击将军罗秉忠、穆义由金鹅池进。毛荣伐木开路，垒石成桥，分攻勇播等寨，贼败遁入深箐中。官军乘风纵火，焚屋庐畜聚殆尽。各路兵穷追攻龙背、豹尾等百余寨，皆克。自二十三日至二十八日，共焚毁七百五十六处，米仓三千八百一十一所，共斩首一千五百九十余级，生擒三百四十余人，马牛、杂物称是。

明年（1468），进至大坝，攻山都六乡，尽焚诸寨，凡斩首三千一十七级，生擒九百五十三人，焚寨一千四百五十七处，禾仓九百八十一所，获铜鼓六十三面，牛马、猪羊、盔甲、镖弩、牌刀、旗号、弓箭无算，余贼遁山箐者仍督兵搜剿，并按问九姓土僚平昔为恶者诛之。寻奏地方宁靖，所统军马各还原卫，许之。乃迁泸州卫于渡船铺，增置江门⑪、水流崖、洞扫等处关堡，改大坝为太平川，设长官司，分都掌地设官建治控制之，允行。加信兼大理卿，支二俸，襄城伯进为侯，余各颁赏（原注：按，程、李大征蛮以大坝为巢穴，攻破即完局，尚未见凌霄、九丝字，而后蛮深入据之为重，于是其名始著，号为天险。说者谓程、李兵止及大坝，不能及凌霄、九丝，此可以理势断也）。

自后蛮惕息不敢动。正德中廖、蓝之乱，反征蛮兵协剿得定。嘉靖中再出掠，再讨之，以抚为名，羁縻掩饰而已。四十五年（1566），四川巡抚谭纶奏："都蛮之患其来已久，惩艾未深，遗孽复肆，除大征讨候题，请先将关隘游兵如法训练。"而纶募浙人所制鸟铳甚工，铳发口哑而死者数人，蛮最畏之。会迁去，代者陈炌议将永宁参将改驻歇马坝控之，先后皆报允。

隆庆三年（1569），六县（原注：戎、珙、高、长、庆、筠六县，除戎县外五县受祸尤惨，蛮犹谓戎父母之邦也。）民邓通等数人奏告难，巡抚严清奏："蛮分枝四出，所至一空，乞蚤区处。"有旨会安大朝议征。寻以参将周宗、游击谢崇爵、参政包汸、参议田应弼用兵俱非所长，议设大将，以郭成为总兵，而巡抚严清以他事改调，成与安大朝俱论罢。

隆庆六年（1572）冬，曾省吾金都御史代抚，刘显为署都督金事、总兵，会剿。省吾集议，大约以故事招抚为言，且言不可征者三：一曰山势险恶，贼逸我劳，急之则遁，徒老师费财耳；一曰地不可耕，人不足使，克之无裨且自困；一曰弹丸地未足当蜀一肢，一肢病且骚动全省。而省吾前为富顺令，督工伐木入山，卒与蛮遇，令卒藏斧衣间伏地，蛮至呼噪逐之，皆退走，因访问悉其利害。且素受知张江陵⑫，江陵新当国气锐，密书相约，乃列十不同之说示藩臬，皆唯唯。惟副使李江初犹难之，密示以将用刘显，兵若干，饷若干，举无遗策。江乃慨任。后军中调度督率，江之力居多。是时，右布政冯成能司饷，李江巡下川南，参议沈伯龙巡上川南，调土司并募六县民兵合十四万，米凡二十万余石，银可七十万两。蛮言"不怕十万官军，只怕十万粮米"，盖粮多则久困，必不支也。时川中诸将多庸弱不堪用，成既夺官居叙南，其父前为蛮所杀，愤在必报，又尝用兵广东有功，所领倭丁被废散去，然留者尚千人，改隶显麾下。显虽能用，然未尝不思成也，起之仍付以兵助显。安大朝，贵州人，亦自请死战。参将张泽言及蛮寇，目裂发竖，并檄起当一队。奢效忠，永宁宣抚也，切近都蛮，兵颇劲，人谓灭都蛮非奢兵不可。然效忠诡而贪，隆庆四年（1570）官调征蛮，将破贼巢矣，以要赏复败，其弟租亚死之，不俟号令辄班师去，曰"救兵不至也"。人多疑之。而效忠与水西（上）［土］⑬舍安国亨世仇杀，族叔安智与效忠连亲，亦仇国亨。此时刘显以水西多悍卒，欲并调二酋，省吾曰："二酋相见，势不俱生，且国亨来，必经效忠境，效忠且为所图，恐都蛮未灭，别开衅端。"乃令国亨但整兵听调，且咨贵抚臣禁（母）［毋］⑭掣效忠肘而专调效忠。安智屡愿从征，亦留之牵国亨。故效忠一意尽死力焉。

时阿苟据凌霄，阿二、方三据九丝，阿大阻鸡冠岭为窟，皆称王衣蟒，出入震耀。凌霄城不能当九丝之半而高险倍之，传有"若要凌霄破，星往月中过"之谣。阿苟素列编民，其父阿共为祟已久，苟习见稔恶，有僚曰阿㪍，专以佐斗为务。每九丝蛮出劫江安一带，必经凌霄，或官兵追逐至此，即不敢近，甚且反击官兵。蛮亦私受部署，县官知其然，招抚之，又为苟请冠带，苟赴县领赏则惟恣其所欲。一日，领长宁赏，稍不如意即趋出，拔刀斫县门曰：

"必破此县。"县官惧，急倍其赏追与之，犹大骂去。未几则又反，反则又赏，以为常。监生胡天锡，长宁人也，苟掳去其妻、男女家人二十一口，即时将妻以下尽杀之，止存天锡一人索赎。长宁村民共结一寨曰"宝瓶"御贼，阿大等出劫，相持五日不下。苟率众来助，立破，男妇死者三百五十余，存者止幼口三十余。诸如此类甚众。蛮中称苟为得居王，得居，乡名。苟内寨得居，外寨凌霄为两窟。有幺儿者仁寿大盗，遁逃凌霄，为苟义子，勇而黠，相为首尾。佥议阿苟不擒，凌霄不可破，凌霄不破则九丝难图。乃设间，令同知洪一贯遣武举李之实诱出阿苟就擒，诸将犹欲纵归，省吾严檄解叙州。苟且缚且笑曰："幺儿在，凌霄攻之必不能破，执我无益，终当受赏归耳。"四月十一日，显进兵设伏马草坡，先袭落豹寨，又破恶泪坡⑮寨，余蛮奔逃。奢效忠亦以羿兵万人至。二十八日逼凌霄城下，分六枝扎其左右。显亲督率仰攻，五月初一日破之，生擒幺儿，斩获二百余级，焚堕者甚众。阿苟闻幺儿擒，哭曰："九丝城不可守矣。"时建昌贼（文安）[安文]⑯亦聚众突攻行都司城，守将颜寿击破之。

　　显度都都寨与九丝相接为左臂，必乘势先图，方可大举。阿墨为守，部下劲苗千余，即调镇雄兵协剿。六月七日，□□统兵屯乐宴进攻。十五日，镇雄兵三千登其半山地名蓝淀坡，夺其阿儿寨。郭成亦至，营于尖子山，与镇雄兵相犄角，督兵直上，火炮震天。寨将破，忽雨注火灭，蛮即堵守。显复县⑰赏三千金。十八日，显与成各分兵二路攀援仰攻，忽印坝山苗千余来援，发兵截之。显计阿墨无□□阻险，可诱致之，令（珑）[陇]⑱清兵布列寨前，官兵随后，各□□或坐或倚，皆攘臂笑骂。阿墨果领众下寨冲杀，我兵□却，贼众追疾，（珑）[陇]清兵反绕其后，鏖战，遂斩阿墨等于阵，余贼奔回守寨。乘夜进攻，蛮众无主，各自奔窜，遂破其寨。前破凌霄三日，此则五日耳。

显等议曰：重险已□，蛮王夺魂，阿大不与二酉上九丝，意必有异，是可间□□携也。密启省吾，因与冯方伯等议之，亦欲用间，然未□□遣之人。长宁诸生王希忠，素落魄不羁。兵兴，以策成能冯方伯，请身入贼巢为内应，冯颔之，遂遣王说阿大。而显亦知珙县监生何钰有机智，可任，乃令二人持银牌、绮币，招抚阿大。大既内惧，听命阳就招抚，而阴与九丝互相结为声援。两地雄峙相望，中间陇坂幽篠，蜿蟠蛇结，侦我兵走隩中，将翼而覆之。诸将询实未敢进。显又令人散招各寨，厚犒降酋罗万良等饵之，于是诸蛮咸顾望，不为贼用，且有密输官军者。而贼复以间袭执驿丞董思明，诱使降，不屈死之。思明，督运官也。

初，师行，议设游兵一枝巡察防护，显谓肃队齐进，不必更分见力，乃止，至是复设，道路始免梗阻。独运舟从万山中逆流上，中有趱、木二滩乱石纵横，水势建瓴，每船容三十石者方可用，人夫循山高崖上牵引，一舟亦须二三十人。各州县刷到粮船大小不一，小则易覆，大则难进，转输甚苦。营山主簿陆韬、青神主簿宋谦，皆因运粮冒暑，病死。运夫日夜劳役不堪，至派及僧夫五千人。成都知府陈大壮[19]鸠工凿二滩，稍平。会梅雨暴涨，督工巡检曾本溺死。合江丞张本治火药，被焚。显又以闽事被弹，众心疑阻，省吾留之，疏言："刘武举之名蛮素所慑伏，镇蜀以来未及期年，防御既严，雕剿有法，蛮既敛迹，民庆更生，为画像以祀。擒阿苟，破凌霄、都都，势如破竹。若临敌易将，恐蛮复生心，西南无安枕之日。"得旨留用立功自赎。显感激，大恸曰："此功不成，有何面目再见将士、报朝廷！"遂分兵五路：显自将由黑帽山入其西；郭成由印把山入其南；安大朝、韩似甫由得乞口分二哨入其东；□□由谷爆寨入其北；侯一位、吴继祖由西南入，与显合。周围小寨尽数攻焚。八月九日，直逼九丝城而军，营如连珠。时山中丰稔，禾稻被野，众军资食，省转输。阿二、方三等上城，排栅九层，镖弩木石甚设。我军仰攻，蛮死□相持者且两旬。蛮既疲困，见粮无多，我悬赏万金鼓士，士益奋。先是，土司兵调攻贼，习为贼啗以金，比临陈，辄逗挠不战以误我师，数衄坐此。于是下檄切责镇雄各土司："怀二党贼，日久无功，事完移兵并剿。"九月朔，各营俱奋，效忠以锐卒袭隘，杀伤相当，退兵。七日，成统所部，与西阳宣抚冉维屏贾勇逼凤尖山，几至绝顶，坚拒不能进，然遂犄夺其地为营。贼咸震骇相告，以为官兵所未前见也。翌日，雨大注，蛮以久捍御，罢极，会九日祷赛，而平时官军必黎明进攻，今雨益甚，晦黑，不虞我兵至，纵酒乐。显逆揣之，阴戒把总吴鲸、周于德、平茶官舍杨正崇，集汉土冲锋兵千余人，夜半传各营刻期接应，遂乘雨衔枚腰绠，挽而上，未明，斩守关者，径薄蛮所〔原注：宋元丰四年（1081）征九姓，自秋徂冬，无日不雨，成化初征九丝大雨雪，后征杨应龙亦大雨，皆成功。又先年平横江、平白草皆地震，省吾三月发成都入叙州，地复屡震，皆自东北往西南。时阿大、阿二据鸡冠岭为寨，寨门因山石为固，益挖令峻，石门忽崩，阿二大惊曰："不解，宜并力九丝。"阿大不从，仍据鸡冠岭，而阿二独上九丝。兵破凌霄、都都、九丝，皆有乌鸦成群飞绕火光中。而省吾于七月午梦当空一人披发仗剑，状甚奇诡，日光云气垂天而下，问为何人，傍有应曰："此真武神。"遂惊悟。后数日营中来报：西阳兵□营，蛮夜半持长镖大斧自九丝冲下，未及营百步许，见白衣将军仗剑大喝，蛮辟易反走，枕藉死者甚众，所遗镖斧无算，斧柄长一丈，蛮自是不复敢出劫营。可见地方大兵，天地鬼神实司之，不尽由人力也〕。蛮醉惊觉，起距战，相纷拿自残杀，蹈藉死者无算。寻成、大朝、泽等兵皆至，合噪竞前，蛮不支大崩溃，九丝遂破。阿二、方三狼狈从四五人出走牡猪寨，诸蛮麋入岩箐，我兵席胜疏捕殆尽，余复奔鸡冠依阿大。二十二日，成攻破其寨，阿大逸出，显子綎追获之。有吊猴崖者，四周壁立三十余丈，止一线窄径，人不可登。蛮据其上，显搭四敌楼各十二层，上施贡铳交击，贼窘出投，悉斩之。十月九日，进围牡猪寨，把总龚络手搏方三于阵，即拔其寨。阿二穷蹙远遁，显麾诸军追至贵州大盘山擒获之，他遗孽亦皆根逐踵系靡子遗，都蛮悉平。郭成取所获首级，又易生蛮百二十人剖心祭父，人皆快而壮之。阿大等监枭司候献俘，俄反狱，正昼登屋纵火，都司徐仁威手弓偏袒，登高一发中阿大，什余贼纷堕，遂成擒。仁威数与北虏接战，亦骁将也。先时阿苟监叙州，狱亦反出杀死。

是役也，下险寨六十有奇，小寨五百余，燔营舍七千所，擒斩俘获四千六百余级，得酋王三十六人，招安三千三百人，拓地四百里，获铜鼓九十三面，为蜀汉时物，他器仗若牛畜不可枚数。

凯闻，告庙，荐勋受捷。百官毕贺。省吾升右副都御史，荫子太学生。显升都督同知，加银币，余各有差。斩阿大等成都市。

初，成化大征，周文安洪谟上疏力言："唐虞之时，外薄四海，咸建五长，宜立土官以掌都蛮。"不果行。议者终谓周得以夷治夷之法。省吾谓："开国以来，改土为流则有之，未有改流为土者。今都蛮所据巢穴既汉之土地，而其人又隶县籍，若立土官则改流为土，弃地并弃人，非制。况险隘原土酋觊觎，一旦弃之，与借寇兵何异？目前大体既所不安，日后隐忧又所难测。"于是，易九丝曰"平蛮"，凌霄曰"拱极"，都都曰"都定"，印坝曰"文印"，钓猴曰"降蛮"，鸡冠曰"金鸡"。内官寨地广衍，气候甚平，即其中筑城曰"建武"。而环四方埴壤膏沃可耕，均田授甿，籍甿为伍，设总兵、金宪填[20]之。显仍留填，隶以府同知一、守御千户所一、社学一，其他寨栅皆筑堡设戍为守，总四千人，遂成雄镇。

久之，巡抚张士佩议罢兵使，刘显亦升去，众请以绖代，不报，军骄悍劫掠。总兵沈思孝逮捕数人，用所私为把总，众愤，夜袭之，走免，纵火烧公署，时甲申除夕也。巡抚雒遵下令缚渠魁推问，范国兴主谋，范大龙等首难。既缚大龙等十余人，国兴自缢死。遵等皆受赏。至奢寅之乱^㉑，其城复陷。盖与播州^㉒相表里，播平，立二府^㉓，府不能守，则此城如赘疣，不足有无，可毡衫叠被也。

①明·朱国祯《皇明大事记》卷二〇《平都蛮》，《中国野史集成续编》第 8 册，巴蜀书社，2000 年。朱国祯，字文宁，乌程（今属浙江）人，明万历十七年（1589）进士，官至文渊阁大学士，事迹附见《明史》卷二四〇《朱国祚传》。《四库全书》存目此书，题作《大政记》。四库馆臣曰："是书始洪武元年戊申，终隆庆六年壬申，编年纪载，繁简多有未当，殊乏史裁。"

②按："瀚"字，据雍正《四川通志》卷八改。

③按："汪"字，说详上文。

④箐前：在今僰王山镇晏阳村境，地名菩萨田。

⑤金鹅池：今兴文县大河乡金鹅池村。

⑥上罗计：今珙县上罗镇。

⑦按："普"字，据《明史·程信传》改。普市，明普市守御千户所，地在今四川叙永震东镇普占村。

⑧水脑：水脑堡，今叙永县水潦乡。

⑨按："辛"字，据《明史·程信传》改。

⑩渡船铺：在今兴文县县城古宋镇。

⑪江门：今叙永县江门镇。

⑫张江陵：张居正。居正，江陵人也。

⑬按："土"字，据《明史·贵州土司传》改。

⑭按：按文意，"母"字显为"毋"字之讹，以形近而误。用改。

⑮按："恶泪坡"，卷一《破凌霄城报捷疏》作"恶泪坎"。

⑯按："文安"，据曾省吾《西蜀平蛮录》卷二《建昌报功疏》改。

⑰县：古同"悬"。

⑱按：镇雄彝族土司头人汉姓姓"陇"，而"珑""陇"同音，因讹"陇"

为"珑"。据改。

⑲成都知府陈大壮：时官叙州府知府。战后，始以功升成都知府。

⑳填：通"镇"。

㉑奢寅之乱：天启元年，永宁宣抚司宣抚使（土司）奢崇明、奢寅父子起事反明，历时八年而后平。见《明史·四川土司传一》。

㉒播州：今贵州遵义市。

㉓播平，立二府：万历二十七年（1599），播州宣慰司宣慰使（土司）杨应龙反明，讨平后分播地为二：遵义府，属蜀；平越府，属黔。清雍正七年（1729），划遵义属贵州。

两朝平攘录①_{二则}

一、都蛮

都蛮，古西南夷。地界川贵，险据万山，三面阻夷（原注：永宁、镇雄、陇清）。其窟穴为九丝，山形盘礴崛郁，上修广可容万灶，而四峒峭仄，崇峦辟立，外限深箐，为蛮中天险（原注：或云昔人以丝从高阜围之，九两方匝，故得名）。其外东北则为鸡冠岭、都都寨、凌霄峰，三冈皆峻辟数千仞，拔地而起，南仅窄径，行不得列骑，中间陇坂幽筱，阢蟠蜿引，凿空而后可度。三山鼎立，为九丝外障，入九丝所必由，令人守其上，则十万之众势难飞越。與地约四五百里，而连属者二省，切近者七邑，都蛮毒流不啻千里。其在古，初牂牁、巴、筰夷种非一，汉武通道置吏后始入中国。其大者各有君长，归化列为土司，独此地僻险，东之僚僮，南之番蛮，负固梗化者居之，蚁聚深固桀犷，数反覆难制。诸葛武侯经理南中，始尊约束。永嘉后复没于夷僚，盖千四五百年。

至明兴，设郡邑置吏，蛮属版图，居封域之内，其近壤可耕者悉分隶叙之高、珙、筠、戎、长宁，泸之江安、纳溪等县，而九丝为瓯脱。于是蛮叛服不常，七邑人民日遭荼毒，官兵阻险莫敢问。各土司环列左右，即调征皆观望，而莫肯效力大惩创。自国初至万历二百余年间，朝廷凡遣将十一征。景泰元年（1450），夷贼并起，先攻高、珙、筠、戎四县，后以次屠长宁、江安、纳溪，江以南为之一赤。成化元年（1465），贵州五千余军一时覆没，巴蜀死者万有数千。时周文安（弘）［洪］②谟上疏，力言唐虞时外薄四海，咸建五长，宜立土官以掌都蛮，而朝议决意大征（原注：按：弘谟议后蛮久不靖，蜀人遗恨此议不行，兼明兴以来改土为流则有之，若马湖、龙安之属是也，未有改流为土者。今都蛮入我提疆，蟠据皆汉土，而其人又隶戎县，若立土官，非改流为土乎？曾公荡平后，但请立镇卫控制，端有见矣）。特命大司马程信、襄城侯李瑾统兵二十万众，调三省（原注：川、湖、贵）兵，储饷亿万计，始亦震叠扼狭，四年师老力诎，意渐怠弛，仅以俘斩数百告捷，竟不能一入九丝而还，久之绎骚如故。大抵当事者策无必胜，惟藉口招抚以幸完事，抚不效则仓皇兴击，而谋律无当，颛倚土司兵为前茅，迨兵老财殚，抚与剿俱顿，而蛮愈玩忽，加之亡命逋逃日众，黠者遂为谋主，习见汉兵无如彼何，渐肆猖獗，僭号称王者数十人，至嘉、隆而极矣。

嘉靖时，蛮首称僄桀者，阿大、阿二（原注：皆土蛮）、方王③（原注：逋囚）也，三人最魁黠，窃署为王。常拥众剽攻七县，访民间有积蓄，居在城邑，辄视其出缚去寨中，县④书要重赏取赎。村落直率众围之，焚掠屠戮，或虏或烹，村舍一望成墟，膏骸遍野，甚至刳孕妇、槊婴儿为戏乐，惨不可言。所得财货并美妇女悉辇归九丝，惋痛入骨者遥望涕泣而已。蛮妇所生育自幼习战斗，不知书，亦无冠服，止椎结披毡，足跣不畏芒棘，履之而行。其间亦有老弱、崇释氏诵佛经者，始不出行劫。又有阿苟者，得居乡人也，独为四乡雄长，居凌霄城，阳顺阴逆，常为三酋羽翼。每九丝蛮出劫江安一带，必经凌霄城，归则赠遗阿苟。官兵或追贼至此，即不敢近，急且反击官兵，故三酋倚重之为门户寄。苟内巢得居，外巢凌霄，蛮中称为得居王。又有仁寿大盗阿幺儿者，脱罪至凌霄，为苟义子，勇而枭，蛮众亦畏之。蛮拥伍出，苟为之部署；掠而归，苟得坐分贿。县官知其然，凡事招抚必先求苟，又为苟请冠带。苟赴县官领赏，恣其所欲，保旦夕无事。一日领长宁赏，稍不如约即驱出拔刀砍县门曰："必破此县！"官吏大惧，急倍数追与之，苟犹大骂去，未几又反，反则又赏，以为常。长宁监生胡天锡一家二十一口，苟领贼入其家，妻及男女家人二十口尽杀之，止留天锡一人，掳归索赎。隆庆五年（1571），长宁有村民共结一寨以御贼者，名宝瓶砦。阿大、阿二领蛮百出劫之，相持五日不破，阿苟从凌霄率众助攻，立破之。其中男妇老幼三百五十余名口，仅幼小三四十口以生掳得全，余尽为戮。如此者未易枚举，部使者数以上闻，而当事畏难，辄以抚为解，蛮亦诡听抚就利，然抚令未彻夷界，蛮烽已警□郊矣！故舆地内寇贼为患，未有若都蛮之大且久者，积痛愤千百年，凛凛不平者也。

万历改元，四川巡抚曾省吾，湖广承天人，受命日廉得蛮犷毒屠虐状，欲征之。入蜀即以其事商于巡按孙甸，当涂人。孙曰："去年按眉州，蛮纵劫江安，羽书相望于道，远近震惊，余七日夜未能帖席。蛮之当征，更何疑也！"永安人陈以庄旧任成都县，亦痛恨此蛮，深究地方利病，著为《戎蛮纪略》，极论都蛮当征，而古今御蛮得失颇各备载。曾公见是书志益决，乃详考事机，遂下其事与藩枭诸大夫共议之。议间亦有异同，大略不可大征者有三：一曰山势险恶，贼居逸而我劳，急之则遁，徒老师费财耳；一曰地不可耕，人不足使，克之无裨，且自困；一曰九丝弹丸，未足当蜀一肢，一肢病奈何骚动全省。是时集议者，左布政罗瑶、右布政冯成能、参政王宫用、参议沈伯龙、副使李江、佥事周思充，惟李属谏道，兵务皆其关系，故言多落落，余人亦无异词。议成奏上，报曰："可。"

乃以镇守四川总兵刘显、原任总兵郭成、安大朝、参将张泽等为将，调永宁宣抚奢效忠等，藉诸府卫兵并麾下募卒，及水西安国亨、酉阳冉维屏、石砫马斗斛、平茶杨正崇、陇清、宁越、天全、邑梅等土司兵约十四万人，于万历元年（1573）三月二十一日大会于叙州。是日开府起马发锦官，气方黯淡，既登途，忽开霁。此夕院后民居火起，罗布政来报云："此大捷兆也。"及开府抵眉，有戎县通老数人迎见，忽有厅瓦坠穿仰尘，抵坐阁西南角上而止。仰尘，竹所为也。左右皆失色，曾开府独私喜曰："瓦坠者，蛮瓦解也。穿仰尘者，破竹势也。抵西南角而止者，蛮正西南夷也。然在眉，其速捷乎？"及入叙州，地屡震，皆自东（比）[北]⑤往西南。时高年父老皆曰："往年平横江、平白草地皆震，今震蛮必平，又震且数且大，平必速。"又曰："东方，生气也；北方，帝所居也。自东北往西南，以生道杀之，天兵所临，无不摧折者矣。"（原注：愚谓用兵须顺天意，人怒既极，天□示微，□□不克？□□蛮之恶积稔千余年乎？此后官军破凌霄、破都都、破九丝，皆有乌鸦成群飞绕火光中，官兵占此，胜气益倍，谓此非天意不可也。）

刘显，原籍南昌人，年二十时曾以武举生把隘，尝挺身与蛮斗，杀伤数十蛮，名由此起，故素为蛮所畏。郭成，叙南卫罗新渡⑥人，家近九丝，系显私亲。其父总旗，被蛮阿大孙杀死，挂肠树杪间，故仇蛮不共戴天。成先显来镇守时，所领倭兵悉岭南枭健士，每发愤思必报蛮，未几论罢而显继之。显素习蛮，因分兵扎隘，各得要领，任方半年，蛮不敢出塞，地方稍平，七县民惟恐显一旦去，罹蛮害。乃科官以显闽中旧雠劾之，显遂自陈求去。曾开府⑦曰："剿蛮事非显莫任，矧已署为大帅乎？"乃具疏揭张、吕阁下并谭司马为请留显。时江陵张居正当国，一如开府议，不听显求去。显于是感激奋励，一意治兵矣。罗方伯又力赞起郭成，开府乃假便宜起成为显副。而以大朝、泽等为偏裨，皆人各当其才。大朝，贵州人，昔官叙泸参将，尝心愤蛮横，自请死击贼，时亦缘事具题领兵，许其报效。参将张泽言及都蛮，目裂发竖，故令独当一队。奢效忠，永宁宣抚也，切近都蛮，兵颇劲，然效忠诡而贪。隆庆四年（1570）官调其兵征蛮，将破贼巢矣，以要赏复败，其弟租亚死之，不俟号令辄班师去，曰："救兵不至也。"此后蛮益横。人谓灭都蛮非奢兵不可。然效忠与水西土舍安国亨世仇杀，族叔安智与效忠连亲，亦仇国亨。此时，刘显以水西兵劲，欲并调二酋。曾公曰："二酋相见，势不俱生，且国亨来，必经效忠境，恐都蛮未灭，别开衅端。"乃令国亨但整兵听调，且禁毋掣效忠肘，而专调效忠。安智屡愿从征，亦不调之以牵国亨，故效忠一意尽死力焉。

师既集，开府分布诸将领，作五路遣发：原任总兵安大朝与原任都司韩（以）［似］⑧甫屯扎得挖、麦易一路；参将张泽领兵屯饭甑、谷爆、毛坝一路，并督效忠兵；都司徐仁威（原注：北将，善射）、守备沈茂随该镇领兵屯脚板崖、黑帽尖山一路；都司侯一位、原任游击吴继祖领兵屯得胜营一路；原任守备吴宪督造鸟铳毕，即同把总吴鲸等于该镇标下部领冲锋；参将胡大宾甫任即往长宁、泸州卫一带护送粮运，防截奔溃。都司胡恩，趱造火器。按，火器，鸟铳为第一（原注：蜀兵旧无鸟铳，大司马谭公抚蜀，取浙匠制而炼之，故始终胜蛮，鸟铳功为最。蛮闻铳声，不觉其中，药弹内溃始觉，以故铳响即胆丧。但制匠须习熟而务足其价，则铁精耐久，苟匠不得人，又递减其价，则放时多暴裂不堪用。此宜慎之）。火砖、火箭、焚筒、大铳、佛朗机、铁苍角、发烦、铁弹、百子铳、九子铳。此外又有找七稍架炮、云梯、将军铳，俱仰攻器具。

文官：总理钱谷罗瑶，监军赞画冯成能，督饷王宫用，输办军中杂需沈伯龙，纪功周思充，督战李江。各有司则成都知府陈大壮，同知曾可耕、容朝望，通判洪一贯、朱充、丘梁、师道立，推官高文炳、吴文全，知州罗向辰、赵方立，知县许一德、陈嘉言、沈直、王完、张九思、张联奎、张震、王之绪、杨汝梆，经历陈忠、王慎。

派拨已定，开府与将官议兵所向。刘显曰："九丝城劲兵丛簇，难卒拔，而凌霄、都都乃其羽翼，愿率众先破二砦，然后并力九丝贼，无异圈牢中物也。"公曰："善。"会谍言"凌霄城为酋阿苟所据，凌霄虽险峻，然近外地且小，而阿苟又数为蛮请招抚者，可诱而执也。先擒阿苟，继取凌霄，则蛮自胆落，九丝可图矣"。曾公大以为然。公在省时，先以令通判洪一贯密图九丝形势，详细开载地理远近、山箐内外，或可扎营，或先把截，俱已一览备知。及闻此议，与图相合。曾公恐惊动阿苟，乃扬言抚剿纷纷，议尚不决，而先调土兵一万整搁听用，亦不明言取凌霄，但密令洪通判会同郭成、张泽用计遣武生李之实往诱阿苟。阿苟固尝试官军者，闻召果不疑而来，当日就擒。此时，阿苟谈笑自若，旁有为阿苟积威所劫者，尚劝将官宜放释之。开府侦知，飞示将官："如有纵苟者，即按兵法。"于是洪通判不听众言，将苟械入叙州府狱，然后遣兵进攻凌霄。此时四月中也。

蛮王俱在九丝。初闻曾军门动大兵来征剿，阿大曰："不怕军门，只怕刘显领兵来，须做准备。"方三曰："闻得刘显被劾，已罢官回矣！"未几，人又报洪通判差人请阿苟去讲招安，三酋抚掌曰："料也不出此，何足惧哉！"遂张筵酌酒为乐。凡贼所掳民妇，美者不许专房，惟聚饮供酒取欢，如官妓然，醉则混睡一堂，男女无别矣。军门计诱阿苟，本出显谋，及擒苟时，刘营隔远，而为郭成所获，显意不悦。及效忠兵将到，军门令速进兵凌霄，袭幺儿。刘忽议云："兵力未齐，奢兵且宜暂退。"军门察其意，难之曰："各土官已遣调在途，奢兵因近先到，即宜先有所图。若令之退，各土兵闻风皆退，罪将安归？"刘始惧（原注：曾公此举，既擒阿苟，即宜星夜袭取凌霄，三酋尚无备，倘缓时日，令一酋统众与阿幺儿共守凌霄，即难破矣。此疾雷不及掩耳也，显不知之），乃促效忠兵进据五斗坝，旋攻下落豹诸寨。至五月初一日，悉众攻凌霄，拔之，生擒阿幺儿。初，阿苟被获，阿幺儿犹固守凌霄城不下，阿苟闻官兵往攻凌霄，曰："此必不可破，况有阿幺儿在上。"及永宁兵于三日破之，苟见阿幺儿拿到，叹曰："九丝城不保矣。"军门见凌霄已破，便乘势趣诸军进攻，旬日之间焚平寨、取高寨，进逼都都。

凡九丝内各村寨土人强壮者，三酋皆金点为兵，随伍出劫。其老弱者一般在寨屯种，中间亦有被掳人口，各分配村寨，目为百姓，不皆出行劫，但不知王化耳。大兵攻进时，寨中老弱及被掳人等，军门皆令招抚出外，不许兵士攘为俘、级。

蛮王素玩易官军，恬不介意，及闻幺儿擒、凌霄破，三酋始惧。方三劝阿大速拨所部精勇者千余人，令酋阿墨统之，拒险守都都寨。此寨上倚巍峰峻险，下临百丈悬崖，利石巉岩，绝壁陡出，止一小径可上，已被木石叠断，别无行路。官兵俱屯扎近山，选精勇士奋力上山。蛮酋木石滚下，损折兵士，又六月天气酷暑，攻之凡经月不下。驿丞董思明统领部兵，觅得乡导旁径可通者，不告主将，私进贼营，后无应援，遂为方三部下所获。捉见方三，逼令降贼，思明不应，乃以铁锁链手足监系九丝寨上。数日后方三复唤出，要令降服，思明大骂："蛮奴旦夕剿灭，尚自不知死活。我朝廷命官，肯随蛮奴求生耶！"因举锁奋臂击方三，遂为群酋乱刃斫杀。方三又向二酋言："官军已进据险要，所赖困我者，粮运也。今宜遣人打探官兵粮道，我们统领部下从僻路截出，抢夺其粮，使众兵乏食，自然步退。"二酋依言用计。大凡大军征剿，极重游兵，一以防冲突，一以绝交通，一以护粮道。刘显初进兵，谓大兵既合，无所事游兵，故有董驿丞之失。军门察知此弊，亟令各将设立游兵，四面巡逻。却好三酋差奸细来探官军粮运，遂为游骑擒解军门，贼不敢复出。

时大兵久顿山谷，粮运甚艰。盖运舟从万山中逆流而上，中有趱、木二滩，乱石纵横，水势建瓴，奔腾激射，每船容三十石者，方可用人夫循山高崖上牵引而至，一舟亦须二三十人引之。各州县解到粮船，大小不一，小则易覆，大则难进，转输甚苦。营山主簿陆韬、青神主簿宋谦，皆因运粮冒暑染病。运夫日夜劳役不堪。众将议此举必难成功，且已破凌霄、取各寨，四乡畏服，已足屈慑蛮酋，不若就此用抚收拾。或谓溽暑，兵士多病，宜暂退休养，俟秋再举。又见军门自亦多病服药，人心益皇皇，纷请罢兵，大率以寡饷为辞。军门见众心不一，驰揭赴阁部熟计。张江陵独执议不移曰："此寇久逭天诛，决宜扫靖，廓清疆宇。军既破寨入险，安可退回。毋谓费饷一年，即十年亦无吝也。"乃与部臣议，将严阁老（罪臣严嵩）家抄没金钱百万两尽与充饷。教抚台激励三军，有进无退。曾公得此报，遍示各营将官，莫敢再言退兵。一面督促输饷，一面催趱进攻。知府陈大壮献策，运艰良由滩险，非疏滩不能济运。因命官鸠工将趱、木二滩昼夜疏凿，令势稍平。时正黄梅，雨水暴涨，工作十分难施，巡检曾禾竟以修滩为滩水溺死。又查叙州府河厂堆有商人抵还官木板，乃分取匠作如式另造新船二百只。又差官二员，各带饷银，自成都而下、合江而上，平买合式民船三百只。于是滨水州县大舟运粮者浮江而下，皆泊于南广洞口，然后分入滩河，小舟更番接进，飞挽如注。其挽夫不派累里甲，即以州县民兵之脆弱者免其从征，充为挽卒。中犹不耐劳苦，逃避不敷，又就近富、南、隆昌、嘉、泸等州县派取僧夫五千人，与民兵同给工食，故云集趋赴。蜀王亦助禄米二千石。自此，庆符、高、珙罗计一带各新建仓廒，积贮粮米。新廒不能容，至堆积民舍，又不能容乃露贮，覆以草葺。初，显等议大征以一年为期，约用兵十万、银百万两、米五十万石，至是积饷共得二十余万石。蛮探知之，大哭曰："官兵将困我十年乎，死无日矣！"盖平时蛮言："不怕十万官军，只怕十万粮米。"困久酋不能出掠，即坐待毙也。兵粮既足，士气益倍，军门火牌催促监军，日夜督各将动兵。至六月十八日，诸军并力攻打都都寨。显计阿墨无谋阻险，可诱致之，乃令陇清兵布列于寨前，官兵随其后各列障，或坐或倚，皆攘臂笑骂。阿墨果领众下寨冲杀，我兵少却，贼众追疾。陇清兵反绕其后，各兵奋勇围杀，遂斩阿墨等于阵。余贼奔回守寨，我兵连夜速攻，架炮、云梯、将军铳、鸟铳一齐并力，贼已无主，不能抵敌。官军奋勇齐登，蛮众乱窜，一二千人填崖落箐，死创殆尽。次日平明，军门复差人晓谕营将：内中被掳良民及土夷情愿投降者，莫妄杀戮，无令玉石俱焚也。于是村寨小民及旧所掳进民妇，自投辕门者日以千数。官为各查乡贯，给还原籍，无不踊跃罗拜，呼天称谢。内一被掳童子，望官兵奔回，解至军门，其伯父随递状具领，抱持号哭，麾下莫不垂泣。据状则隆庆五年（1572），贼破宝瓶砦，尽杀三百余人，此其幼小生掳之一也，口称其父母一兄两妹俱被贼害矣。

都都既平，群蛮胆落。阿大、阿二等商议，共力守鸡冠岭。盖凌霄、都都皆九丝外户，二险破，官兵已入门庭，而九丝羽翼，惟鸡冠耳。其寨门旧因山石为之，至是二酋令人益挖使险峻，而石门忽崩。阿二大惊曰："此不祥兆，不如并力守九丝城上。"阿大曰："大军聚兵积食，将久困我等。今外面据此，尚有活路，倘兵上九丝而官兵不退，吾属其悉为鬼乎？"乃留阿大守鸡冠，而阿二与方三等俱上九丝。此时，蛮谷中一路地震不绝，三酋魂魄俱丧，人谓此贼巢破灭之兆也。鸡冠岭与九丝雄峙相望，中间地步宽衍，鸡冠不如九丝。阿大据此，实为九丝声援。我兵攻九丝，此酋反睨其后，且侦我兵走峡中，两酋翼而击之，期必得志。诸将诇实，所以顿兵都都，未敢轻进。显等议曰：重险已破，蛮王夺魂，阿大不与二酋上九丝，意必有异，是可间而携也。密启开府。开府与冯方伯等议之，亦欲用间，然未得所遣人。长宁县庠生王希忠者，素落魄不羁，兵兴，以策谒冯方伯，曾请身入贼巢为内应，其言慷慨激烈，颇为冯公所知。至是遂遣生说阿大，而显亦知珙县监生何钰有机智可任，乃令二人持银牌绮币招抚阿大，曰："天兵讨罪，蛮当无遗类。尔若听抚，犹可转祸为福。今抚院已刻期督令诸军立破九丝矣，尔勿与通往来，亦莫往赴援，即大功也。事平，军门当为尔请于朝廷，贳汝罪，永为土司官，管此地方，不更愈抱薪助火，同彼两人均为鱼肉乎？"阿大初未肯信，然事势已穷蹙，冀幸得脱祸，颇□之。希忠等日守其寨，二酋有使来，辄反间恐动之，至为剪发焚誓。此蛮中信誓极重者。于是阿大拔刀砍地曰："吾从公言决矣。"逐不复通九丝。钰以报显，显恐蛮志犹未一，复留马（胡）[湖]⑨、天全土兵居近都都以牵缀之，而别遣人散招内官、（钓候）[吊猴]诸寨，皆给与花红银牌，以孤其党。又厚犒遗降酋罗万良等以饵贼，故阿大合寨男妇皆倾心愿听抚，间有狡桀者，踌躇顾望，而我兵始得专事九丝无尾虑矣。此时正值八月初旬。

显复部署诸将，分大军为五哨：自已将兵由黑帽山入其西，郭成统兵由印坝山入其南，安大朝统兵由得挖口入其东，张泽统兵由谷爆寨入其北，别遣将由西南入与显会，限八月初九日俱壁九丝城下。营如连珠，各阻险。尽锐仰攻，昼夜不休。城上酋亦殊死撑距，环其山列栅九，栅外削堑，令劲蛮枭鸷者守之，藏礌伏弩，不时俯瞰我垒雨击之，以是相持不下者两旬。先是，土司兵调攻贼，习为贼啗以金帛，比临陈，辄逗挠不战以误我师。我师数衄，坐此。纬川冯方伯独计黄金可酬死士，不但贼利不可飨，即士伍馈遗兵饷，旧例扣除使用，皆不宜染也。故特申请军门，于饷外复给刘显军中便宜费用银一万两。显将具文领，冯公却之曰："立非常之功，宜有非常之赏，何区区庸具文领乎？他日功成，不足当毫发，倘一失众士心，偾大事，即我等首领与将军首领未克偿朝廷，何啻万金乎！"（原注：按，显虽宿将，亦不绝□遗，所御三千兵亦不免扣使用，冯察知，故言及之。）显闻言，感激自愧，从此严绝（愧）[馈][10]遗，御下无毫发徇私。冯监军与巡道李公豫檄戒各营将士，贼投金帛，分毫莫取，又县金募敢死士先登，军多踊跃思奋。八月十二日，曾开府以九丝久不下，持旷费饷，心甚忧虑。方日午假寐，忽梦空中一神将披发仗剑，貌甚奇诡，日光云气晶莹凝结，若垂天而下，观者如堵。公问何神，傍有应者曰："此真武神。"惊寤以语冯方伯。冯跃然曰："此必胜兆也。真武，正神，有大功于本朝。今日之举，将泄二千年神人之愤，其幽赞何疑！"后数日，推官高文炳自营中来报曰：酉阳土兵扎营甫定，群蛮当夜半各持长镖大斧，自九丝冲下行劫。未及营百步许，见白衣将军仗剑大喝，蛮辟易反走，自相枕藉，死者甚众。所遗镖斧无算，柄长一丈。自是蛮不敢复下劫营。

九月初二日，奢效忠自简羿兵剽锐者夜袭隘尝贼，贼险力距，弩石齐发，兵多中伤，又黑夜不得上，只得退归营。初七日，郭成统所部与酉阳兵合，贾勇直上，逼凤头山，几至绝顶。贼乘高据扼，滚木炮石乱下，冉兵不能进，然遂掎夺其地为营。贼见之咸震骇，咋舌相告，以为官兵自来所未见也。军门因城久不下，寻思无计，或谓此山形势似虎，若击其腰，贼方可破。遂密谕诸将缓其中路之攻，自九月初一日起，止令奢兵攻其头，郭成兵攻其尾，（速）[连][11]打八日七夜。贼力甚疲，尽将精锐者撤据两头，懈怠中守。且此时霖雨连日，山土泥泞石滑，我兵不便仰攻，云梯、炮架不能施设，火器皆难用。各营敢死士有攀木缘崖欲上者，颠仆反坠，蛮在城上反以为笑，所以诸军莫敢先登，群蛮恃险颇易官军。至初八日，雨复大注，官兵无一出营。初九日，雨益甚，天日皆晦冥。刘总师与诸将谋曰："蛮中九日极重祷赛，必聚饮尽醉。今我兵数日不便攻击，蛮守又疲且怠矣，必欲破此城，惟在今夕，乘其隙为必可登。此机一失，恐后难图！"（原注：李愬以大雪入蔡，刘显以大雨登九丝，皆因时出奇，卒成大功，古今一辙。）显遂乘夜阴戒诸将，令降夷幺儿，引平茶官舍杨正崇冲锋兵五百，攀缘附葛，鱼贯先登（原注：曾公悬赏破九丝赏银三万两，擒大头目一名赏五千两。今平茶土官先登，独得九千两，其二万余众分之），次石砬兵，次吴鲸等兵，摧锋陷陈者千余人。三更传发，冒雨衔枚疾进，皆傅危堞腰缒板桄而上，专击其腰。蛮果以祷赛故，守栅者各醉卧，且恃雨甚，我兵未能仰攻，不意卒至。天犹未明，我兵疾斩守关者，长驱直入蛮大营帐内。二酋醉梦惊觉，起距斗，会天黑，蛮众相纷拿，我兵各奋力乱斫如刈麻，其互击戳蹴藉及投崖落箐死者又无算。已而夜渐阑，郭成率众随至，安大朝、张泽等继至，六县募兵皆大至，万旅沸渭，鼓噪震地，无不人人一当百，攒矛横击，蛮大崩溃，九丝恶贼一朝而尽。阿二、方三逃下九丝城，心疑阿大，不敢入鸡冠岭，复走牡猪寨自保，余贼尽奔鸡冠。

阿大始以听抚，不援九丝，及九丝既拔，阿大方惊惧，觅王、何二生，则已连夜遁去。阿大顿足悔恨，势已无及，因复收合余贼，以伺官兵动静。二十二日，郭成率众进攻鸡冠岭，破其寨，阿大穷逼逸出，为刘显部将擒获解献。至十月十二日，诸将进攻牡猪寨，方三领贼出距敌，把总龚络手搏方三于陈。阿二穷蹙，自与亲信数酋，轻赍昼夜盘历岩箐远遁，亦为官兵追至贵州大盘山擒获之。其他有名头目及曾经劫掳孽酋，悉搜逐俘斩。凡所拘留被掳民妇，各发亲属认领还家。至于降蛮老幼妇女数千余人，各变姓名、易冠服，配去远方卫所安置。于是九丝一空，都蛮尽平。

是役也，下寨栅六十有奇，燔营舍七千所，擒斩俘获四千六百有奇，得酋王三十六人，招安二千三百人，拓地五百余里，辟良田二十万亩，获铜鼓九十三面，皆蜀汉诸葛武侯时物。又有古函牛宝鼎、淳于彝器凡若干。其他器仗、牛畜，不可枚举。曾军门一面具露布差官飞奏朝廷，一面刘总兵暂屯扎九丝，弹压地方。其余各将，统所部人马沿途搜捉余党后回叙州。各处土官、舍，军门悉厚加赏赉，优叙功绩，各带归本司，仍散遣旗牌官押送。路远者，仍将打造运粮官船载往所过地方，如果秋毫无犯者，土官赏银三十两，赐扁奖励。经过有司，预备牛酒各津渡，俟舟至中流送至土官船上，不许一兵登岸，事各平妥。

捷音至京，皇上大嘉悦，告庙荐勋，百官毕贺。乃升曾省吾右副都御史，旋晋职工部尚书，荫一子太学生。总兵刘显而下爵赏有差。斩阿大等成都市。

初，军门以阿大等监候，按察司请旨未到。三酋同在一室，遂复谋出狱。适狱卒堤防少疏，三酋遽白昼脱械登屋，已纵火，将溃逸。官军围视，皆首鼠莫敢近。都司徐仁威胆勇善射，速手弓偏袒，望贼一发，首中阿大，余贼纷坠，无一得脱。然合省人民犹震惊，一二日不止。

郭成与蛮有大仇，及破九丝，即以所获首级易别将所获生蛮合七十人，并己部擒者共一百二十人，皆真蛮，乃缚置父墓前树上，亲率家人妇子设祭奠告墓，令剐二十人剖蛮腹，剜其心，以百二十红盘盛之，大鼓吹，祭父灵，然后斩首献墓。又滴取心血，遍饮亲属。阿大之孙系杀父者，成手刃取血，沥于酒，令兄郭文及母、妻、子姓辈各饮尽之。叙南人无不壮快其所为。

冯方伯成能班师行至双流县，前驱遇一道人，坐地不起。众呵："冯监军来。"道人笑曰："我固欲见监军尔。"人传言于公。公至，下车揖之曰："何事教我？"道人曰："公宜速回矣。"公觉言有异，因与同还省中。与马不肯乘，步随公归，送寓青羊宫。公至衙，匆匆治军务，当完日，凡七日而卒。随任止一子，甫十二龄。曾抚台与郭按君（原注：名思极）同日哭临，尽哀，检其装，惟五十三两。视其子文义，已彬彬矣，遂厚赠，护丧归葬四明。及问青羊宫道人，已不知所往。人谓冯公一生忠仁长厚，盖仙去也。万历辛丑年，冯子登进士，名时俊。

师旋，曾开府与各官议善后之策。或欲仿成化初周文安（周洪谟，谥文安）疏，设立土司弹压。曾公执不可，遂于九丝城设立建武所，内筑城垣，命一总兵、一金宪坐镇之。隶以府同知一、守御千户所一、社学一。其他寨栅，皆筑堡设戍以守。初，戎县因蛮得名，至是改县名兴文，易九丝曰平蛮，凌霄曰拱极，都都曰都定，印坝曰文印，钓猴曰降蛮，鸡冠曰金鸡，皆请于朝，奉旨钦定。于是千百年棘茸荒芜之区，一旦岿然成雄镇焉。

大学士南充陈以勤《平蛮碑》铭曰：

维蜀徼上，夷窟其中。山川隔阂，自汉始通。

犷彼都蛮，尤怙岩阻。狃为不谌，毒蔓我围。

迄兹酿虐，逆命骄天。狺噬狙攫，谕之罔悛。

我尚包荒，蓄武未究。彼昏鞠顽，跟跰而斗。

公之戾止，奉敿威灵。谋维金石，断则雷霆。

露檄上闻，以请薄伐。皇赫斯怒，锡之铁钺。

公拜受命，靡康厥居。卜日于迈，以殄凶渠。

乃誓于师，万旅毕奋。指挥群材，如臂斯运。

铺敦义勇，虎贲鹰扬。朱鳌日丽，玄甲云翔。

天戈一麾，究魄缩挫。拟险则夷，摧坚必破。

既剪凌霄，旋芟九丝。踣彼妖袏，树我灵旗。

二三逋孽，怵不詟怖。左跳右跋，逞其螳怒。

载扬我武，往搤其吭。或就徽纆，或膏刃铓。

载搜载犁，如瓴斯下。难落荥巢，丹霄绛野。

乃究乃度，乃城乃隍。以控衿喉，屹我金汤。
乃辟丛榛，树之阛臬。狼烽既投，桑土斯彻。
乃辑遐甿，噢休其瘼。尔安而栖，不逢不若。
厥壤之沃，而庐而田。昔也虎穴，今也龙编。
吉语四流，甿歌且舞。而今而后，櫜弓卧鼓。
爰始军兴，厥日靡多。儵起呻吟，化为清和。
维公胜算，雨风莫测。掀曀拨雾，功在漏刻。
捷飞凯布，贡厥蛮赍。高秩厚荫，以酬乃庸。
公拜稽首，天子圣武。臣奉庙谟，克宁兹宇。
帝曰忠哉，讯具尔思。孰是勋劳，而可拟之。
我求古人，维葛与裴。剪乱定荒，是曰雄才。
公功之烈，载在鼎彝。公泽之庞，浸于华夷。
朔有燕然，南则铜柱。我铭西陲，万年之固。
万历二年甲戌冬十二月望日

二、平都蛮赞

味水外史⑫曰：普天王工，率土王臣。设有不类，必要荒海外。乃若蜀之都蛮，桂之藤峡，琼之黎洞，豫□之桃源，域□疆宇，地不供王。倘此辈耕凿自任，木食草衣，如桃源、如终南、如万里□，又何啻太古遗氓！而冯阻负犷，抢货越人，甚至屠劫城市，僭号蔑宪，天诛胡可（挽）[免]⑬也。都蛮九丝之险，（陪）[倍]于三方，其积戾千余年，比三方亦为已甚。盖岩谷峣险，内鲜土腴，非事抄掠靡克自给。王师怯于先登，帅志非有必胜，故久稽法网，妄拟天骄。迨理定数穷，天怒人怨，抚臣秉志，虎旅竭诚，困兽犹斗，只速自毙，一洗凶腥，大快千古。且不顿师，不损士，真圣明之善政，决殤之懿准也。一方既靖，彼三方者可以警矣。

①明·诸葛元声《两朝平攘录》卷二。《明史·艺文志》著录其书,《四库全书》存目。四库馆臣曰:"《两朝平攘录》,明诸葛元声撰。元声会稽人。是书凡纪五大事。考明史,万历元年九月丙戌,四川都掌蛮平。此书卷二纪其事。"今据《续修四库全书》本辑录。

②按:据《明史》,上此议者,长宁人周洪谟,用改。

③方王:即方三。本高县汉民,亡入都掌中,为酋首。

④县:同"悬"。

⑤按:"比"字,据文意改。

⑥罗新渡:今珙县罗渡镇。

⑦曾开府:曾省吾。时以四川巡抚开府治事,因呼为"开府"。

⑧按:"以"为"似"字之讹,已详前注。

⑨按:"湖"字,与下文"吊猴"二字,均据地名实际改。

⑩按:"愧"字,据文意改。

⑪按:"速"字,据文意改。

⑫味水外史:诸葛元声自号。

⑬按:"免"字,与下文"倍"字,皆据文意改。

万历武功录①

凌霄、都都寨、九丝诸蛮列传

凌霄者,阿苟之所按据也。苟之先,在国初为编氓,隶戎县,天顺、成化间常不轨。而大司马程信、襄城伯李瑾提兵二十万,历四载而犹仅克大坝也。淫浸至嘉、隆时,桀骜益甚。先是,苟父共,阻山横行。已,主计者念巴蜀久劳苦都蛮,赐都蛮冠带,令毋反,巴蜀稍稍放散。亡何,苟有婿曰阿辱,专以佐斗为务,乃旦莫②与其党阿㚆、阿缪、阿幺等为好言于苟,趣苟反。苟果反,遂衣蟒衣，拟王者出入，拥大盖，策驷马，所至用鼓吹响呼，夹道而驰。何皇③恤兵在其颈乎！

当是时，曾省吾为御史中丞，孙代为御史，刘显、郭成、安大朝后先为总戎，张泽为裨将。乃大会方伯罗瑶、冯成能，武备使李江，参知使沈伯龙，佥事使周思充议，而谓区区反侧子，譬犹口中虱耳，乃反为巴蜀大患苦，而令我戎、高、珙、庆、筠之间至死人如乱麻，乃独不得旦夕高枕卧也。而以其事奏闻，下大司马谭公纶问状。先是，大司马镇抚巴蜀，募浙人，所制练鸟铳甚工，都蛮最畏惮之。于是上书请斧钺，令御史中丞得专征伐。时万历（二）[元]④年三月也。

其后，阿苟复公行戎县之郊。我师捕获酋长阿果，枭斩大坝市。苟益忿之，愈肆剽掠，乃虏刘我长宁人朱希绍、戎人傅成贵、（泸）[得胜堡]⑤人任廷美等，动至千百数。甚者银铛我千、百户，杀儒生，剖孕妇，掘坟墓，视贼杀人犹艾草菅然。是时罗氏女冬儿被执，严弗可以犯，苟乃支解以徇。御史中丞闻而悽怆悲怀者良久，乃谯让大将军刘显急。大将军赤白囊一日夜至十余上："苟当死罪，罪虽至弗可赦，臣幸得以骑射鞍马为官，待罪行间。赖陛下神灵，幸用诸公卿石画，愿决策以芟黄之，芟黄尽矣。"乃请。御史中丞因下令军中：有捕斩渠率因平荡寨巢者，赐银三万两；捕获生口一人，赐银一千两；斩首一级，赐银五百两；其死罪囚能捕斩，得除罪。论功行爵赏，视土汉官有差。

先是，永宁宣抚使奢效忠，与水西舍目安国亨相贼杀，至无宁时。而御史中丞政恐此属与都蛮接壤，有如一日窥我师之隙，乘间而朋起，奈疆场何？今诚欲芟黄此属，莫若以羽檄征二土酋兵。于是奢效忠果率羿兵一万人，皆能窥左足先应矣。是时宁越兵五百人亦提桴鼓至，而会守备使沈茂以布衣起田中从军，有威望，因以属之。故事：粟支人日一分四厘，土兵二分一厘，隆庆中增为二分九厘，至是始复得给二分一厘也。是时土人踵军门上谒曰："凌霄在万山之中，多箐林，有虎能伤人。且以蛮夷之众，尚开间道而出，今将军奈何披坚执锐，帅士卒而入虎穴乎？"而御史御史中丞先已熟习地形可郡邑，俨然有我冈我陵之想矣。乃以副使李江、参议沈伯龙、参政王宫用转漕军中，得给食不乏。而帅把总吴鲸、刘招桂一军军于柳公营，总戎郭成帅把总吕崇舟、主簿汪东秀一军军于吊儿嘴，参将张泽帅指挥使申大谟、武举胡禄一军军于胡公营，宣抚使奢效忠帅羿兵一军军于凌霄城下，以备奔溃。

居亡何，通判洪一贯执蛮王阿苟及酋长阿肉、阿终、阿夅、阿王保、阿汝近槛车来献，以武举人李之实反间得行。时四月十一日也。其后落豹寨、恶泪坎寨又复为凌霄羽翼，于是守备使吴宪先击破落豹寨，斩获蛮一十级；指挥使葛琼先击破恶泪坎寨，斩获蛮三级。然后以五月帅诸军直上五斗坝止舍。都蛮自以为吾地阻险，士卒必不能深入，易我军。我军恃架云梯、将军铳、七稍炮，一旦攀藤援木而上，都蛮皆慑魂，弃旗鼓蔽山，还遁走，至相腾践，奔殪百余里间，独阿幺儿等以滚木垒石当我军。我军火砖、火箭、佛郎机、铁菱角、百子铳、九子铳如雷电，弗能当。于是步兵郑龙首奋，期曰："望见我火箭举而俱发。"士卒皆贯弓执矢目逆龙。龙以火箭直冲蛮锋，士卒万弩俱发。诸蛮尽堕坠凌霄之下，头足异处。捕获生口阿幺儿、胡大汉等九十五人。刘显斩首三十一级，郭成斩首一十级，张泽斩首十一级，葛琼（先）⑥斩首二级，奢效忠斩首四十七级，夺获牛羊、茶谷、弓矢诸什物亡算。我师阵亡三人，轻重伤五十七人。于是御史中丞大会总戎以下，令步兵校尉瑯珰阿幺儿、胡大汉、阿六、小幺、阿顺、阿幺、阿叫、阿台，三哥、胡大金、张庆才十一人军门斩之，即使者驰传以闻。上嘉其功，下令枭斩阿苟等，军中盛其头以徇诸蛮。

后月余，复有都都寨之战。都都寨寨王名阿墨。初，大将军击破凌霄，旋欲图九丝，而御史中丞独决策先攻都都寨，寨破可断九丝之左臂也。是时镇雄土舍陇清躬帅三千军，军于蓝淀坡以按据阿儿寨，庶得烧掇焚阿墨之巢。于是吴鲸军尖锋山，郭成军尖山子，令皆束炬，使枭骑壮士阴乘山举火，烧平寨、高寨、董市坝巢房亡虑千余间，烟火相望。时（甲戌）［癸酉］⑦六月十五也。其又明日，藩臬使李公江帅同知曾可耕复留壁乐宴，而以吴鲸、陇清为一军，直走都都寨。至寨门，平明，令士卒用火箭烧炳哨楼，楼上下走，大呼寨中。寨中见楼头炬火光明炫耀，皆大惊扰乱，反驱而入巢，保室家，室家得亡虞，以故蛮众皆请降。是时郭成、吕崇舟亦并为一军，军红崖坡，乃放兵纵火，几烧寨，寨中尽鼓噪，大扰乱奔走。会大雷雨从西北来如注，反风扬砂石击面，昼晦，雨益久不止，烟火顿息，而诸蛮由此得坚壁旦莫也。乃募苗兵六百人，从恶泪坎直走得挖口挑战，杀我军赵万嘉等三人。于是江请金钱三千，挈牛酒劳苦士卒，期十八日日出茂军攻其右，成军攻其中，鲸军攻其左，而益以镇雄军、西阳军、荣阳僧军，皆以钜万数，四面击之。而会印坝山蛮阿欧二等千余人闻阿墨王急，皆悉甲而至。于是大将军刘显发铳师数百骑分道而出，往迎诸蛮战。诸蛮皆殊死战不可败，而我军亦奋行，直攀援而上山。山上滚木礌石如雨，我军皆人怀怒心，争冒矢石前，必欲与阿墨挑战斩阿墨头。阿墨不得已出战，战大败，我军遂斩阿墨王、阿廖王等首四级。会日且入，士卒皆退舍营中。显令营中击刁斗自卫，毋解严。夜半乘蛮众惰，皆鼾睡，我军并衔枚直走寨门，从上风纵火，火益炽，不可扑灭，遂烧蛮房至二千余间，诸蛮大败，尽遁走。而鲸军生获阿造一口，斩首十五级；崇舟军斩首六级，尽得诸蛮牛羊、茶谷、金鼓、刀枪。我军乘盛，气益百倍，令军中鸣金鼓，鼓吹尽凯歌，因北乡叩头："赖陛下威武神灵所变化，得诛阿墨王，幸甚。独奈何令一二杀贼，尚得奉头鼠窜在山谷乎？"于是下令，令士卒大搜诸寨，索十余日。

而太学生何钰直走两河口，生获二口，斩首五级。刘显直走印坝山，捕获生口阿欧、阿当、阿结、阿尾、长儿、阿完，斩首一级，夺获金甲、梭枪各有一。而千夫长陈一策直走水车坝，获生口阿辏。戎县人张侯获生口阿逃。似甫获生口阿挂，标一枝。是役也，大率焚烧房屋二千余间，夺获铜鼓、皮鼓、刀枪、盔甲、牛羊、茶谷亡算，然我师仅十有四万耳。事闻，上益壮之，令纪御史中丞以下功视九丝。

九丝之蛮以万数，阿大、阿二、方三最僄桀。当是时，阿大阻鸡冠岭，而阿二、方三婴九丝城，壁垒相望。已，大请军门，佯乞降。先是，阿熊幺请死罪，愿得比编户泯，而御史中丞知幺与阿花通婚媾，今花不俱来，此必伪也。事觉，因不受大降，乃使使者持冠带往谕大，趋大收捕阿二、（房）［方］⑧三，因赐大冠带，受大降。大益惧疑，度计画无所复之，乃与阿二、方三阴相信以为声援，皆夜侦我师，我师第走山狭中，期两山军并起，翼而击破之。我师诇得其状，皆不欲走山狭中。于是复使使持节俱告大，约大先下。大先下而身富贵，必相率而降，犹如阪上走丸也。是时得居蛮阿料亦诣军归死罪，幸赐冠带，得主寨。料大悦，因说诸蛮降，以故刘显得鸡冠、黄土、内官诸寨来降，郭成得母猪、吊猴崖、都得金诸寨来降，奢效忠得落武、落坳、得居、印靶诸寨来降。已出降夷罗万良等二千二百余人皆编泯畜之，不以为羌夷数。而太学何钰又日夜居寨中绐言某欲杀某归降，诸蛮由此稍稍自相携二矣。是时（丙戌）［癸酉］⑨七月也。

先是，御史王廷瞻决策欲殄灭九丝，而后满秩得报命，而孙代为御史矣。乃日夜与台御史曾省吾复案前给谏大夫何起鸣、御史孙济议，乃欲开黑帽尖道，凿山梁河，而以偏将军徐仁威、吴继祖属之。其后八月又令刘綎为将军出都都寨，郭成为将军出深沟，刘显为将军出两河口，冉维屏为将军出羊坡，奢效忠为将军出谷爆寨，杨正魁为将军出印靶营，皆获旗鼓，斩首虏甚多。是时镇（远）[雄]⑩土舍陇清受阿二金钱多，皆逗遛不前，于是大将军欲绳清以军法，军法期而不至者斩。清自度罪当死，愿捕斩阿二请除罪，大将军许诺，乃进兵得二、得罗诸地顿舍。于是大将军薄责永宁宣抚使奢效忠独急：“汝前以一万骑三日破凌霄，今奈何躬率我师五万骑一月尚不能破九丝乎？”大将军由此度道里，而以效忠提羿军军于得挖口；都护徐仁威提资（扬）[阳]⑪兵五百人、韩（以）[似]⑫甫提召兵五百人并为一军，军于毛坝，以成犄角之势；然后大将军刘显由黑帽山入其西；总戎郭成由印靶山入其南；安大朝由得挖口入其东；裨将张泽由谷爆寨入其北，期八月九日并壁九丝城下。

九丝东西四百余里，草木茂盛，多豺虎，本阿二、方三依阻其中，聚积木石，来出为寇，弗可上山战。至是我师攀藤援木，如自天而下，诸蛮皆大惊，亦殊死战不畏，乃飞矢石瞰我垒中如雨。我垒中旗鼓相望，持而不下者二旬。始大将军羽檄征乌撒兵、酉阳兵、天全兵，而会蔡文（义）⑬为贵州都御史，趋所调土兵提桴鼓并五合六聚而至。时九月初二日也。先是，御史孙公代以试事甫毕，见皇华使董思明转饷至深沟，而方三遂乘隙袭思明，杀我戎卒二人。而会合江尉张本亦以是时治火药，药鍪起，延烧城楼，本亦被焚，而士卒轻重冒伤者又二十余人。乃赫然发愤，遂上书言状，请灭此而后朝食。是日也，效忠独与羿兵夜半阴袭隘，欲尝蛮，蛮力拒，乃却。其后四日，成复与酉阳宣抚使冉维屏直捣凤头山，未至绝顶数十步，蛮据扼不能前，然掎夺其地为营营矣。而阿二亦遁逃走阿大塞，乃纵牛六千角山上以诱我师。我师望见牛，争欲前夺获之，显谓：“此必蛮遗是诱若等。若等前，当有伏兵蔽山而起，若等就缚矣！”遂弗前，而旦日已为九月九日矣。我师方因蛮禾稼为粮，既已饱而嬉，而会蛮俗亦以是日赛神，而天又久淫雨，时屯雾昼晦，度我师必不能至，皆大饮酒醉，尽鼾睡。谍者得其状告我师。我师夜半传发，遂乘大雨尽衔枚腰纴攀挽而上。未明，斩守关者，径薄蛮所。蛮犹醉，惊觉起。左右视军中，军中鼓发。鸡鸣，蛮自相纷孚，我兵益冲击之，蛮自残杀蹈藉死者无算，九丝遂破，而阿二、方三先已乘夜逋遁矣。

其后二十二日，成乘胜追北至鸡冠，大破其寨，得阿大斩之。其后十月十二日，把总龚络出精兵击破牡猪寨，追杀方三于陈，而阿二犹得轻骑亡去也。显追北，至夜郎大盘山捕获之，系狱，狱中复反，旋就禽。而残党亦时时与苗兵争竞，给谏蔡汝贤上书请获之。刘显追亡逐北，靡使所遗。果赖陛下威灵，军复捷。

是役也，先后下寨栅六十有奇，燔营舍七千，斩首、捕虏四千六百有奇，得酋长三十六人，招安三千三百人，拓地四百里，获旗鼓为诸葛鼓九十三面，它若牛羊诸物不可胜数。是时，阿大见铜鼓泣，为大将军言曰："鼓有剥蚀而声响者为上，上鼓易牛千头，次者七八百头，藏至二三面者即得僭号为王。始吾每出劫，必击鼓高山，诸蛮闻山头鼓发，并云集。集则椎牛飨蛮，乃出劫。劫数胜，皆赖此鼓以为灵。"其为阿巢贵重如此。凯旋，即使使者驰报于上。上幸坐明堂受捷，令大司马告太庙荐勋。诏进御史中丞为右副都御史，得荫子一人入太学。赐刘显都督同知。李江、冯成能、陈大壮迁秩一级。吴鲸等迁秩二级。郭成、安大朝复故秩。丘梁等、孙镗等、奢效忠等赐金钱有差。枭斩阿二等成都市。

于是赐大司马谭纶子入太学，汪道昆、杨巍及所司郎中皆赐金钱有差。初，戎县以都蛮得名，御史中丞以都蛮既破平，当易名，乃请于上，易戎县曰兴文。已，赐驿名曰都宁，仓名曰恒裕，并易九丝曰平蛮，凌霄曰拱极，都都曰都定，印靶曰文印，（钩）[吊]⑭猴曰降蛮，鸡冠曰金鸡。已，又通内官寨道，为置总兵、金宪以镇临之，而隶以府同知一人、守御千户所一人。上皆从之，因赐名曰建武。于是均田授畎，藉畎为伍，僰莋之间巍然一大都会也。

赞曰：余闻之《华阳国志》，汉犍为郡宝鼎辉光于江流。今九丝其（键）［犍］⑮为地耶？然所获诸葛鼓何其多也。又有铜、铁锅，说者谓为周鼎，此亦易辨。且天子改元，获鼎归俘，武孰甚焉？何论诸葛哉！曩诸葛擒孟获，散青羌于五斗坝。呜呼！此蛮所从来也。元丰中征之，大雨；成化中征之，亦大雨；今又大雨，异哉！王者之师若时雨，岂谓是耶？ 卷五

①明·瞿九思《万历武功录》，万历四十年刻本。《明史·艺文志》著录是书。瞿九思，《明史》卷二八八有传，其传曰："九思字睿夫，黄梅（今属湖北）人，举万历元年乡试。居二年县令张维翰违制苛派，民聚殴之。维翰坐九思倡乱，长流塞下，其子诉其冤，乃获释归。万历三十七年，以抚按疏荐，授翰林待诏，力辞不受，诏有司岁给米六十石终其身。乃撰《乐章》及《万历武功录》，遣子诣阙上之。"

②莫：同"暮"。

③皇：通"遑"。

④按：曾省吾征都掌，事在万历元年。《明史》卷二〇《神宗纪一》："万历元年九月丙戌，四川都掌蛮平。"据改。

⑤按："得胜堡"三字，据曾省吾《西蜀平蛮全录》卷五《檄文二》改。

⑥按：曾省吾《西蜀平蛮全录》卷一《破凌霄城报捷疏》，从刘显征都掌者名葛琼，任坐营指挥。"先"字衍。据删。

⑦按：曾省吾征都掌，事在万历元年（癸酉）。甲戌已是万历二年。用改。

⑧按："房"乃"方"字之讹，以音近而误，上下文皆作"方三"。

⑨按："丙戌"已是万历十四年，显误。用改，说详前注。

⑩按：镇远在贵州，而陇清乃今云南镇雄土舍，见上文，因改。

⑪按：资阳，地名，今四川资阳市。"扬"字显为"阳"字之讹，径改。

⑫按：韩似甫，本泸州卫指挥使，升都司。"以"字误，据上文改，

⑬按：其时，以副佥都御使巡抚贵州者为蔡文。"义"字衍，径删。

⑭按：钩猴岩，即吊猴岩，又名吊儿岩，据地名实际改。

⑮按："键"字显为"犍"字之讹，以形近而误。

万历九年四川总志^① 诗八首

一、曾省吾《荡平九丝城因寄诸将》

蚕丛立国后，九丝罾南隈。不远邦域中，四塞郁崔嵬。

诸葛散青羌，千载滋根荄。狐兔乱纵横，构此六邑灾。屠毒日已甚，况乃炊婴孩。屡征阻且艰，遗黎良可哀。圣人缵皇绪，英武震八垓。持衡由庙胜，指（纵）［踪］由天来.一骑走雷霆^②，万垒成尘灰。上古所不臣，于今风气开。群贤尽匪躬，胡坚不可摧。孟夏迨季秋，成功亦奇哉。试观元元情，宁异登春台。国家养猛士，果称骠姚材。更图久营屯，方可答涓埃。所急正经界^③，慎勿贻祸胎。厥田乃上上，得地非蒿莱。以耕而易战，金城当见推。汉土匝罗居，积渐同栽培。扼吭拊其背，设险勿复猜。请命为郡县，夷风庶可回。卷三十一《诗一》

二、曾省吾《腊月二十日宿庆符山馆感兴》

风雨住山城，端居百念并。鹑衣^④肩不息，鸟道骨常惊。

转徙虽初定，疮痍岂遽平。竟当余孽剪，还念小鲜烹。

后至罪无赦，先零屯未耕。诸方多瘴疠，列道^⑤久经营。

将似愁颜破，吾偏白发生。安常非易事，从此慎谈兵。卷三十一《诗一》

三、曾省吾《腊月二十一日过石门》^⑥

石门不容轨，聊舍车而徒。古木盘空下，寒流激岸呼。

路犹疑虎穴，村已兢鱼罢。九折宁非险，清时自坦途。卷三十三

《诗三》

四、曾省吾《都督刘将军仗钺平蛮》

少年匹马冠军雄，血染征袍白作红。

龙剑影翻沧海静，鸟号声断雪山空。

六乡杀气千秋恨，七邑生灵百战功。

莫以荡蛮为老将，还凭忠胆卷胡封。卷三十四《诗四》

五、曾省吾《登九丝城题绝壁》⑦

天削平城奠井分，到来睥睨接钩陈⑧。

扶桑日出乾坤辟，玉垒云收虎豹驯。

沃土已归神禹贡，中兴重睹鬼方⑨宾。

樽前勠力诸文武，保障新回万壑春。卷三十四《诗四》

六、曾省吾《万历元年，山都既破，余往劳师，仍宿来复⑩，次己未⑪春韵。时九月二十七日》

北极正逢开御历，南方初见变夷风。

前车好戒当年辙，叱驭应飞此日蓬。

久镇定须留阃帅，迩言即合采村翁。

从来射鸟谁能尽，未许轻藏两臂弓。

原注：时刘将军有鸟尽弓藏之惧，思脱身而归，因及之。卷三十四《诗四》

七、曾省吾《贰年腊月拾玖日再宿来复公馆，用前韵》

四过此渡廿年中，景物新看汉土风。

见说丝城尚遗孽，敢辞僰道任飘蓬。

留诗回首年方壮，草檄关心貌已翁。

早得近郊无鬼哭，谁于绝险浪操亏。卷三十四《诗四》

八、冯成能《出塞行赠刘草堂元帅》⑫

紫薇枢极天之纲，上将元居帝座傍。天公为与落搀抢，神人披发下大荒。勇略积威世莫比，手提丰城三尺水⑬。弱冠曾请西川缨，胆落毡裘泣山鬼。横戈跃马淮海东，（塞）〔搴〕旗斩将骋豪雄。自是声名满天下，白袍飞将乘云龙。秉钺元戎镇海岛，妖氛扫尽鲛门晓。有时水底戮鲸鲵，有时云中射飞鸟。一朝天风吹海立，鳌触城颓妇子泣。将军仗剑拒潮东⑭，海出桑田民始粒。长城九载树洪勋，忽为黔阳借寇君⑮。罗施鬼酋悉交臂，夜郎椎髻歼千群。蠢尔僰蛮胡匪茹，天险九丝豺虎据。年来杀人若草菅，父老哀向天门诉。圣皇赫怒下九垓，简书推毂自天来。将军受命虔秉钺，指挥叱咤生风雷。号令皎如白日光，青天六月飞胡霜。滂（催）〔摧〕诸巢剪羽翼，先施神策系名王。虎翼龙蟠营细柳，万灶千屯灿星斗。秋风飒飒草木黄，雨雾茫茫正重九。夜半缒兵入赵壁⑯，忽自中天轰霹雳。烈炬腾空剑戟飞，杀气红光乱相射。禽搜草薙乱鸿毛，悬崖绝塞皆土焦。材官献馘争驰骤，筑得京观若山高。君不见嫖姚车骑破匈奴，祁连焉支起胡歌。又不见据鞍矍铄马伏波，五溪铜柱壮山河。将军志气本雄杰，精忠须学汉诸葛。南荒声教尽越裳，铁骑踏破贺兰阙。归来奏凯拜冕旒，君王为赐紫貂裘。鸣玉登坛符四七⑰，燕饮麟阁名悠悠。卷三十二《诗二》

①万历九年《四川总志》，北京图书馆藏刻本。

②一骑走雷霆：指凌霄城之战期间，刘显曾"匹马走长宁"。见曾省吾《平蛮全录》卷十二《翰牍·与刘将军十四》。

③经界：指善后措施中的治理疆土、清界丈地一事。

④鹑衣：破烂的衣服。鹑尾秃，故称。

⑤列道：指参加征讨的分守道、兵巡道、纪功道、恢复后的兵备道等官员。

⑥今高县石门崖壁尚存曾省吾手书此诗石刻。

⑦曾省吾此诗刻于九丝城崖壁，至今尚存，属市级文物。

⑧钩陈：星官名，即北极星。或言勾陈大帝辅玉皇大帝执南北二极和天地人三才，统御众星，又掌人间兵革事。

⑨鬼方：是夏商周时期活动在山西北部及我国西北地区的一个古老方国，常为商朝外患。《易·既济》载："高宗伐鬼方，三年克之。"这里借指都掌。

⑩来复：即今高县来复镇。

⑪己未：即嘉靖三十六年（1557）。时三殿灾，采木于四川、湖广。曾省吾任富顺知县，采木于高县，与都掌发生冲突，智取之。见曾省吾《平蛮全录》卷十四《纪载·戎平行并序（赵贞吉）》。

⑫刘草堂：即刘显。草堂为其号，或作草塘。参见张居正《张太岳集》卷二十九《答四川总兵刘草塘》。

⑬丰城三尺水：指宝剑。据《晋书·张华传》，传说在吴灭晋兴之时，尚书张华发现斗牛之间常有紫气，豫章雷焕知是"宝剑之精，上彻于天"，其地在丰城，于是张华任命雷焕任丰城令，雷焕到任后，于狱中挖出宝剑两把，一名龙泉，一名太阿。用大盆盛水，置剑其上，视之者精芒炫目。

⑭将军仗剑拒潮东：《明史·刘显传》："（嘉靖）四十一年五月，广东贼大起。诏显充总兵官镇守。"

⑮寇君：即寇珹。《宋史·寇珹传》："会施州蛮叛，转运使移（开封推官）珹权领施州。先是，戍兵仰他州馈粮，珹至，请募人入米，偿以盐，军食遂足，而民力纾。……未几，溪南蛮复内寇，珹率众擒其酋领戮之，以白芳子弟数百人筑栅，守其险要。"施州大约今湖北省恩施自治州，后唐施州曾属黔南。

⑯缊兵入赵壁：指楚汉之际韩信破赵之役，亦称井陉之战。韩信选轻骑兵偷袭赵军空营，主力背水死战，前后夹击，大败赵军。

⑰四七：即二十八，指云台二十八将，助刘秀建立东汉功劳最大的二十八员大将，汉明帝在洛阳南宫云台阁命人为之画像，称云台二十八将。

国朝献征录①四则

一、吴宽《四川等处提刑按察司佥事陈君僎行状》

君讳僎，字汝翼。景泰二年（1451）中礼部试，遂登进士第，观政礼部。五年（1454），拜南京河南道监察御史，阶文林郎。天顺四年（1460），迁四川按察司佥事。

四川僻在西南，地杂蛮獠，溪藏峒伏，为患无时。朝廷亦既设备岁久，人懈备弛，贼日肆虐，寇钞城郭，杀县长吏。君至成都，闻有警，率民兵二千直抵长宁、戎县剿灭，而因以镇抚之。至则贼方聚众数万，据岭阻，势炽甚，殆不可当。君曰："贼势如此，而吾提孤军入不测之地，非计之得也。"乞师于朝，上命同知都督府许贵将兵五万击之。既破其寨，君独挺身入巢穴追擒余党百人，获其马牛、器械无算，被虏男女悉出之。贵将移师，君为前驱，列营大坝，不解甲者两月，复破其寨四十余，俘获益众。贼既平，君建言："蜀多小邑，国家止立令、典，然二人或以事去职，一旦缓急，顾使他官摄之，谁与致力哉？其内江、南溪以下二十二县宜置丞、簿一人抚民。而乌蒙、乌撒、东川、芒部缘边郡县去京师尤远，吏至稍习夷情，每三载辄考绩去，往返万里，动至累岁，夷人得以乘间窃发，宜通九载考之便。又长宁、戎、珙与蛮寨邻境而攻守缺人，宜免宜宾、南溪、江安、纳溪民兵松潘征戍及缘边汉夷民夫盐井远运，使专攻守可也。"他如欲补军伍、设关堡、置器械诸事，皆处之有法而为虑远。事未及施行，明年，夹江之花溪贼再发，右佥都御史陈公以君练习，遣行。君至，激励士卒，号令严明，赏罚必信，人人为用命，遂大破其众，既而汉州、德阳、彰明以次平。

所至降者君释不杀，一以恩抚循之。

蜀既无事，君书《守备策》会议贵州。还至叙南背岸峰，江水湍悍，舟触石破，遂及溺焉，成化二年（1466）四月十三日也，年四十五。卷九八

二、杨廉《广东布政司右参政丁公璐墓表》

公讳璐，字符美，姓丁氏，世为丰城沙湖人。公登天顺进士，授工部虞衡主事。丁丑（天顺元年，1457），以差遣复命除都水。成化丁亥（成化三年，1467），以展省赴部，复除虞衡。己丑（成化五年，1469），以两考转四川叙州知府。戊戌（成化十四年，1478），以三考转至广东左参政云。

公在叙州，郡学颓圮，建馔堂，立号房，祭器之缺者足之，乐器之昔无者创置之，月朔望谒文庙，退与诸生论难经史，士习为之一变。郡故无志书，公请周祭酒洪谟纂修成编。至于恤孤赈饥，为法尤善。城长宁，综理周密，未几楼橹整整，隐然金汤。松潘有警，通判王衡奉巡抚檄调镖手夷人于戎、珙之间。夷人围衡，欲加害。公单骑驰往，众见之，皆投戈于地，举手加额曰："我公来，吾辈当尽室行。"即日随调者三千人。百户王甲占庆符田数百亩，十余年不输税，平民具奏聚亡命田舍中，坚壁不出，近之欲杀人。公徐以讨获之，籍田而归之民，民为之画像立祠，公亟令毁之。有张乙没兄之官下物而不以分兄之子者，兄之子诉之官。公呼乙至，令狱中盗诈之曰："吾所劫某家某物具在尔所。"乙抚心誓曰："是吾兄为官时所得也，何为诬我？"公令以三之二归兄之子，且谕乙曰："尔得于兄亦不赀矣，慎毋雠其子。"遂感泣为叔侄如初。叙州当夷夏杂居之地，公文教武事次第修举，当道诸公交章荐之。卷九九

三、王慎中《云南按察司副使杨公逢春墓志铭》

西渠杨君名逢春，字仁甫，泉州同安人。由己丑（嘉靖八年，1529）进士授杭州府仁和县令。升广东按察司佥事，母丧去职。起复佥事，为四川按察司。在蜀领玺书，专以盐屯为职，最号烦剧。利源所在，豪右穴之。君综刷成额，按籍考要年侵月亏，了然可见伪巧之所饰，课入日进。时叙州戎县都蛮畔，杀略吏民，长宁、戎、珙一路边无居人，监、司相顾莫肯发口，君独抗言且设御取之策。抚、按相与谋：非杨佥事不能办此。会檄以都蛮之役委君，君至，益用耳目，知蛮敢为不靖，由屡抚养其骄桀之性，非尽剿之后，益不可为。度险厄分兵四路，约期进剿，君复计蛮素以抚狃我，若因而诱之，宜必我狃，得之易也。阳抚其四乡而以剿二乡为师名，果得四乡最桀者四十人以来，尽歼之。用是兵入有功，俘斩以千计。卷一〇二

四、何孟春《贵州布政使司右参政罗公安神道碑》

楚有大君子，为南洲先生益阳罗公。成化戊戌（1478）登进士第，庚子授户部主事，丁未擢山东按察佥事。弘治癸丑（弘治六年，1493），迁四川按察副使。

其在四川时，专任整饬叙泸等处兵备。适大坝贼猖獗，抚巡议兴师甚急。公至，既阅边务，率先守帅以数十骑躬出招谕，不避岩险，凡所擘画动中机会。群獠畏威，遂伏听命。马湖故夷郡，世主安民鳌虐用其众，日杀不辜，凶焰孔炽。有诏诛鳌，藩、阃来会公谋，集丁壮守要害、砺锋刃以俟。俄而巡按御史魏君英公谓发夙所遣进蠲之，鳌穷窜就缚。先时沐川长官司女子与其族争立，有司奏黜之，遂拥众自卫，征所署印累年不发，地方为挟挠。公密谋于诸君曰："马湖平，沐川势孤，乘此治之如破竹矣。"众以为然，乃撤

锐卒千人往击之，沐川果震恐，即日奉印绶出。公之始入蜀也，安鳌遣人来迎，有黄金及土产异材之赂，公庭叱而拒之，及是鳌被擒，抚巡会审间，公举却金事诘鳌，鳌叩首谢坐上，相顾叹服。公尝缘他事道播州，播之宣慰以金宝带为馈，公责之。宣慰曰："此土官事当道常礼尔，愿公勿异。"公辞色愈厉，乃持去。后闻公却鳌金事，曰："吾得罪于公矣。"镇守内臣奉旨行属采玉，督并严甚，蜀地素不产此，属吏捧檄惶骇无措。公上疏，词谊剀切，遂得已。云贵道经大坝、永宁，永宁蛮以易茶为由，每出行劫，土官莫能御。公易置堡砦，设集场于境上，立通把主之，商旅称便。戎、珙青山各种獠、猓与汉民交易，辄致争杀，议者欲建长官司，不果。公团集工著使成村落，而禁诸獠、猓于本境交易，不得更互出入，至今民夷各守其业，不相凌暴。

公持身清肃，令行事立办，他如修浚陴隍、储峙仓廪、作兴学校、表章文献、增创船哨、理雪冤滞，注厝之美不可殚纪。泸人尝立公生祠于尹大师祠西，而刻石以系其去后思焉。

公讳安，字时泰。卷一〇三

① 明·焦竑《国朝献征录》，《续修四库全书》第 530 册，上海古籍出版社，2002 年。焦竑，字弱侯，江宁（今江苏南京）人，万历十七年状元，官翰林修撰。《明史》卷二八八有传。

蜀中广记① 三则

一、罗鬼甲

《宋史》：戎州鬼主有罗鬼甲，盖漆生革为之，其坚过于铁。出

都掌夷中。卷六九《方物记十一》

二、诸葛鼓

《益部谈资》：诸葛鼓，乃铜铸，面广一尺七寸，高一尺八寸，边有四兽，腰束下空，旁有四耳，花文甚细，色泽如瓜皮，重三十余斤，悬于水上，用栖木槌击之，声极圆润。乃孔明擒孟获时所制。昔伐九丝城，得十余面，今在成都府库中。一名淳于鼓。《游梁杂纪》：诸葛鼓，其形圆，上宽而中束，下则敞口，大约若今楂斗之倒置也。面有四水兽，四周有细花文，其色不甚碧绿。击之彭彭，声如鼓云。置于水击之，其声更巨。卷七○《方物记十二》

三、铜鼓

《上南志》：铜鼓有剥蚀声响者为上，易牛千头，次者七八百头，递有差等。夷人藏至二三面者，即得雄视一方。父老云：诸葛制以镇蛮者。鼓去，则蛮运终。理或然也。《戎州志》：铜鼓，旁范八卦及四蟾蜍，状似覆盘，悬而击之，下映以水，其声非钟非鼓，都掌夷所宝。相传为诸葛亮铸者，直数十镒，次者数镒。《珙县志》：铜鼓如筒，高一尺，腰有四耳以备悬，上下绲以花鸟，一面临造，间有四幕者，面中花瓣十二，以击久蠡。瓣多者为龙师所铸，直逾千金。卷七○《方物记十二》

①明·曹学佺《蜀中广记》，《四库全书》文渊阁本。曹学佺，字能始，侯官（今福建福州）人，万历二十三年进士。尝官四川右参政，迁按察使，是书盖成于其时。四库馆臣曰："谈蜀中掌故者，终以《全蜀艺文志》及是书为取材之渊薮。"《明史》卷二八八有传。

万历贵州通志

永宁卫

安琦，天顺间任指挥同知，善抚士卒。六年（1462），大（霸）〔坝〕山都掌叛，远迩绎骚，几至失守。琦率锐卒巡逻要害截杀，贼势顿挫，都掌称为"虎将"。寻随总兵官李安进讨，命琦先探虚实。入危险，至落卜茹遇贼，琦马陷于泥中，犹挽弓射杀七八□□，援兵不至，被害。卫人至今□之。卷一一

崇祯吴县志①

陈僎，字汝翼，僖敏公镒从子也。资秀慧敏，履行端方，弱冠从镒游京师。学既成，登景泰庚午（1450）乡举，辛未（1451）第进士，除南京河南道御史。持法宽平，能析疑狱，覆脱从轻，典理盐策，除其奸乱，卓有贤称，擢四川佥事。

蜀连西南夷，久无边警，关隘多弛防守。当天顺庚辰（1460）、辛巳（1461）之交，叙南九箐、山都长、土僚聚众数万，出没长宁，肆掠猖獗。僎甫至即提兵往视形势，为筹画曰："贼怙众冯势，未可以孤军独克也。"乃请济师，命都督同知许贵统卒五万讨之。僎遂前驱入，破其寨四十余，两月不解甲。建议饬吏治、修战备、搜乘补伍、更设关堡以规久远，再请免边邑民兵松潘之戍以戍长宁，戍伍罢建昌、监井之馈及诸庸调，使得专征伐，为经长之计。

事下所司，不尽行。壬午（1462），夹江花溪之盗乘间又起，而汉州、德阳在在扰动，巡抚陈泰以僎为能檄之行，至即讨平之。功上未报而叙南犹弗靖，诏下切责巡抚汪浩，复强僎往会贵帅议军事。还，舟覆溺于叙南江中，朝野痛悼。卷四〇

①吴县：与元和县同为苏州府的附郭县。

乾隆高县志二则

一、张文轸

张文轸，成化间知高县，廉明沉毅，有达识。高故土城，公方甃以石以保障岩邑。既而蛮贼猖獗，邻邑被掠备极惨酷，惟高城新竣，守备严密，以故不敢攻。复出奇计击贼，辄胜，人皆赖之。卷三七

二、谭金钱

谭金钱，绥来乡①人，天资高迈，读书明大义，状貌魁梧，膂力过人，家有积储，常出以周人之急。嘉靖中，戎县蛮酋阿大、阿二、方三等俱僭号称王，据九丝城为乱，劫掠高、珙、戎、筠诸县，山乡距城远者更惨遭荼毒，哭声震野，官兵莫之救。贼将至绥来乡，金钱乃散家财纠集乡勇御之。一日，贼众蜂拥而来，尽死力与贼战，身受十余创，犹手刃数十贼，曰："吾恨不能尽杀贼，死必为厉鬼以尽歼之！"遂死焉。后其地薄暮青磷中常闻剑戟声，贼至，有见金钱持枪愤击之者，乃大惧，皇遽奔窜，不敢复至。境赖以安，乡人因庙祀之。新都杨升庵为作《义士行》②。卷三八

①绥来乡：旧高县四乡之一，辖境大致为今高县蕉村镇、罗场镇及筠连县巡司镇东部。

②《义士行》：即《高县义士行》，见本书杨升庵集三首。

乾隆珙县志①五则

一、走马田

走马田，县南九十里。先是僰人②悬酋长之棺于岩上，每闻金鼓③之声。明万历初，总兵刘显过此，闻而异之，驰马田中，连发三矢，中棺上，金鼓遂绝，人因呼为走马田。今三矢犹存。卷一《古迹》

二、何阿当

何阿当，其先世本蛮夷宣慰司。明太祖改赐世袭土指挥同知，给符印，历代名字皆无考。至嘉靖年间，阿当诏对，赐九寨二里田地，给弩手三百六十名，仓粮三十二石，建坊旌奖，恩赐葬祭。

何大宁，阿当子，世袭土指挥同知，入《忠义志》。

何恩，大宁子。万历元年（1573）总督曾省吾调征九丝蛮，阵获阿大、阿二、方三，叙功赏银一千两，仍授世袭之职。

何惟汉，恩子，袭前职，克守其官。

何之胡，惟汉子，克世其职。

何应辰，之胡子。崇祯九年（1636）流寇犯蜀，总镇侯天锡调授省城，带弩手百名追贼于郑家山，贼败走，分防白水。嗣随兵部传至京，阁部杨嗣昌督师，移送军前，随征太平县玛瑙山，合擒扫地王有功，授守备札。随以被伤请假，带兵旋里。总督樊一蘅复调赴辕门供职，后卒于军。今其子孙尚繁。卷八

三、何恩

何恩，万历年间承袭土职，乃本县崇礼乡大寨人也。都掌苗乱，调征九丝，获阿大及毛脚杆方三等，制军曾省吾奏闻，特赐千金。卷一〇

四、诸葛铜鼓

明万历元年（1573），巡抚曾省吾、总兵刘显、郭成等平都掌蛮，于戎、珙之间蛮酋阿大等寨中得汉诸葛铜鼓九十三面。有声者六十四面，分天、地、人三号，有剥蚀而声□响者为上上，易牛千头。次者七八百头。藏二三面，即可雄视一方。所铸者奇迹文异兽，互相蟠错。仅可辨者雕螭刻鹭，间缀虾蟆，其数皆四。盖武侯所铸以镇蛮者。今珙县西南有地名铜鼓山、铜鼓洞，相传即苗酋得鼓之处，双洞口上犹有刘显、郭成所刻"天兵纪绩"四大字。卷一四

五、鬶器

同时又得铜、铁锅二口，皆都掌蛮酋阿大等所蓄，制更奇异，其名曰鬶，上大下小，若甗铛，无足，两耳峙如山形。今珙县阿姓别支皆改姓何，族派甚繁。卷一四

①乾隆《珙县志》，乾隆三十六年（1771）刊本，《故宫珍本丛刊》第211册，"四川府州县志"第17册，海南出版社，2016年，第269页。

②僰人：此处实际上指都掌。该故事应该来自于民间，后被收入县志，可以一窥万历以后地方社会，尤其是汉族民众对都掌的一般认识。

③金鼓：即铜鼓。

嘉庆长宁县志七则

一、成化元年侍读学士周洪谟疏

略曰：此夷从古至今不时出没，洪武、永乐、宣德以来屡调大军征剿。景泰元年（1450）破长宁等县，遣佥都御史李匡克平，而明年（1451）又行出没，至于今破江安等县。夫其（判）［叛］[1]而复平，平而复判（判）［叛］，相仍而不已者，其故何哉？由乎征之者苟图抚绥之功，养成玩寇之患，是以贼常获利而益肆，民常受苦而益困也。臣以山箐险要，剿之既不能尽，而抚之又不足平，当何如处置之哉？昔日唐虞之时，外薄四海，咸建五长，今盛朝于四海八荒皆置土司以长夷人，与唐虞之制如合符节。惟都掌夷人未设土官，止属戎县流官知县所辖，而流官不谙彝语，不通彝情，其于都掌本难（铨）［钤］[2]束。如蒙准言，乞敕兵部计议，行四川总兵、巡抚、三司等官亲临其地，使各寨主自择素有名望、众所畏服者一人为长官司长官，统属各寨，仍隶本府，而该部铸印信开设衙门，照伊邻近九姓长官司事例奉修职贡。若其彝民不通文墨，却拨附近谙晓彝语者为吏书写文案。如此则戎县知县专管汉民，都掌土司专管彝民，汉彝两分，不相侵害，统属既久，自然顺服，不动兵革而边境自靖，千万世久安之计在于斯矣。今若不设二官而使都彝每岁烧劫盐场，亏损国课，屡调官军，徒费粮饷，良民男女虏为婢奴，臣深为朝廷惜之。臣之计易而非难，一朝举行，永世为便，故效犬马之忱，献刍荛之见，上呈圣听，伏候敕旨。卷四

二、成化三年钦差提督军务、兵部尚书程信疏

臣信谨为军务事。该钦奉圣谕："近因贵州镇守总兵、巡抚等

官，左监丞郑忠等奏称山都掌蛮贼结构九姓土獠，流劫乡村，杀虏人财，十分猖獗，特命总兵官、襄城伯李瑾统领在京官军往彼征剿，命尔程信提督军务，至日即便督四川、贵州总兵、参将、巡抚等官调集彼处并云南土兵人等及湖广土兵直抵寇贼出没去处，相机设法，或彼此夹攻，或合势剿杀，务使根株悉拔，种类不遗。凡一应军情须与监督军务太监刘恒、左少监赵永并李瑾等从长计议而行，以图成功，务俾地方宁靖，人民安妥，庶副委任之重。钦此！"钦遵自今年七月十九日启程，与总兵等官总领在京官军兼程前进，至十一月二十八日到毕节。所调贵州、云南、湖广官军、土兵人等俱已陆续到来，惟四川所调军马为由泸州直抵永宁水陆二路一向被贼阻绝，不能来会。现在军粮不通，市价腾踊，军民疲困，因差把总指挥李锡、杨贵、指挥魏信会同南宁伯毛荣潜领官军、土兵分枝设法开通道路。至十二月初九日四川官军方来，至十四日与大军永宁会，所用供给、军需亦皆相继日至。会同监督军务太监刘恒、左少监赵永、总兵官、襄城伯李瑾及四川巡抚汪浩、参将宰用、贵州总兵毛荣公同审：据乡导蒋志孝等说："都掌地方山势凹凸，道路险峻，有一路由永宁进可至金鹅池、李子关、渡船铺；一路由戎县进；一路由芒部进可至大坝；一路由普市、水脑进可至勇播。其蛮贼反情，虽结构九姓土獠，中间多系亲识及负债牵制者方肯相从，其余好人都不肯从。"再三研究是实。当臣等从长议得：都掌蛮贼倚恃深山大箐以为巢穴，结构九姓土獠以为党羽，内应外和，流毒地方。闻大军征剿，又各打立硬寨，置造牌弩，杀牛祭鬼，散票齐人，势甚猖獗。若非得其道路，离其党羽，兵力虽众，卒难尽灭。且九姓土獠其间既已善良者多，为恶者少，若使概与都掌尽行剿灭，殊非吊伐之意，又恐驱而奔窜，反资于敌，姑且出榜抚谕九姓土獠，使无疑沮惊恐。且前项地方既有四路可通，宜当分布军马专攻都掌蛮贼，候削平之日，然后按问土獠。平日果与都掌为恶者，则执而就诛，以惩其恶；不曾从顺者，则从而抚绥，以嘉其善。不惟天讨有罪而罔及无辜，抑且贼势孤悬而易于扑灭。

今将所统兵马分布各路：一路令右都督芮成领汉土官军一万七千员名由戎县进；一路右副都御史陈宜、参将吴经分领汉土官军一万六百员名由芒部进，俱至大坝；一路令都指挥崔旻分领汉土官军二千三百员名，由普市、水脑进至勇播；及永宁一路大卫城池不可缺人守护，量存汉土官军二千二百员名，又令少监郑忠、参将、都指挥金事郭贵分领，防察奸细，保护饷道，往来催军杀贼，声势连络，军威遥振，以杜截后之患，无防意外之虞；总兵官毛荣分领汉土官军一万二千员名为左哨，自李子关进；右副都御史汪浩、参将署都事宰用分领汉土官军一万三千员名为右哨，自渡船铺进；臣与太监刘恒、左少监赵永、襄城伯李瑾共领兵一万六千员居中节制；右都督罗秉忠、都督金事穆义各领汉土官军二千员左右冲击，俱由金鹅池进。刻定十二月二十二日各路齐进，我军四路夹攻，使贼随处受敌，势必可灭矣。卷四

三、向能

向能，陕西凤翔汧阳人，成化间为长宁典史。时都掌彝贼误以当道诱杀其父兄二百余人计自侍读周洪谟出，挟仇图报，围攻长宁。人人自危，欲弃城走。能父子摡甲胄誓于众曰："汝等今走，则一城皆鱼肉矣！我父子二人死，任汝等走否，断不可走也。"遂与其子开西门奋勇冲贼阵，邑中子弟悉从之，寻缚贼二人，斩首三人。贼众大骇，又闻误恨周侍读等语，遂解围去。初，邑人皆谓彝寇报仇，无复生理，兹获免屠戮，能之功也。卷七

四、侯旺

侯旺，字仲熙，天顺三年（1459）膺乡荐。家居时都彝猖獗，

攻围城邑，有谋迁避者。旺移书盐井坝官军，示以死守，城赖以不陷。后修城者掘古墓取砖石，旺白而禁之，复出己财赎已掘者置故处。为河南息县尹，俗好讼，惯以堕胎诬人，旺白于当道曰："讼者百纸，未必无一二是实，但理一二引起百余虚者，狱虽不难折，而百余之胎皆命也。"乃严禁告堕胎，俗因以变。人金曰："息人之子女，皆侯之子女也。"凡族中贫者，胥推禄资之。诸昆季归老，为之预置棺衾。子侄辈不循家教者，惩之不少容。至乡人有过，亦为委曲劝诱，使之卒归于善。晚年尤勤学，以身率人。试观其《乞归》诗曰："迂叟襟怀惟典籍，儿孙事业在纲常。"信乎有德者必有言也。正德乙亥，知县娄怿举祀乡贤。卷七

五、诸葛铜鼓

相传武侯铸以镇夷者。今田间往往耕出之，邑中士大夫家常购之，以为轩斋古玩。卷一二

六、古铁鬻

出三江口，重数百斤，形似锅又类鼎。嘉庆三年（1798）溪涨岸溃，邑民获二具，不识为何物，弃之溪涘。时城中建南华寺，（辈）［揩］③至寺中列阶前左右，贮水饲鱼。今现存。

按：万历元年（1465）巡抚曾省吾平九丝夷，获诸葛铜鼓九十三面，同时又得铜铁锅二口，系酋长阿大所蓄，制甚奇古。识者曰："此非锅，乃鼎类也，其名曰鬻。"今江所出之器，疑即当年所遗者。卷一二

七、外纪

明都掌彝屡寇长宁，势甚猖獗。成化元年，周文安公时为侍读，疏请设土官抚之，制允。酋长二百余人具谢恩马二十七匹，歌

舞而来，誓于众曰："皇帝既赦我罪，又与我官，虽粉骨莫报，我等当尽心保地方永远安靖！"既而领军汪浩惑于人言，尽二百人杀之。酋长子弟以四千人复仇，围攻长宁，宣言诱杀父兄计自周侍读出，必尽屠乃止。印官出谕曰："周侍读奏，实欲为汝立官，天子已允。纵汝可诳，天子亦可诳乎？但今杀之者不知何故，汝且退，徐察之可也。"始解围去，延攻江安以下九县，大肆焚掠，死者数万。事闻，廷议命大司马程信讨平之。卷一二

①按："判"字，据文意改。
②按："铨"字，据文意改。
③按："辈"字，据文意改。

乾隆泸州九姓司志

任孟麒，景泰二年（1451）袭职。成化三年（1467）大坝夷叛，孟麒奉（姿）［旨］①督兵进剿，斩获、生擒首级三百余颗，奉旨加宣抚使职衔。长子任伦随营效力，受伤身故，特封武略将军。卷二

①按："姿"字，据文意改。

乾隆元和县志①

盛泉，字允高，景泰辛未（景泰二年，1451）进士，授监察御

史，清理山东马政，出按广东。内苑翠被饰馀艎，张水嬉，疏谏，帝怒，命予杖，谪古田典史。天顺改元，迁罗江令。邑胡元昂乱，辑平之。流寇赵铎聚徒数万，所至屠戮，巡抚陈惟事招抚，贼益猖獗。炅上章直陈事势，即自剿捕杀贼。贼大败，川蜀赖以安全，特升叙州府。又值戎人、珙、筠、高土僚叛，朝廷命内外大臣统兵讨之。炅在阵后，见前军却，突出冲击，流矢贯两耳，血流肩背，益力战，斩获百级，创甚昏厥，得救苏。使者列上功，未报，以病废致仕。卷二

①元和县：苏州府的附郭县，与吴县同治苏州府城内（今江苏苏州旧城区）。

蜀事纪略① 三则

江门耳记遵义失事略节

贼父子（奢崇明、奢寅）既遁归巢，势已穷蹙。三大将兵力正盛，奈各兵自重庆得利，皆图休息。天气正炎，制院听暂撤。杨（愈懋）大将军原议定长宁一路者，忽一日来报，将由南广径赴三泸。余再三挽之入叙，一月不肯复留，每云"泸纳为三川总会，吾握通省兵权，岂可专守一隅？"及闻杜文焕议加宫保，拍案怒甚，遂不能留，晤间初不言遽进也，及至纳旬余，即移会七月初四日进兵，十日至永宁。余尚以为虚声，然心惕惕而动。叙泸李宪副亦忧之，向直指请假往，甫至纳而信至矣。

先是，松潘道宪副李忠臣，本临潼人，家于永宁，为贼所陷，

屡有密信欲从中起，已纠死士何枝等，专候大兵进即发，不意七月初三日事露，先遇害。贼仍用其家僮，质当妻子，歆以厚利，夜出通信，大将遂信之。郭司李涕泣苦劝，竟不允；先锋周元儒差塘兵力阻，立鞭之，至江门扎营绝地。贼先攻谭大孝营，大孝所携杆兵俱私回，乃泸纳间雇募充数者，贼四面围之。大将又传令各营自固，切勿出救。大孝不能支，夺路而走。徐永武战死，郭司李遂以身殉，各营一时星散。贼径趋总镇营，标下兵正出栅酣战，忽后草间一枝突出，斫营径入，吴民望、王成功等俱回救，战死。总镇度不免，拔剑在手，先发亲信李有芳负印驰出，独指挥马纯祖数人在侧，逼之上船，船沉，遂自刭。原任巩昌同知宋柱国延在军中筹画，亦与其难。叙泸李宪副是日适到纳溪，遂督住溃卒，结垒南岸，贼不敢冲。

是时，范继道奉令出泸州卫，亦小挫，先已撤回固守。惟建武［游击］龚万禄兵扎大坝，余飞骑撤之。辜同知同卢世卿、周良材俱先回，独龚万禄强项不信，曰："如此是示弱也。"都［掌］夷麻老虎受贼购伪降，牛酒日至，因劝明日飓兵而返，亦未为晚。万禄中其计，天未明，贼四面奄至，麻老虎先从营内起，万禄父子死战不得脱，遂遇害，阵亡材官袁朝华等十有六人。二逆遂转图遵义。遵义经陈一龙等恢复两次，周之德一旦专其柄，恣意杀戮，多方掊克，人俱恨入骨。忽一日弃之径往渝城，军中又大疫、缺粮，通无斗志。贼父子纠水西郑一显等七八万人蜂涌而至，冯司李谊不受辱，遂跳城死。《蜀事纪略》，第285—286页。

五路大战入永取蔺略节（节录）

（天启三年元月）十二日，郑（朝栋）知府、胡（平表）推官遣潘映奎、王懋官、冉世洪等共攻卜昏、五村之夷，越峻岭十数重，追杀多命，各夷俱用木刻乞降。十三日，游击周良材暗袭都夷，麻老虎负伤而逃，共斩六十余功。《蜀事纪略》，第 288 页。

扫清龙场追贼略节（节录）

（天启三年四月十二日，明军攻占永宁。十月十八日）水西大众同二酋（奢崇明父子）分三路来犯，一由大坝出泸卫谋截粮道，则伪目胡宗禄、朱国政、麻老虎等统率都都各夷约可万人。使张令、张学礼等设伏以待，三战俱胜，遂先遁去……

至月终，秦翼明兄弟同女将（秦良玉）所遣郭起柱等复至永。众议谓都都各夷屡降屡叛，不可复贷，乃檄各将分剿，阵斩二百余级，生擒三百余名，余俱遁入芒部界内，尽焚其房舍，取粮数千石而还。《蜀事纪略》，第 291 页。

①明·朱燮元《蜀事纪略》，《中国野史集成续编》第 21 册，巴蜀书社影印康熙五十九年朱人龙刻本，2000 年。明熹宗天启元年（1621）九月十七日，永宁宣抚使奢崇明反于重庆和川南，二年，贵州水西土官安邦彦等土官（除镇雄、乌蒙外）亦叛，川黔交界各族纷纷响应，大坝、五村、卜昏、都都寨等地（皆在今兴文县境内）都掌麻老虎等亦从叛。四川右布政使朱燮元（1566—1638）升任巡抚奉命平叛，后升总督四川兼制湖广荆岳郧襄、陕西汉中等府军务、策应缓急、督理粮饷兼巡抚四川等处地方、督察院右都御史兼兵部左侍郎，至崇祯三年（1630）春，奢安叛乱被彻底平定。《蜀事纪略》作于天启四年八月，目的是"亡羊补牢，势宜加惄"，作者"身在事中，颇谙情实"，担心"同事渐以星散，称说或多偏枯，浸久浸湮"。《蜀事纪略》实际只是记载平叛的部分内容，此处节选与都掌相关的部分内容。

康熙叙州府志·叙永厅志①

筹　边

永宁东北一百二十里龙场坝，水潦、正西一带接壤水西彝界，西六十里大坝接壤镇雄彝界。

明初设四川泸州卫（原注：今奉裁）控制宣抚、九姓司，并设贵州永宁卫，率军三千控宣抚，亦以防水镇云。按旧志：当年水西奢社辉与蔺州奢崇明争正西、以腻之地，兵连祸结，蜀、黔两抚几经结勘，题请未结，崇明有辛酉之叛。削平改土，初设川贵左参将一员、防兵三千驻永城，居中调度。继又分设川贵参将各一员，分兵分辖。以龙场坝壤接水西，且永属正西北肇卧泥河岩上、岩下、水潦等处俱系倮罗、羿子、蔡家、苗子，彝俗未改，情犹叵测，崇祯壬申修建土城，设守备一员、兵五百防之；以大坝接壤镇雄，且民皆都（长）［掌］、苗子，又接兴文县属五村都彝，厥性难驯，崇祯壬申修建石城，设守备一员、兵八百防之。崇祯末，水西、镇雄叠犯边围，罹害实多。

皇清开复永城，设立总兵镇营，并分防大坝、龙场。康熙四年（1665）内，奉旨改镇为协，设副将一员、守备、千、把等员，设兵一千五百名，大坝营设兵二百五十名，龙场坝设兵二百名。自龙场一带国朝廓清滇黔，剿平水西二十年来，边患稍息。大坝接连镇雄，明末之乱，大坝都彝寅哥、简哥曾杀屯头张权、戴国宠，率众攻围大坝城。又纠合兴属五村都彝阿燕等侵犯兴邑，官民受其屠毒。自国朝定鼎，彝多安分，边围宁谧，然守御之道亦未可一日少疏也。卷二《筹边》，第368—369页。

①康熙《叙州府志·叙永厅志》，《稀见中国地方志汇刊》第 50 册，中国
书店影印日本内阁文库藏康熙二十五年刻本，2006 年。

康熙叙州府志·建武志①

建武志序

建地自克平九丝入版图才百余年，何（源浚）郡伯②之序详矣，
迄今虽经乱凋残，犹有农亩输赋，有执经为士，已成彬彬礼义之
乡，都蛮种类无复存者，是何变化之速也。官纪承乏叙倅③，例得
治建。履其山川，耸拔而险峭；观其人物，朴略而静恬，不敢以边
隅视之。用是敷其教思，待以齐鲁，数年来无争讼无大狱，可以卧
理。念昔为犷（guō）悍④强暴之区，而今为神听和平之地，□极必
复，□后有临，易道也，天道也。嗣是以往，生聚蕃息，（沐）
［沐］浴于诗书者，深比隆中邦，端有望耳。

兹奉檄修志，虽事迹寥寥，而惟纪其实，不为浮夸大言。读曾
公省吾平蛮善后方略，想见昔人筹画之周详，经济之宏远，建之获
有此日，其因是也夫，后之观者当无忘所自也。

康熙二十五年（1686）丙寅仲秋日谷旦，承德郎、叙州府通判
西泠⑤张官纪撰。

①中国科学院图书馆选编《稀见中国地方志汇刊》第 50 册，中国书店影
印日本内阁文库藏康熙刻本，1992 年，第 378 页。

②郡伯：知府。

③倅：副职，这里指通判。

④犷悍：迅捷剽悍。

⑤西泠：杭州西湖风景区地名，名妓苏小小魂断处。这里代指杭州。

边州闻见录①

都掌

都掌蛮，志称以为鸟名。按：鸟都说见《酉阳杂俎》。九丝其种类承平后散居民间，兴文县、永宁之大坝营尤多，其言语、衣服与华同，婚姻往来无所讳也。卷八《镇雄、乌蒙、建昌、遵义、兴文、马湖》

①清·陈聂恒《边州闻见录》，国家图书馆藏傅增湘题记抄本。陈聂恒，字曾起，江苏武进人，生卒不详。康熙三十九年（1700）进士，授广西荔浦令，五十三年调四川长宁，兼摄珙县、兴文二县。其间奉调成都，充四川乡试分校官；又赴云南镇雄府彝良地方开采银矿。雍正元年（1723）行取入京，为刑部主事，改翰林院编修，卒于官。见光绪《武进阳湖县志》卷二十三《人物传》。

乾隆兴文县塘上牟氏平阳族谱①

吾家是夔祖（牟志夔）嫡孙，道行祖于大明万历二十七年（1599）八月受兴文县鱼兜堡令，祖妣毛氏无子，再娶土民阿荣长女为庶。是时此地四维土民，无姓氏，俱名阿某。与彼更姓为罗，取其名，序其字，劝夷为汉，与彼讲论婚丧之礼，移风易俗，次序化导而成矣。

①乾隆三十九年编、光绪十年抄《牟氏平阳族谱》，兴文县石海镇塘上牟儒恒藏。

光绪续修叙永永宁厅县合志①

大坝记（厅文生王尊仁）

大坝亦《禹贡》梁州之域，春秋僰侯国地，周秦后为西南夷。汉建元六年（前135）开夜郎，置犍为郡，为汉阳县地，后没于蛮獠。唐仪凤二年（677）（拾）[招] 生獠置晏州，先天初降为羁縻州，隶泸州都督府。天宝初，改曰罗阳郡。乾元初，复曰晏州。故宋初亦为羁縻晏州，熙宁八年（1075）内附，政和四年（1114）隶长宁军，后为大坝都掌蛮地。元至元十七年（1280）设大坝都总管，旋置大坝军民府授土酋得兰（红）[纽]，统辖镇雄路。明洪武二年（1369）废后，诸夷附于都掌，仍属戎县，屡为寇乱。成化初，周洪谟奏请于都掌、箐前、大坝三处设三长官司，不果。时山都掌、大坝等寨蛮千百成群，分劫江安等县。三年（1467），朝命总兵襄阳伯李瑾、兵部尚书程信等讨之。既平，奏改大坝为太平川，置长官司，编户二里，以永宁土人黄镇为长官，隶永宁宣抚司。天启元年（1621），奢崇明叛，剿平后改土设流，长官遂废。崇祯五年（1632）设立大坝营，调游击井见龙任大坝营守备，建修石城，周围二里七分，并修守备署，中军旗鼓、马步防兵八百名。崇祯末，水西、镇雄夷酋叠犯边围，大坝都夷寅哥杀屯头张权贵、戴国宠，率众攻围大坝，又纠合五村都夷阿燕等扰犯兴邑。国朝开复永宁，削平水蔺，边患乃息。顺治十八年（1661），于永城立总兵镇营，设兵三千，分防大坝、龙场。康熙三年（1664）督宪李国英题定经制，仍设把总守备二员，马、步防兵三百名。雍正十一年（1733）督宪黄廷桂奏以大坝营设在万山之中，接（怀）〔壤〕（慎）〔滇〕黔，土夷猖獗，边隘难防，设守备不足以资弹压，请设都司，仅留防兵一百六十名。嘉庆十四年（1809），督宪蒋奏准将大坝都司移驻崇化营，大坝营仍设守备。道光三年（1824），又将防兵一百，守备一员裁驻大昌，将永宁左哨千总移驻大坝至今尚用赤水钤记，汛兵不足十名。今都司衙署虽经苗匪毁烬，然基址尚存，头门具在。其城垣惟北门崩坏，而东、西、南三门犹岿然作鲁殿云。卷四十五《艺文四·记序下》

①据泸州市图书馆藏宣统元年刻本《光绪续修叙永永宁厅县合志》。

光绪广东博罗韩氏族谱①

沾坪公传

公讳由劝，字用卿。字以行，别号眷泉。少倜傥不修曲谨，塾师课读，故不屑伊吾；塾师课字，故不屑挥染，曰："丈夫自有奇，安能寻行数墨，作白面书生乎？"既壮，愈跅弛自负，结交诸豪杰，讲韬略、习武技。隆庆间，山海寇并作，岁丁卯（隆庆元年，1567），大将军郭成提重兵自潮至，公自诣军前请自效。郭公曰："若何能？"公曰："荷丈八稍入万军中，莫与撄也。"郭公令武士数人持枪与格斗，公连北之。郭公大喜，以为哨官，常置左右，曰：

"若，吾所藉，军中缓急将借一臂力焉。"郭公逐倭至金锡，俘斩多首功，擒周云翔，蹙苏继相安置黄寨，公皆在行间，有斩获，郭公以为把总，重倚之。

辛未（隆庆五年，1571），四川九丝城都长阿大、熊幺等煽乱，上檄郭将军将广浙之兵往讨，公领抚民哨劲卒千人从。公从郭将军数年，至是始还邑，拜先人之墓，辞而之蜀，抵贼所。贼据险隘，周遭崇山峻岭，攻之岁余不能下。一日，公侦贼中钲鼓声小懈，度贼酋犒诸贼，是夕必大醉，可乘也。请于郭将军："带健儿三百人衔枚上凤凰岭，若可击，举旗一挥，大军从之，破贼必矣！"公登岭，如所料，郭将军统大众齐至。贼奴仓卒，疑官兵从天下。公所统广人捷于猿猱，所如必胜，势若破竹，内官寨、上德柔、下德柔、都都寨取次荡扫，九丝城遂平。俘斩无算，夺还所掳良民四百余复业，督府少司马曾公省吾上其功。是役也，公夺螯弧先登，功第一，乃以他奥援负力先趋，而公次叙，遂稍后仅得旨擢钦依把总。九丝城改为建武所，仍令公统旧部广人戍守焉。公居建武十年，莫为道地，竟不调，然抚士廉勤有恩，士乐为用。

壬午（万历十年，1582），滇南土官者既戎、岳凤等叛，于是诏公偕参戎刘公綎、邓公子龙同往。公至滇。累有俘获。监军观察张公被叛酋围困，危于呼吸，公率轻骑破贼围，竟出张公。张公执公手："生我者将军也！"为言于督府，督府上公平者、岳二酋之功，诏升沾坪守备。时丙戌（万历十四年，1586）十月也。

公为守备半载，辇上君子率言公武略壮勇，宜专阃登坛，而公以积劳炳，遂不起。公自辛未辞家十七年于外，闻问不通，及云陆公为四川参政，阅公勋绩，始檄所辖有司修辑建武坟墓，遣人致祭焉。第四卷

①据光绪丙申刻本广东博罗《韩氏族谱》。

金石第四

李长春撰平蛮碑①

明兴，洪武二十七年（1394），犍为郡臣以戎僰上变。高皇诏设守御所，镇以卫兵，而令犍为自葆就。当是时，经略西南夷有端矣。已，上变者再至，始命征讨事，然第檄阃帅主之，未尝遣将军，如汉使驰义侯督八校尉击破之也。以高皇帝威灵，灭此曾不当一剑之任，乃上意故缓之，示中国广大，不以法尽外徼也。

永、宣而后，魋结耕田者滋众，君长以什伯数，筰马、髦牛，祁祁布山谷间，势豪举矣，顾时时盗边，侵略旁小邑，边吏不能谁何。于是议诛除，议诱谕，或大将军提兵，或中丞部使者发人徒攻击，盖旋服旋叛，莫得而制云。

隆庆中，屡起内讧，至号假王，张赤帜，横行僰道上，荼毒浸淫，内且阽危矣。先帝采科臣言，有诏问平蛮状，抚臣条对方略，因徙骁将自黔中入蜀领其事。居顷之，会今上践祚，念先帝北降胡，南平越，见以为慊于志，独释西南夷弗诛，意尚默然也。乃拜郢中曾公为御史大夫，行部巴蜀诸郡，属以平蛮之役。制若曰："师出必一大创，毋惮深入，徒袭招纳为名高，以畜乱宿祸为也。"繇是阙上隆指，在摧陷廓清，规恢先帝遗绪，且令蛮夷知汉法若雷霆，一震则糜烂矣。

公至，谋之部使者扶风孙公，因檄下文武大吏，征兵转饷，期三月毕会。又檄冉駹（máng）诸酋长，各率所部兵以从。既如约，躬虔秉钺，阵师而盟誓："不以蛮夷贻主上忧，失父老子弟之望。"以元年（1573）五月庚辰一战凌霄城，破之。六月丙寅，再战都都寨，复破之。僰人失此二险，交臂大折，毋论褫魄矣，乃纠其党入保九丝。九丝峭崖绝壁，慓捷之夫缘缒升者，石受趾不二分。益之排栅列堑，固若重墉，弤弩下驰，密于陨空之雨。彼谓汉兵从天下始擒也。公购死士，夜缒取一道上，大军躡衔而登，奋挺叫嚣，声殷殷撼天地，僰人方枕籍自坚，不虞兵之飞度，自假王以下皆骈首就诛，争蹂躪以死。卤②其金鼓、标弩、牛马以万计，是在九月九日也。

公复自省其山，睹首虏泽量，空无遗烬，乃献状阙下。诏晋公副都御史，锡之荫，余爵赏有差。当凯奏至，交戟之内，靡不诵天子鸿化神明，威詟殊俗，而谓公丕创未有之功，为社稷隶也。

夫戎僰在西垂，天性忿鸷，形容魁健，行盗侵殴，习以为业，自古记之矣。乃其地沃腴宜黍稯，马牛畜产视内地倍十之三。一有武断，寇者出，则鸣钲击鼓，椎牛酾酒，召数什百人为高会。会已，辄拜下之，伏其令。故食肉曳缯之外，有磨旗舞槊，虓阚边邑，图逞其犷心耳。此可纵彼跳梁，贳之不问，或听其诡谰，数藉归抚之名以缓死哉。公所为搟（xiàn）然勒兵，与部使决策赞之，要以铲削祸本，席卷云彻，毋余后菑③（zāi）也。闻始一再破凌霄、都都寨，军吏多袭道谋，欲引已事为解者，赖公石画已定，卒莫能摇。迨九丝之战，人人自危，非公乘利席胜，驱之必入，孰肯快心死地，足不还踵哉！功伟矣，功伟矣。

在昔羌零之讨，后将军每图上军册，汉廷议臣初是者什三，中什五，最后什八，宣帝独格众议，一听后将军所为，故羌虏迄以计碎④。曩公所上书，上皆手诏赐报，许以便宜。即有下公卿大臣议者，亟言计可必用，不以终始两辞，等后将军所遇大过之矣。彼所俘斩羌虏及降者不下四万人，较之戎僰称是。而振旅之后，尚为帝陈兵利害，且荐护羌校尉可乘城者。公兹缅缅（rĭ rĭ）谭善后事，复请命骁将镇抚其地，勿更他徙，无异金城之画。乃知论议通古今，忧国如饥渴之臣，其握算固自同轨哉！若上英举睿断，益跨视孝宣远矣。

是役也，公驻师郡中逾八阅月，郡守广陵陈公旦莫奉公画诺。今所列兵事本末，皆其耳目睹记者。故授简内史氏，属之纪伐述勋，垂示罔极云。辞曰：

自昔巴蜀，崛起僰夷。辫发魋结，鼓舌侏离。

悬崖无堑，雄盘险巇。火耕流种，既饱且嬉。

乃揭徽帜，载弄长铍。磨牙吮血，阙剪西垂。

砰城撕邑，漂卤横尸。搏战一敞，邀我招扐。

狼心狡犴，豕毒淫滋。维皇震怒，挞伐兴师。

桓桓我公，简命畴咨。搴旗仗钺，帅彼熊罴。

牂牁夜郎，酋卒分提。凌霄初裂，都都再披。

鹿奔鼠窜，凭陵九丝。绝城宵突，一鼓毕隳。

枭獍殄绝，魑魅消糜。如朽斯拉，如飙斯驰。

疆场既斥，士女用嬉。往阻边徼，今辟皇逵。

濯濯勋烈，峨峨鼎彝。有嵩者爵，皇则赉之。

有靖者土，氓则戴之。百千万禩，我人永思。

①李长春撰平蛮碑：据明万历九年《四川通志》辑存的原文抄录。清光绪《兴文县志》卷五："平蛮碑，在建武崇报祠，李长春撰文。平蛮颂碑，在建武旧崇报祠，周炎撰文。二碑因迁文庙于废祠故址，碑毁。"屈川《都掌蛮·李长春平蛮碑》："民国十七至十八年（1928—1929）间，叙府城内加宽街道，于翻修马路工程中发现一碑，当时即将石碑移置公园。据美国人葛维汉（D·C·Graham）博士于20世纪30年代到川南考察，此碑即李长春撰文的《平蛮碑》，葛维汉将碑文译录于《有关僰人（白人）的历史文献》中，载于《华西边疆研究学会会刊》第八卷，1936年出版。由此得知，李长春《平蛮碑》当为一式二碑，如今宜宾城碑已不存。"宜宾城中街道，有"大碑巷""小碑巷"，应即明时立石处。当时所立这碑，应有二通，李长春《平蛮碑》，盖为其一。另外一通，已不可考。

②卤：同"掳"。

③菑：同"灾"。

④"在昔羌零之讨"句：详见《汉书》卷六九《赵充国传》。后将军，赵充国。

任瀚撰平蛮碑①

夜郎为寇中国，僭称侯王，自庄蹻略西极以来，军法所不治。蛮中，推夜郎部最号枭雄，是称都蛮，窃据犍犵要害，四寨险绝，猨猱虎豹所宫。即有孙吴提重兵压境，贼乘高，客军处其下，如人射雕云中，决背向空，巧力俱丧。故先朝诸将战守多败屈失利，常置不问。

明兴，二百年间王师西下讨罪，前后数百战，迄无成功。宪皇帝尝敕大司马提军十八万驻境上，师老将罢（pí），才博一捷，然所耗伤甚众，得不补亡。

今圣神文武皇帝嗣位，朝觐万国。薄海穷裔，包奉贡献，无敢后时。惟都蛮拥部落横行寨下，数寇庆、长、高、珙、筠、戎，渐逼叙、泸。所到疆土尽赤，刳衄人血肉以衅，边甿野死无吊。殿中丞开府曾公上疏言："臣待罪西垂，不能绝卤患，无所称塞意旨，愿将戮（乃）［力］②破蛮，赪其巢，略地以闻。"皇帝下阁臣议。维时元相张公集百官阙下，言："蜀在中国为西南重镇，叛不速讨，诸夷将望风起事，蜀岂得全？"百官多以蜀道艰难，什倍淮西、塞北，嗫不敢发。间有以汉武使唐蒙略通夜郎事对，公历声言："兵不择地，惟其人。吾将以一中丞取夜郎，若走雷电，可横槊立办。所不成者，吾不得复平章国事。"遽入奏上，取进止。诏遣使授中丞弓剑节斧，行大将军事，听自择官。诸不用命者，其杀无赦。

中丞既受诏，督军夜郎，以左布政使成能、参政宫用、参议伯龙、兵巡副使江、佥事思充，咸入赞计画，暨知府陈大壮等分局受事。表请以南中军都督显为节帅，统制诸军。以故总兵成、参将泽等十二人为偏将，自宣抚效忠以下咸听节制。会显以往事论列当罢，赖元相知显自少从蛮中立功，蛮故惮显威名，且临敌易将非便，得不罢。由是显益感激思奋，愿以身许国，贼不破不敢生还。

元年（1573）春三月，中丞南向誓师，授要束，传令军中："无杀降，无纵亡匿。有敢赎贿市奸、宣漏风指，坐以党叛伏诛。临敌首鼠携贰、逗遛进退者，其斩以徇。"誓已，密进显，计师所向。显议："九丝城，蛮中都会，自比幕南王庭，夷汉土著无赖亡命所归，地深阻，不猝得拔。凌霄砦，九丝便门；都砦，比东雷（liù）。先击便门，次东雷，即王庭早晚可得。"独凌霄王阿苟最桀黠，蛮所怖畏，然喜贪赂。遗封爵，使通老唊令下关，执其王并六酋帅以献，群僚夺气。

夏五月，军袭落豹，设伏，擒四贼将，取恶泪坂，进迫卤营。显以牙校鲸将锐卒五千，与成、泽军合围，连决十余战。城破，贼败走，追斩二百级，诛名王阿幺、名贼将六七人，枭其头夜郎都市。

夏六月，以镇雄兵三千攻落亥，鲸军蓝淀坂，袭洪崖，成军董木，与镇雄兵犄角，火蛮巢千余。贼迎敌，决殊死战，执其两名王，斩首麾下，尽收都砦部落。

秋七月，始计取九丝城。城据夜郎西山，两壁对望，中阻长谷。军入谷，两阵夹攻，无得脱者。崖涧斗绝四十里，三雄王垒其上，控弦数万，王皆疆力，晓军事，惯攻战。闻别栅既破，益防隘，据险岩，矢石堑牢自卫。显使间谕三雄王："大将军用兵如神，声号闻海外，今以十万师摧两砦如搏雏鷇（kòu），理岂得逃？能先事降我，许待以不死。"蛮惧，且迟回观望不决，部下乞降者二千三百有奇。

秋八月，令募郡国敢死恶少年，增兵至十四万。公按兵法，分五部进，各将二万八千，以行营副使江监督诸军事，显、仁威引兵入黑帽，军其西，断吕部③、乌蒙、豕峨④诸路。成将所部出印坝，军其南，以当芒部、越嶲、牂牁。泽军出谷爆，陈其北，以绝冉駹、董卜、韩胡⑤。韩似甫军得挖口，陈东北，断其内寇，使毋猾饷道，毋厄储胥，以资寇食。任继祖军西南，与显兵合。五陈环络如连珠，缓急相应。兵既会，贼出劲卒麤栅下，十余遇皆北，始退保两壁间，乘城转石，发标弩下击，翼翼如雹霰不休。时鬼方多淫雨，玄雾昼冥，卤坚持不下。

秋九月，公传檄责战厉甚。用显计，令军中厚赏赍土汉冲锋死士，使夜袭城。会鲸等将显所用谍夜入帐中见显，谍言："蛮中以九日作社，椎牛大飨，且见霖潦，无搏战理，将弛兵酗酒自放。"显密谕诸将宜出不意，乃夜发猿臂军千人，乘飞隥，衔枚取道间关，雾雨中迟明进薄城下，斩首门外，破关以入。诸路军鸟铳为节，刻期会战。起寅至午，所格杀惯战数百人，贼大披靡。前军引火炬烧城中屯千余，炎焰张天。贼势穷，赴火堕崖谷死者数万。雄王皆弃垒走。分兵大索，冬十月，取次就擒，都蛮至是尽灭。计先后攻下城栅六十有奇，擒王三十有六，俘斩四十六百有奇，略地四百里。

还报阙廷，皇帝御皇极殿，传制曰："国有戎兵，予不敢臆决。维朕元辅忠亮，以身系天下安危，不问海内，闻有作难，惕若蹈行陈中，罔有宁所。乃西事告警，独许尔中丞可属戎政，假尔大将军节斧，授之成算，诸有所关决，无弗汝从。维尔中丞哲肃，劳瘁封疆，能策诸将士破卤王，以速成丕功。用奠西陲，康靖我国家。克称朕意。其晋尔右副都御史，显以下爵赏有差。其以九丝城为建武城，置府卫兵，下控西南夷落，命所司伐蔡蒙石，勒朕文武臣功，使能赋者铭其劳，声诸永世。"其辞曰：

天王神圣，威加九夏。欻胡为者坤之社，其山崒屼谷詌閜（hān xiǎ）。蚕从开国来，百战不得鬼其雠。之声在野狸昼号，守獠不庭戒边橹。国有大盗问元辅，其谁使者徇西土？殿中有臣，既文且武，愿假旄钺斩桀虏。丞哉飞檄怒涛发，英风飒爽，能起边城八万四千战死之白骨。笔筹赤牍肝胆壮，劲气直上苍龙阙。云旓（shāo）雨斿，荡摩日月。墨王旀（pò），廖王［敠］⑥，落豹焚，落（栓）［圳］⑦鈯，长铩（shā）夜捇雄王窟，三十六王碎领颡，土有剩壤，户有降卒，且兰靡莫咋舌不敢（垂）［唾］⑧楪榆邛筰磔狗饮血断出没。

咦（yí）！雀入淮，化蛎房；雉入海，化蜃光；寇盗得险化侯王。宵宵建武城，列雉天一方。守者非忠贤，能无化豺狼？蜀有大险，上为剑阁［下］⑨瞿唐，割据自古昔，可独问夜郎。谁借明王三尺铁，为君世代诛豪强。蜀不割，蛮不屋，蔡蒙补天之石高崒崒，长与乾坤镇南［荒］⑩，无使三十六王城下鬼夜哭。

①任瀚撰平蛮碑：立石建武城，碑高3.5米，宽1.9米，厚0.33米。历年即久，碑文漫灭。今据万历九年《四川总志》录存其文抄录。据光绪《叙册府志》卷十六《金石·庆符县》和乾隆《珙县志》卷十一《碑记类》，又立庆符县东五里；珙县上罗计旧城内。此二碑今已不存。任瀚，字少海，四川南充人，明嘉靖八年（1529）进士，选庶吉士。累官至翰林院检讨。文词高简，为嘉靖八才子之一。

②按："乃"字，据文意改。

③吕郜：居住南广河源地区的彝族部落。

④豕峨：居住在今江安红桥、砂槽一带僚族。

⑤韩胡：居住在今邛崃、雅安的彝、羌、藏诸族。

⑥按："敠"字，据雍正《四川通志》补。

⑦按：戎县之地，有"落圳"而无"落栓"。雍正《四川通志》作"圳"，

是。据改。

　　⑧按：“垂”字不可读。雍正《四川通志》作“唾”。据改。

　　⑨按：雍正《四川通志》有“下”字，是。据补。

　　⑩按：“荒”字，据雍正《四川通志》补。戎县，古荒服之地也。

周爻撰平蛮颂碑①

　　叙南四百里许，有夷曰都掌，从鸟名也。在昔夷种实繁，叛服不常，国朝分山都六乡、水都四乡，属隶戎县。恒性狡猾，累累侵犯边邑杀掳，大肆屠老烹幼，淫女刳妇。或阖门就戮，或赤族靡遗。肝脑遍于郊原，膏血溢于沟洫。野哭匝于道途，秽恶触于神天。附郭竟成邱墟，山寨杳无烟火。闻者莫不痛愤，扼腕欲脔脍其肉。虽有城堡保障，官军防御，然草窜棘栖，不循蹊径，穴崖匿箐，莫测去往。本非人类，恶于豺虎，攻守无据，而抚剿未加者数十年矣。

　　大中丞确庵曾公抚蜀，下车未几，痛愤稔恶已极，身任其事，移檄司府，裒集众长，条为十议，以决犹豫，抡将选才，理储征兵，明功赏，申戒誓，厉先声，曝暴乱，以定南征。疏上，可之。迩乃骁将用命，谋勇凑进，劲弩迅发，神火扑攻。五月凌霄城破，六月都都砦破，七月、八月黄土砦、鸡公岭、母猪砦破，九月直冲九丝城，擒馘十万。六乡丑类，荡扫殆尽。天之厌乱，若默相之者。

　　向微文武宪于遐方，忠贞激于阃帅，威信结于兵戎，筹算定于帏幄，其能捣巢入穴，冲砦击垒，未数月而除千百年不戢之凶夷，开此亿万载太平之伟绩若是之速乎！上纾君相西顾之隐忧，下保生灵南荒之胥庆。洗冤魂于九幽，慎封守于三巴，蜀之人士何以报云哉！谨掇六邑舆情，窃于四始体裁，编其俚语，永颂功德，其词曰：

炎汉开疆，犍为列郡。僰道连封，西戎启衅。

是膺是惩，控驭靡定。治之不治，溢其骄竞。

三国鼎分，忠武坐镇。或纵或擒，南蛮竦震。

六诏既通，夜郎受命。天威所指，望风效顺。

历唐迨宋，乍叛乍降。负隅而逞，凭陵莫当。

皇皇有明，统绍三王。恩覃五服，画地而康。

编户入贡，臣服戎羌。承平日久，猾夏累猖。

昔在宪庙，豺狼奔突。九丝毒流，六邑残酷。

帝曰嗟哉，司马往逐。三军压境，渠魁就戮。

殄歼蔓延，恶本犹伏。昔号五斗，今盈十斛。

盘踞星砦，驰骋山麓。杀人如麻，骚动全蜀。

掳掠大肆，边徼弗宁。或剿或抚，论说纷纭。

天笃神武，迈迹孔明。久愤桀黠，踊跃用兵。

赫赫王命，断断丹心。款款讦谟，矫矫虎臣。

五月渡泸，六月南征。奋臂一呼，拯溺救焚。

羽檄交驰，征兵四集。骁骑百万，云奔电激。

矧伊凌霄，况尔丝系。一鼓震惊，百垒霹雳。

如彼骤电，掩耳莫及。奚翅炬猱，烈焰孔炽。

氛祲荡扫，神驱鬼役。噍类无遗，一劳永逸。

曾未期年，倏尔凯旋。马归牛放，兵销农田。

剿四抚六，仁至义全。王师所加，余恩覃焉。

开府置司，屯牧疆原。文经武纬，保障尔边。

麟阁重开，载勒燕然。归奏未央，天子万年。

①周爻撰平蛮颂碑：光绪《兴文县志》卷五："平蛮颂碑，在建武旧崇报

祠。周爻撰文。"碑已毁。今据该志抄录。周爻，宜宾县人，明嘉靖二十三年（1544）进士，曾任陕西潼关兵备道。

李文续撰都督刘公生祠碑^①

都督刘公以万历元年（1573）荡平九丝，一时椎髻凿齿之徒，易为衣冠文物之乡，已建功臣祠于城南，春秋崇报矣。士民思公不置，复于九丝山麓建生祠，刻遗像于上，而以当时勤事死节之员附于其侧。匪独崇德报功之大典，抑亦（境）［镜］^②往劝来之微权也！

万历二十四年（1596），总镇万公以都蛮久经荡平，此疆永谧，遂易镇为游府焉。时都阃淡公来摄府事，甫下车，修苹藻，瞻拜公祠，喟然叹曰："老将军，当代名将也，无论崛起西蜀，克建奇勋，今之豪杰不能及。虽古名臣雄将，犹然难之，至今谭者犹凛凛然有生气，顾可令其祠之倾圮而不为之一记耶！"乃时节问序于余。

余曰：建置之非易易也。开设初定，未几而旋失者不可胜数，即如河套、交趾，非吾中国内地耶？乃卒为北虏、枭夷所据，识者至今恨之。矧九丝都蛮荼毒生灵，不向为李匡、程信屡行征讨乎？甫还征，即负固。而刘将军设奇制伏，不踰年而歼除大尽，令其属我编氓，与以内地而旋复旋失者殊可！且建立城所，首置学校，设膏火，延师儒，移风易俗，不满二十余年而礼乐、文章得与内地比隆较烈，非刘将军之功而谁功哉！故议征之初，都酋丧胆，有孔明之天威：临阵之际，身先士卒，有武穆之英明；建置之后，民心顺从，有黔英之节制。至于开所设学，使千万载被发左衽之俗，一旦而更新之，窃恐三公不无少让矣。今朝廷隆待功之典，即使公子子孙孙世世镇守兹土，与国家同休戚可也，奚止公一生祠也欤哉！且公世德垂后，乃长公③雄才大略，名擅当代，继公镇蜀，杨酋俛首。钦使东征，令虎口无北向之胡人。奉命方外，俾扶桑无南下之倭寇，而乔梓事业并弥天壤。故知淡将军竖碑之意，隐然有退思矣。

然余又窃怪谭事易、任事难，夫以九丝之险、都蛮之雄，刘将军出万死得一生，而后克奏荡平之绩。则继镇兹土者，当徐议而缓图之也，奈何都酋散在四方者，尚有故土之思，而一旦遽议移镇，何其速哉！幸今之固若金汤者，固都酋之所视以兑喙者也，万一狡焉启疆，潜图不轨之谋，则不能不厪当事者之忧矣。犹恐刘公在天之灵，不能一日晏然安也。夫欲思患预防，为建武画万世久安之术，是故今日当事者之责。而淡将军威抱不世之略，素欲接踵刘公之芳躅者，吾知其必能开此，而不令此祠之湮没也已。故因竖碑之意而并及之。

是为记。

万历二十五年（1597）建武游击淡章勒石。

①都督刘公生祠碑：万历元年（1573）平都掌后，兴文县人在建武为刘显建造了生祠，岁时奉祀。万历二十四年（1596），前浙江布政使李文续应建武游击将军淡章约请，撰为此记，勒石立碑。历年既久，碑存字灭。今从清光绪《兴文县志》卷六辑存的碑文照录。

②按："镜"字，据文意改。

③长公：谓刘显长公子刘綎。其事迹见《明史》本传。

朱茹撰岷山李公生祠碑①

李公名江，字岷山，万历元年（1573）以副使驻泸州。时抚臣曾公省吾请讨九丝蛮，诏许之。九丝山，蛮最险地也。山形盘礴岪郁，上修广，可容万家，而四隅峭仄，崇峦群立，外限深箐，为蛮中天险。其东北则为鸡冠岭、凌霄峰、都都寨三岗，皆峻壁峭拔，羊肠仄径，行不得列骑。蛮因是负固。至我朝来，蛮酋阿大、阿二、方三等尤为横暴，荼毒之惨至不忍言。

方曾公议讨时，谋之在官诸大夫，从否各异议，惟公极赞之。疏上，相国张江陵亦主讨，与曾公合。于是仗节兴师，征土汉兵，益以募卒，共一十四万有奇。总镇刘显、郭成各领兵扼险，而以公督战。公献策于曾公曰："九丝险阻，未易即拔。彼以凌霄、都都为门户，声势相援，宜先剪其两翼，则九丝自孤。"曾公从之，以是年夏五月拔凌霄，六月拔都都，进攻九丝。蛮酋殊死拒，山峻不可上，官军难于仰攻，气稍挫。公下令："先登者赏倍，斩级虽少以上功论，次登者斩级虽多，以下功论。"于是官军踊跃，以九月重九日天雨，乘其赛祷痛饮，时夜方半，蛮酋醉卧，又恃天雨不加警备，官军扪萝攀葛而上，捣其巢穴。值天黑自相踏藉，死者过半，官军直砍其营，坠岩颠谷不可胜计。阿二、方三亡出九丝城，寻被擒获。乃移师鸡冠岭，攻破其寨，阿大出走，亦被擒获。九丝遂平。

曾公以疏上，晋公秩参藩，兼秩如初。初，曾公以善后方略悉委于公，公相山、水二都形势，择其地之宽衍者筑为城，区画荒度，备极经营。虽有内息之变，略不置意。独居荒陬，淡泊自将，宴如也。城既成，为树堡立镇，设官置守，雉堞参差，楼橹相望。民既有恃以为固，乃教耕兴学，转佩犊带牛之风而为耰锄，易椎髻左衽之俗而为衣冠。民于是如知有保聚之乐，回视向者刳胸斫首、剖孕蒸孩，头颅僵于草野，肠胃挂于岩林，真不啻出汤火而衽席之，起尸骼而骨肉之矣。泸民之感公，宜乎尸而祝之，每饭不忘也。

台疏以忠、谋、勤、慎，荐转公臬长，且将入省会矣，而泸故节钺镇，公德之在人者既如彼，于其行也，农工商贾与夫民之俊秀及在缙绅者怀之不已，谋永所思，共捐赀鸠工庀材，拟祠公于黉宫之左。其不得尽营于费者则埏瓦畚土，肩木挽石，竞竭其力以为愉快。事闻于郡守马子宗鲁、倅徐子继芳、李子庄、幕王子应华，相与惊曰："兹非吾有司者责耶？宗鲁侪德公恩又深，不敢以请，甚盛愿也。"各出俸从事，不旬日而祠建。丰栋飞甍，闲榱崇楔，巍然肖公之貌尊祀其中。于是泸人咸以得慰所思为喜。

董是役者徐子，独造予请记。予不佞，无当李公者，然予从大夫后，实习知李公。为文曰：

勉勉李公，起家进士。始令庐陵，政勤抚字。

继登台谏，大有直声。袖里劾文，霜肃风清。

旋历藩臬，统辖江阳。削平蛮窟，嘉绩用彰。

九丝鸡岭，高逼青冥。顽酋恃险，聚寨连营。

声势相倚，凌虐横行。骚扰疆土，毒荼生灵。

抚军赫怒，公綦之谋。天戈直指，公奋其猷。

星陨欃枪，雾散蚩尤。剪其两翼，蛮始用忧。

高栅深垒，以次见收。二将横徂，慧扫星流。

凶酋授首，所有全抽。公郁遐思，相观山水。

筑城二都，以垂千祀。十仞崇墉，岩岩特起。

经营度荒，夙夜勤止。忧生室家，公则听之。

念注于公，不遑惜私。忠诚公慎，众所共知。

惠我江阳，永言遐思。始时人民，窜匿荆杞。

沥血抒肝，命同鸡豕。今凭城郭，相依相倚。

始时民人，蓬头露趾。今则弁冠，缙带丝履。

衿佩鱼鱼，以让以齿。感公之德，沦髓浃肤。

公行匪远，近在成都。泸为隶州，声教时敷。

立祠设像，孔庙之隅。祭拜瞻仰，州人永孚。

①岷山李公生祠碑：万历元年平都掌后，泸州人为分巡下川南道副使李江建造的生祠碑，乡进士朱茹撰文，立石祠前。明清鼎革之际毁于兵燹。今据乾隆《直隶泸州志》卷四辑存的碑文照录。

明诰封荣禄大夫镇守广东川贵总兵南京后军都督府都督同知郭公墓志铭①

赐进士出身文林郎南京户科给事中邑人伍文焕撰并书

公崛起百泽，提三尺剑，削逆□宁，威名震绝漠，勋业弥天建，位致太□上将，岢崴然人杰矣哉矣！鉴积劳以死，息之令将归空于潜开，其子挥使君之藩偕厥季持行状谒余，泣以铭诗，惟是□矣，□敷衍效姻烟之留正尔，敢厄言耶？

公讳宪，字羽野，号宝山，世传郭成。其先世封尺籍之名也，家□□□□唐汾阳王，其□祖主以第五子徙周至，是为公初叶，历二十四世而成者。高皇帝起义兵，□□响应，调防御蜀之叙南。成传富功，升总旗，又三传至应鸾而生公，体貌冠□，盖剑奇，人称□男。

岁十八，都蛮敷虐震邻，父为堡长，格杀亡于阵，公奋呼追获十数蛮，斩首领祭其父，员□骨虎神之，从此名里□。遂调征石困，擒□□□，斩首五百。奉钦□□都督刘显征倭□，解脱被□参将、守备等官，先后凡七战，斩首三百四十余，升叙南卫世百户。调征伪天王即兵祖等，斩俘四百三十余。倭陷兴化府，据城隍庙，兵属地。公携数人夜分梯入，斩三寇，厉声喊杀□经而下，寇莫测出入，仓皇宁避。历九战，掳名王、斩俘一千五百余，收获各衙门被窃印十五颗。已而追勒[②]流贼梁道辉等，生擒元恶六人，升福建行都司签书，寻升苏松参将、江南副总兵。倭□获□，水兵□□下流截杀，叠沉五舟，斩俘二百七十，余堕溺亡矣。上大嘉悦，称良将，文称虎臣，赐麒麟缯纻丝三表里，升叙南卫世指挥、广东总兵，两降恭晋。大司马、中丞直指使交□□□议，以海寇煽殃兹甚，岭表时势□棘，竞□粤甫代寇□推党万余、马数十□外突葡会外河□，将吏骇惶罔攸措，公率劲苗千余□死战，而张淑人以厚犒苗，益气鼓。公是计分三分，一伏佐，一伏右，一从中出，疑惊遁忘，发炮伏□□起，□截归路，犁沉三舟，缚元寇，斩首三千□百，伤溺死者甚剧。命下褒□，复有海洋之役。

公大会舟师，秘谓："林道乾，固曾一本之虎，甚不狩其巽，虎不成□。"单骑往□道乾，而乾以万金谢，公却而不还，总投之海，欲令其物诎也。于火遣伏设疑，□旋风倏起，□舟自相觝触。公射中一本，二爪牙亟图报复，直冲公舟。公近战场，火□其乎及须眉，肩身不顾，□一人，枭□人首，斩俘二千八百有奇，效放豁被掳男妇四百余，收获大舟五十余，□杖一千余，没水火者不计。捷闻，升都督同知，赐蟒衣玉带。惠州把总杀参军佐别驾，□倭寇阵焚劫人，移师授战，斩俘五百五十余，收获云梯三十四。钦赐三十金、麒麟缯府丝三表里。□奉敕剌林樟贼，斩首一千九十余，招降二千余，剿海丰、博罗倭寇，斩俘三百三十余，放豁被掳男妇六百余。剿程揭山贼，斩首一千八百余，招降三千余。钦赐三十金、纻丝三表里，升四川总兵。

都蛮猖獗日甚，抚使者曾公省吾疏大师剿之。公白袍素铠，奉骠骑神速，誓报不与共天之仇，捣其窟如刈草然，斩俘二千余，招降罗万良等五百余，安插叙南卫地戍守。拓地若干里，置所设员，疆境晏如，唐二百余年所不奏之效也。升南京后府金书、贵州总兵，改注北京中府都督，诰封三代。升四川总兵，剿□番，斩首二千余，招降三千。嗣征腻乃，擒王扰。

长适李师牧，次适尹从寿，次适张策，次适李怀阳，俱指挥，次适吏部主政陈公遴纬，次适范郡丞子庠生□芝，次适陈进士子有德，次适卞宪副孙豸孙。男才、忠、孝、廉、节、宣□□□、宙、极、勇指挥，祖娶赐皆名族。

□丁巳年（万历四十五年，1617）十月二十五日酉时，葬公于郡西二十里风洞铺柏树溪之阳，谓氏咸祔□。乌呼！古人鸟尽□藏之喻，威宣□□而□身不变□隙，勇战无前若是，乃国家终斩伯爵之根，岂所以为英雄劝也。余固天下事当无人其余夫，非天为公留有余□□，□氏后日益昌大也与哉！是可以铭公。铭曰：

谋出智囊尝见彻，未形剽悍肉飞尝。□难夫孤鲸用以□报君恩，即以□亲九□使之理，洋海使之澄，不能使封典，□□将不负国，国负将军，人为抱不平，□自视缺如谓异□逾涯不伯爵是婴举世显其身。余以诒子孙会看金□□仍。

①1999 年宜宾县柏溪镇革坪村（今宜宾叙州区柏溪街道）地名"七块碑"出土。墓志铭长 78 厘米，宽 61 厘米，厚 4 厘米，铭文阴刻楷书，字迹密集，字体随意。计 55 行，1344 字。现据宜宾市博物馆原碑拓片，照录并加标点，以便广大读者阅读。

②勒：剿。

明昭武将军四川都司
都指挥佥事西湖丁公墓志铭①

公讳勇，字有义，别号西湖，其先定远人，始祖茂，仗剑从高皇帝起濠梁，授指挥同知，定衔在四川叙南卫，语在《功臣录》，传至公七世矣。考王，姚李氏，以弘治癸丑季冬十七日生公邸中。既成童，修伟精悍，识者器之。正德丙寅（元年，1506）袭父职，会僰道酋煽乱，公守平蛮城，当酋冲，简士马，申约束，明赏罚，威名大振。酋易公少年，夜缒健儿尝之，公夙戒以待，率枭健儿。酋愤恚，拥众悉力逼城栅，五昼夜不克。公度贼稍懈，开门驰击，僰人死且半，酋仅仅身免。巡抚都御史禹州马公（加）［嘉］②其骁勇，委巡视，寻荐为叙泸守备，镇芒迤南，隐然树长城云。

　　赐进士出身、进阶中议大夫、陕西按察司副使、奉敕整饬临邛等处兵备、春野人刘芹撰

　　赐进士出身、知南昌县事邑人申吾李得祐篆

　　万历己卯（七年，1579）季冬月念六日，不孝男指挥世延刻石

　　①转录自黄乐生《明昭武将军丁勇墓志考略》，《西南半壁》2018第1期，文物出版社，2018年，第139—143页。

　　②按："嘉"字，据文意改。

九丝山西关口摩崖题刻①

　　万历元年（1573）冬十月既望，四川右布政使四明②冯成能、副使渤海③李江、参议嘉禾④沈伯龙，同登九丝城。当天兵大捷，为经略万世之雄图也。惟时风卷长云，日开阴谷，相与醉觞绝顶，跃剑悬崖。俯视万灶星屯，蛮巢鞠为焦土。望西南诸夷厄塞，尽在目中，诚千古奇观，是用勒石，以志不朽。

　　纬川冯成能书

①摩崖迄今犹在，实地勘看辨认原文抄录。

②四明：今浙江宁波市的别称。

③渤海：今山东滨州市的别称。

④嘉禾：今浙江嘉兴市的别称。

九丝崖摩崖题刻①

荡寇崇朝升峭壁，同来睥睨接钩陈。

扶桑日出乾坤辟，玉垒云堆虎豹屯。

沃土已归神禹贡，中兴重拓鬼方宾。

欢偕瘁力诸文武，胜军新回万壑春。

明万历二年（1574），岁在甲戌，闰拾二月七，同参政李江②、参议杨一桂、金事罗向辰、都督总兵刘显、副总兵张泽、都司徐仁威、知府陈大壮，同知曾可耕、陶采、吴文全，知县萧可熊、赵汝谊、许一德、何汝质、嵇镭、陈忠、任体道、王慎，登平蛮城纪事。

都御史曾省吾书

都指挥吴宪、吴鲦勒石

①摩崖迄今犹在，实地勘看辨认原文抄录。

②李江：以平都掌功，万历二年（1574）升任四川布政司右参政。

大观台碑记①

明　薛甲②

　　台之作，饰署云尔，以大观名，何居？古之君子劳民，不可得已，非故自为侈大也，将以逖视广听，纾湮导和，俾于心思政理有补焉。

　　泸为蜀南州，外连夷壤，其大者则有蒙、撒、蔺、播、芒部、（川东）［东川］诸种，皆置君长、袭冠裳；其小者则有都掌、羿、僰之属，错杂郡县，与编氓为伍，而以泸视之，皆在襟抱之内，指麾号令呼吸可达。国家以是为重镇，即其地设　官开府焉，而敕宪臣一人董其事。凡张弛开阖、轻重缓急之宜，皆于是乎出，固宜有崇基揭栋壮其观瞻，而因是以使吾耳目胶固之私脱然以去，亦自谋者之不可无也。

　　予奉命之明年为嘉靖戊戌（1538），其年值圣主寝交师，减工役，风闻远人，要荒之彝不约而戢，川之南遂以无事，而予得以其暇登高望远，目视心谋，营山川之所缺。顾分司以南群峰拱揖，若或奔赴而未有为之受者，且其地势右隆左伏，阳抑阴亢，于风气亦非宜，因默计曰"是当有建"，以告于监察金公而为之台。台之上筑室，又一楹高与台称，总为尺三十七有奇，而纵缩其二之一以为台之深，横益其四之一以为台之广。凡日用之力千八百有奇，越七十有三日而工成。崇基下隆，高栋上出，屹若岳峙，截若墉壮，其精神之所揽结，形势之所包络，于为治者之心思政理未知如何，而允若之体则备矣。州之士民得于创睹，咸谓古昔公署必设丽谯以节钟鼓、警晨昏，维今亦然，而吾州观察之居独至是始备，宜仿古以为名以昭厥义。而予窃以山川之美是仁智者所喜好也，予以无能窃禄盛时，不能少有裨益，而独于耳目之便得是观美，以与仁智之所喜好者相合，为幸已甚，兹台之名不得复以吾居专之，以重吾过，请以大观名之，如何？金曰"然"。而推官刘子宗、知州余子珂亦以预劳兹役，愿予记其事。是役也，石取诸山，力取诸兵，材取诸废署之宜售者，费与劳于民为省，故记不为详，而独详其所命名之义，使谋而刻石焉。卷二《舆地志下·古迹》

① 据泸州市图书馆藏嘉庆庚辰年本《直隶泸州志》。
② 薛甲（1498—1572）：字应登，号畏斋，江阴人，嘉靖八年进士。嘉靖中为四川按察司下川南道兵备佥事，驻泸州。见嘉庆《四川通志》卷一百《职官·题名》。

凌霄城地界碑①

四川省潼川路下川南道奉钦差巡抚四川省地方、都察院都御史曾平乱善后记，本地田地自本城北山横过凌口、吊儿嘴、半沟头，沿河湾转东北至恶泪坎顶，直抵后山峰高坝。田地大小共记一千九百一十八丘，约六千六百三十弓，共二千二百五十九亩。其河北自西面孤儿院以至飞龙洞，又抵螺蛳寨一带地方，西转长宁，东属戎县境内。□□叙南、永宁一带各有定限。昔畏蛮势而大半荒芜，今已削除，军民乐业矣，故并记之。

明万历元年（1573）十一月初一日，委知县任体道、陈忠，吏戴晏、杨文锦，原任守备田世、武书、郭奉等，叙州府长宁县知县张应极，主簿方昂，防守本城把总李之□、王加和、□□□书立。

①碑在今兴文县僰王山镇凌霄村境内草丛中，由兴文县文化馆王德勋馆长田野调查发现，辨识其文。据录。

开河碑记①

明国史经筵　成宪②

予不佞处野中别业，适兴文令罗公以故知使使致书。书曰："云侍王无状，待莘兴文两月念有三日，采地方利病条为七便，仰干当事一一议行，若疏通河渠以便舟楫，盖款之四云。今告成，士民相恳转丐一语为记。第开河有记，记其河之开也，非以炫名也，勿似俗虚誉以重云罪，云厚幸矣。"予慨然曰："夫乞文与为文者岂不以誉乎哉！予旧载笔史馆，每以不能誉不挥毫，兹公要我直笔，我敢不文辞？"

我渔阳人，居东乡，每苦远汲，日夜经画议穿一井，代凡四莫决，房之易者姓凡五，又莫决。俄而新主人某至，凿其井之不容不凿也，一日卜地，二日鸠工，三日从事，旬日而清流涌出，如箸如练，不泛不竭，家之人汲焉，邻之人汲焉，间闾之人汲焉，日济济熙熙来而汲汲而往，亦乌知为新房主人功哉！公之开河，其事方此。闻兴文四水汇城东门二郎庙侧，延袤至江安之梅岭，约三十余里，中多积石，而安溪迄崑嵯洞上水入山复出者又五里余，其工颇巨，其流近滩。盖邑旧戎县，汉唐号晏州，树城设令以来，开河事人人言之，以劳费故旋议旋止。公申请自开，不动公用，不派民间，一切工役悉于永宁催募，一切应用悉于自己办给，于邑中好义者置立义簿，听其自书，固不斗绝，亦不缘募。自乙未（万历二十三年，1595）仲冬九日起工，丙申（万历二十四年，1596）孟夏八日落成，凡五月，小滩三十余，大滩凡四。如梅岭，巨石巉岩则直凿东岸以下其水势，旧由西面，今乃东，故命曰那滩；雷滩架飞梯以截石梁，令不为梗，名仍旧；三巩子一带皆石左右穿绕，锤凿难施，以火焚，以水激，寸寸而刻，劳不可言，今号辟石，志难也；安溪水入山五里，观者袖手，则效长堤以小石塞中，外用大石灰砌，屹若城堵状，水于是不入而由河道行，故以平易干，纪其实也。

公之心与政，吾何必誉诵，其七便如均输、转运、疏通、盐法、清稽、流寓、申明、纸张等皆闾阎积苦，一旦洗割则其心与政有耳有目者共闻共见，吾何以誉也。议内云：河之开，一则便于农而米谷不至于腾贵；二则便于工而材木不至于遗弃；三则脉络通而风气开，不负兴文命名之意；四则偶承缓急，驾舟青艇而载刍粟，足遂夷汉之心；五则侏傝左衽不十年而尽属冠裳；六则兴文税粮不两月而毫无宿逋，其孜孜切切期望于兴邑者，又何如而吾以誉也！督工官耆人等心公之心，日夜供米粟以成斯义，则兴之士风民俗由此勃然改观者，复伊谁之力而吾以誉哉！夫开河碑记不由罗公而由兴，示直道尚在斯民。三代良心各存，誉与不誉，吾乌得而与之！

万历二十四年（1596）

① 据泸州市图书馆藏光绪十三年本《兴文县志》卷六《艺文志·碑记》。

② 成宪：字君迪，号监吾，直隶蓟州卫人，军籍。嘉靖四十四年（1565）进士，授翰林院庶吉士，历官翰林院侍读学士、太仆寺少卿、经筵讲官，兼修国史总裁，累官北京、南京国子监祭酒。见古海门《成氏宗谱》。

府尹郑公戎功德政碑①

明湖广巡抚　杨楷　邑人

　　从古疆埸多事、身任仔肩者，与承平坐理之局不同。夫承平只一意保釐耳，多事则国故频仍，阳九遭厄，固非常人可搏捖矣，须仗经纬兼长、恩威交济、夙望素著者，始能绥靖边鄙，勘定祸乱而使人不能忘焉。

　　公之来治龙湖也，持公明正大之体，敷慈祥恺弟之泽，兴除利弊，百废振举，如建县学、抚边夷、汰冗员、除衙蠹，条条井井，屡疏申奏，为我湖造无疆之福泽，留不尽之恩膏，厥德懋哉！既而奢贼猖獗，据渝城、犯锦官，全蜀半就沦亡，于是急国难者莫不拊髀思贤，期有以折冲捍患，而公乃率甲士军于龙湖之山，令赐爵参戎王懋官督之。官，将才也，一出而长宁下，邑为之安全；再出而高、珙诸县奠于磐石，功之著于前后者巨已。然环泸一带部夷为酋挟纵兴文，全蜀几成碎版，公命官招之，而卜昏村数百家降，旋抚之以恩，捐俸给犒。调居马边，羽翼甫剪，诸路芟夷，怀德畏威，不在方叔下也。公复熟计部院朱公，会总兵李公合哨拖船之凹，决战石笋之营，若仙（岛）[鹅]洞、若土地坎，三战三捷。一时四方兵集，为遵义、为仁怀与纳溪三路之役，将卒非不期输忠受赏，仅仅坚壁弗敢前，公独毅然当之，挞伐扬烈，俾侵地复归大明，悉公经画指挥、命将得人也。公身居虎帐，心筹湖羌，如部属黄螂、磨波诸夷，多方整理，无复南患；上下诸寨都蛮令返故土，俾复版图，而充盈几碎之残邑，使各有土有人者，是公于秋杀后继以春生，深虑间阎萧条，出兵之外苏其力役，蠲免之例仍惠泽旁敷，捐金瘗骨，恩及自溺自缢之众，真所谓爱民如子也。

方祝公建牙我全蜀，或分宪我叙马，熙熙小民庶睹衮衣而舒爱戴之忱矣，乃会黔省告急，全才是征，九阊万里，控留无计，廷议竟以毕节之长城属公，而茵鼎之调公且渐次晋陟也。然我湖官绅士庶德公厚者，能俟公行而不思也得乎哉？虽公如昊天覆物，功成不尸，而家祠之、户祝之，欲不扳辙而拥留也得乎哉？于是士民缙绅协同庠生罗文庄等谋地城东建祠设主，刻石以勒不朽，而丐予为之记。

呜呼！造无疆之福者公也，靖三川之难者公也，悯此方之阽危而赐之以保障，真能使人不忘矣！以故歌颂洋溢，遍满蚕丛，而我湖仗其威光，荷其德泽，所为祝遐福而祷奕禩之簪缨，礼固然也。

公讳朝栋，号二瞻，三楚人，登丁酉贤书。

天启六年（1626）孟冬月立石。

①据泸州市图书馆藏乾隆四十三年刻本《屏山县志》卷六《艺文志》。府尹郑公，同治《毕节县志稿》卷十五《人物志》："郑朝栋，字子实，澧州人，举于乡，（屡）〔累〕官马湖知府，天启中擢贵州副使，整饬毕节兵备。安邦彦之乱，毕节残破，老弱皆死而少壮逃亡，城郭半毁，官廨民居焚毁略尽。朝栋招徕抚绥，民渐复业。崇祯初，朝栋言于上官，请帑银一万三千两修城浚池，兴复廨署，流散悉还。再迁贵州左布政司，亦有惠政，卒后邑人立祠祀之。"

附录　关于叙南都掌的族源、族属和研究视角

陈介刚　　陈伟平　　温涛

　　叙南作为地域概念始于宋徽宗政和四年（1114）戎州易名叙州之后。当时的叙南大约泛指叙州以南地区，并无明确地理范围。李心传《建炎以来朝野杂记乙集》卷二十《辛未利店之变》云：宋宁宗嘉定四年（1211）四月，"会叙南边吏获夷人数十以告，鞫之，其与利店之乱者三人焉"。似乎马湖蛮亦属于叙南。元初以叙州宣慰司为叙南等处诸部蛮夷宣抚司，有一"等"字，地理范围也比较模糊。至明，叙南范围开始明确起来。曾省吾《确庵曾先生西蜀平蛮全录》卷五《公移·檄文一》云："照得叙南叛蛮屠戮六县生灵，糜费屡年兵食，在今日当以讨罪为先。"《檄文三》云："照得叙南都蛮负固肆恶，残害地方，未见悔祸。……为此案仰该道即照后开《功赏事宜备云》翻刻大字告示，遍发戎（兴文）、长、高、珙、庆、筠六县。"周爻《平蛮颂碑》："叙南四百里许，有夷曰都掌，从鸟名也。……谨掇六邑舆情，窃于四始体裁，编其俚语，永颂功德"（光绪《兴文县志》卷六《艺文志》）。可见此时的叙南已经等同于叙州长江以南的戎县（兴文）、长宁、高县、珙县、庆符、筠连六县之地了。至民国二年（1913）废除叙州府，叙南六县的概念也随之不存，但与之相关的"南六县"一词却流传下来，至今仍为地方人士所熟稔。

相较而言，都掌概念则复杂得多。这里仅陈述几种代表性的观点。其一，都掌为僚说。川大刘复生教授《僰国与泸夷》一书据《新唐书·南蛮传下》"戎泸间有葛僚"，认为都掌是其中一支，都掌含义不详。虽然旧籍中多称都掌为僰蛮，近人受其影响也以僰人悬棺命名都掌悬棺，不过在刘复生教授看来，这皆是清代方志编者对民间习惯称呼的沿用，并不能作为都掌源出僰人的依据。罗二虎教授在《魂归峭壁——悬棺与崖葬》一书中认为都掌属僚人，因首领被称为都掌而得名都掌蛮。宜宾学院屈川教授《都掌蛮》一书认为都掌的族属源流为僰人→濮人→僚人→都掌。都掌之名实则源自唐代纳州都掌县，属于以地名为族称。另外，珙县学者刘振垠《四川珙县悬棺族属考》一文和黄华良、李诗文《悬崖上的民族》一书也主张叙南僰人即都掌，族属为僚人。

其二，都掌为僚人与斗夷混合体说。肖俊生《"都掌"的族属及称谓》和邓前成、倪芳《有关"都掌蛮"的两个问题——"都掌蛮"的族属和明朝对之的统治措施》两文都持此论。邓前成和倪芳更明确认为作为独立民族的都掌蛮是古僚人、斗夷、罗苟夷及十九姓诸部在元代融合形成。

其三，明代都掌为土著僰人、南中青羌和入蜀僚人后裔融合说。兴文县博物馆陈介刚在《川南窖酒小考》《僰人、青羌都掌与戎州、戎县》等文中对此进行了论述。他认为曾省吾在荡平九丝后向张居正的报告中对都掌来源已有清晰的说明（《确庵曾先生西蜀平蛮全录》卷十一《翰牍·寄内阁张老先生书七》）。其云："盖自诸葛擒孟获，散青羌于五斗，此蛮所自始。前破凌霄城，夺据五斗坝是已。"此系曾氏当面审问被俘都掌首领所得，可信度较高。都掌迁来叙南后，借助宋朝的扶持，吞并了土著僰人卜漏残部，又在宋末元初吞并了一些僚人部落，至明代嘉靖中期彻底融合成为一个以青羌为主导，包括僰人、僚人的新都掌族群。概而言之，都掌族群经历了由三国时期的青羌到唐代的纳州都掌蛮，再到宋元时期与僰、僚融合而成的新都掌蛮（元代又称土僚蛮），最后到明代叙南都掌蛮（又称僰蛮）的四个历史阶段。关于都掌一词含义，据张家祜《张陵五斗米道与西南民族》、付元天和王家祐《青城道教仙源录》所论，青羌信五斗米道，故所居自命名为五斗坝。都掌之都，五斗之斗，读音相同，皆为古代少数民族语音。陈介刚认为都掌含义实为五斗米道道长或掌道人，掌与长相通。在宗教首领即为部族首领的古代社会，都掌遂成为这个青羌部落的代称，这与宋代乌蛮"罗氏鬼国"得名自其首领的称号"罗氏鬼主"，如出一辙。

都掌所居地域历代不一。唐代都掌人所居的纳州或言在今兴文珙县交界九丝城一带，或言在今叙永黄泥镇一带。宋代都掌所居无记载，据《宋史》和《舆地纪胜》推断，大约在今兴文、长宁、江安境内。元代都掌势力膨胀，所居范围逐渐扩大，先置都掌蛮安抚司，以戎州（今兴文县）为主要居住区，以大坝为酋长居住地。据曹学佺《蜀中广记》载，居平地者称水都掌，设四乡；居山区者称山都掌，设六乡。明初至成化初，都掌所居地域如曾省吾《西蜀平蛮全录》卷一《奏议·覆勘将官疏》所说："都蛮东连永宁（今四川叙永），南接芒部（今云南镇雄），西通乌蒙（今云南昭通），北达马湖（今四川屏山），而戎（今四川兴文）、长（长宁）、高（高县）、珙（珙县）、庆（庆符县，地今属高县）、筠（筠连）陆县近相联络，即古戎僰，汉之西南夷也。"仍以戎县为主要区域。从成化起，都掌地域被不断挤压，大坝设太平长官司划归永宁，落角利（今云南威信县旧城）划归芒部。至万历初，"都掌蛮者，居叙州戎县，介高、珙、筠连、长宁、江安、纳溪六县间，古泸戎也"（《明史·刘显传》），范围大为缩小，以至于明朝平定都掌仅拓地四百余里。

众所周知，至迟自唐代开始，都掌人便在宜宾和川南历史上扮演了非常重要的角色，对地域政治、经济、文化、军事、移民、习俗等多方面影响颇深。如行政区划史方面，都掌的活动引起了泸州卫的迁移，高州的置废，兴文县的得名，建武安边厅和千户所的设立；农业史方面，都掌是川南水田山地最早的开垦者之一，其开发成果为大批后来的汉族移民所分享；文化史方面，都掌人留下了神秘的悬棺和瑰丽的岩画，以及流传至今的神奇传说和谜团；军事史方面，宋明两朝征讨都掌的战役，有些已作为经典案例被纳入了中国军事教材；移民史方面，都掌族群和汉人族群竞争与融合，深刻影响了今日川南的人口分布和民族构成。因此，对都掌族群的史料进行整理和注释就显得更加必要。

以往对都掌人的研究主要有两种范式。一种是王朝征服的范式，其基本的分析框架以王朝国家和汉族文明为中心。在这种分析范式中，叙南区域和都掌族群位于王朝和文明的边缘，王朝对叛乱蛮族的征服和文明对野蛮的改造是都掌族群史的基本主线，对都掌族群的污名化成为一种理所当然。如清代叙南方志就常常故意漏记成化年间四川巡抚汪浩失信诱杀都掌上层人物的事实，而专记都掌报仇雪恨的种种"暴行"；不少史籍对明朝官吏欺压盘剥都掌人的种种劣迹视而不见，却专记都掌剽掠各地，杀人放火的"劣迹"。尤其是明廷自诩的"改土归流"和"移风易俗"，无视都掌社会自身发展的特点，反而成为激化汉人与都掌之间矛盾的导火索。这种王朝国家的叙事，在很长一段时间主导了一般民众对都掌人的认识，从今天看来，理应予以批判和纠正。

另外一种是民族斗争的分析范式。与前者相比，该范式更加强调从民族压迫与反抗的视角界定都掌族群的历史地位。刘复生教授在《僰国与泸夷》一书中论及宋朝军队对罗苟夷、八姓夷族等僚人部落的镇压，针对宋廷强迫归顺的僚人"点集族下胜兵丁壮，为大军先驱"，迫使僚人自相残杀的行为，他评价道："封建王朝势力在泸州僚人地区的武力推进，是以牺牲僚人的民族意愿为代价的。"宜宾学院屈川教授在《都掌蛮》一书中认为封建王朝强行改土归流、残酷军事镇压、推行强迫同化是导致都掌消亡的重要原因。他直称明军镇压都掌为"血腥暴行"，曾省吾为"大刽子手"。

近十多年来，大量新研究成果的出现，为都掌研究提供了新的启发。人类学家詹姆士·斯科特对东南亚和中国西南山地族群的形成进行了别样思考。在他看来，山地族群的形成是一种政治选择的结果。山地人群对王朝国家的应对策略，可以称之为"逃避统治的艺术"。与斯氏类似，王明珂也对传统的中心——边缘模式提出了质疑，在其对西南边疆人群的研究基础上，从新的视角解读了中华民族的形成过程。温春来充分利用历史人类学的研究方法，对黔西北地区从"异域"到"旧疆"的演变进行探讨，梳理了该地域内人群身份认同的建构过程。以上的研究不但突破了旧有的以王朝叙事为主线的历史框架，还充分运用新的学科方法和视角，将没有文字传统的、边缘化的山地人群重新置于历史的主体地位，不但有力地回击了王朝叙事中对山地人群的"污名化"，而且还促使人们重新审视都掌与中原王朝、汉族移民之间的互动，从更为宏观的维度思考都掌族群在川南区域由化外向化内演变中的历史意义。

当然，都掌作为一个"被消亡"的族群，已经难以发出自己的声音，现存的史料基本出自朝廷和汉族士大夫之手。读者在阅读这部史料集时，一定要保持足够的警醒和理性，不能将其完全等同于都掌人历史的客观记述。从这个意义上讲，本书所汇编的史料并不是一个都掌史的"简易拼图"，其中所蕴含的叙事结构和话语表述，是不同观念冲突与妥协的结果，其产生背景、形成机制和时代意义值得阅者深思。

另外，我们认为只有回归到田野中，才能让文献"活起来"，甚至能让许多"隐藏的历史"重新被发现。为了达到这个目的，我们花费了大量的时间和精力投入到田野调查中，这些调查结果都将在本书中呈现，与史料本身构成一个有机结合的整体。

相较于传统的政治史和民族史视角，通过民间文献和口述传说的研究，探究地域社会的层累式演化和族群之间的身份建构、文化交融等方面，还有很大的空间。同时，对都掌人的社会结构、语言风俗、宗教信仰的研究，更亟待深入。我们认为对这些问题的关注，会为叙南地区乃至西南边疆社会的研究提供更多的支点。

跋

　　宜宾古为叙州府，境内长江以南兴文、高、珙、庆符、筠连、长宁六县，史称"叙南"。地处巴蜀边徼，代为汉夷杂居之地。历代王朝在这里征伐经略，不同的族群在此处交流融合，直到明代末年，方始实现从化外之地向化内之地的转变。有关这方面的历史文献众多，其中最具史料价值的，当属曾省吾的《确庵曾先生西蜀平蛮全录》。书中收录的奏议、公文、纪事、书信、碑记、诗赋，全方位反映了明王朝与叙南都掌人的交涉往来，为研究都掌族群和叙南地域的社会、经济和文化情况，提供了第一手的材料。

　　《平蛮录》在过去一直没有得到过专业的校勘和整理，更谈不上对书中所涉及的人物、制度、掌故和山川地理进行详尽的考证和注释。2021 年春，陈伟平、温涛和陈介刚三人谈及《平蛮录》的学术和社会价值，认为既可以从该书中借鉴明王朝处理民族关系的得失，搞好今天的民族工作；又能够挖掘宜宾地区的历史文化资源，为社会经济发展宏观决策的制定和文化旅游产业的发展提供学术理论支撑。本地学者有知晓地理的优势，有能力和责任对该书进行全面的整理。此举得到了宜宾市党史研究室（宜宾市地方志办公室）李勇主任、邱邦武主任、王卫义副主任、廖星火科长的大力支持，转报四川省地方志办公室批准立项。

按照国家古籍整理学术规范，本书由陈介刚初校、作注，陈伟平二校、订正增补，最后由温涛三校、审核订正，至 2022 年春形成初稿。整理本不但对原文进行了详细的校勘，还通过注释对其中相关史事进行了说明和补充。另外为了全面反映都掌人的历史脉络，整理者还对各种史籍中的都掌史料进行了系统的辑录，分类编次，归纳整理，全书最终定名《叙南都掌史料汇注》，由宜宾市党史研究室（宜宾市地方志办公室）编入"宜宾历史文化研究丛书"，全额资助，送交出版。

特别需要说明的是，西南大学历史地理研究所教授赵永康先生，对书稿进行了全面而细致的审核，在篇目设置、点校规范、史料引用和学术观点等方面，提出了不少有价值的意见，使全书去芜存精，质量得以提升。稿成后，赵教授又惠赐序言，以上种种，三位整理者深表感激。

书中古今地名的考证和认定，得到了兴文县建武中学高级教师李光寿先生、兴文县文化旅游局张毅先生的指导和帮助。巴蜀书社编辑团队精益求精地编审书稿，对整理者悉心指导，在此一并表示感谢。

最后要提出的是，全书所辑录的文章，都出自明清官方和汉族士大夫之手，其中对都掌的"污名化"是一种统治意识和汉人至上观念的表现，并不能完全客观反映都掌族群的历史，希望读者在阅读过程中带着批判和理性的眼光予以认识。

整理者学力有限，书中存在的错误想必不少，恳切期望各位读者不吝批评指正，我们一定虚心接受，力争在再版时做得更好。

陈介刚　陈伟平　温涛

2022 年 10 月

图书在版编目（CIP）数据

叙南都掌文献汇注 / 陈介刚，陈伟平，温涛编著.
— 成都：巴蜀书社，2022.11
（宜宾历史文化研究丛书）
ISBN 978-7-5531-1809-3

Ⅰ.①叙… Ⅱ.①陈… ②陈… ③温… Ⅲ.①蛮（古族名）—民族历史—文献资料—宜宾 Ⅳ.①K289

中国版本图书馆 CIP 数据核字（2022）第 187038 号

叙 南 都 掌 文 献 汇 注
XUNAN DUZHANG WENXIAN HUIZHU

陈介刚　陈伟平　温涛 编著

责任编辑	徐庆丰	
封面设计	最近文化	
出　版	巴蜀书社	
	四川省成都市锦江区三色路 266 号新华之星 A 座 36 楼	
	邮编 610023　总编室电话：（028）86361843	
网　址	www.Bsbook.com	
发　行	巴蜀书社	
	发行科电话：（028）86361852	
经　销	新华书店	
照　排	成都完美科技有限责任公司	
印　刷	贵州彩无霸印务有限公司	
版　次	2022 年 12 月第 1 版	
印　次	2022 年 12 月第 1 次印刷	
成品尺寸	240mm×170mm	
印　张	38	
字　数	500 千字	
书　号	ISBN 978-7-5531-1809-3	
定　价	198.00 元	

本书如有印装质量问题，请与发行科调换